U0040094

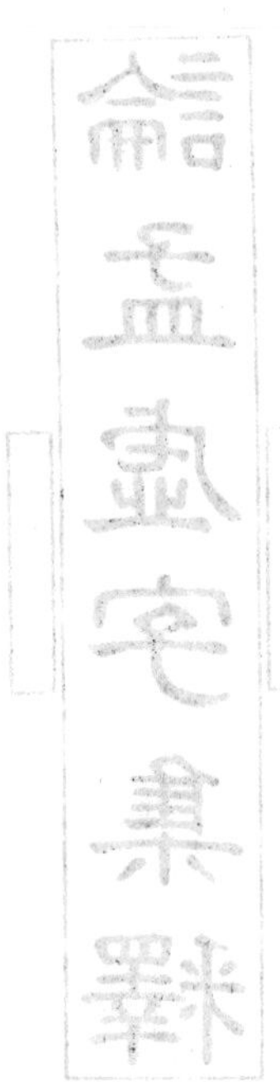
論孟虛字集釋

論孟虛字集釋

倪志僩 著

臺灣商務印書館 發行

緒論

論孟爲國人爲學之門徑書，凡閱讀古籍者，必先論孟，而後及諸經。要盡論孟之精微，不先發明辭氣，則無以融會貫通，卽不能建立大本，經綸群言，而讀古今之書，論古今之事。自來注疏家，疏解論孟之著作，多至難以列舉；至若取精用宏，折衷至當者，除十三經注疏外，則前有朱熹四書集注，後有劉寶楠論語正義二十四卷，焦循孟子正義三十卷，能擷諸家精英，而集義疏大成。然其中大抵以推闡義理與考據名物爲要務，而於疏解虛字辭氣，則未盡詳明。如今要解釋論孟虛字，必須明瞭何爲虛字？虛字的形成與類別及其在文章中之功能如何？先要分別加以說明。論語泰伯篇曾子說：「出辭氣，斯遠鄙倍（同背）矣。」劉寶楠正義說：「辭氣者，辭、謂言語，氣、謂鼻息出入；若聲容靜，氣容肅是也。」這已說明了辭氣二字的含義。桐城姚鼐論文，卽據此以創「因聲以求其氣」之說。意謂古文之道，以聲氣爲主。聲者，文之精神，而氣則載之以出者也。「氣」載聲以出，「聲」亦導氣以行，二者互相爲用，調協無間，則行文之能事備矣。「辭氣」原屬抽象名詞，是難以言語比擬的。孟子雖善知言養氣，尚感其難於言說，則其在語文中之神秘性與重要性可想見矣。要知虛詞在文字中的作用，是調節聲調語氣，以表達人之心聲的；而其鄙倍與否，足以表示人心之邪正。凡爲文者之出言吐語，要能達到辭不鄙倍之目的，必得修之以誠，捨棄方俗俚語而歸諸雅正，運用適當語助詞，巧爲廻護，自然成章，則辭氣自然遠鄙倍而成佳構矣。此爲行文必備之條件，亦是人生修養之一大要素。

本書所要討論的，是論孟中之虛字。論孟爲文言文，文言文體，實起於孔子贊周易。據本師錢基博所著之中國文學史說：「上古文運初開，虛字未興，罕用語助之詞；故書典、謨、誓、誥，無抑揚頓挫之文，然木強寡神。至孔子之文，虛字漸備；贊易象，象，繫詞，用「者」「也」二字特多。而論語二十篇，其中「之」「乎」「也」「者」「矣」「焉」「哉」無不具備；混噩之語，易爲流儷之辭，作者神態畢出；此實中國文學之一大進步。蓋文學之大用在表情，而虛字則情之所由表也。」這已說明了虛字的功用在表情。他又說：「文言者，孔子之所作也。孔子以前，有言有文。直言者謂之言，修辭者謂之文。而孔子以直言之語助，錯綜於用韻比偶之文，奇偶相生，亦時化偶爲排，特創文言一體，以贊易乾坤二卦；堆垛之迹，盡化煙雲，曉暢流利，自成一格。……自孔子作文以昭模式，於是孔門著書，皆用文言。子夏序詩以明六義，文言也。左丘明受經仲尼，著春秋傳，文言也。有子曾子之門人，記夫子之語，成論語一書，亦文言也。禮記有檀弓禮運兩篇，皆子游之門人所記，亦文言也。……故曰：『言之無文，行之不遠。』此孔子於易所以著文言之篇，而昭弟子法式者歟。蓋自孔子作文言，而後中國文章之規模具也。文言者，折衷於『文』與『言』之間，在語言，則去其方音俚俗，而力求簡潔；而於文，則取其韻語偶儷，而不爲典重，音韻鏗鏘以爲節，語助詠歎以抒情，流利散朗，蘄於辭達而已。後世議論敍事之文，胥仍其體。自文言而益藻密，則爲齊梁之駢體；自文言而益疏縱，則爲唐宋之古文。此其大較也。」而孟子私淑孔子之敎，倡儒者之術，以浩然之氣，發仁義之言，與其門人萬章之徒，作孟子七篇，亦用文言體。包羅政教，撰敍萬類，而其文開闔變化，抑揚縱橫，光輝四射，神彩逼人。又長於設譬，辯論古今，辭氣雄肆而峻切，語意亦獨到而周至，雖無心於爲文，而其文實堪爲文章之典範。由此可知孔孟所創始之文言文，影響於後世文體，是如何的深遠了。

虛字實爲表情傳神之工具，同時亦有幫助語氣，組織文句篇章之功能。故文心雕龍章句篇說：「至於夫、惟、蓋、故者，發句之首唱；之、而、於、以、者，乃搭句之舊體；乎、哉、矣、也，亦送句之常科。據事似閑，其用實切，巧爲廻運，彌縫文體，將令數句之外，得一字之助矣。」這已說明虛字在文章中，無論句首發端，抑句中搭接，或句末送句，似閑而用切，對文體有彌縫輔助之功，確是不可或缺的。蓋文章之構成，不外虛字實字之配合；以實字爲骨架，虛字爲脈絡。好比人體之構成，全靠血脈與骨骼之密切結合；骨骼必仰賴筋脈之維繫；筋脈必憑藉骨骼而始有所寄託。兩者必相互依存，是同一道理。易言之，文章是以實字樹骨，虛字傳神；不能善用實字，則創意必不深厚；不能善用虛字，則神味決難雋永。實字用得挺秀，足以充實涵義；虛字用得精巧，足以搖曳神情。故文章之骨力，多以實字顯；文章之風神，多以虛字傳。虛實兩宜，則文境自高，便覺情意緜緜，神餘言外矣。若稍差忒，即支離破碎，餖飣艱晦，失去風神疏淡之意境，及儀態豐美之情致了。

虛字在文章中，既有如此重要功能，究竟是如何形成的呢？中國文字，相傳創始於黃帝史臣倉頡，原未製造虛字，直到東漢許慎著說文解字一書，始將吾國所有文字，歸納成指事、象形、形聲、會意、轉注、假借六書。在此六書中，前四者爲創字之體，後二者爲用字之方；創字之體有盡，用字之方無窮。六書之有轉注假借，則文字之用，便產生諸多變化。關於轉注字之定義。許慎說文解字敍說：「建類一首，同意相受，考老是也。」段玉裁注說：「轉注猶互訓。注者，灌也，數字展轉互相爲訓，如諸水相爲灌注，交輸互受也。『建類一首』，謂分立其義之類，而一其首。如爾雅釋詁說：『始是也』。『同類相受』，謂無慮諸字意恉略同，義可互受相灌輸，而歸於一首，如初、哉、首、基、肇、祖、元、胎、俶落、權輿，其於義或近或遠，皆可互相訓釋而同謂之始也。」此對轉注字所具備的條件與意義，已說得很清楚。關於假借字的定義，許氏說：「假借者，本無其字，依聲託事，令長是也。」假借二字是以雙聲合成的同意複詞。所謂「本無其字」，是說原來無此字，故借他字來替代本字。所謂「依聲託事」是說依照其聲音，借已有的同聲字，把我們所要表出的事物，寄託在借來的字形裏，以表達其所要表達的意思。如許氏所舉的「令」，本意是「發號」，「長」本意是「久遠」。漢人稱縣令爲「令」或「長」，以縣萬戶爲「令」，統率萬戶爲「長」，縣令之「令」，與縣長之「長」，本無其字，因借「發號」之「令」，「久遠」之「長」。依此二字之聲，託以縣令縣長之事，此爲假借字所產生之原理。轉注與假借二者之爲用，都是以不造字爲造字的方法。轉注是解釋文字中「一義多字」現象，假借是解釋文字中「一字多義」現象。轉注因字音稍變，而多展轉引伸，另造新字，故文字孳乳日漸增多；跡近於演繹法；假借因字音相近而借用他字，以不造字爲造字，使文字孳乳受到控制，跡近於歸納法。這是轉注與假借二者指趣之不同。至於許氏以「本無其字」爲假借條件之一，但亦有「本有其字」的假借。誠如鄭康成所說：「其始書之也，倉卒無其字，或以音類比方，假借爲之，趣於近而已。受之者非一邦之人，人用其鄉，同言異字，同字異言，於茲遂生矣。」此一類假借之法，後人不明原委，不分彼此，而一以古通用釋之。其實鄭氏所說的是「用字的假借。」因古之作者，要用的某字，一時想不出，便採用聲音和它相近的別字來替代，也可以說是古人寫別字。後世習以爲常，約定俗成，也就把它視爲假借了。這與許氏

「本無其字」的假借條件不合。因爲許氏所說的是「造字的假借」，兩者不能混爲一談。前者爲「絕對的假借」，卽「本無其字」的造字的假借；後者爲「相對的假借」，卽「本有其字」的用字的假借。後人對用字的假借，卻只知用借字，而不再用本字了。如「專壹」之「專」，本作「嫥」，「省減」之「省」，本作「媘」。按說文：「專，六寸薄也。」「省，視也。」「嫥，壹也。」「媘，減也。」現在都只用借字，而不用本字了。再如習用的「男女」之「女」，借作「爾汝」之「汝」，「農田」之「田」借作「畋獵」之「畋」。又如人稱代名詞，如我、予、爾、汝、彼、他等字，都是「本有其字」的假借，它們是另有其本義的。其他的習用字，如標名字，形況字，語助字，也都是假用之義，不是本來之義，只因習以爲常，久假不歸，於是只知借義，而不明其本義了。

我們從周秦的典籍及新發現的商代甲骨文中去觀察，其中已有很多假借字，所以研讀古書，不明假借字，卽無由通解。在今日所用的字書中，一字之下，含義有多至一二十個不等，其中本義只有一個，便知轉注與假借的用字法，在文學中關係的重要了。胡秉乾說：「文字之用，惟假借不窮，經典之中，亦假借最夥」。由此可知能明假借文字之用，始能閱讀古書，了解古書。鄭樵通志略六書序假借第六說：「有有義之假借，有無義之假借，不可不別也。曰同音借義，曰協音借義，曰因義借音，……此爲有義之假借。曰借同音不借義，曰借協音不借義，曰語辭之借，……此爲無義之假借。……嗚乎！六書明，則六經如指諸掌；假借明，則六書如指諸掌。」由此可知明假借，乃爲了解六書，進而了解六經之必要條件。朱駿聲說文通訓定聲自敍說：「不知假借，不可與讀古書；不明古音，不可以識假借。」據此可知古音是何等重要，必先明古音，然後纔能識假借，然後纔能讀古書。這些都是說明假借字在中國古典文學中之普遍性與重要性。在我們現在日常所用的文字中，假借字甚多，不僅是常見的虛字而已。而虛字乃是一種純音符文字，所借之字，有義或無義，只可從當時當地之語音和文法結構中去探索。也就是說，由文字與聲音相連時，從辭氣間去體會，纔能了解他的意義與用途。這已說明虛字形成的由來，及其在古典文學中的功能是如何重要了。

自古迄今，不論駢散文與韻文，皆必有相助之虛字，纔能組成有意義的篇章。凡文人屬辭，必借助字之調節，此乃必然之理。縱觀古今語文法演變之大勢，周秦之古文，少用助詞連詞，語法嚴密不顯，然於誦讀涵詠之際，默加體察，於音節宣歇之間，又未嘗無自然之節奏，與後世之文，初無二致；而其為法，實寓於無法之中，出於自然而不可易。其後兩漢、三國、晉宋六朝及唐宋以來，語言文章之風格，雖因時代變遷而有不同，但其間之語助，實不能創異字以為用。尤其自唐宋以後，而助詞之用益顯，故其文風神散朗，能委婉曲折，助語言之神態。同時連詞之用也益顯，於是開闔順逆，抑揚頓挫，緩急高下之諸種變化，顯現於文章中之節奏，皆有法度可窺。

自來傳注家之解經，率多偏重於名物之疏通，而於表情傳神之虛字，每多語焉不詳。卽以訓詁著稱的爾雅方言而論，於聲近義通的轉注互訓之理，多所發明，而於依聲託事之假借字，雖有同聲通假之說，猶未能示人以顯明之途徑，使人有所遵循。而後之為文者，亦多知其然而不明其所以然之故。而說經者每於實義所在，則必明注之，而於難以言說之虛字，又多忽略過去，總是「某猶某也」，猶不出個所以然，等到猶無可猶之時，便以助字不為義了之。若是虛字在文法上和語意上既不為義，而無急切作用，那又何必用它呢！

今所謂虛字或助字者，古人叫詞。許氏說文詞下云：「詞，意內而言外也，从司言。」段注云：「有是意於內，因有是言於外也。謂之詞。」這就是說，發於外的言詞，是表達內在情意的。他又說：「意卽意內，詞卽言外，言意而詞見，言詞而意見，意者，文字之義也；言者，文字之聲也；詞者，文字之形聲合也。……有義而後有聲，有聲而後有形，造字之本也。形在而聲在焉，形聲在而義在焉。」這就是說，詞的意義是附屬於形和聲的。詞是有形體有聲音的文字，它的意思，當然要從其形和聲中去探求，不難索解。他又說：「詞者，意內而言外，从司言，此謂摹繪物狀，及發聲助語之文也。」這又說明了詞有描繪物狀及發聲助語之功能。卽此可知虛詞並非無義，只是比較空靈，「言詞而意見」罷了。所以我們研究虛字，當卽形以求其聲，循聲以探其義，便能對古書的微言奧義，得到正解。

關於虛字的形成與其內涵要意，已說明其概略，至於虛字解釋，直到清朝始有專著問世，以劉淇助字辨略開其先路，而後有王念孫讀書雜志，王引之經傳釋詞與經義述聞，吳昌瑩經詞衍釋，俞樾群經平議與古書疑義舉例，楊樹達詞詮，及裴學海古書虛字集釋等，相繼推出，都在疏通經義，貫串群籍，特重虛字訓釋，實有功於治學之士。惜初出之書，總難免有偏差，又未能著其條貫統紀，足以垂世而成定法。愈是後出之書，對前人都有匡正之處，雖見仁見智，或有不同，要皆心知其意，斟酌前言，各抒所見而已。卽是後學勝過前賢，亦踵事增華之自然趨勢，本不足以之驕人。而且他們的解說，能深入而未能淺出，不便初學，甚至有些地方，仍舊使人有雲霧迷濛之感。我們要眞正了解虛字涵意，就要看它在文句中所處的位次和所負之職務而定。中國文字有詞位之變化，而無固定之詞性，卽同是一字，要是詞位產生變化，而其所負擔之職務亦隨之變化，詞性和詞意也就不同。語文法之結構，是變化無方的，而詞的意思，也跟著語文法結構之變化而變化，亦是無定解的。要觀察它在整個文句中所處的部位及承擔的任務，隨著上下文義而付之以適當解釋，雖不中亦不遠矣。這已說明了虛字並非無義，而是無一定之意。也就是說，虛字的意義，是變化多端的。因此我們要瞭解虛字，就必須注意全句文詞的位次，先把文意弄清楚，然後再把文法結構加以分析研究，纔能明瞭虛字眞正含義之所在。否則總是有些茫然，實難以心領神會。

我中國古來無文法書，直到清季，始有馬建忠參照西洋文法，著馬氏文通一書，建立起中國文法學來。嗣後有楊樹達的高等國文法，黎錦熙的國語文法，以及周遲明的國文比較文法等，陸續問世，對於中國語文法都有相當貢獻，而虛字用法纔能使人了然於懷。文法學是一種有系統，有條理的科學知識，虛字在文句裏，一方面是句法結構的成分，同時又有表情貌、傳神態、達語言聲音的功能。他們把中國文詞分爲九大類：一、名詞。二、代名詞。三、動詞。四、形容詞。五、副詞。六、介詞。七、連詞。八、助詞。九、歎詞。這九類詞中的前五類，通常被認爲是實詞，究其實，這其中的代名詞和副詞，乃是半虛半實的詞，而後四者纔是眞正的虛詞。從前馬氏文通定詞的界限說：「凡字有事理可解者曰實字。無解、而惟以助實字之情態者曰虛字。」此說未能詳盡。近人許世瑛在其中國文法講話第三章裏說：「我們不妨先把詞分爲兩大類。一、實詞。二、虛詞。凡本身能表示一種概念的，是實詞。凡本身不能表示一種概念，但爲語言結構的工其的，是虛詞。實詞的分類，當以概念的種類爲依據；虛詞的分類，當以在句中的職務爲依據。」他又說：「在五類實詞中，以名詞、形容詞、動詞的意義最具體些，最實在些。限制詞（舊稱副詞）、和指稱詞（舊稱代名詞）的意義，就比前三類來得空洞一點，沒有那麼實在了。

虛詞的意義就空洞透了，是做語言結構的工具的，一共有兩種：（甲）關係詞（合介詞跟連詞）。它在句中的作用，只是用以介系或連系詞和詞或句和句的。……（乙）語氣詞（合助詞跟歎詞）。凡是用來表示一種語氣—驚訝、讚賞、慨歎、希冀、疑問、肯定等—的詞，都叫語氣詞。」他又說：「從前叫介詞連詞的，我們現在把它們合起來稱爲關係詞。從前叫歎詞助詞的，我們也把它們合起來，稱爲語氣詞；從前叫代名詞的，我們現在稱爲指稱詞；從前叫副詞的，我們現在稱爲限制詞。其他詞類的名稱，是仍舊一致的。」他這番話，已把虛字的功能和界說，說的已清楚，同時又把舊有的詞類加以歸併或正名，意見也是很可取的。

關於虛字的界說與範疇，已略述如上。虛詞全是表示語法作用，做語言結構的工具，承擔任務的，它比實詞難於捉摸。特別是文言虛字用法，跟白話有所不同，而且繁複得多。如代他稱的「之」「其」，在語體文就沒有和它恰好相當的詞。至於虛詞的關聯作用，文言和白話也不完全相同。現在再把所謂指稱詞、限制詞、和最要緊的關係詞和語氣詞四大類，分別舉例說明其梗概於後：

㈠指稱詞：指稱詞原爲代名詞，又名指代詞或指示詞，名異而實同。這些詞，幾乎全不是用它們的本義，而是借用它們的聲音做符號，用來代替人和事物名稱的。這可分爲三類：一是用來指人的叫「人稱代詞」。又叫三身詞。代自稱的，如「吾、我、余、予」等，代對稱的，如「爾、女（汝）、若、乃」等，代他稱的如「之、其、彼、夫」等。這類代稱詞，在早期文言裏，沒有加量詞「儕、輩」等以標明複數，全靠讀者從文意中探求。一是用來指別人和事物的叫「指示代詞」，表近指的，如「此、是、斯、玆」等，表遠指的，如「彼、夫」等。一是用來表疑問的叫「疑問代詞」，問人的如「誰、孰」

等，問行動性態的，如「何、焉、如何」等。此外還有無定指稱詞，如「莫、或」等。數量指稱詞，如「數詞」、「每、各」等。

㈡限制詞：限制詞前人叫副詞，或區別詞，是區別或限制動詞、形容詞的詞。其中有表程度的限制，如「極、最、至、甚、已、泰」等，一般是修飾形容詞的，也可修飾表心理活動的動詞。有表時間的限制，如「已、既、方、始、今、昔、初、終」等，其中「今、昔」本是名詞，常和「者、也」結合，用在句首，如「昔者、今也。」有表判斷的限制，如「必、固、可、能、果、誠」等，常用「必、固」等來表肯定的判斷。有表否定的限制，如「未、非、莫、末、不、無」等，如「未」對動作完成的否定，「非」對事物判斷的否定等。有表地位的限制，如「內、外、上、下、後、先」等。有表疑問的限制，如「何、奚、焉、安、惡、曷」等。有表次數的限制，如「亦、又、再、復、屢、亟、仍、數（ㄕㄨㄛ）」等。有表動態的限制，如「來、去、反、復、起、往」等。

㈢關係詞：關係詞原爲介系詞和連系詞的綜合名稱，現在仍把它們分開來說，因爲它們的功能還是略有區別的。

（甲）介詞：介詞是用來介紹實體名詞或指稱詞到動詞（包括用作述語的形容詞）上去的詞。就介詞所介的詞或語句的位置來說，有前置後置之別。再就介詞所介的詞或語句的關係來說，又可分爲時地、原因、方位、領攝四種。前三種，如時地介詞「於、在、自、向」等，原因介詞「以、由、因、緣」等，方位介詞「爲、用、與、比」等。在文言介詞中以「於、以、爲、與」等詞最常用，但「於、以、爲」三個詞含義廣泛，「於」表所在，有「在、向、到」等意，表所從，又有「自、由」等意。「以」

表所因，有「因、緣」等意，表所用，又有「拿、用」等意。「爲」表所爲，有「替代、爲了」等意。而「於」和「爲」又都有「被」意，「以」和「爲」也都有「因」意。而「在……」表處所，必在動詞前，「於……」就常在其後，雖變化多端，也都有規律可循。（說見洪北江編著漢文文言語法。）這前三種的介詞，大都放在所介的詞或語句之前，故可統稱前置介詞。只有第四種表領攝關係的介詞「之」字，必須放在所介的詞或語句之後，故可稱爲後置介詞。這個後置介詞「之」字，就它所介的性質和效用來辨別，又可分爲表統攝性和主從性及修飾性三種，這是它的特殊用法，故稱之爲特別介詞，在文言裏用得最多，這裏不必細說。

（乙）連詞：連詞是連接詞和詞，句和句，節和節，以表示它們相互連絡關係的詞。可用它來連接單句的複成分，複句的各成分。其連接形式，有等立的，或主從的，或陪從的，以及獨立的各種句子和章節。有時也連接句中的不同成分。就它在文句中所表示的意義與功能及關係來說，可分爲等立和主從兩大類。

第一類表等立的連詞，又可分爲平列、選擇、承接、轉接四種：

①平列連詞：平列連詞，是用它來連接平列的詞或語句的。其中又可分爲等價和進層的兩項。表等價的，常用「與、以、於、爲、及、暨、惟、且」等字做連繫。表進層的，又有多種不同形式。有表挨次推進的，常用「既……而又……」「既……而……又……」，「既……而後……」等做連繫。有表遞進的，卽撇開前一層引進後一層的，如「況……且……」，「非獨……亦……」，「豈非……抑……」，「不惟……豈復……」，「不惟……固……」等做連繫。有表承認前一層又推進後一層的，常用「固……愈……」，「固……更……」，「固……亦……」，「固……又……」等做連繫。還有表漸進的，是

由淺一層而又深汲一層的，常用「猶……況……」，「尙……況……」，「且……況……」，「猶且……而況……」，「尙且……而況」……」，「況……又況……」等做連繫。這都是表較量的反激進層的關係詞。此外還有甚至、甚者、甚至於、乃至、乃者、乃至於等詞，用在複句的次句之首，以表進層連繫。

②選擇連詞：選擇連詞又可分爲表商酌和相消的兩種。表商酌是用在分舉兩種以上的事理，以待商榷的文句中，以用一對爲常，但也有單用一個在後句之首的。表相對的，常用「或……或……」，「將……抑……」，「寧……將……」等。單用的，常用「若、如、抑、意、其、且」等字。表相消的，是用在並舉兩種事理不相容的文句中，表示非此卽彼，二者必居其一之意。如並舉事理，必用一對，如「非……則……」，「不……則……」，「不……不……」等便是。若反推因果，常用一個「否、不然、否則、否者」等做連繫。

③承接連詞：承接連詞又可分爲順序的，類及的，推證的三種。表順序的連接，是依時間或事勢的程序，繼續的接下去，如表事效相因的，常用「而後、而往、然後、然則」等。表事勢相承的，常用「而、以、如、若、則、卽、斯、此、焉、從而、於是、已而、旣而」等。表類及的連詞，是依事理之相近或相反，連帶說到其他事理，常用「至、乃、夫、至若、若夫、今、且、今夫、且夫」等。至於表推證的連詞，是承上文事實，而加以解釋或證明。有時就上文之事理而加以推論或判斷，所用的連詞或連詞短語，就中可從兩方面說。重在解釋或證明的，常用「如、若、而、譬、例如、譬若、何也、何者、總之、要之、總而言之、要而言之」等。重在推論或判斷的，常用「蓋、殆、乃知、可見、由此言之、由是觀之」等。

④轉折連詞：轉折連詞又可分爲重轉、輕折、和意外的三種。表重轉的連詞，是反對上文，表示相反的意見或事效的，如「然、而、如、然而、惟、獨、惟有、獨有」等都是。表輕折的連詞，是限制上文，表示部分相反的意思。如「而、乃、雖、然、顧、但、獨、特、惟」等都是。表意外的連詞，是打消前文，表示出乎意外的無可如何之意。如「而、乃、顧、不意、豈知、誰知、反而、無如」等都是。

第二類表主從的連詞，又可分爲表時間、因果、假設、範圍、讓步、比較、陪從等七種：

①表時間的連詞，是借用表時地的介詞「在、於、自、從」等。此外沒有專用的詞，是用在主從複句中的從句之前，以表連繫。

②表因果的連詞，常用「以、故」等，用在因果關係的複句中。有時連用兩個，以相呼應。如「以……爲……」，「以……故……」，「因……故……」便是。這又可分爲溯因和述果兩式，都是借用表原因的介詞「以、由、因、緣」等。也都放在主從複句的從句之前，以表連繫。還有解釋語意用的，用在主句和從句之間。如「何則、何者」等，兼有追溯事由和表明動機的雙重效用。至於述果連詞，又可分爲表事實和推量的兩種。表事實的，用在主句前，如「故、肆、是故、是以、因此」等。表推量的，如「則、即」等，也放在從句之前。

③表假設的連詞，總是用在主從複句的表假設的從句之上，這個主從複句的位次，文言通常是從在主前，所用的詞，如「若、苟、如、設、使、即、令、假、借、鄉使、設如、設或」之類都是。

④表範圍的連詞，總是用在複句的表範圍的從句之前，但有時也用在主句之前或後，隨語氣而安，本無定所。此類連詞，有表積極條件範圍的，或提條件，或表方法，所用的詞，如「第、惟、以……爲限」

之類是。有表消極範圍的，有排除、打消部分的意思。如「非、微、舍、除、除非、除……外」之類是。還有表範圍條件的，如「任、憑、無論、任憑」之類是。

⑤表讓步的連詞，總是用在主從複句的表讓步的從句之前。這個主從複句的位次，通常也是從在主前。所用的詞，可分爲兩類。一是表事實的容認，如「雖、惟、自、固、雖然、雖則、固然、固是」之類是。一是表心理之推宕，如「使、令、縱、就、縱令、卽使、縱然」之類是。

⑥表比較的連詞，總是用在表比較的主從複句中，其位次或在主句前，或在從句前。至於主從複句的先後位次，或主在前，或從在前，也不一定。這又可分爲表平比和差比兩類。表平比的，如「而、若、如、似、猶、譬、況、比」之類是。表差比的詞，是用來表程度的優劣。表過於所比的，用「愈、越」等字，表不及所比的，只有一個「差」字。這兩類詞，都是借表所比的介詞，它本身沒有專用的詞。此外還有表審決的連詞，是就差比的兩端，再加以審察決定，所用的詞，主從各有一個，互相呼應。如「與……寧……」，「與……豈若……」，「與……不如……」，「與其……孰若……」，「與其……寧可……」之類是。

⑦表陪從的連詞，是用它來連接句中不同的成分，是連詞中的一種特別用法。但這種詞，在文言裏只有一個「而」字，如今語體文中沒有和它相當的詞，也只好仍舊沿用它。

綜觀所舉連詞諸例，其中除了單借實詞「之、而、於、所、則、且、蓋、但、抑、使、亦、又」等字作連詞外，其餘的無論是單詞或複合連詞，都是由指稱詞、動詞、形容詞、限制詞、介詞、及其他的詞轉化與混合而成的。觀察上文所引各種連詞的實際情形，便能知其概況。無須再加細說。只是因爲連詞，既多由他詞轉化而成，自然就易於和他詞相混雜，尤其連詞與介詞的本身，即有部分用詞相同，究竟要如何辨別，纔知那是連詞？那是介詞呢？關於這一問題，可從兩方面說明。首先要知道表平列的等價連詞，和表所共的介詞，同用「與、及」等詞，一面作連詞用，一面又用作介詞，它們的分別，只是由於句法組織不同。連詞兩端所連的詞或語句，在語法上是同位的，又可對調的。介詞所介紹的詞或語句是副位，不能和主位對調。因為前者是主從句，後者是包孕句。如論語里仁篇：「富與貴，是人之所同欲也。」與微子篇：「孔子下，欲與之言」裏的兩個「與」字，雖都作「同」解，但前者「富」跟「貴」同在主位，並可互調，故「與」為連詞。後者孔子是主位，「之」指代楚狂接輿，是副位，不能和主位對調，故「與」是介詞。又孟子梁惠王篇：「予及女皆亡。」與同篇：「爰及姜女，聿來胥宇」裏的兩個「及」字，也都作「同」解。上句的「予」和「女」同在主位，可以易位，故「及」為連詞。下句「爰及姜女」的句首省卻主位「大王」字樣，「姜女」是副位，不能與主位對調，故「及」為介詞。其次要知道表因果關係的連詞，跟表所因的介詞，同用「以、為、因、由」等字。表範圍關係的連詞，跟表所除的介詞，同用「非、微、舍、除、除非、除……外」等字樣，它們的分別又在那裏呢？因為前者是在主從複句中，用它們作連繫，便是連詞；後者是在複句中，用它們介出副位名詞句和它的母句結合成為包孕複句，便是介詞。因此，這類連詞和介詞的辨別，即是主從複句和包孕複句的辨別。這就是說，用它們來連接主從複句的主句和從句的是連詞。用它們來介出包孕複句的副位名詞句給母句動詞的便是介詞。觀察這兩種不同的語法，即可辨別其中的道理。

(四)語氣詞：語氣詞原是包括助詞跟歎詞的混稱。這兩類詞，雖然同是助語氣，但歎詞獨立於句外，以表示說話的情緒與神態，和一般與文法結構有關的助詞不同，玆分別說明於後：

（甲）助詞：助詞是用來幫助詞或語句，以表示說話神態的語氣詞。文言裏的語氣詞，所表示的語音跟語意，比較難以言說，因爲這類詞是標音性質，古今語音的變化甚大，用今日的語音很難比擬恰當。這類詞雖不多，實際上這有限的幾個，而其所表示的語氣卻很繁複。有時文言一個語氣詞，它本身既有諸多變化，而每一個又可相當於白話好幾種語氣，如「也」字便是。還有在白話裏沒一個語氣詞跟文言的「者」字恰好相當。這並不是說現代語的語氣詞貧乏，而是古今語音之差距實在太遠了。而且這類詞的本身，並無多大意義，它只是代表一種聲氣的文字符號。前人叫做發語詞或發端詞。就它在文句中的部位來說，可分爲句首、句中、及句末三大類型。用在句首的可以幫助發聲，前人叫做發語詞或發端詞。這類語首助詞，在早期語文裏用的比較多，如「於、爰、越、粵、曰、惟、云、亦、洪、載、思、蓋、故、夫」等，這在現代語裏，並無此須要。其次爲句中助詞，只有幫助語氣之提頓，如「者、也」等，也比較容易解說。普通所謂助詞，也就只有語末助詞這一類最緊要了。語末助詞就它的功能上辨別，可分「決定助詞」和「疑問助詞」兩大類。「決定助詞」又可分爲「助語氣之完結」，「助語氣之堅定」，「助語氣之限制」，「助語氣之情態」，及「助語氣之商決」五項。而「疑問助詞」，亦可分爲「助然否之疑問」和「助抉擇或尋求之疑問」及「助驚歎的疑問」三項。玆分別述其概略於後。

㈠表決定性的助詞，可分爲下列五項：

①助語氣之完結：在決定助詞中，表語氣完結的，不外用「矣、已」二字。「已」爲語終助詞，與「矣」同義。然在實際應用方面，以用「矣」爲常。「已矣」連用，和單用「矣」或「已」相同，都當白

話「了」字。有用「矣」或「已」助判定事理之完結語氣的，如論語學而篇：「愼終追遠，民德歸厚矣」。爲政篇：「攻乎異端，斯害也已」便是。有用「矣」助已然之完結語氣的，如論語泰伯篇：「昔者吾友，嘗從事於斯矣。」衞靈公篇：「道之不行，已知之矣」便是。有用「矣」助虛擬之完結語氣的，如論語里仁篇：「苟志於仁矣，無惡也。」子罕篇：「吾何執，執射乎？執御乎？吾執御矣」便是。有用「矣」或「已」助請求與勸阻性的完結語氣的，如論語顏淵篇：「回雖不敏，請事斯語矣。」陽貨篇：「末之也已，何必公山氏之之也？」孟子梁惠王篇：「王欲行王政，則勿毀之矣」便是。

②助語氣之堅定：在判斷助詞中，表語氣堅定的，以用「也」爲主。如論語爲政篇：「夷狄之有君，不如諸夏之亡也。」這是相對的判斷事理的句子，上句君下省「也」字。先進篇：「子曰：回也，視予猶父也，予不得視猶子也。非我也，夫二三子也。」顏淵篇：「子曰：是聞也，非達也。」這都是用「也」對整句文意相對的加以肯定或否定的判斷，故此類「也」字，都是表堅定的語氣詞，跟表語氣完結的「矣」情意不同。

③助語氣之限制：助語氣限制的詞，以用「而已」和「耳」爲主。「而已」二字，原非助詞，「而」是連詞，「已」作「止」解，是動詞，和上面作助語氣完結的「已」意思不同。如論語泰伯篇：「有婦人焉，九人而已」。孟子梁惠王篇：「言舉此心加諸彼而已。」這類表示限止意味的「已」，和「而」混合成「而已」，習用久了，便化合爲水乳交融的複音助詞，無法再加分解。但「而已」反切則爲「耳」，「耳」便是「而已」的合音，語意相同。還有一「爾」，也和「而已」跟「耳」有同樣的功能。如論語鄉黨篇：「便便言，唯謹爾」，陽貨篇：「前言戲之耳！」「爾」和「耳」並與「而已」同意，都相當

於「罷了」。這「罷了」的「罷」本是動詞，和「已」同意，也作「止」解，跟「了」字合用，便構成複音助詞。故「而已」跟「耳」或「爾」，都可翻成「罷了」或「就是了」，以表示限止並帶有決定、承認的語氣。

④助語氣之情態：助情態的語氣詞，大致可分兩種。一是增强語氣之確定，以用「也」爲主。此外「矣、焉、耳、已、然」等，也有同樣的功能，大都用在語句之末。其次是提起特重語氣，亦以用「也」爲主，此外有「矣、焉、者」等，都要提前在主語後，讀時音調要特別加强，以表語氣之提頓。如論語先進篇：「若由也，不得其死然。」陽貨篇：「古者民有三疾，今也或是之亡也。」微子篇：「吾老矣不能用也」便是。亦有連用「也者」提前的，如爲政篇：「孝弟也者，其爲仁之本與」便是。

⑤助語氣之商決：表商決的語氣詞，以用「夫」爲主，此外有「乎、與、也（邪）、矣」等。這又可分爲三小類。一是助揣測事理的語氣，如論語雍也篇：「居簡而行簡，無乃太簡乎！」孟子梁惠王篇：「王曰：若是其甚與！」告子篇：「率天下之人而禍仁義者，必子之言夫」便是。一是助自己裁量的語氣，如論語述而篇：「唯我與爾有是夫！」泰伯篇：「吾知免夫！」孟子梁惠王篇：「王欲行之，則盍反其本矣！」滕文公篇：「然則治天下，獨可耕且無與！」同篇：「知我者，其爲春秋乎」都是。一是助向人商請的語氣，如論語雍也篇：「井有仁焉，其從之也？」子路篇：「何如斯可謂之士矣」便是。這三類表商決的語氣詞，亦多少略帶疑問語氣，是意近而有別的。

㈡表疑問性的助詞，可分爲下列三項：

①助然否的疑問：通常用「乎」作疑問助詞，此外用「與、也、哉、諸、矣」等。這又可分爲兩組：

一是表有疑而詢問的語氣，如論語爲政篇：「子張問：十世可也？」八佾篇：「或曰：管仲儉乎？」憲問篇：「是知其不可爲而爲之者與？」孟子梁惠王篇：「文王之囿，方七十里，有諸？」這都是以詢問求答爲目的的例句。一是無疑而表反詰的語氣。如論語學而篇：「子曰：學而時習之，不亦說乎！」爲政篇：「大車無輗，小車無軏，其何以行之哉！」顏淵篇：「雖有粟，吾得而食諸！」憲問篇：「子曰其然！豈其然乎！」孟子梁惠王篇：「臧氏之子，焉能使予不遇哉！」公孫丑篇：「齊人無以仁義與王言者，豈以仁義爲不美也！」同篇：「不遇故去，豈予所欲哉！」在這類反詰語中，上面每用表反詰性的副詞「不、豈、其」和疑問代詞「何、焉」等，與下面表反詰而兼疑問的助詞相呼應。疑而有不疑者在，並略帶推測和感歎諸種意味，表情最爲複雜。

②助抉擇或尋求的疑問：表示抉擇的疑問語助詞，通常用「與、乎、也、哉、諸、矣、焉、爾」等，如論語學而篇：「夫子至於是邦也，必聞其政，求之與？抑與之與？」孟子梁惠王篇：「滕，小國也，間於齊楚，事齊乎？事楚乎？」滕文公篇：「有楚大夫於此，欲其子之齊語也，則使齊人傳諸？使楚人傳諸？」這都是舉出兩種相對事理，讓人抉擇其一的句子，中間每用「抑」字作連繫，但也有省去不用的。表尋求的疑問語助詞，通常也用「與、也、乎、哉」等，如論語爲政篇：「樊遲曰：何謂也？」先進篇：「如或知爾，則何以哉？」子路篇：「既富矣，又何加焉？」孟子梁惠王篇：「今恩足以及禽獸，而功不至於百姓，獨何與？」萬章篇：「敢問國君欲養君子，如何斯可謂之養矣？」這類文句中，上面多用疑代詞何字和下面表疑問的助詞相應。這兩類疑問句，也都以求答爲目的。

③助驚歎的疑問：是以兩個疑問助詞合用的，這只有雙合的一種，也只有「乎哉」一式。如論語顏淵

篇：「爲仁由己，而由人乎哉！」憲問篇：「子貢方人。子曰：賜也賢乎哉！夫我則不暇。」這類雙合的「乎哉」，和單用「乎」或「哉」的詞意相同，只是語氣較婉曲。但這並非表眞性的疑問助詞，而是表反詰兼驚歎性的疑問語氣詞，它和「不……乎」，「豈……哉」裏的「乎」和「哉」語意相類。

（乙）歎詞：歎詞是獨立的語氣詞，是用它來表示說話的情緒和神態的。不必附屬於別的詞或語句上，以傳聲表情爲主，它本身並無固定意義。它既獨立於句外，對於句法組織沒有直接關係，和其他直接幫助語句的語氣詞不同。只是因爲人們自身因外境所觸發的情感不同，也就採用種種不同的感歎詞，來表達內心中的種種不同的感情，而發出種種不同的聲音。故感歎詞，又名感聲詞。如表驚訝或贊歎的，則用「於、烏、惡、噫、嗚乎」等詞。表感傷或痛惜的，則用「噫、唉、噫嘻」等詞。表憤怒或鄙斥的，則用「嗟、嗟夫、嗟乎」等詞。表呼喚或應諾的，則用「來、喂、諾」等詞。這類詞，都是隨感設施，而無定式。遇甚麼事，有甚麼感想，便用甚麼感聲詞來描繪其心中不平就是了。

關於虛字的形成與類別及其功能與使用概況，已約略言之。至於論孟之義理，似平易而實高深，未易窺測其涯涘；本書對於經文的精微之旨，無所闡發，只作分文析字功夫，衷心至感惶恐不安。卽偶有所見，未必卽是；若一有執著，卽流於穿鑿，以求强通，而窒塞參悟之途，那就誤人不淺了。本書編寫之動機，一則有鑒於爲學之青年，對於文言虛字用法，不求甚解，所產生的不良後果，造成寫作上諸多錯誤。因此，乃搜羅論孟中常用虛字若干，加以疏解，使其對虛字用法有所了解，以解除寫作上之困難問題。再則以退休多暇，無以排遣晚年歲月，乃翻閱往常讀書札記，從皮擱多年而被塵封的故紙堆裏檢出是項資料，加以整理補綴及擴充而成。其資料多失之陳腐，若只以博觀强記，搜集群言，規規於考訂訓詁之細微，沈溺於聲調格律之中，固難契合經文之微言奧指；即是巧爲彌縫，不能別出心裁，亦難以寫成可讀性的作品。良以實字易解，虛字難釋；全憑意識以爲推求，列舉聲氣以相參證，頗有力不從心之感。又以虛詞能表達言外之意，爲文章精神命脈之所繫。若不明瞭虛詞內涵的神、理、氣、味，非獨不能爲文，抑且不能閱讀古書，故不揣淺陋，乃勉力爲之。竊以虛詞解釋，雖爲訓詁學之末技，卻未可以等閒視之。以等閒之人，作此非等閒之業，雖歷經累年，日事磨礱，乃僅成此著。要皆實事求是，心知意而爲之。儻或言而有得，則於青年治學爲文之道，或可不無小補。然而智者千慮，難免一失，況予以駑鈍之資，涉獵不精，必是得少失多，尙祈讀者有以起予！

凡例

一、本書採取虛字的範圍，僅以論孟爲限。因論孟爲通五經之關鍵，六藝之津梁，在中國文化中，爲人們必讀之書。而其中已具備了通常應用的虛字，計共蒐輯單詞二百二十一個。至於連合運用的複音助詞則未計算在內。

二、本書解釋虛字的重點，以關係詞（介詞跟連詞）和語氣詞（助詞跟歎詞）爲主體。但於比較空靈的指稱詞及部分表修飾性的限制詞，或有轉化爲繫詞及助詞的可能，通常被認爲是虛字的，間亦隨文疏解，這在體例上來說，是不甚醇粹的。

三、本書釋詞之依據，參稽漢唐以來諸儒解經之傳注及義疏，並涉獵清代諸賢有關經詞解釋及當代國文法之著作，汎濫群言，博採衆說。取材有同於舊說者，乃本乎人心之同然，理自不得而異；有異乎前論者乃出諸師心之異趣，勢自不得而同。此乃情理之常，並無好異逞奇之意。至於採用前人之說，出自何人何書，亦皆隨文注明出處。但於普通之義，應爲常人所習知者，則未之交代，以其不嫌掠美之故也。

四、本書對於前人已解釋之詞，每遇衆說紛紜，見仁見智之處，勢必仔細衡量，以定取捨；而於參酌己意時，又必愼防其有所偏差，而失之武斷，此乃研究工作之一大難事也

五、本書解釋虛字，雖仍沿用前人「某猶某也」的說法，但同時並說明其相當於白話某字。務求淺顯明白，

通俗易曉。並用現代語文法的知識，以定其詞位，辨其詞性，說明其在語法上之功用如何。遇有字同而詞性異，或字異而詞性同者，則又在各字之下，分別舉例疏通，相互參證，力求詳實，而說明其所以然之故。

六、本書釋詞之層次，是先指稱詞跟限制詞，然後關係詞，最後爲語氣詞，循序演進，以求條貫，不至紊亂。

七、本書所釋之詞，依照一般字典，以筆畫多寡爲先後之次序。

八、本書所釋之詞，一以「△」符號標其右側，以資醒目。

附記：本書於去暑屬稿甫成之初，仰承老同事劉君善暄冒暑審核一過，並提示寶貴意見，以供修訂。敬此致謝。

一九八〇年七月十八日倪志僩謹記

目次

論孟虛字集釋

一畫

一

「一」是數詞的起點，是個形容詞。引申爲行動的起點。它具有單獨、統同、全盡諸義。又有表示時間、程度、範圍等限制作用，那就由實數轉化爲虛數了。前人常用「一」表少數，「三」表多數，「九」表更多數。清人汪中有釋三九一文，謂此等數詞，用它表物量或動量，往往不是定數，而是活用的虛數。所言甚是。

①一：爲數之始，轉爲表示行動的開始，其義爲「初」。作起初，開頭講，是個修飾動態的限制詞，前人叫副詞。如：

孟子梁惠王篇引尚書仲虺之誥曰：「湯一征，自葛始。」朱熹四書集註（以下簡稱朱注）：「一征，初征也。」「一」和「始」「初」同義，言湯王初次征伐，卽從葛國開始。與滕文公篇：「湯始征，自葛載。」語義相同，祇是換「一」爲「始」，換「始」爲「載」，可見「一、始、載」三字，古義相通，可以互訓。又告子篇：「一不朝，則貶其爵；再不朝，則削其地」裏的「一」，與「初」同義，作「初次」講。下文有「初命」、「再命」之語，可證。

②一：爲統一之詞。如：

論語里仁篇：「參乎！吾道一以貫之」裏的「一」，指忠恕一貫之道，爲「統一」之「一」，言以此統然之一理，泛應一切事物之理，而無盡期。孟子梁惠王篇：「孟子見梁襄王，出語人曰：望之不似人君，就之而不見所畏焉，卒然問曰：『天下惡乎定？』吾對曰：『定於一。』『孰能一之？』對曰：『不嗜殺人者能一之』」裏的「定於一」之「一」，是個限制詞，指政權之統一。兩「能一」之「一」，也是統一之意，是形容詞用如動詞。就此可知數詞用在指代詞「之」前，常是用如動詞的。

③一：爲相同之詞。如：

孟子滕文公篇：「世子疑吾言乎？夫道一而已矣」裏的「一」，是指人道之相同。「夫道一而已矣」，是說「大凡做人之道，只是根據人的同一善性的道理行事就是了。同篇：「且天之生物也，使之一本，而夷子二本故也」裏的「一本」，謂同一本原。這就是說：「並且上天化育萬物，使它們各自從同一本原產生，父母是子女的唯一本原，而夷子兼愛世人，不分親疏等差，把他人的父母看作自己的父母，他的思想錯誤，就是他有兩個本原的緣故。」離婁篇：「先聖後聖，其揆一也」是說：「聖人之生，雖有時代先後之異，但他們揆度事物之理，總是相同的。」萬章篇：「唐虞禪，夏后殷周繼，其義一也。」是說：「他們得天下的形式，雖有讓賢傳子之別，但其間的道理，則是相同的。」同篇：「貴貴尊賢，其義一也」言尊重貴人和尊敬賢人，那道理都是一樣的。告子篇：「不以賢事不肖者，伯夷也；五就湯，五就桀者，伊尹也；不惡汚君，不辭小官者，柳下惠也。三子者不同道，其趨一也。」是說這三個人攝身行事，雖行徑不同，但他們趨向於仁道，則是一致的。

④一：爲單獨之詞。如：

論語堯曰篇：「百姓有過，在予一人」「一人」就是獨自一人，並非一個人的意思。是說百姓犯了過，應該由我獨自負責。孟子梁惠王篇：「殘賊之人，謂之一夫，聞誅一夫紂矣，未聞弒君也。」「一夫」就是獨夫，卽孤單的一人。書泰誓：「獨夫紂，洪惟作威。」卽此可證「一」就是「獨」的意思。滕文公篇：「一薛居州，獨如宋王何？」「一」與「獨」相應，並是意思相同的限制詞。在特定名詞前加數量詞以表限制，「一薛居州」，等於說「一個善士」，已把特定名詞轉爲普通名詞了。

⑤一：爲專執之詞。卽專一和偏執之意。字或作壹。如：

孟子公孫丑篇：「曰：志壹則動氣，氣壹則動志。」「壹」爲一之大寫，是專壹不貳之意。焦循孟子正義（以下簡稱焦氏正義。）：「持其志使專壹而不貳，是爲志壹；守其氣使專壹而不貳，是爲氣壹。」這專壹不貳就是偏執一方之意。盡心篇：「子莫執中，執中無權，猶執一也。所惡執一者，爲其賊道也，舉一而廢百也」裏的「執一」和「舉一」之「一」，都是偏執不全之詞，就是局限於某一方面的意思。

⑥一：猶皆、猶悉、猶舉，是個限制詞，表全盡之義。「一」既可訓獨一、專一，但也可以表全體，如一切、一概都是。（這裏所謂某猶某的「猶」，本譬況之詞，是訓詁學上常用的術語之一。凡是遇到某字需要解釋時，而沒有適當文字直接的以表達其正確義界，只好用通訓的間接手法。按段玉裁注說文條例。他說：「凡漢人作注云猶者，皆義隔而通之。」所謂義隔而通之者，就是某猶某的某字，義本相隔，不能訓釋某字的本義，而祇能假借音義近似的他字以爲訓，這就是通訓。餘皆放此）如：

孟子梁惠王篇：「願比死者，一洒之。」「一」爲全盡之義。是說：「願意替那些戰死的人，所受的恥辱完全洗去。」（說見裴學海古書虛字集釋，以下簡稱裴氏集釋。）公孫丑篇：「尺地莫非其有也，一民莫非其臣也」裏的「一民莫非其臣。」是說沒有一個人民不是他的臣子。也可以說，天下所有的人民皆是商紂的臣子。離婁篇：「巨室之所慕，一國慕之。」盡心篇：「一鄉皆稱原人焉」裏的「一國」、「一鄉」，就是擧國擧鄉的意思。

⑦一：爲少之之詞。有僅此之義。當白話「只、只能、只是、只有、不過、僅僅、獨獨」等語意。這也是由表數量的形容詞轉爲限制詞的。如：

孟子梁惠篇：「此匹夫之勇，敵一人者也，王請大之。」言匹夫之勇，祇能敵一人而已。公孫丑篇：「思以一毫挫於人，若撻之於市朝。」謂卽使祇是一根毫毛受人糟踏，就像在市場上當衆被人毆打一樣的可恥。滕文公篇：「一齊人傅之，衆楚人咻之。」萬章篇：「非其義也，非其道也，一介不以與人，一介不以取諸人。」告子篇：「萬室之國，一人陶，則可乎？」盡心篇：「楊子取爲我，拔一毛而利天下不爲也。」這類複句中的「一」，大部和衆多之意相對爲言，皆僅此，不過之義。又盡心篇：「殺人之父，人亦殺其父；殺人之兄，人亦殺其兄；然則非自殺之也，一間耳！」這「一間耳」，就可以翻做「乃祇間隔一人而已」或「僅隔一人罷了」和「纔隔一人罷了」。此類數詞的含意，本屬虛浮無定，恆視語言之旨爲轉移，言其少則必降之爲一，但不必拘泥於一，爲之解說，言其多則必增之爲十百千萬，此乃屬辭比事之常規。

⑧一：表時間之短暫。常和時間詞結合成一日、一朝、一旦等。如果指過去，卽表頃刻之時間；若是指

未來，則表假設條件。如：

論語里仁篇：「有能一日用其力於仁矣乎？我未見力不足者。」這「一日」，乃是虛設之詞，並非實指一天時間，是在暗示人們意志昏惰，不肯片刻用力行仁之意。顏淵篇：「一朝之忿，忘其身，以及其親，非惑與？」「一朝」猶言「一日」，也是指的片刻時間。此類表時間的數量詞，都是表假設條件的虛擬之詞。孟子梁惠王篇：「文王一怒而安天下之民。」「一怒」猶言一旦震怒。有急遽倏然之義。滕文公篇：「昔者趙簡子使王良與嬖奚乘，終日而不獲一禽。嬖奚反命曰：『天下之賤工也。』或以告王良。良曰：『請復之。』彊而後可，一朝而獲十禽。嬖奚反命曰：『天下之良工也。』」在這繁複的敍事句裏，「終日」和「一朝」相對，極表時間的久和暫；「一」與「十」相比，極言數量的少與多，皆爲虛擬之數，而非實然之詞。離婁篇：「是故君子有終身之憂，無一朝之患。」「終身」與「一朝」，在時間上作久暫的對比。同篇：「一正君而國定矣。」「一」爲一旦之省文。告子篇：「雖與之天下，不能一朝居也。」盡心篇：「雖加一日愈於已。」此類一朝、一日，都是表假設條件，表片刻的短暫時間。

⑨一：猶或。用作兩設的關係詞，表不定的忽倏之意。是兩件事同時發生，相並進行，在時間上密接不分，卽使有前後，也沒多大距離。表示這種關係的詞，文言用「一則」，白話用「一方面」。如：

論語里仁篇：「父母之年，不可不知也。一則以喜，一則以懼。」王引之經傳釋詞（以下簡稱王氏釋詞）。訓「一」爲「或」。吳昌瑩經詞衍釋（以下簡稱吳氏衍釋）。云：「則、或也，言忽或以喜，忽或以懼也。」都是訓「一」爲「忽倏」之「忽」。日人竹添光鴻論語會箋（以下簡稱竹氏會箋）。引呂晚村的話說：「喜懼原一時並集，不分先後彼此。一則以，是一合急語，非兩開語也。」諸說並可取。又孟子梁惠王篇：「一遊一豫，爲諸侯度。」趙岐孟子注（以下簡稱趙注）。云：「若遊若豫。」是趙氏訓「一」爲「若」。按「若」原可訓爲「或」，故這句文字可譯爲「天子或遊或樂，都可以做諸侯的模範。」不過這個「或」，是若或、偶或之義，而非忽或之義。

二畫

乃

「乃」本爲曳詞之難（見說文）。是個限制詞。段注：「曳有矯拂之意，曳其言而轉之，若而、若乃、皆是也。乃則其曳之難者也。春秋宣八年，日中而克葬，定十五年，日下昃乃克葬。公羊傳曰：『而者何？難也；乃者何？難也。曷爲或言而？或言乃？乃難乎而也。』」又何注：「言乃者內而深，言而者外而淺。」按「乃、然、而、汝、若」，爲一語之轉，故乃又訓汝也。關於「乃」字用作虛詞的說明，已略盡於此。乃，古作迺。

①乃：猶而。爲難詞，表稽遲不進之義。當白話「方纔」二字。這是由限制詞轉化而成的連詞。如：

孟子萬章篇引尙書堯典曰：「二十有八載，放勳乃徂落。」「乃」猶而，表時間遲久，含有而後之意。言舜攝政二十八年之久，堯帝方纔死去。「乃」和「而」皆曳詞之難，只是「乃」的詞氣深於「而」。

按劉淇助字辨略（以下簡稱劉氏辨略）云：「乃非難詞，以其有然後之義，故云難乎而也。凡事先已不如此，而後始如此者，乃云然後，故可訓爲難也。」此說深得文心。按「乃」之字形，象氣上出而不能直伸，遂有屈曲之形，以表詞氣難於直達，故曳其言而轉之，以足其義之意。

②乃：猶方、猶始。當白話「於是纔」。這是由表時間的限制詞轉變而成繼承前事的關係詞。有「然後纔」的意思。如：

孟子梁惠王篇：「睊睊胥讒，民乃作慝。」「乃」爲方纔意。言官員們怒目相向，人民於是纔做起壞事來。同篇引詩大雅公劉之詩云：「乃積乃倉。乃裹餱糧」裏的三個「乃」，並作「於是纔」講。所不同的，只是上面省卻主語，把承上之詞，看作發端語詞。同篇：「昔者大王居邠，狄人侵之，事之以皮幣，不得免焉；事之以犬馬，不得免焉；事之以珠玉，不得免焉。乃屬其耆老而告之曰：『狄人之所欲者，吾土地也。』」這個「乃」字，也是由修飾動詞的限制詞作連詞用的，亦是然後，方纔之意。

③乃：猶是、猶卽。當白話「是」或「却是」。「乃」本是限制詞，用在肯定句中作判斷詞，便成爲主語和謂語之間的連絡關係詞。「乃」雖猶「卽」，可是它的用意，卻不盡同於「卽」。因爲「乃」對主語偏重在辨別上，相當於「卻是」；「卽」對主語偏重在解釋上，相當於「就是」。如果單用「是」來翻譯，卻是不切實際。這要到漢魏以後，「是」作通行的判斷詞，就把「乃」「卽」和「是」連用，分化成「乃是」「卽是」兩個作爲表判斷的繫詞了。如：

孟子梁惠王篇：「曰：無傷也，是乃仁術也」裏的「是乃仁術也」句中的「是」，爲指稱詞，是判斷句的主詞，當白話這字。「乃」是繫詞，「仁術」是謂語，「也」是表決定的語末助詞。可譯成「這正是仁術啊。」同章：「夫我乃行之，反而求之，不得吾心」裏的「夫我乃行之」句中的「夫」，是發語詞，「乃」是繫詞，用來連繫述詞「行」和指代詞「之」。可譯成「這事我却是做了」。上面兩句中的「乃」，只相當於「乃是」，却不相當於「即是」。吳氏衍釋認謂「乃行」的「乃」，應訓「以」，「以」通「已」，是已經的意思，把它當做表時間先後相承的關係詞，此說亦愜洽，可並存。

④乃：猶顧、猶却。爲異之之詞。作「但是」解，有「殊不知」「那曉得」的意味。是表語意轉折的關係詞。如：

孟子告子篇：「孔子爲魯司寇，不用；從而祭，燔肉不至；不稅冕而行。不知者，以爲爲肉也；其知者，以爲爲無禮也。乃孔子則欲以微罪行，不欲爲苟去」裏的「乃」猶顧，作「但是」解，表示部分相反的意思。這句可翻成「殊不知孔子是要借微小的過失離去，而不想苟且的出走。」

⑤乃：猶若。「乃若」和「若乃」爲同義複詞。跟「若夫」「至於」的用法類似。爲承上起下之更端語詞，有表轉折的作用。和白話「可是」「但是」或「若是」相當。如：

孟子公孫丑篇：「伯夷伊尹與孔子，皆古聖人也，吾未能有行焉；乃所願，則學孔子也」裏的「乃所願」的「乃」，王氏釋詞訓爲「若」，作轉語詞。裴氏集釋則訓「乃」爲「然」，謂王氏訓「若」未允。其實這個「乃」，換用「若」或「然」，都是表轉折的關係詞，其功用相同，兩說可以並存。可翻作「至於(可是、但是)我心裏願意的，却是要學孔子呢。」如果把「乃」「若」二字複用，那就很顯明地看出和「至於」「可是」「但是」的意思相當，都是表轉折關係，不表假設關係。如離婁篇：「是故君子有終身之憂，無一朝之患也。乃若所憂，則有之。」「乃若」猶言「至於」，是說「至於君子憂愁的事，倒是有的。」告子篇：「今曰性善，然則彼皆非與？孟子曰：『乃若其情，則可以爲善矣，乃所謂善也。』」「乃若」爲表轉折的更端語氣詞，猶言「至於」「至若」和古語的「粵若」同義。「乃所謂」的「乃」，是承接詞，猶言「於是」，並含有方纔之意。按「乃若」、「若乃」、「至於」的意思都相似，用在複句裏表進層連接，並略帶比較意味。

⑥乃：「乃」和「無」或「蓋」，結合成「無乃」「蓋乃」，並爲發端語詞，用以表推測語氣，與「豈」「寧」之詞性相近，相當於「恐怕」「只怕」「未免」之意。如：

論語憲問篇：「丘何爲栖栖者與？無乃爲佞乎？」季氏篇：「孔子曰：求！無乃爾是過與』」裏的「無乃」，並爲臆測之詞，相當於「疑卽」二字，語意婉曲，比直言的語味深長。

又

「又」本作「手」解，卽右手，今其本義不行。用作繼承前事的關係詞。段氏注說文：「又爲更然之詞。」言前事已如此，後復仍之之意。和「更、復、再、亦、且」等字的用法相類。都是表次數的限制。在文言裏大都用它們表進層連接，但也可表遞減或轉接的。

①又：猶復，和「更」「再」同義。大都用在複句的次句之首，表前後關係作進層連接。但也有作遞降連接的。在文言裏，「又」可單用，也可與「而」連成「而又」復用。白話仍用「又」，都有把上文文義引進一層的功能。它原本是個限制詞，但把它用在加合關係的文句裏，有連繫作用，可以把它當做活用的關係詞。（說見許世瑛中國文法講話。以下簡稱許氏國文法。）如：

論語八佾篇：「子謂韶，盡美矣，又盡善也。」里仁篇：「見志不從，又敬不違」裏的「又」，都是表進層連接。季氏篇：「孔子曰：『生而知之者，上也；學而知之者，次也；困而學之，又其次也」裏的「又」字，是表遞降連接。孟子公孫丑篇：「孟施舍之守氣，又不如曾子之守約也。」同篇：「今之君子，豈徒順之，又從而爲之辭。」「又」和上句的「豈徒」相應。滕文公篇：「輔之翼之，使自得之，又從而振德之。」離婁篇：「既不能令，又不受命，是絕物也。」同篇：「夫子與之遊，又從而禮貌之。」萬章篇：「舜既爲天子矣，又率天下諸侯以爲堯三年喪，是二天子矣。」同篇：「悅賢不能舉，又不能養也。」上面諸例中的「又」，除「又其次也」的「又」表遞降連繫外，其餘皆表進層連接。又往往在上句用「既」和下句的「又」相應。「又」下文意，總比上文推進一層。和「且」字作進步連詞的用法相似。這一類例中的「又」與「復」「更」等字同義，可以換用。

②又：猶則。用作承接連詞，位於複句的次句之首。下句的文意，總比上句重些。也可以說是表遞進的關係詞。如：

論語堯曰篇：「擇可勞而勞之，又誰怨？欲仁而得仁，又焉貪」裏的兩個「又」，卽是換用「則」，語意仍舊不變。按邢昺義疏（以下簡稱邢疏）：「擇可勞而勞之，言使民以時。則又謂誰怨恨哉！……言常人之欲，失者貪財，我則欲仁而斯仁至矣。又安得爲貪乎？」上句分明是以「則」訓「又」，連成「則又」，這是古人增字疏經之常例；下句的「又」，沒有疏解，這也可以看出「又」已是熟語，是可以仍舊沿用不變的。

③又：猶抑、猶且。意思和「卻」「反」或「反而」相當，也是用在複句的次句之首，以表轉折關係，有先輕後重的意味，同時「又」的上下文意是對立的。如：

論語顏淵篇：「既欲其生，又欲其死，是惑也。」「既」與「又」相應，表示對立關係。可譯成「既已要他生，卻又要他死，這就是迷惑了！」憲問篇：「桓公殺公子糾，不能死，又相之。」這個「又」訓「而又」，和「反而」同義。可譯做「桓公殺了公子糾，管仲不能殉節而死，反而又輔相桓公。」孟子公孫丑篇：「非徒無益，而又害之。」「非徒」與「而又」相應。「而又」和「抑且」「反而」同義，爲表語意轉折的關係詞，並非表進層連接，用法跟上面略有不同。

三畫

也

「也」和「矣」是文言裏最常用的語氣詞，但它們所表示的語氣不同。徐鉉注說文云：「凡言也，則氣出口下而盡；言矣，則出氣直而疾。」馬氏文通論「也」「矣」二字用法之異同說：「也助論斷的辭氣，凡句意之爲當然者，也字結之。矣，助敍說之辭氣，凡句意之爲已然者，矣字結之。」此兩說，前者是針對文字的辭氣緩急而言，是說「也」用於文意平語勢緩的場合，「矣」用於文意直而語勢急的場合，它們所表示的語氣大不相同。後者是針對文句的體制不同而言。「也」爲助論斷解析之詞，屬於一切事之將然，其辭氣緩緩；「矣」爲敍說固然之詞，屬於一切事的已往，其辭氣緊迫。總之，凡文意屬於事之未來，而語勢平緩而紆緩，高不太揚，低不過抑，則以「也」字作結。凡文意屬於事的既往，而辭氣緊直而急切，出之以變化不平，則以「矣」字作結。這確是古文之定則。這裏先說明「也」字的用法，在文言裏大別爲句末和句中兩式。「也」字用在領起小句的句中或句末，以表語氣之頓挫或推拓。用在句末的「也」，雖然也有用它來表疑問、感歎、命令等語氣的，但以用做判斷和解釋及直陳的幾種語氣詞爲最普遍。下面先來說明「也」作判斷和直陳語氣詞的用法，然後再將其他用法，循序分別舉例說明。

①也：用作判斷語氣詞。這是文言文所特有的結構方法，跟白話語法不同。在正式的判斷句的主句後邊不用判斷詞，下面名詞性的表語，可以直接主語，中間不用作判斷的繫詞，多數在表語後邊加「也」以表判斷，在主語後邊加者，前後呼應。「也」成爲表判斷的語氣詞，在白話裏沒有適當的語氣詞來翻它，因爲它是肯定語氣，只好用「是」或「就是」來翻它，提到表語上面作繫詞，在「也」的原位補個「啊」作語氣詞，但也可以不補。如：

論語顏淵篇：「政者、正也。」翻成白話是：「政的意思，就是正道啊。」這是某事就是某事的句式，把「也」譯成「就是」，提置在表語「正」前，在「也」的原位給它補個「啊」作語氣詞的，但也可以不補。不過就文言的原句法來說，算是倒裝，這是文言和白話詞序之不同。孟子梁惠王篇：「畜君者，好君也。」「巡狩者，巡所狩也。」告子篇：「洚水者，洪水也。」盡心篇：「征之爲言正也。」這是從「征者，正也」的句式加以變化而來的。這一類型的判斷句，都是說明某事之爲某事，也全用「也」字作判斷語氣詞。餘仿此。

②也：用作解釋語氣詞。這是下句對上面主語加以說明的句子。判斷句本來就有解釋和申辨的功能。所以解釋句後邊的「也」，也和判斷語氣詞的「也」一樣。像上例所舉的「政者，正也」之屬的各句，

也可算是解釋性的句子。那祇是就句型上說，所以把它們列爲判斷一類。這裏所說的解釋句，是說明某事之爲何事，以及一事的因果關係或目的的句子。也含有判斷作用。這類句子，在主語後邊也常用「者」作分隔兼提示作用的語氣詞，句末用「也」作解釋語氣詞。成爲「某者某也」的格式，是古來訓詁學上常用的術語。如：

論語里仁篇：「古者言之不出，恥躬之不逮也。」這是以「恥躬之不逮」來解釋「言之不出」的語意。孟子離婁篇：「規矩，方圓之至也；聖人，人倫之至也。」這是以「方圓之至」來解釋「規矩」是怎樣的東西，以「人倫之至」來解釋「聖人」是怎樣的人。在這兩組平列式的句裏，規矩和聖人兩個主語下面各省了個表停頓兼提示的語氣詞「者」，但在謂語下面兩個表解釋的語氣詞「也」，是決不可省的。可是在白話裏，「也」要改用「是」，把它倒置在謂語「方圓」和「人倫」的上面。句末「也」的部位，可以補個語氣詞「啊」，但也可不補，說成「圓規和曲尺，是方圓的標準，古代的聖人，是做人之道的榜樣。」同篇：「是故誠者，天之道也；思誠者，人之道也。」這兩個排句，各在前句下面用「者」作提頓語氣詞，後句下面用「也」作解釋語氣詞。可翻成「所以這誠實無僞，原是上天本然的道理；想要做到誠實無僞，這是做人應該實踐的道理啊。」這類說明某事之爲何事的解釋句例，同時也說明了因果關係。又同篇：「桀紂之失天下也，失其民也；失其民者，失其心也。」在這兩個連列式的複句裏，於第一、三小句之末，一用「也」，一用「者」，同是作提頓語氣詞。於第二、四小句之末，各用「也」作解釋語氣詞，這是由果溯因的句例，用「也」結尾，以表明事實。至於由果及因的句例，也是用「也」作結。如論語學而篇：「信近於義，言可復也，恭近於禮，遠恥辱也；因不失其親，亦可宗也。」孟子梁惠王篇：「古之人與民偕樂，故能樂也。」此類語句之末，也都用「也」作結，以表明由果及因，認定事實的語氣詞。

③也：用作堅決的直陳語氣詞。這類句末的「也」，既不是對主語和謂語同一關係加以肯定或判斷，又不是解釋某事之何事，或說明因果和目的。祇是對整句的句意加以肯定或否定。所以這類句末的「也」，祇能說它是堅決的直陳語氣詞。如：

論語學而篇：「不患人之不己知，患不知人也。」這是用反正相對兩個否定小句的合成句。上句不用「也」表否定，下句用「也」表否定，使語意加重。爲政篇：「夷狄之有君，不如諸夏之亡也。」這是表明事物有無相對的句子，上句不用「也」表肯定，下句用「也」表否定，因否定的語意較重，一般要用「也」來表示。顏淵篇：「四海之內，皆兄弟也。」這是個單行的敍事句，句末用「也」作堅決語氣詞。也有在包括肯定與否定相對的複合句裏，句末各用「也」作相對的決定語氣詞。如論語公冶長篇：「由也，千乘之國，可使治其賦也，不知其仁也。」上表肯定，下表否定。雍也篇：「君子可逝也，不可陷也；可欺也，不可罔也。」在這分列排句裏，連用四個「也」第一、三句末的兩個「也」表肯定語氣，二、四句末的兩個「也」表否定語氣。此類句末的「也」，在白話裏可以不翻，若是翻，祇能用「的」，還要讀輕聲，著詞尾用。他如先進篇：「子曰：回也，視予猶父也，予不得視猶子也。非我也，夫二三子也。」顏淵篇：「子曰：『是聞也，非達也。』」憲問篇：「非求益者也，欲速成者也。」孟子梁惠王篇：「故王之不王。不爲也，非不能也。」同篇：「賢者而後樂此，不賢者雖有此不樂也。」同篇：「曰：『非所謂踰也，貧富不同也。』」滕文公篇：「曰：『然則非食志也，食功也。』」同篇：「

四海之內，皆曰：『非富天下也，爲匹夫匹婦復仇也。』」萬章篇：「其至，爾力也；其中，非爾力也。」同篇：「士之尊賢者也，非王公之尊賢者也。」這類例句，都是是非可否相對的句型，一面表肯定，決其爲是；一面表否定，決其爲非；形成强烈的對比，句末除了表肯定偶而不用「也」，其餘都用「也」作決定語氣詞。在這類否定判斷句的主語和謂語之間，一定用「非」作否定詞，肯定判斷句雖不一定用「爲」或「是」作判斷詞，但「爲」「是」的意思已包含在判斷語氣詞「也」內了。是非對擧的句子，都帶申辯的意味，語意非常顯明，使人容易通曉。這類用作堅決的直陳語氣詞「也」，都相當於「是」或「就是」，在翻譯白話時，並須改換位置，已在上面說過，不過在它的原位補詞，在白話裏卻沒有一個固定的語詞和它相當。語重可用「的」，有的可用「啊」或「啦」，有的可用「了」或「呢」，有的就乾脆不用語氣詞。用和不用，或用何種語氣詞，要看語體文的文句組織如何，隨機應變，不能一概而論。（說見開明書店文言虛字，跟許世瑛常用虛字淺釋。以下簡稱開明文言虛字。許氏虛字淺釋。）

④也：爲決其爲是，以結上文的語氣詞。如：

論語爲政篇：「見義不爲，無勇也。」「無勇也」上面省了繫詞「是」，這個決定語氣詞「也」，相當於「就是」。所以「無勇也」，就可翻成「那就是沒有勇氣了」。子張篇：「雖小道，必有可觀者焉，致遠恐泥，是以君子不爲也。」這個「也」是斷定句的語末助詞，意思相當於「是」，「是以君子不爲也。」是說「所以君子是絕不肯在小技上去用心的。」孟子離婁上篇：「故爲淵敺魚者，獺也；爲叢敺爵者，鸇也；爲湯武敺民者，桀與紂也。」滕文公篇：「治於人者食人，治人者食於人，天下之通義也。」像這類用「也」作結的句子，是從述說事理，歸納出來的論斷語，像是注釋，也像是說明的敍述。在字面上雖未標出個「是」，而認以爲是的意思，已寄寓在作結語的「也」字之中。一般肯定句末常不帶語氣詞，因「也」有强化語氣作用，爲了要表示特別肯定某種行爲，句末也常用「也」以表肯定語氣。

⑤也：爲決其爲非，以結上文的語氣詞。如：

論語八佾篇：「謂武，盡美矣，未盡善也。」公冶長篇：「子曰：『賜也！非爾所能及也。』」同篇：「雖在縲絏之中，非其罪也。」先進篇：「子曰：『回也，非助我者也。』」此類句末語氣詞的「也」前，先有「未」「非」等否定詞，所以很顯明的看出是決其爲非的句子。凡是決其爲非的文句，句末一定用「也」作結，纔能使語氣加强。至於雍也篇：「孟之反不伐，奔而殿，將入門，策其馬曰：非敢後也，馬不進也。」這裏的「非敢後也」，粗看起來，像是決其爲非的句子，可是後面緊接著「馬不進也」一語，又像是是非相對的句子，其實這兩句文字，是集合語，非對待語，乃是以「馬不進」之意，掩蔽其「非敢後」之功。有「馬不進」之語，則「非敢後」之意自見。若只說「非敢後」，則跡近矯情而了無意趣，兼言「馬不進」，則謙抑之情可諒，而矜己誇人，居功召忌之嫌自免。其間抑揚吞吐之情，含蓄不盡之意，全靠兩個「也」字傳神，透露出不伐之心聲。委婉曲折，寓情於事，實爲千古文章之典範。（說見竹氏會箋）

⑥也：用作疑問語氣詞。猶「邪」。和「乎」「哉」的用法相類。在論孟中表疑問的反詰語氣詞，有「也、與、乎、哉」等。當時用「也」表疑問語氣，同於先秦以後古文裏的「邪」。可是在論孟中還未見過用「邪」來作疑問助詞。馬氏文通說：「邪字在四書、左傳不多見，自語、策、諸子始用之，

邪係楚音，此戰國時南學漸北之證。」這已說明助詞在古文裏也是跟著時、地、的語音而有轉變的。在疑問助詞「也」的前面，必冠以「誰」「何」等疑問代詞，或「豈」「獨」等反詰詞，及「其」「無乃」等測度詞。「也」在當時表疑問語氣，多用於特指問句之末，在是非問句之末，則多用「乎」。不過這種分別情形，並不十分明顯。「也」的語氣，在白話裏和「呀、哪、呢、嗎」等相近。如：

論語爲政篇：「樊遲曰：『何謂也？』」這「何謂也」是有所指的單純的特指問句，「也」同「邪」，當白話「呢」。是說「這是甚麼意思呢？」同篇：「子張問：『十世可知也？』」這是有所指的問話，也是特指問句。「也」猶乎，相當於「嗎」。是說「十個朝代以後的事，可以預先知道嗎？」雍也篇：「仁者雖告之曰：『井有仁（人）焉，其從之也？』子曰：『何謂其然也？』」這「其從之也」的「也」，當白話「呢」，是疑問中帶有推測語氣，是說：「他是不是也跟著下去救他呢？」「何謂其然也」的「也」，當白話「哪」。是特指問句，疑問中略帶怪歎語氣。是說：「他爲甚麼要這樣做哪？」若是改譯「呢」，便沒有這種神味了。子罕篇：「夫子聖者與？何其多能也？」「與」跟「也」，同是表示疑問語氣並帶有感歎和驚奇的神情。是說：「你們的老師，是個聖人了吧！不然，他怎麼會有這般多的才藝呢！」先進篇：「夫子何哂由也？」這也是特指問句，要對方答出原因來。這個句子，是把「何也」拆開，構成「何……也」的句式。如顏淵篇：「君子何患乎無兄弟也？」同篇：「曰：『二、吾猶不足，如之何其徹也？』」也都是用「何……也」作特指疑問的句式。孟子梁惠王篇：「此心之所以合於王者，何也？」同章：「何由知吾可也？」這都是用反詰語氣以表特指疑問。要對方答出個中的道理來。「也」的語氣，相當於「呀」，也可改用「呢」。公孫丑篇：「齊人無以仁義與王言者，豈以仁義爲不美也？」

這是句首用反詰詞「豈」以表疑問的句子。下面的「也」，和表反詰的語氣詞「哉」相同，與「豈」相應，該翻「嗎」。是說：「難道認爲仁義不好嗎？」如同篇：「今以燕伐燕，何爲勸之哉？」論衡刺孟篇變「哉」爲「也」，可證「也」「哉」同爲古文中疑問助詞，可以通用。滕文公篇：「豈以爲非是而不貴也？」句法與上例相同，「也」猶「哉」，爲表反詰的語氣詞，該翻作「嗎」。離婁篇：「追我者，誰也？」這個「也」，也是特指疑問語氣詞。「誰也？」可翻成「是誰呀？」或「是那個呢？」是都可以的。告子篇：「冬日則飲湯，夏日則飲水，然則飲食亦在外也？」這個「也」和「與」相類，是作普通是非問句的語氣詞。當白話「嗎」字。凡是有「誰」「何」等疑問代詞的問句，都是特指問句。如「何也」、「何謂也」或「何……也」式之屬都是。這個疑問語氣詞「也」，在春秋以後的古文裏或用「邪」，或仍舊用「也」。至於普通是非問句，或兩岐是非問句，先秦以前用「也」，到了秦漢以後，它在古文中的地位，就逐漸讓給「邪」「與」「乎」「哉」了。祇是「邪」所詢問的語氣，常帶有驚訝意味，「與」的語氣較委婉，「乎」所詢問的語氣比較直率，而「哉」則專用於反詰，語氣則較强勁，這是它們不同之處。凡是用「也」作疑問語氣詞的普通問句和特指問句，都是以詢問求答爲目的。凡是採取疑問句式，句前用「豈」「寧」等反詰詞，以表反詰性的問句，和用「其」「無乃」等推測詞，以表推測性的問句，不以求答爲目的，語末助詞，以用「乎」「與」「哉」等爲常，用「也」的在論孟中也常見。凡是反詰句，都是採用疑問句式，但其作用，不在表疑問，而是對原句的句意加以否定。因此在句中動詞前面有表否定「非」「不」等詞的，意思是肯定；沒有否定詞的，意思是否定。細按便知。所用的語氣詞，以用「哉」爲最普遍，「也」「乎」「與」也常用。任何疑問語氣詞和「焉」「何」「

安」「惡」等疑代詞相應，大都相當於「呢」。疑代詞「焉」「安」相當於「哪兒」；「何」「惡」相當於「怎麼」或「爲甚麼」。大都用以助擬議未定之辭氣。

⑦也：用作感歎語氣詞。感歎句式，經常用疑問句式；故感歎句末的「也」，也就是疑問句末的「也」。而感歎句中，也常帶有疑問詞「何」等，和反詰詞「豈」等，及推測詞「其」等。故感歎句中，常帶有疑問語氣，寓驚駭、怪訝等語氣於疑問語氣之中。不過也有不用這等語詞，只在下面用「也」，以表感歎語氣的。這個「也」，可當白話「哪」、「啊」或「呢」「嗎」等語氣。如：

論語爲政篇：「人而無信，不知其可也！」「也」猶「乎」，當白話「呢」，是說：「人如果不守信用，不知怎樣纔可以立身呢！」雍也篇：「斯人也，而有斯疾也！斯人也，而有斯疾也！」這個重疊句子，就能把激動的感情表示出來，所以感歎句也就往往利用重疊句型，把感歎之情，貫徹全句。用在這類句末的語氣詞，「也」「哉」「乎」「與」等，都可相當於「啊」。若用「矣」，就相當於「了啊」。句中兩個「斯人也」的「也」，都是表提頓的語氣詞，可以不翻。「而有斯疾也」的兩個「也」，與「邪」同義，表感歎並略帶誇張語氣，當白話「啊」或「呢」。是說：「這樣好的人，怎麼會生這樣的病啊！這樣好的人，怎麼會生這樣的病啊！」「啊」可換用「呢」。「同篇：「誰能出不由戶？何莫由斯道也！」「也」同「邪」當白話「呢」。爲表怪歎的語氣詞。是說：「那一個人出行不經過門戶？爲甚麼人做事不依循正道呢！」述而篇：「甚矣！吾衰也！久矣！吾不復見周公。」「矣」和「也」都是表感歎的語氣詞，這是疊用感歎語氣詞，以表歎惜之深情。泰伯篇：「曾子曰：『可以託六尺之孤。可以寄百里之命，臨大節而不可奪也。君子人與？君子人也！』」朱注：「與、疑辭，也、決辭。」於辭氣解釋未允。按竹氏會箋：「與、擬辭，非疑辭也。仲尼燕居曰：『古之人與！古之人也！』同一語例。反復言之，見非君子不能也，深贊之也。注非。」細玩文義，「與」應是擬度而有定的語氣詞，有疑而不疑者在。「也」猶「邪」，當白話「啊」，是表贊歎的語氣詞，和「與」相應。子罕篇：「語之而不惰者，其回也與！」「也與」合用，和「也哉」同義，都是表感歎的複音語氣詞。「也與」相當於「了罷」語氣。是說：「大概祇有顏回了罷！」同篇：「後生可畏，焉知來者之不如今也！」「也」同「邪」，當白話「呢」，是說：「青年是可敬畏的，怎麼知道將來他們的成就不如現在這一輩的呢？」先進篇：「夫子喟然歎曰：『吾與點也！』」「也」同「邪」，當白話「啊」，爲贊歎語氣詞。是說：「我贊同曾點啊！」陽貨篇：「子路不說，曰：『末之也已！何必公山氏之之也？』」「也已」和「也」，並是帶有勸阻意味的感歎語氣詞。是說：「沒有地方好去就算了罷！又何必要到公山氏那兒去呢？」孟子公孫丑篇：「曰：『惡！是何言也！』」「惡」歎詞，「也」感歎語氣詞。是說：「孟子說：『哦！這是甚麼話啊！』」上列各例句，雖然是疑問句式，但是：都不以詢問求答爲目的，所以語末助詞「也」，都是表感歎的語氣詞。間或帶有輕微疑問語氣，也不能說它是眞性疑問助詞，祇可說它是傳疑的語氣詞罷了。

⑧也：用作呼告兼命令或禁止的語氣詞。這類例句語末助詞「也」，相當於重讀的「啊」。前例所說的感歎句，以表達感情爲主，一般祈使句以支配行動爲主。祈使的反面就是禁止，故祈使句又可分爲命令句和禁止句兩種。命令句的語氣詞多用「矣」，「也」和「乎」「哉」也可用，禁止句的語末助詞，大都用「也」。如：

論語公冶長篇：「子曰：『賜也！非爾所及也！』」「賜也」的「也」，是主語下呼告兼命令的提示之詞，當白話「啊」。「非爾所能及也」的「也」，爲表達命令兼否定的語末助詞。當白話「呀」或「啊。」是說：「孔子說：『賜啊！這不是你的能力所能做到的呀！』」先進篇：「子曰：『回也！非助我者也。』」衞靈公篇：「子曰：『賜也！女以予爲多學而識之者與？』」「回也」「賜也」的「也」用在主詞後作呼告之詞，並兼提示作用，一般用「乎」來表示，都相當於「啊。」還有强制性的命令句，語勢急促，常不帶語氣詞，如陽貨篇：「來！予與爾言」便是。一般命令語氣比較和緩的，可用「矣」「乎」「哉」等字表示，都相當於長讀的「罷」，或長讀的「啊。」「也」作禁止的語氣詞，如論語先進篇：「子曰：『以吾一日長乎爾，毋吾以也』」裏的「也」，是表命令兼禁止的語氣詞，當白話「啊。」是說：「你們不必因我年長，有話就不說啊！」又孟子梁惠王篇：「王如知此，則無望民之多於鄰國也！」同篇：「王無異於百姓之以王爲愛也！」這兩句都是表禁止的句子，因文句中的「無」是禁止之詞。凡文句中上有「無、莫、弗、勿」等否定詞，下用「也」作結，都含有禁止的語氣。

⑨也：用作推托語氣詞。凡用「也」作推托語氣詞的文句，是將要說的主語，留在後面，先把文義托展到開去說，然後挽合，切入正題的語法。如：

孟子公孫丑篇：「今人乍見孺子，將入於井，皆有怵惕惻隱之心，非所以內交於孺子之父母也，非所以要譽於鄉黨朋友也，非惡其聲而然也。由是觀之。無惻隱之心，非人也；無羞惡之心，非人也；無辭讓之心，非人也；無是非之心，非人也。」這裏前面連用三個「也」字作推托語氣詞，把文義推開去說，然後用「由是觀之」一語作交替，掌握推托之意，轉入判斷正句，下面接連用四個「也」字作判斷語氣詞，峯迴路轉，賓主分明，前後輝映成趣。同篇：「城非不高也，池非不深也，兵革非不堅利也，米粟非不多也，委而去之，是地利不如人和也。」這是連用四個「也」字作並列的推托語氣詞，從開處說起，而以「委而去之」作樞紐，然後轉入正題，用「也」字作判斷語氣詞。先賓後主，層次分明。前面的句子，都是爲後面而設的，前用「非」，後用「是」，作相應的襯托關係詞，文理自然條暢。萬章篇：「非惟百乘之家爲然也，雖小國之君亦有之；……非惟小國之君爲然也，雖大國之君亦有之。」前句用「非惟」推開，後句用「雖」字挽合，一開一合，跌宕昭彰，文理明暢生動。此類語法，乃是古代論說文裏所習見的。這類作推托語氣詞的「也」，都可翻作「啊」。

⑩也：用作停頓語氣。大約有三種類型。

(一)在主語或起詞後，用「也」一頓，表示語氣之延宕而不間斷，用以喚起下文，相當於「啊」的語氣。也有用在狀語和動詞作起詞的後面，以表語氣頓宕的。如：

論語公冶長篇：「或曰：『雍也，仁而不佞。』」「雍」是主詞，「仁而不佞」是謂語。主詞下加「也」，使語氣自然一頓，用以表呼告之語氣，相當於「啊」。同篇：「子謂子貢曰：『女與回也孰愈？』對曰：『賜也，何敢望回？回也，聞一以知十，賜也，聞一以知二。』」這裏連用四個「也」，作主語後的稱謂助詞，以表語氣自然頓宕。又如八佾篇：「君子無所爭，必也射乎！」雍也篇：「今也則亡，未聞好學者也。」同篇：「必也聖乎！」述而篇：「必也臨事而懼，好謀而成者也。」顏淵篇：「子曰：『聽訟吾猶人也，必也使無訟乎！』」同篇：「子夏曰：『鄉也，吾見於夫子而問知。』」陽貨篇：「過也，人皆見之；更也，人皆仰之。」此類「也」字，是用在「必」「今」「鄉」「過」「更」等副詞和動詞作起詞的後面，使語氣略作停頓，而有強化語勢和引起下文的雙重作用。

（二）在複句的領起小句之末，用「也」表示語氣之頓宕，這比在主詞或起詞後用「也」作停頓語氣詞的句式較多。如：

論語學而篇：「夫子至於是邦也，必聞其政，求之與？抑與之與？」里仁篇：「人之過也，各於其黨，觀過，斯知仁矣。」雍也篇：「赤之適齊也，乘肥馬，衣輕裘；吾聞之也，君子周急不繼富。」述而篇：「富而可求也，雖執鞭之士，吾亦爲之；如不可求，從吾所好。」同篇：「其爲人也，發憤忘食，樂以忘憂，不知老之將至云爾。」陽貨篇：「君子之過也，如日月之食焉。」孟子梁惠王篇：「君子之於禽獸也，見其生，不忍見死；聞其聲，不忍食其肉。是以君子遠庖廚也。」離婁篇：「聽其言也，觀其眸子，人焉廋哉！」同篇：「地之相去也，千有餘里；世之後也，千有餘歲。得志行乎中國，若合符節。」這類領起小句末尾的「也」，除了表示頓宕取勢，並用之以起下文。「也」下文句，必對領起小句的文義，加以分析或說明，使句法顯得整齊簡潔，這和一般作語已詞的「也」字作用不同。

（三）在列舉事物時，用「也」以表語氣頓宕。有放在分列句末和句中兩式。如：

論語八佾篇：「子語魯太師樂曰：『樂其可知也。始作，翕如也，從之，純如也，皦如也，繹如也，以成。』」這是在列舉樂理的句末，分別用「也」字一頓。季氏篇：「孔子曰：『生而知之者，上也；學而知之者，次也；困而學之，又其次也。』」這是在列舉人的資質有等差的句末，分別用「也」字一頓。同篇：「君子有三戒：少之時，血氣未定，戒之在色；及其壯也，血其方剛，戒之在鬬；及其老也，血氣既衰，戒之在得。」這是在列舉人之性情，在生理隨年齡而發生變化的領起小句之末，分別用「也」

以表語氣之延宕。還有在分列句的句中，用「也」字作頓的。如公治長篇：「子謂子產，有君子之道四焉：其行己也恭，其事上也敬，其養民也惠，其使民也義。」雍也篇：「人之生也直，枉之生也幸而免。」泰伯篇：「鳥之將死，其鳴也哀；人之將死，其言也善。」先進篇：「師也過，商也不及。」同篇：「柴也愚，參也魯，師也辟，由也喭。」陽貨篇：「好仁不好學，其蔽也愚；好知不好學，其蔽也蕩；好信不好學，其蔽也賊；好直不好學，其蔽也絞；好勇不好學，其蔽也亂；好剛不好學，其蔽也狂。」同篇：「古之狂也肆，今之狂也蕩；古之矜也廉，今之矜也忿戾；古之愚也直，今之愚也詐而已矣。」子張篇：「其生也榮，其死也哀。」這都是在列舉或對舉事理時，要出之以整齊劃一，便在各分句中間加「也」，以表語氣延宕而並未間斷的意味。

上面這三種類型文句中所用的語氣詞「也」，雖都相當於「啊」，但在翻譯時，都可以不翻成「啊」來表示語氣停頓，因為這是文言裏的特產，白話裏並無此種需要。但讀起來，仍然要讀出「啊」的聲氣，使語氣自然波宕，好讓讀者體會出這種神味來。

⑪也：猶者。或在句中，或在句末，同是表語氣停頓，有的還兼有提示作用。祇是「也」的語氣平和舒緩，「者」字則較緊切迫促，在功用上是略有差別的。如：

論語雍也篇：「今也則亡，未聞好學者也。」子罕篇：「麻冕、禮也，今也純。」在這兩個時間副詞後面的「也」，都是表句中語氣停頓，與用「者」同，可以換用「者」。如陽貨篇：「古者民有三疾，今也或是之無也。」上句用「者」，下句用「也」，同是表句中語氣停頓。同篇：「惡紫之奪朱也，惡鄭聲之亂雅樂也，惡利口之覆邦家者。」這是語法相同的三個平列句子，前兩句用「也」作停頓，後句用「者」作收煞，「也」亦猶「者」，祇是辭氣有輕重緩急之異。不必把「者」翻作「之人」字樣，作端詞看。孟子滕文公篇：「今也不幸至於大故。」「今也」猶言「今者」。告子篇：「魚、我所欲也；熊掌、亦我所欲也。二者不可得兼，舍魚而取熊掌者也。」前兩句的「也」，同於後句的「者也」，只是「者也」的語氣較重。「者也」的「者」，雖可相當於「之物」二字，可是前兩句只用「也」而省去「者」，故知這類的「者」，應視同語助，不應把它看做端詞，作「之物」講。盡心篇：「孩提之童，無不知愛其親也，及其長也，無不知敬其兄也。」前句「愛其親也」的「也」，古本作「者」，今作「也」。這類用在時間副詞作起詞後的「也」，在白話裏沒有一個語氣詞和它相當，大都是不翻的。

⑫也：和「者」連用，構成「也者」複式的停頓而兼提示的語氣詞，可使語氣加重。語輕則單用「也」或「者」，語重則複用「也者」。但有的「也者」複用，只表語氣頓宕，並無加重意味。這個複式語助，白話裏也是沒有適當詞兒來翻它的。如：

論語學而篇：「孝弟也者，其爲人之本與？」這個「也者」，一面表語氣頓宕，同時也對下文有所提示。在一句之中，連用「也者」「其」「與」四個虛字，對於孝弟之重要性，低徊倡歎，無限提撕，足以發人深省。（說見竹氏會箋）。孟子公孫丑篇：「不受也者，是亦不屑就已。」「也者」表語氣之停頓，兼有提示以引起下文的作用。萬章篇：「集大成也者，金聲而玉振之也。金聲也者，始條理也；玉振之也者，終條理也。始條理者，智之事也；終條理者，聖之事也。」這一連串的排列文句，都是針對頂首兩句，一層遞進一層的句子，前三排上句各用「也者」表提頓語氣，下句均單用「也」表決定語氣。後兩排上句各單用「者」表提頓，下句各單用「也」表決定。語法寓變化於整齊之中，聲調和協自然。

同篇：「友也者，友其德也。」告子篇：「予不屑之敎誨也者，是亦敎誨之而已矣。」這類在領起小句之末，用「也者」作提頓語氣詞，和單用「者」相同，只是語氣略微加重，聲音有點延長而已。讀起來在語氣上卻大不相同。古人行文語氣，錯綜變化之妙，全在虛字傳神，尤其把「也」放在提示詞「者」前，使語氣更加舒暢，讀來更覺有味。這個「也者」，在白話裏雖可用「啊」或其他語氣詞來翻它，但總不能譯出原句的神味來。還有把「也者」放在結句之末的，如先進篇：「安見方六七十，如五六十，而非邦也者？」這個「也者」，是表疑問帶有稱許的語氣詞，卻和「也哉」同義，和前面例句中所擧的「也者」，語意迥然不同。

⑬也：猶矣。表語氣之完結，並表句意之已然，相當於「了」。按「也」作助詞的通常用法，表一切事的將來，不表已然之辭氣，這乃是變例。如：

論語先進篇：「子曰：『從我於陳蔡者，皆不及門也。』」王氏釋詞謂「也」猶矣。同時他又說里仁篇「惡不仁者，其爲仁矣」裏的「矣」猶「也」。說「也」「矣」一聲之轉，得以互訓。但馬氏文通對王氏之說則有微詞。他說：「皆不及門也者，決言同時之事，「也」字爲宜。至於其爲仁矣之讀，夫子自歎未見好仁者之眞惡不仁者之曾已爲仁之時，直使不仁者不得加乎其身云，此似追記已事，助「矣」字爲宜。夫也矣兩字皆決詞，其別甚微。」按馬氏之說，比較王氏爲客觀。又子路篇：「期月而已可也。」「也」猶「矣」，表語氣之完結。孟子梁惠王篇：「我非愛其財，而易之以羊也。」「也」猶「矣」表已然之事實。離婁篇：「民不可得而治也。」中庸作「民不可得而治矣」。可見「也」「矣」二字在古文裏有時是可以通用的。

⑭也：猶耳，用作語末助詞，並略帶推測語氣，表僅此之義。和「而已」相當，是「罷了」的語氣。如：

論語先進篇：「由也，升堂矣，未入於室也。」馬融注（以下簡稱馬注）。「升我堂矣，未入我室耳。」這分明是以「耳」釋「也」的。是說：「仲由的學問，已達到正大高明的境域，只是未入精密深奧的地步罷了。」子張篇：「人雖欲自絕，其何傷日月乎，多見其不知量也！」「也」猶耳，「多見其不知量也」，是說：「只顯得他不知量力罷了。」孟子離婁篇：「孟子謂樂正子曰：『子之從於子敖來，徒餔啜也。』」「也」亦猶「耳」。「徒餔啜也」，是說：「只是爲了貪圖吃喝罷了。」上面這幾個「也」，都含有不過如此之意。

⑮也：猶焉。用作語末助詞。有命令告誡的語氣。（參閱「焉」猶「也」、「矣」條）如：

論語里仁篇：「見賢思齊焉，見不賢而內自省也。」句末的「焉」和「也」，同爲語已助詞。只是「焉」比「也」的語氣較重些。當白話「啊」，但也可以不譯。

于

按說文：「于、於也。象氣之舒。」段注：「於者、古文烏也。烏下云：『孔子曰：烏、于呼也。』取其助氣，故以爲烏呼。然則以於釋于，亦取其助氣。」又說：「于、於也。凡詩書用于字，凡論語用於字。蓋于於二字，在周時爲古今字。」是說「于」爲古字，「於」爲今字。在論孟引用詩書文句中所用的「于」字，有作指稱詞，動詞、介詞和助詞之別。不僅爲助氣而已。

①于：猶其。爲指稱詞，當白話「他」「他的」講。按「于」「於」「其」三字，並可作指稱詞，可以相互參閱。如：

孟子滕文公篇引尚書太誓之文曰：「侵于之疆，則取于殘，于湯有光。」上兩「于」字訓「其」，指紂王，言侵紂之疆界，取其殘殺人民之暴君。按上文有「取其殘而已矣」一語，可證「于」得訓「其」。（說見劉氏辨略與裴氏集釋）。下面「于湯有光」之「于」猶「比」，爲表所比的介詞，是比較之意。言比湯伐桀還有光輝。萬章篇：「長息問於公明高曰：舜往于田，則吾既得聞命矣。號泣于旻天于父母，則吾不知也。」這裏「舜往于田」之「于」，訓「其」，作「他的」講，爲指示詞。「于旻天」之「于」，爲表對象的介詞，是對於之意。「于父母」之「于」，猶「與」，爲連及之詞。吳氏衍釋：「案釋詞：于之訓與，因越義而生，其實于、於、與、予四字，古並通用。」盡心篇引詩邶風柏舟之詩云：「憂心悄悄，慍于群小。」焦氏正義：「言仁人憂心悄悄然，而怒此群小人在於君側也。」句中「此」字正是訓釋「于」字的，「此」卽「其」字之義，當白話「這些」，應爲指示之詞。然孟子是引此詩以比況孔子，而解說則與古訓有別。意謂孔子當時爲群小非議，有如此詩。故訓釋作「憂心鬱悶不解，受許多小人的惱怒。」這是把「于」字解作表被動的關係詞，作「爲」「受」講，於文義亦愜洽。

②于：猶爲（ㄨㄟˋ）。當「幫助」講。是表動態的關係詞。如：

孟子萬章篇：「舜曰：『惟茲臣庶，女其于予治。』」王氏釋詞：「于、爲也；爲，助也。」趙注曰：「惟念此臣衆，女故助予治事。」這分明是訓「于」爲「助」。意思是說：「我正想念這些臣民，你來這裏幫助我治事好了。」

③于：猶「取」。相當於「拿」。又猶「爲」（ㄨㄟˋ），相當於「因爲」。如：

孟子滕文公篇引豳風七月之詩云：「晝爾于茅，宵爾索綯。」朱注：「于、取也」：于茅的意思，就是取回茅草。萬章篇引周書康誥之文曰：「殺越人于貨。」趙注：「殺於人取於貨。」何晏集解（以下簡稱何注）：「越、于，皆取也。」據此可知「于貨」就是取貨甚明。惟吳氏衍釋：「于、猶爲也。書：殺越人于貨，言殺人爲取貨也。」依前說，訓「于」爲「取」，則「于」爲動詞。依吳氏衍釋，則「于」爲因爲之意，乃是表所因的介詞。兩說並可行。

④于：猶甚。當「過於」解。是表所比的介詞，用在形容詞後，介進補詞，以表差比。（參閱「於」猶「過」條。）如：

孟子滕文公篇：「脅肩諂笑，病于夏畦。」趙注：「于、甚也。言脅肩諂笑之勞苦，甚於夏之五六月而灌園也。」「于」爲表所比的介詞。「病于夏畦」，是說：「比夏天種田還要勞苦。」可見白話用「比」字介進比較補詞，是位於形容詞之前的，和文言的詞位正相反。

⑤于：猶以。猶用。當白話「用」或「拿」。如：

孟子滕文公篇引逸書之文曰：「其君子實玄黃于篚，以迎其君子。」孫奭孟子義疏（以下簡稱孫疏）：「皆以箱篚盛（ㄔㄥˊ）其玄黃之帛。」這就是說：「商朝的官吏，都拿幣帛裝在竹籃裏，來迎接武王的官吏。」「于」是表所用的介詞。

⑥于：同於。當白話「在」字。按「于」「於」古今字，凡論孟引古書或古語多用「于」。其他則例用「於」（參閱「於」猶「在」條。）如：

論語季氏篇：「伯夷、叔齊，餓于首陽之下。」注疏本作「于」，朱注本作「於」，均作「在」講。孟子萬章篇：「流共工于幽州，放驩兜于崇山，殺三苗于三危，殛鯀于羽山。」「于」並同「於」，作「在」講。司馬遷史記引此文，皆改用「於」字，凡史記剪裁論語文字，論語中用「於」之處，又往往改用「于」，則是漢人把「于」「於」同一看待，不分彼此的。告子篇：「惟不役志于享，」孔安國注（以下簡稱孔注）云：「奉上謂之享，言其役志不在於奉享。」「于」同「於」，都相當於「在」，並爲表所在的介詞。

⑦于：猶乎。用作介詞，相當於「在」或「到」。並可作助詞用。（參閱「乎」猶「於」條。）如：

論語爲政篇：「吾十有五，而志于學。」「于」同「於」，訓「乎」。按阮元論語校勘記（以下簡阮氏校勘記）：「漢石經、高麗本，「于」作「乎」，皇本（即皇侃義疏本）「于」作「於」。按翟灝四書考異曰：『此經自引詩書外，例用於字，今此獨變體爲于，疑屬乎字傳寫誤。而朱注亦云志乎此，可思也。』」按朱注本作「於」。注云：「志乎此，念念在此。」推度朱子之意，「于」義同「乎」，並作「在」講。按「于」「於」「乎」三字，古通用。未必係傳寫之誤。又同篇引古文尚書采入君陳篇之逸文曰：「孝乎惟孝，友于兄弟。」阮氏校勘記：「皇本乎作于，蔡邕石經本亦作于，故包咸注（以下簡稱包注）。云：「孝于惟孝，美大孝之辭。」王氏釋詞：「孝乎惟孝，釋文及漢石經，乎並作于，是也。」都是主張「乎」應改作于。其實今本「孝乎惟孝，友于兄弟」裏的「乎」跟「于」爲變文同義，即孝於親友於兄弟之意，倒不必改「乎」作「于」，古人往往以意改經，改其所不必改之字，率多類此。孟子梁惠王篇引詩大雅思齊之詩云：「刑于寡妻，至于兄弟，以御于家邦。」「于」並猶「乎」，前一個作「在」解，後兩個作「到」解，都是介詞。這個于，又可用作助詞，如經傳中之「況于」，亦皆「況乎」之同意語，「于」「乎」並爲語助詞。又如孟子滕文公篇引尚書之逸文曰：「惟臣附于大邑周。」這個「于」字，其作用同「乎」，祇是幫助語氣，沒有別的意思。又盡心篇：「周于利者，凶年不能殺；周于德者，邪世不能亂」裏的兩個「于」字，並與「乎」同義，可以換用乎字。也同是用在動詞起詞後的語助詞。（參閱乎爲語助條）

亡

「亡」原爲「逃亡」之義，引申爲「外出」「不在」或「死亡」諸義。又物件「散失也叫亡」。關於這些，人所易知，無須多加討論。

①亡：與無通用，讀（ㄨˊ）。古語中多借「亡」爲「無」，爲「有」之反，這也可以說是由「散失」一義轉化而來的。是沒有的意思。如：

論語八佾篇：「夷狄之有君，不如諸夏之亡也」，邢昺論語注疏（以下簡稱邢疏）：「亡，無也。」與上句「有」字爲對文。雍也篇：「有顏回者好學，不遷怒，不貳過，不幸短命死矣，今也則亡，未聞好學者也。」「亡」通「無」，作沒有解。或訓「亡」爲「喪」，於義未洽。上文已說他「不幸短命死矣」，不應接著再說他現在已死亡了。同篇：「伯牛有疾，子問之，自牖執其手，曰：『亡之，命矣夫。斯人也，而有斯疾也！』」「亡」通無，不作喪亡解。劉寶楠論語正義（以下簡稱劉氏正義）。引吳氏英經句說：「讀亡爲無，謂無其理也。」意謂像他這樣的人，不應有此惡疾，祇好委之於命了。述而篇：「

亡而爲有，虛而爲盈。」與泰伯篇：「有若無，實若虛」之語義雖相反，而「亡」與「無」之字義則同。皆虛無、空無之義。顏淵篇：「人皆有兄弟，我獨亡。」衞靈公篇：「有馬者借人乘之，今亡矣夫！」陽貨篇：「古者民有三疾，今也或是之亡也。」子張篇：「焉能爲有，焉能爲亡」孟子離婁篇：「問有餘？曰：『亡矣』。」此類例句中的「亡」，並與「有」相對成文，皆與「無」字通，顯然是「沒有」的意思。

凡

「凡」爲獨舉其大體，總括一切的代稱詞。

①凡：爲泛指一切之指代詞，爲擧凡之義。意思和「概略」「大要」相似。相當於大凡二字。如：

孟子公孫丑篇：「凡有四端於我者，知皆擴而充之。」「凡」與「皆」相應。萬章篇：「凡民罔不譈。」告子篇：「故凡同類者，擧相似也。」「凡」與「擧」相應。同篇：「則凡可以得生者，何不用也？」同篇：「凡我同盟之人。」這類例句中的「凡」字，都是泛指一切的人或事物之代稱詞。

②凡：猶共。爲統計及總指之詞。當白話「總共」二字。如：

孟子萬章篇：「天子一位，公一位，侯一位，伯一位，子男同一位，凡五等。」「凡」爲數量之統計，「凡五等」，猶言「總共五等」。

③凡：爲庸常之詞。是「一般」或「普通」的意思。如：

孟子盡心篇：「待文王而後興者，凡民也。」「凡民」即普通人民。

大

「大」原本是跟「小」相對的形容詞。而「大人」「大丈夫」的「大」，便是由形容詞轉變作修飾名詞的副詞了。並爲貴重、過甚之詞。

①大：用作表程度的修飾詞，爲貴重之意。這是由形容詞的「大」變化而成的限制詞。如：

論語顏淵篇：「出門如見大賓，使民如承大祭。」句中的兩個「大」字，是修飾中心詞「賓」和「祭」的。「大賓」就是尊貴的賓客，「大祭」就是隆重的祭典。季氏篇：「畏天命，畏大人。」「大人」指有聖德的人。孟子盡心篇：「有大人者，正己而物正者也。」趙注：「大人、大丈夫，不爲利害動移者也。」所謂大人，是身懷高貴品德，操守異於常人的人。同篇：「充實而有光輝之謂大」「大」表德業之隆盛，是「充實而有光輝」的結語，把「大」字挪到句末，使語氣自然加强。這類表示程度的「大」字，都是「盛大」之「大」，非「大小」之「大」。

②大：爲過甚之詞。當白話「非常」二字。這也是由形容詞轉化而爲修飾程度的副詞，用它在動詞前來修飾動詞，以表示極致之意。如：

孟子梁惠王篇：「古之人所以大過人者，無他，善推其所爲而已矣。」「大過人」，卽過人之盛者。同篇：「臣始至於境，問國之大禁，然後敢入。」「大禁」爲最嚴厲的禁命。滕文公篇：「陳相見許行而大悅。」同篇：「弔者大悅。」「大悅」卽盛大之喜悅。萬章篇：「大孝終身慕父母」。「大孝」卽至死不逾的克盡孝道。同篇：「孝子之至，莫大乎尊親；尊親之至，莫大乎以天下養。」把這兩句中表示程度的限制詞「大」字移前，使語氣加重，「大」仍是修飾「尊親」和「養親」的。「莫大」就是沒有再比它大，即至高無上之意。盡心篇：「大敗，將復之。」「大敗」即敗得很慘。同篇：「稽大不理於人口。」「大」即「太過」，猶言「大大地」。同篇：「君子所性，雖大行不加焉。」「大行」即盛行其政教之意。

③大：爲概略之詞。如：

孟子滕文公篇：「此其大略也，若夫潤澤之，則在君與子矣。」「大略」與「大較」「大率」「均爲約略計之之詞。「大略」猶「大概」，「大都」猶「大凡」「大抵」，並爲概括之詞。又「大歸」猶「大要」，「歸」爲收束之所，「要」爲總括之區。上列諸詞，義雖稍別，其爲「都」「凡」之詞則同。（說見劉氏辨略）。

④大：爲歎美之詞。常和贊歎助詞「哉」，結合成「大哉」一詞。如：

論語子罕篇：「大哉孔子！博學而無所成名。」孟子梁惠王篇：「大哉言矣！」盡心篇：「大哉居乎！」這類「大」和「哉」結合成「大哉」，成爲複音歎美詞。當白話「偉大呀！」

已

「已」原是止息之義，引申爲表示時間、程度的限制詞，如「已然」「已經」「已甚」「已盡」等都是。還有借它來作指代詞和助語詞用的。

①已：猶此。用作指稱詞。當白話「這」「這個」。如：

論語陽貨篇：「子曰：飽食終日，無所用心，難矣哉！不有博弈者乎！爲之猶賢乎已。」「已」訓「此」。爲指稱詞，指飽食終日，無所用心者。「賢乎已」，猶言「賢乎此」。意思是說：「博弈的人，比飽食終日，無所用心的人還要好些。」邢疏、朱注、及劉氏正義，並訓「已」爲「止息」之「止」，似於文義未洽。「已」與「以」通，「以」可訓「此」，故「已」亦得訓「此」。又憲問篇：「以告者過也。」猶言「此告者之過也。」是說：「這是告訴你的人話說得太過了。」（說見吳氏衍釋）

②已：與「止」同義。凡經傳止息之義，每用「已」爲之。當「罷休」之義。如：

論語泰伯篇：「死而後已，不亦遠乎？」皇疏：「已、止也。」顏淵篇：「子貢曰：必不得已而去，於斯三者何先？」所謂「不得已」，就是迫情勢之不得不止也。憲問篇：「子路問君子。子曰：『修己以敬。』曰：『如斯而已乎？』」「而已」猶言「而止」。此類作「止息」解的「已」，人所易知，又因爲它是動詞，這裏無須多說。

③已：猶太、猶過。用作表程度的限制詞。不表動作之完成，而表行事之太過。用在形容詞或副詞前作修飾詞。是表示動作時間的時態副詞。如：

論語泰伯篇：「人而不仁，疾之已甚，亂也。」孔注：「已甚，太甚也。」陽貨篇：「宰我問三年之喪，期已久矣！君子三年不爲禮，禮必壞；三年不爲樂，樂必崩。舊穀既沒，新穀既升，鑽燧改火，期可已矣」這裏「期已久」之「期」，應讀（ㄑㄧ），指居喪三年之期限。「期可已」之「期」，應讀（ㄐㄧ），指一周年之歲月。「已久」之「已」訓「太」，「已久」就是「太長久」，不是「已經久」。「可已」之「已」訓「止」。意思是說：「爲父母居喪三年，期限實在太久了。……只要居喪滿周年，也就可以停止了。」朱注謂「期已久」之「期」讀（ㄐㄧ），應作周年講，則訓讀未是。因本節文字，上言若是居喪三年，不爲禮樂，禮樂必荒廢；下言一年則天運一週，時物改變，故居喪至此可止了。語意至爲明顯。又孟子公孫丑篇：「是皆已甚，迫斯可以見矣。」離婁篇：「仲尼不爲已甚者」。「已甚」就是「太甚」「過甚」或「太過」的意思。

④已：猶「既」。在文言裏常用「已」「既」等字，表示時間歷程的限制。當「已經」講，但是，它在句子裏，常用在動詞前作連繫，可以算它是表示行動在時間上已成過去的關係詞。如：

論語子路篇：「子曰：『苟有用我者，期（ㄐㄧ）月而已可也，三年有成。』」「期月」爲滿一歲之月。一年、三年，爲孔子規劃治程之時限，言如果有用我主持國政，只要一年功夫，已可具備王道規模，若是到了三年，則教化大行，便有成功的治績了。集解與邢疏並云：「期月而可以行其政教，必三年乃有成功。」均未解說「已」字，語欠分曉。其實「已」字緊要，它是表示時間的限制詞，並有連繫作用，表示上下句有時間先後相繼的關係，決非「可止」之詞甚明。微子篇：「君子之仕也，行其義也，道之不行，已知之矣。」注疏訓「已」爲「自己」的「己」，失之。「已」當爲「已經」之意。這是孔子知道時事已經不可爲，而猶爲之的救世精神。孟子梁惠王篇：「今乘輿已駕矣，有司未知所之也。」萬章篇：「知虞公之不可諫而去之秦，年已七十矣。」上兩「已」字，均作「已經」或「既經」解。表動作已經完成。「已」和「既」同義，有時「既已」連用，也是表時間過去。如告子篇：「夫苟不好善，則人將曰訑訑，予既已知之矣。」又「已而」猶云「既而」，和「未幾」「旋卽」之義相同。和白話「過後不久」，「不多幾時」、「一會兒」的意思一樣。在敘事句裏，後事的發生，距離前事不久時用之。

又「已往」猶云「旣往」，也是表時間過去的歷程。關於這些，這裏不再多說。

⑤已：常和「而」連用，結合成「而已」一詞，相當於一個「耳」字。爲略盡而無餘之詞，「已」字原作「止息」解，引申爲止而不過之義。「而已」作爲句末的複音助詞，以表決定語氣，當白話「罷了」。如：

論語泰伯篇：「有婦人焉，九人而已！」這個「而已」，表決定語氣，並帶有不足的意味。孟子梁惠王篇：「言舉此心，加諸彼而已。」這個「而已」和「耳」相當，可以換用「耳」，都是除此別無餘事之意。所不同的，祇是在音節上有長短輕重之別，這和句子字數多寡有關，如「九人而已」的「而已」，若是換用「耳」，則句短語重，讀起來神味就大不相同了。也有單用「已」，和「耳」相當的。如滕文公篇：「皜皜乎不可尙已。」這是直接用「已」當「耳」之例證。此類「而已」的語意，都是表決定並帶有承允的味道。

⑥已：通「以」。「以」爲「已」之變文。其本體作「㠯」。按說文：「以、用也。從反已。」這兩個字，體形相反，而義亦相反。「已」主乎「止」，而「以」主乎「用」，但古人用字，有相反相成之理，故得通用，都可借作語氣助詞。（參閱「以」同「已」條。）如：

論語子張篇：「士見危致命，見得思義，祭思敬，喪思哀，其可已矣。」「已」通「以」，爲語助詞。「其可已矣」是說：「這就可以爲士了。」同篇：「日知其所亡，月無忘其所能，可謂好學也已矣。」「也已矣」是三結合的語末助詞。這句文字是說：「這也就可以說是好學了。」還有用「已」作介詞，也和「以」相同，放在「上、下、往、來」等處所詞之前，當白話「一直」二字。祇是在論孟中多用「

以」而不用「已」作處所介詞。

⑦已：猶「矣」。爲表決定的語末助詞，表已然之事實。祇是「已」比「矣」的語氣較輕，同樣可以表達對事理之推測或情狀等描寫的語氣。當白話「了」字。如：

論語學而篇：「君子食無求飽，居無求安，敏於事而愼於言，就有道而正焉，可謂好學也已。」同篇：「子曰：『起予者商也，始可與言詩已矣！』」「已」與「矣」同，連言之，則用「已矣」，乃構成音義相同的複合助詞。爲政篇：「攻乎異端，斯害也已。」雍也篇：「能近取譬，可謂仁之方也已。」泰伯篇：「如有周公之才之美，使驕且吝，其餘不足觀也已。」陽貨篇：「年四十而見惡焉，其終也已！」這類同例語詞「也已」，並猶「也矣」，都是表事實上或理論上必然之結果。唯其間「攻乎異端，斯害也已。」一語，卻衆說紛紜，邢疏與朱注並訓「攻」爲「治」，言「專治異端之學，則爲害深矣！」「深」卽太甚之義，是解釋「已」字的。此乃漢人解經之舊說。宋人孫奕示兒篇：「攻，如攻人惡之攻。已，止也。謂攻其異端，使吾道明，則異端之害者自止。」（說見劉氏正義）諸家訓釋雖略有不同，而其維護正道之用心則無異。按皇本「已」下有「矣」句型就變成「斯害也已矣。」按「也已」和「也已矣」，都是用做複合助語詞，語意相同。而竹氏會箋便明言「已」爲助詞。這兩句可譯作「專治異端之學，那就有害了。」故這個「已」，應同「矣」，爲語終助詞無疑。還有單用「已」作助詞的。如孟子梁惠王篇：「曰：『然則王之所大欲，可知已。』」同章：「放辟邪肆，無不爲已。」兩「已」字，並同「矣」，不作「耳」或「而已」解。又滕文公篇：「則君子之所養，可知已。」離婁篇：「其設心以爲不若是，是則罪之大者，是則章子已矣。」此類句末助詞，或單用「已」，或複用「已矣」、「也已」、「

也已矣」，並爲判定事理，完結語氣的助詞。而複式助詞，則以最後的字爲主體。也都相當於「了」字。

⑧已：猶「也」。「已矣」猶「也矣」都是助詞的詞連。用在句末表決定語氣，並略帶推測意味和描寫情況的神態。當白話「了」或「咧」。如：

論語八佾篇：「子曰：『起予者商也，始可與言詩已矣』」裏「已矣」與泰伯篇：「其餘不足觀也矣」裏的「也矣」，同是表陳述的語氣詞，都略帶感歎意味。只是「已矣」要比「也矣」的語氣略微輕緩。凡是兩個或三個語氣詞連用，都是爲了加强語氣，或延宕聲情，而其重點，則在末一個字。此類複合詞連，若是單用「已」或「矣」，也都是表已然的完結語詞，祇是情味略有不同。如孟子梁惠王篇：「國君進賢，如不得已，將使卑踰尊，疏踰戚，可不愼與？」「已」猶「也」。「如不得已」，猶言「如不得也。」意思是「假如得不到賢人的話」。孫疏、朱注，並訓「已」爲「止」，言迫於情勢之不得已，似不若訓「也」之爲愜洽。公孫丑篇：「是亦不屑就已」「是亦不屑去已」兩「已」字，皆與用「也」同義，猶言「不屑就見也」「不以去爲潔也。」離婁篇：「雖欲無王，不可得已。」「不可得已」猶言「不可得也」。是說「也是不可能了」。

⑨已：猶「乎」。「乎」原是表疑問的語氣詞，「乎」前加「已」，意思仍舊不變，祇是語氣略微夷宕些。當白話「了嗎」二字。如：

論語顏淵篇：「曰：『其言也訒，斯謂之仁已乎？』」與同篇「曰：『不憂不懼，斯謂之君子已乎？』」同一句例，朱注本並作「矣乎」。因爲「已」「矣」同義，換用也是可以的。只是連用「已矣」在判斷句裏，就成爲決定語氣詞。連用「已乎」在疑問句裏，也就成爲疑問語氣詞，可見這類虛字，是可以靈活運用的。同時也可以證實複合語助，是以最後的一個爲主體。

⑩已：用作歎詞，與其他助詞合用，有句首和句末兩式。用在句首的，和「唉」字同，用在句末的，當白話「了」字。如：

論語公冶長篇：「已矣乎！吾未見能見其過而內自訟者也。」皇疏：「已、止也。已矣乎者，歎以下事久無也。」朱注：「已矣乎者，恐其終不得見而歎之也。」兩者均訓「已矣乎」爲歎詞，並帶有止息的意味。其實古言「已」，實同於今言「唉」。劉氏辨略：「已音與噫嘻相近，故得爲發端歎辭也。」衞靈公篇：「已矣乎！吾未見好德如好色者也。」語法與上例同。微子篇：「已而！已而！今之從政者殆而！」邢疏：「已而已而者，言世亂已甚，不可復治也。重言之者，傷之深也。」這裏的「已而」既表傷痛之深，並帶有罷休的意味。疊用歎詞，是感傷之情，自流流露的語法。孟子告子篇：「固已夫！高叟之爲詩也。」「已夫」並爲感歎助詞。「固已夫」，是深歎高叟不通詩意之極。以上是把歎詞提前作發端語，是爲了加强語勢。以下再談用「已」在句末的歇後歎詞。如論語泰伯篇：「周之德，其可謂至德也已矣！」此乃孔子歎美西周之盛世，曾夢寐以圖恢復而終不可能者。歎時世，亦所以自歎。子罕篇：「子曰：『鳳鳥不至，河不出圖，吾已矣夫！』」「已矣夫」猶言「已矣乎」，同爲複合歎詞。此乃孔子自傷不及見此祥瑞之物，以喻聖王之不復出而化民淑世，其悲天憫人之情，都潛伏在「吾已矣夫」一語中，讀之令人迴腸盪氣。同篇：「雖欲從之，末由也已！」此乃顏子自歎終究不得及見夫子之道。同篇：「四十五十，而無聞焉，斯亦不足畏也已！」此乃孔子慨歎世人不能及時勉學，而終致不足爲人所敬畏。依此類推，凡言「已矣」、「也已」、「也已矣」、「已矣夫」等語助詞，多帶有感傷歎惜的成分，亦含有止息罷休的意味。而用在句首的，則歎以下之事；用在句末的，則歎以上之事。這乃是文法上的變化，而其作用，則是相同的。

⑪已：爲總括上文的結語詞。常和「而」「也」「矣」結合連用。成爲多種不同的複音語助詞。如：論語學而篇：「可謂好學也已。」這個「也已」，皇本作「也已矣」，漢石經作「已矣」，可見此類語詞，是可以自由伸縮變化的。雍也篇：「回也，其心三月不違仁，其餘則日月至焉而已矣」這是四結合的語已決定詞。但「而已」之合音爲「耳」，「矣」爲語尾可省，便可縮成「其餘則日至焉耳」的句式。子罕篇：「吾末如之何也已矣？」猶言「吾不可奈何也。」先進篇：「亦各言志也已矣」。「也已矣」猶言「而已」，「而已」猶言「耳」故此句文字卽可以縮成「亦各其志而已」，或「亦各言其志耳」。又子路篇：「君子於其言也，無所苟而已矣」衞靈公篇：「恭已正南面而已矣」。孟子梁惠王篇：「善推其所爲而已矣」。離婁篇：「憂之如何？如舜而已矣。」萬章篇：「我竭力耕田，共爲子職而已矣。」同篇：「以行與事，示之而已矣。」此類三合助詞「而已矣」均爲總結上文之詞，表竭盡而無剩餘之義。也都可用「而已」或「耳」來代替，意思還是一樣，祇是在音節上有長短輕重之異，氣味上有清濁濃淡之分。此類複合助詞，乃是文言裏所特有的，在白話文中，雖可用「罷了」、「就罷了」、或「就是了」來翻譯，似不如文言原來的語助，能表示出綿延之情態，耐人尋味；搖曳之聲調，動人聽聞。這也許是古典文學和新文藝不同之處。

四畫

不

「不」原爲鳥飛上翔不下來之意。今以別義行。一般用作表否定的副詞，和「弗、勿」音近義通。在先秦古籍中常用它在省賓語的動詞前來否定動詞，是半虛半實的字。又常在句中前後疊用，或跟別的詞前後連用，構成一種「不…不…」，「不…而…」，或「而…不…」，「不…則…」，「非…不…」等格式的句子。

①不：猶「弗」，相當於無，是否定詞，文白通用。是用它來幫助動詞以否定動詞的意義的。是對動作完成的否定，稱它爲打消助動詞。雖是副詞性卻有打消動詞的任務。如：

論語學而篇：「學而不思則罔，思而不學則殆。」句中的「不」猶「弗」，爲否定詞，「而」爲轉折詞，「則」爲承接詞。「而不」是先轉折然後否定，「不…則…」是先否定然後承接。中間以「不」字前後關連，構成雙重格式，語意曲折迴環，全靠三個虛字。又述而篇：「述而不作」同篇：「學而不厭。」是先轉折然後否定的「而不」句式。又同篇：「不義而富且貴」與「蓋有不知而作之者」。是先否定然後轉折的「不…而…」句式。又同篇：「不憤不啟，不悱不發」與鄉黨篇：「割不正不食，不得其醬不食」是前後疊用「不」構成一種「不…不…」的否定否的格式，以表示其必需條件。又顏淵篇：「必不得已而去。」是先否定而後轉折的句式。又先進篇：「居則曰：不吾知也。」這是否定句賓語倒置在動詞前的句式，若是順說，就是「沒有人知道我」。凡是否定句，如論語「莫己知也」「未之有也」等，都是倒裝句，與此語法相同，可以類推。此類例中的「不」，皆與弗相當，同樣有否定動詞的功能。

祇是「弗」的語氣較重於「不」。「不」在白話裏仍舊沿用，「弗」是不常用的。

②不：猶「勿」。義與「毋」同，也是否定副詞，表禁止之意。祇是「毋」比「不」的語意較堅定。當「不要」二字。如：

孟子滕文公篇：「我且往見，夷子不來」。「不來」猶言「勿來」，不是沒有來，而是叫他「不要來」。是說：「我將往見夷子，夷子不要來見我。」凡言「不可」之「不」，皆與「勿」同，都是表禁止之意。不表否定。

③不：猶「非」。「無不」猶「無非」「豈不」猶「豈非」，「非」爲「不是」之意。如：

論語鄉黨篇：「不時不食」。「不」爲「除非」之意。言食有定時，除非吃的時候不吃東西。這句中的兩個「不」，也可算是否定否的詞，表示其必需條件的。孟子公孫丑篇：「禍福無不自己求之者。」「無不」猶「無非」，言禍患和幸福沒有不是自己找來的。同篇：「則吾進退，豈不綽綽然有餘裕哉！」「豈不」猶「豈非」。是說：「那麼，我要進要退，豈不是寬綽地很有餘地嗎？」又不惟、不但、不特，和非惟、非但、非特，義並相同。

④不：猶「未」。猶「無」。也是表否定的副詞，當白話「未嘗」、「沒有」之意。如：

論語八佾篇：「吾不與祭，如不祭。」「不」作「未嘗」解，「未嘗」猶言「不曾」。是說：「我若未嘗親自參加祭祀，那就像不曾祭祀一樣。」子罕篇：「不爲酒困」。言未嘗被酒所困。先進篇：「人不間於其父母昆弟之言。」「不間」猶言未嘗有異。孟子梁惠王篇：「直不百步耳」！「不」猶「未嘗」是說：「祇是未嘗跑到一百步罷了。」句中「未嘗」換用「不曾」，意思也是一樣。此類句中的「不」，皆與「未」同義，都是「未嘗」之省文，也是「沒有」的意思。「不」的後面，可以是動詞，也可以是形容詞。如「與」「爲」「間」是動詞，「百」是形容詞。

⑤不：爲豈不之省文，表反詰語氣。否定詞「不」，在早期文言裏，含有「豈不」的意思，不是普通的否定。「不有」猶言「豈不有」，就是有的意思。如：

論語學而篇：「不亦說乎？」「不亦樂乎？」「亦」爲語助，「不」猶「豈不」。是說：「豈不是很喜悅嗎？」「豈不是很快樂嗎？」凡言「不亦…乎」者放此。陽貨篇：「不曰堅乎？磨而不磷；不曰白乎？涅而不緇。」「不曰」猶言「豈不曰」。同篇：「不有博弈者乎，爲之猶賢乎已。」「不有」猶言「豈不有」。孟子公孫丑篇：「自反而不縮，雖褐寬博，吾不惴焉？」「吾不」猶言「吾豈不」。「豈不」爲反詰語詞；「焉」猶「乎」，爲疑問助詞。「吾不惴焉？」是說：「我豈不恐懼嗎？」滕文公篇：「三月無君則弔，不以急乎？」朱注：「以已通，太也。後章放此。」同篇：「後車數十乘，從者數百人，以傳食於諸侯，不以泰乎？」這最後兩句，都是反詰語，「不」上並省「豈」字。是說：「豈不是太迫切了嗎？」「豈不是太過分了嗎？」這否定詞「不」，常和「亦」「當」等字連用來表反詰，尤其「不亦」連用最爲常見，「不當」連用的就比較少。

之

「之」在論孟中一般用作指代詞和後置介詞。用作指代詞的，猶「彼」猶「其」猶「焉」。可以指人、指事、指物。約當於白話「他」字。位置大都是放在句末或句中賓位的外動詞後。但不像「他」

字，可以放在句首或其他任何地方。用作後置介詞的當白話「的」。這裏要先說明它作指代詞和後置介詞的用法，然後再談它的別種用法。「之」的用途頗廣，而在論孟中用的也最多。論語有六百十三個，孟子有一千八百八十五個。其中大部用作稱代詞，其次用作後置介詞。作動詞「往」講的論語僅六個，孟子僅四十而已。（說見孫俍工譯日人兒島獻吉郎著中國文學通論）

①之：猶「彼」或「此」。用作他稱代詞。大都用在句末，相當於「他」。可以指人和事或物。在文言裏的人稱代詞，表自稱的，如「吾、余、予、我」等，表對稱的，如「爾、女（汝）、若、而」等，都可以做句子的主詞。表他稱的只有「彼」可以做句子的主詞。至於「之」「其」等表他稱的代詞，都不能做獨立句子的主詞。「其」只可做主謂結構的主語，不能做領位的主語。「之」既不能做主謂結構的主語，更不能做領位的主語，它只可用在句末或句中賓位外動詞後做指代用的賓語或補詞。而且白話裏第三人稱代詞「他」，在文言裏用「彼」，可以做主詞，文言裏的「他」，是做旁指的詞，相當於「別」或「別的」。如：

論語學而篇：「子曰：學而時習之，不亦說乎？」「之」指代所學的事。同篇：「其諸異乎人之求之與？」「人之」的「之」，為後置介詞，「求之」的「之」指代所求的事物。但在這兩例中，前例「學、時、習、說」四字是實，「而、之、不、亦、乎」五字是虛。後例「異人求」三字是實，「其諸、乎、之、之、與」六字是虛。藉此可知虛字在文言中所佔的分量了。為政篇：「為政以德，譬如北辰，居其所，而衆星共之」「之」指北辰星，處在外動詞後，是蒙上而指的代稱詞。八佾篇：「夏禮吾能言之，杞不足徵也；殷禮吾能言之，宋不足徵也。」兩「之」各指代夏殷之禮。這是將賓語夏禮與殷禮提放在句首，原位用代詞「之」作補詞。這是稱代的複指，也可說是蒙上而指的，在白話文裏很少有這種句形。泰伯篇：「曾子有疾，孟敬子問之」。「之」是外動詞的賓語，指代曾子的病情，也是稱代的複指。鄉黨篇：「當暑袗絺綌，必表而出之。」「表」「出」是兩個述詞，中間用「而」作連繫，共一個賓語「之」字。「之」指代絺綌單衣。意思是說：「正當炎熱的夏天，必先著內衣，而把絺綌單衣，表出在外面。舊注「謂加上衣於外，而後出行，」此說非是。裴氏集釋，也依舊注而誤。先進篇：「子張問政。子曰：『居之無倦，行之以忠』」「之」皆指代上文之政事言。孟子公孫丑篇：「助之長者，揠苗者也。」「之」指代揠苗並兼喻正氣。「之」相當於「它」。滕文公篇：「子謂薛居州，善士也，使之居於王所。」「之」指代薛居州。這類「之」字，本身是賓語的代詞，以其直接受到前面動詞的支配，也跟著提前，這也是文言裏的普通用法。「之」字也有探下文而有所指的，如子罕篇：「語之而不惰者，其回也與？」「之」指代下文的顏回。衞靈公篇：「知及之，仁不能守之，雖得之，必失之；知及之，仁能守之，不莊以涖之，則民不敬。知及之，仁能守之，莊以涖之，動之不以禮，未善也。」在這短短的一章文字中，連用十一個「之」字，前七個是探下而指的民事；後四個則是蒙上而指的，亦是民事。中間「則民不敬」一語，爲全章文字的樞紐。細玩文義，便能體會得出。亦有不蒙上，不探下，而用「之」作憑空直指的，這可說是泛無定指的指代詞。如雍也篇：「以約失之者鮮矣。」同篇：「知之者，不如好之者；好之者，不如樂之者。」述而篇：「蓋有不知而作之者。」同篇：「我非生而知之者，好古敏以求之者也。」泰伯篇：「民可使由之，不可使知之。」子路篇：「鄉人皆好之」。憲問篇：「愛之能勿勞乎？」季氏篇：「生而知之者上也，學而知之者次也。」此類例句中的「之」皆是。還有否定句，把代詞做賓語的

「之」提到動詞前的。如里仁篇：「我未之見也。」公冶長篇：「子路有聞，未之能行。」劉氏辨略誤以「未之能行」的「之」爲語助，劉師培已爲之正誤。按「未之能行」的語法，是將賓位的代詞「之」，直接倒置在外動詞「行」前，在文言裏一定是否定句，這是古語中常見的語法。推之如述而篇：「則吾未之有得。」子罕篇：「未之思也。」憲問篇：「而莫之知也。」孟子公孫丑篇：「而莫之能禦也」。「莫之能違也。」這類同一語法中的「之」，都是蒙上而有所指的，同時也都是由賓位提置在外動詞前面的句形。

②「之」：猶「其」。用作指示代詞，大都用在句中，當「他」或「他的」講。它們在文言文裏作指代詞的代替性是相同的，都可以代替人或事和物。這兩個本來是表他稱的詞，但有時也可用來表自稱或對稱。這是兩個詞的相同之處。所不同的，「之」只能用在動詞或介詞後作賓語或補詞。「其」只能做名詞前的定語或主謂結構的賓語。就是做指示詞，也有指遠和指近之分。（參閱「其」猶「之」條）如：

論語公冶長篇：「求也，千室之邑，百乘之家，可使爲之宰也。」上兩句中的「之」，爲詞尾，相當於「的」。「爲之宰」的「之」，和同章上文「由也，千乘之國，可使治其賦也」裏的「其」相同。並指代國家的政事。相當於「他的」。雍也篇：「冉子與之粟五秉。」「之」猶「其」，指代子華之母。先進篇：「赤也爲之小，孰能爲之大？」「之」並與「其」同義，指代相職。陽貨篇：「取瑟而歌，使之聞之。」「使之」的「之」猶「其」，指代儒悲；「聞之」的「之」猶「焉」，亦是指代詞，指瑟聲與歌聲。微子篇：「微子去之，箕子爲之奴。」兩「之」字，並指紂王。「去之」的「之」猶「焉」，

「爲之」的「之」猶「其」。（說見吳氏衍釋）孟子公孫丑篇：「皆悅而願爲之氓矣。」「之」猶「其」，周禮戴注作「皆悅而願爲其氓矣。」而且同章上文有「皆悅而願藏於其市矣。……皆悅而願出於其路矣。……皆悅而願立於其朝矣。」各句中「於其」的功用，實相當於「之」字。同篇：「子路，人告之以有過則喜。」「之」猶「其」，指代子路。可見在此類例句中，用「之」和「其」作指代詞，並無多大差別。但「其」用在名詞前是代領有者，在動詞前是代主事者。「之」以用在賓位爲常，位於動詞、介詞之後，代受事者。但是，也有例外，如萬章篇：「仁人之於弟也，不藏怒焉，不宿怨焉，親愛之而已矣。親之，欲其貴也；愛之，欲其富也。」這裏的後兩句是承上句「仁人之於弟」「親愛之」而引起的。「仁人」指代帝舜。後面的「之」和「其」表他稱，皆爲「象」的代替詞。「之」用在領位，「其」用在賓位，而它們是不能易位的。至如同篇：「欲見賢人而不以其道，猶欲其入而閉之門也。」下句中的「其」與「之」，爲變文同義，並指代賢人，卻可以易位。故趙注說：「欲人之入而閉其門。」就把「之」「其」的位置互換了。又告子篇：「紾兄之臂，而奪之食。」上「之」字爲介詞，相當於「的」；下「之」字爲兄長的指代詞，相當於「其」，作「他的」講。（說見吳氏衍釋）

③之：猶焉。用作指代詞。也有指人和指事物之別。大都用在句末，在句中的很少見。如：

論語先進篇：「非曰能之，願學焉。宗廟之事，如會同，端章甫，願爲小相焉。」「能之」的「之」與「學焉」的「焉」，爲變文同義，都是指下文宗廟會同之小相。「願爲小相焉」的「焉」，只是幫助語氣的語末助詞，別無他義。憲問篇：「愛之能勿勞乎？忠焉能勿誨乎？」裏「之」與「焉」，亦是變文同義，只是「之」指人子，「焉」代人君，雖是變文以便讀，但是它們卻不能互換位置。這也許因爲它們所指的對象不同，而所用的代詞在語氣上也該有分別吧？衞靈公篇：「衆惡之，必察焉；衆好之，必察焉。」這兩個「之」和「焉」，同是關係代詞，指代衆好衆惡之人，也是變文同義，卽是易位，也並無不可。不過「之」常用在領起小句之末，「焉」常用在承接小句之末，已成定型，這也許是因爲聲音的關係，讀來各有所宜吧。

④之：猶「而」。「之」與「而」義本相通，用作指代詞或關係詞。可以互訓。（參閱「而」猶「之」條。）如：

論語述而篇：「抑爲之不厭，誨人不倦。」裏的「之」，與同篇：「學而不厭，誨人不倦」裏的「而」，語意相同，都是仁聖之道的指代詞。如微子篇：「子路從而後」裏的「而」，就是介繫詞「之」的意思可以換用「之」字。又孟子離婁篇：「君子犯義，小人犯刑，國之所存者，幸也。」「之」猶「而」，「所」猶「或」，「之所」猶言「而或」，用作假設相連的關係詞。

⑤「之」猶「如是」。「之」可訓「是」，「是」本有「如是」之意。爲表形容性而兼指代的詞，當白話「這樣的」。如：

孟子離婁篇：「天之高也，星辰之遠也，苟求其故，千歲之日至，可坐而致也。」「之」並爲修飾「高」「遠」的限制詞，並略帶重指的意味。言天如是之高，星辰如是之遠。這就是說：「像天這樣的高，星辰這樣的遠。」

⑥之：用作內動詞。和「適、往、至」等同義。引申爲「歸」「從」諸義。當白話「去」「到」「來」講。如：

論語公冶長篇：「違之，之一邦。」「違之」的「之」，爲指他邦的代詞。「之一邦」的「之」，訓「往」。子路篇：「雖之夷狄不可棄也。」憲問篇：「之三子告。」陽貨篇：「子之武城」裏的「之」皆訓「往」。同篇：「子路不說曰：『末之也已，何必公山氏之之也？』」兩「之」字，孔注並訓爲「適」，皇疏訓爲「往」，「往」就是「適」，詞異而義同。「之之」的前一「之」字爲特介詞。後一個「之」字作往解。「之」既作「往」解，又可引申爲來到之意。如孟子梁惠王篇：「昔者大王居邠，狄人侵之，去之岐山之下居焉。」萬章篇：「知虞公之不可諫，而去之秦。這兩個「去之」的「之」，並訓「至」。「至」就是「到」，「去之」就是「來到」之意。再由「來到」引申爲「歸從」之意。如萬章篇：「夫然後之中國，踐天子位焉。」文選注作「夫然後歸中國。」同章：「天下諸侯朝覲者，不之堯之子而之舜。」「之」猶「從」，和下文「天下之民從之，若堯崩之後，不從堯之子而從舜也」裏的兩個「從」字，意思相同。「從」就是「歸從」，在同章下文有「不之益而之啟」之句，孫疏卽作「皆不歸益而歸禹之子啟。」卽此可知，「之」可以訓「適」訓「往」訓「至」，又可引申爲「來到」「歸從」諸義。

⑦之：猶「將」。爲欲然尚未然之詞。是個助動詞，表「欲要」之意。作「打算」講。如：

論語陽貨篇：「佛肸召，子欲往。子路曰，昔者由也，聞諸夫子曰：『親於其身爲不善者，君子不入也。』佛肸以中牟畔，子之往也，如之何？」這「子之往也」裏的「之」，粗看像是「夫子」的重指詞或特介詞，但細玩上文有「佛肸召，子欲往」之語，得知其時孔子有欲往佛肸之意，故這個「之」，當是「往」的限制詞，與「欲往」之「欲」同義。當作「將要」解無疑。

⑧之：猶尚。猶且。爲推設之詞，當白話「還」字。如：

論語八佾篇：「夷狄之有君，不如諸夏之亡也。」「之」爲尚且之義。朱注引程子曰：「夷狄且有君長，不如諸夏之僭亂，反無上下之分也。」分明是以「且」釋「之」的。公冶長篇：「吾斯之未能信。」是說：「我對做官這件事還不能自信。」陽貨篇：「古者民有三疾，今也或是之亡也。」是說：「古人有三種缺點，現在的人或者連這缺點還沒有呢。」孟子梁惠王篇：「民惟恐王之不好勇也。」「惟」和「之」相應。是說：「人民祇是怕王還不能喜好武勇呢。」此類「之」字，譯作「還」或「尚且」皆可。（說見吳氏衍釋）

⑨之：猶「已」。「已」與「以」，古同音通用，「之」可訓「以」，故亦得訓「已」。「已」爲表時間過去的限制詞，作「已經」解。如：

孟子萬章篇：「丹朱之不肖，舜之子亦不肖。」前一個「之」訓「已」，爲表時間的限制詞；後一個「之」，爲表對象的介繫詞，當白話「的」字。是說：「丹朱既已不肖，舜的兒子也不肖。」

⑩之：用作介繫詞，當白話「的」。它的用法，有用在主語性的領位、和統攝性的領位、及修飾的領位三式。在主語性的領位文句中，常用「之」作特別介詞，放在主語和述語之間，「之」的下面是主要的中心詞，上面是次要的，只是用來領屬下面那個主體詞的。也就是說，凡是名詞或代名詞，用在主語性的領位和被領位的中間，常用特介詞「之」作介紹，以表領屬關係。這在古文中每每利用「之」字造成組合式的詞結做主語，句末多用「也」字一頓。但也有直附而省「之」字的。如：

論語學而篇：「夫子□（表省字符號，下放此。）至於是邦也，必聞其政。」八佾篇：「夫子之至於斯也，吾未嘗不得見也。」這兩句語法相同，上句省「之」字，下句不省。同篇：「天下之無道也，久矣！」這都是用「之」以表領屬關係的。公冶長篇：「我□不欲人之加諸我也。」這是前省後不省的。同篇：「至於他邦，則曰：猶吾□大夫崔子也。」這是省「之」字的。孟子梁惠王篇：「民惟恐王之不好勇也。」同篇：「吾之不遇魯侯，天也。」這都是不省「之」字的。又同篇：「民□望之，若大旱之望雲霓也。」而滕文公篇則作「民之望之，若大旱之望雨也。」兩句義法全同，祇是前者省「之」字，後者不省。離婁篇「舜□不告而娶，爲無後也。」而萬章篇則作「舜之不告而娶，何也？」同篇：「君□欲見之，召之則不往見之，何也？……且君之欲見之也，何爲也哉？」在此類相同的句法中，也是有省有不省的。告子篇：「凱風，親之過□小者也；小弁，親之過□大者也。」這是上不省而下省，也可說是蒙上而省的。這類「之」字的作用，就「之」前的主語來說，它是領位。就「之」後的述語來說，它是被領位。用「之」在外動詞前作特介和賓語相屬，以表領屬關係，這是在文言裏的特別用法。這其間的省與不省，大都是爲了調整音節，避複求簡，以適應語音長短和語氣緩急的自然需要而定，並無確定的準則。還有用在主語性的領位作介詞的「之」，常和介詞「於」連用構成連合介詞，這個「之」也儘可省略。如論語八佾篇：「知其說者之於天下也」裏的「之於」的「於」，意思就是「對於」，而「對於」這個介詞，卻是介紹領位或主語到被領位上去，以表示領屬關係，「之」字也可省去，如論語公冶長篇：「始吾□於人也。」「於」就是「對於」，上省「之」字。而衞靈公篇作「吾之於人也。」就不省「之」字。又孟子梁惠王篇：「寡人之於國也。」同篇：「君子之於禽獸也」之屬句裏的「於」字，意思同是「對於」，「對於」爲同義語。中間利用「之」字，使起詞或主語，跟「於」或「對於」

下面的詞構成組合式的詞結。這裏所舉的例句，「之」上的詞，是純粹用來形容「之」下的中心詞的。這種利用「之」字構成副語或副詞句的句式，在古文中用的最廣泛而又最複雜，尤其秦漢以後的古文，這種現象，更逐漸普遍起來。

⑪之：用在統攝性的領位作介詞，以表統攝性的對待關係。凡用詞或語句來區別或修飾句中名詞的，統叫形容副加語。名詞用做副加語，就在領位和被領位中間，常用介詞「之」做介紹。所謂統攝性的領位，不一定是物主，凡後名統於前名，或前名攝取後名的，都屬這類。這個「之」字，是必不可省的。如：

論語八佾篇：「林放問禮之本。」同篇：「子貢欲去告朔之餼羊。」這裏的「禮」和「告朔」是大名，「本」和「餼羊」是小名，這是大名領攝小名的。孟子梁惠王篇：「仲尼之徒，無道桓文之事者。」「徒」是屬於仲尼的，「事」是出於桓文的，「之」表物主跟事原的關係，這是前名領屬後名的。同章：「故王之不王，非挾泰山以超北海之類也；王之不王，是折枝之類也。」這是比類相從，用「之」以表統攝關係的。同章：「使天下仕者，皆欲立於王之朝；耕者，皆欲耕於王之野。」這是用「之」表示事務跟地域的統攝關係的。公孫丑篇：「故將大有爲之君，必有所不召之臣。」這是用「之」表物主和物原的統攝關係的。同篇：「惻隱之心，仁之端也；差惡之心，義之端也。」「仁」和「義」是大名，「端」是小名，這是用「之」以表大名領屬小名的統攝關係的。滕文公篇：「居天下之廣居，立天下之正位，行天下之大道。」這是用「之」以表前後處所的統攝關係的。離婁篇：「夫章子豈不欲有夫妻、子母之屬哉？」這是用「之」以表後名統攝前名的關係的。告子篇：「子服堯之服，誦堯之言，行堯之行，是堯而已矣。」句中前面三個「堯」字，都是下面的名詞的形容附加語，都在領位，來修飾下面的名詞「服」「言」「行」的，中間用「之」做介紹，以表領屬關係的。同篇：「無城郭、宮室、宗廟、祭祀之禮。」「之」表示事物之相關，就是關於上面列舉的各項事物的禮制。像此類用作介繫詞的「之」，構成統攝性的句型，大都類此。這類「之」字，都可翻作「的」。

⑫之：在修飾性的領位，常用特介詞「之」做詞尾，並表修飾作用。這是名詞轉成形容詞，處於修飾性的領位句式。這領位所帶的「之」，已不是介詞，而是形容詞的詞尾了。應該留在後面討論助詞時再說。祇是因爲這種變爲修飾性的起詞，對下面的主詞仍有修飾作用，爲了便於連類說明起見，先在這裏附帶一談。如：

論語公冶長篇：「由也，千乘之國，可使治其賦也。」「求也，千室之邑，百乘之家，可使爲之宰也。」這前一例句裏的「國」，是子句中賓語的領位，上面是修飾詞。後一例句裏的「邑」和「家」，是子句中補足語的領位，現在都提置在母句述語之前，做修飾性的副詞，來修飾下面那個主要的詞。孟子公孫丑篇：「惻隱之心，仁之端也；羞惡之心，義之端也；辭讓之心，理之端也；是非之心，智之端也。」這四個排列複句中，上排四個小句裏的「之」，都是形容詞詞尾；下排四個小句裏的「之」，並爲介詞。一般做形容詞尾和介詞的「之」字，都可翻「的」。（參閱周遲明國文比較文法，以下簡稱周氏國文法。）

⑬之：猶「於」。猶「諸」。按「之」「諸」一聲之轉，「諸」可訓「於」訓「之」，故「之」亦得訓「於」訓「諸」。均用作介繫詞，當白話「在」或「到」。（參閱「於」猶「之」，「諸」猶「之」

條）如：

孟子公孫丑篇：「武丁朝諸侯，有天下，猶運之掌也。」同篇：「以不忍人之心，行不忍人之政，治天下可運之掌上。」兩「之」字，並訓「於」，言治天下，猶運於掌上。這就是說：「治天下，如同把東西放在手掌裏運轉一樣的容易。」滕文公篇：「禹疏九河，瀹濟漯，而注諸海；決汝漢，排淮泗，而注之江。」句中的「諸」和「之」，爲變文同義。（說見王氏釋詞）皆爲到達之意。同篇：「禹掘地而注之海，驅蛇龍而放之菹。」兩「之」字，並猶「於」、猶「諸」，皆相當於「到」。同篇：「女子之嫁也，母命之，往送之門。戒之曰：往之女家，必敬必戒，無違夫子。」兩「之」字，並猶「於」，與「至」同義，當白話「到」字，同爲表所到的介詞。就此也可看出一般介詞是由動詞轉來的。萬章篇：「子產使校人畜之池。」「之」猶「於」，當白話「在」字。同篇：「象至不仁，封之有庳。」後漢書袁紹傳注，作「封諸有鼻。」「之」「諸」同義，並爲表所到的介詞。盡心篇：「親親、仁也；敬長，義也。無他，達之天下也。」「達之天下」，就是「達於天下」或「達到天下」的意思。意謂這類例句中，用在動詞後的「之」，乃是「之於」的省文，若是在「之」下補一「於」字，也就相當於「諸」了。因爲「之於」的合音便是「諸」。不論單用「之」、「於」、「諸」，或複用「之於」作介詞，在語意方面並無差別，祇是在語音方面，有長短輕重之分。

⑭之：猶「是」。常用在賓語和動詞之間作繫詞。在白話裏沒有和它相當的詞，一般是不譯的。如：

論語爲政篇：「父母唯其疾之憂。」在賓語和動詞間，加「之」以表示側重賓語（疾）而加強語勢的句式。上用「唯」以表明止限於憂其疾，語氣更顯得急切。朱注訓「之」爲「以爲」，言「唯恐其有疾病，常以爲憂也。」亦甚切合。先進篇：「吾以子爲異之問，曾由與求之問。」句式與上例同，也是爲了側重賓語而加强語氣的。堯曰篇：「猶之與人也，出納之吝，謂之有司。」「猶」訓「均」，「猶之與人」，猶言「均是與人」。（說見裴氏集釋）孟子盡心篇：「可欲之謂善，有諸己之謂信。」「之」並訓「是」，趙氏訓「之謂」爲「是爲」，深得文理。凡論孟中解釋性的文句，如「某之謂某」裏的「之謂」和「此之謂也」裏的「之謂」，並爲「是爲」之意。皆認定之詞。

⑮之：猶「有」。用作繫詞。在引他人之言，以證己之議論時用之。如：

論語子路篇：「人之言曰：『爲君難，爲臣亦不易。』」「之」猶「有」，「人之言」即「人有言」。凡在論證時，稱引他人之言，以證明己見，必稱某某有言曰。如論語子路篇：「南人有言曰。」季氏篇：「周任有言曰。」與此同一語法。可證「之」與「有」的作用是相同的。

⑯之：猶「者」。用作繫詞，當白話「的」字。今人多知古人用「之」做後置介詞，而不知古人也用者的。如：

論語衞靈公篇：「與師言之道與？」「之」猶「者」吳氏衍釋：「謂師言者也。」他如孟子公孫丑篇：「且古之君子」裏的「之」，與滕文公篇：「昔者孔子沒」裏的「者」，用法也是相同的。

⑰之：猶「所」。在白話裏還沒有適當的詞來翻它，勉强用「的」字。如：

論語公冶長篇：「我不欲人之加諸我也。」朱注：「我所不欲人加於我之事。」。這分明是以「所」釋「之」的。憲問篇：「子曰：果哉！末之難矣。」「末之」猶言「無所」。朱注：「且言人之出處，若果如此，則亦無所難矣。」劉氏辨略，也是依從朱注爲訓，「末之難，猶云無所難也。」孟子告子篇引詩大雅烝民之詩云：「民之秉夷」。朱注：「夷、詩作彝，常也。……是民所秉執之常性也。」這也是訓「之」爲「所」的。這類「之」字，若是翻做「的」，都要把它放在動詞後面的。

⑱之：猶「以」。用作介繫詞，當白話「的」字。如：

論語先進篇：「以吾從大夫之後，不可徒行也。」「之後」猶言「以後」。顏淵篇：「草上之風，必偃。」「上」爲「尚」之借字，訓加。「之」猶「以」。邢疏謂「加草以風」。是說：「把風加在草上。」孟子滕文公篇：「昔者孔子沒，三年之外，門人治任將歸。」「之外」猶言「以外」。離婁篇：「有本者如是，是之取爾。」「是之」猶言「是以」。萬章篇：「今而後知君之犬馬畜伋。」趙氏訓「之」爲「以」。按「之」與「以」可通用。凡上、下、左、右、前、後、內、外等方位詞，與時間及處所詞，上面的定時或定位的介詞。用「之」用「以」，都是一樣。

⑲之：猶「所以」。「之」既得訓「所」、訓「以」。「所」和「以」，乃是「所以」一義之分化，故「之」自得有「所以」之訓。這是尋求事物本原的關係詞。爲「如何」之意，當「怎樣」解。如：

論語里仁篇：「古者言之不出，恥躬之不逮也。」朱注：「古者所以不出其言，爲此故也。」句中的「所以」，分明是訓釋「之」字的。「所以」爲探原之詞，「此」爲「躬行不逮」的指稱詞，正是上句文字所探求的本原。陽貨篇：「邇之事父，遠之事君」裏的兩個「之」字，並與「所以」同義，爲探究其所以事父事君的道理，同本於詩教。此類作「所以」解的「之」，乃是個探本窮原以表因果關係的關係詞。

⑳之：猶「乃」。相當於「卻是」或「竟然」「居然」之意，爲表語意轉折的關係詞。如：

論語述而篇：「不圖爲樂之至於斯也。」子罕篇：「歲寒然後知松柏之後凋也。」季氏篇：「又聞君子之遠其子也。」孟子梁惠王篇：「臣固知王之不忍也。」離婁篇：「今天下溺矣，夫子之不援，何也？」萬章篇：「今而後知君之犬馬畜伋。」盡心篇：「若是乎從者之廋也。」此類例句中的「之」字，並猶「乃」。或當「卻是」，或當「竟然」「居然」的語氣，它是處在賓語和動詞之間，以表示初不意其如此，而卻終於如此之意。

㉑之：猶「與」。爲連及之詞。當白話「和」字。如：

論語泰伯篇：「如有周公之才之美。」句中前一個「之」是介詞，後一個「之」是連詞。可譯做「如有人能像周公的才智和技藝。」孟子萬章篇：「得之不得，曰有命。」「之」是連詞，猶「與」。是說：「得和不得卿相的位置，以爲是命中註定的。」同篇：「人悅之好色富貴，無足以解憂。」「之」猶「與」，爲連詞。是說：「人們悅服與好色及富貴，都不能解除他的憂愁的。」

㉒之：猶「則」。相當於「卽」和「就」。「之」與「則」同義互訓。（參閱「則」猶「之」條）如：

論語爲政篇：「知之爲（ㄨㄟˋ）知之。」「之」訓「則」，「爲」猶「謂」。是說：「知則謂知。」朱注：「言所知者，則以爲知。」按「以爲」卽「謂爲」之義。顏淵篇：「愛之欲其生，惡之欲其死。」同篇：「居之無倦，行之以忠。」兩例句中的「之」，並訓「則」，同是承接詞「卽」「就」之義。孟子滕文公篇：「顏色之戚，哭泣之哀。」兩「之」字並與「則」同義。離婁篇：「君子深造之以道。」「以」猶「於」，「之以道」猶言「則於道」。盡心篇：「守者曰：『此非吾君也，何其聲之似我君也？』」「其」訓「乃」，「之」訓「則」，皆句中繫詞。同篇：「居之似忠信，行之似廉潔。」兩「之」並與「則」同義。

㉓之：猶「若」。爲設詞。有「若是」「若或」「假若」諸義。當白話「假如」「如果」講。如：

論語子罕篇：「天之將喪斯文也，後死者，不得與於斯文也；天之未喪斯文也，匡人其如予何？」憲問篇：「其言之不怍，則爲之也難。」子張篇：「我之大賢與，於人何所不容；我之不賢與，人將拒我，如之何其拒人也？」同篇：「夫子之得邦家者，所謂立之斯立，道之斯行，綏之斯來，動之斯和。」孟子離婁篇：「君之視臣如手足，則臣視君如腹心；君之視臣如犬馬，則臣視君如國人；君之視臣如土芥，則臣視君如寇讎。」上列諸例句中的「之」，並與「假若」之「若」同義，故「假若」「譬若」，亦作「假之」「譬之」。都是表假設相連的關係詞。它是用在複句的首句的主詞後面，先設定某一事項，然後申論其應得之結果。語法大致相同。

㉔之：猶焉。用作語助詞，大都放在動詞後，以表聲氣。如：

論語鄉黨篇：「當暑袗絺綌，必表而出之。」「之」猶「焉」，爲歇語詞，並略帶指代意味。孟子梁惠王篇：「天油然作雲，沛然下雨，則苗勃然興之矣。」「之矣」猶言「焉矣」，爲語末助詞。俞樾群經評議，謂之衍文，失之。（說見裴氏集釋。）離婁篇：「惡可已，則不知手之舞之，足之蹈之。」「舞」「蹈」前面兩個「之」，並爲介詞，相當於「的」；後面兩個「之」，並猶「焉」，爲語助詞，當「哩」「啦」等語氣。是說：「脚在踏着哩，手在舞着哩。」若是把介詞跟助詞省去，便成了「手舞足蹈」的兩個緊密結合的駢詞了。萬章篇：「集大成也者，金聲而玉振之也。金聲也者，始條理也；玉振之也者，終條理也。」句中的「之也」和「之也者」，猶言「焉也」和「焉也者」。同是表提頓的語助詞。告子篇：「夫貉，五穀不生，惟黍生之。」「之」猶「焉」，爲送句的語末助詞，並略含指代意味。

這類句末的「之」字，語意大致相同。（參閱「焉」猶「之」條。）

㉕之：猶「也」或「矣」。用作語助詞，有句末句中兩式。用在句末，表決定語氣，相當於「也」或「矣」。用在句中的，有的相當於「也」或「矣」，但也有的並無任何語氣詞和它相當，彷彿是由特介詞轉來的助聲詞，只表示語音停頓一下，別無其他意思。如：

論語衛靈公篇：「邦無道，則可卷而懷之。」「之」猶「也」，爲動詞的語尾。表決定語氣。按唐石經「之」作「也」。兪氏評議謂「之」爲「也」之譌。子張篇：「抑末也，本之則無。」「之」猶「也」，表語氣停頓。也可訓且，「本之則無」，卽「本且已無」。也有把「之」放在動詞後和「矣」的功用一樣。如孟子盡心篇：「行之而不著焉，習矣而不察焉」裏的「之」與「矣」爲變文同義，並爲表停頓的語氣詞，卽是換位也可。還有放在句中，不表示任何意義，只表語音停頓的聲氣，也不相當於「也」或「矣」。如孟子滕文公篇：「夫夷子，信以爲人之親其兄之子，爲若親其鄰之赤子乎？」萬章篇：「其子之賢不肖，皆天也；非人之所能爲也。」這兩個「之」字，並用在主語和述語之間，只表語氣停頓，跟特介詞「之」的用法約略相似。所以凡是用作特介的「之」而可省略的，均可視同語助。更有古人在名氏間，往往用「之」或「子」或「施」作助語者。此乃運虛而爲實的變例。如「宮之奇」「孟之反」「孟施舍」「庾公子斯」「尹公之他」等都是。這在春秋戰國時代的人名中，是常見的事實。

云

「云」本「雲」之古文，象氣自下回轉而上之形。後以本義爲雲所專。古人多假「云」爲「曰。」當發語詞，並可借爲指代詞和語助詞。

①云：猶「曰」。爲發端語詞。古人叫「云」叫「曰」，今人叫「說」，這是語詞隨時代進展而跟著改變的情形。古人引詩書文字或他人語言，統用「云」或「曰」以發其端。如：

論語學而篇：「子貢曰：詩云：『如切如磋，如琢如磨。』」「云」當白話「說」或「這樣說」。子罕篇：「牢曰：子云：『吾不試，故藝。』」憲問篇：「子張曰：書云：『高宗諒陰。』」「云」與「曰」，皆同義語，並爲稱說之詞，用「曰」用「云」，取其聲音之自然調協，便於上口，本無一定之成規，這裏因爲它是作稱說解的動詞，無須多加討論。

②云：爲呼叫之語氣詞，而兼指代詞「之」或「其」字的任務。常用在兩動詞之間，相當於「之」或「他」字。如：

孟子萬章篇：「晉平公之於亥唐也，入云則入，坐云則坐，食云則食。」這裏的首句是主語，下面三個平列小句的上面的「入」「坐」「食」，都是動詞作起詞，底下的「入」「坐」「食」，都是動詞作止詞。中間各用一個「云」字作代詞，若是換用「之」或「他」，意思也是一樣。只是翻譯時，要把它掉在謂語前，譯成「呼之入則入，呼之坐則坐，呼之食則食。」或「叫他入就入，叫他坐就坐，叫他吃就吃。」按裴氏集釋謂「云」猶「焉」，爲語助詞。意爲這個「云」字，雖可訓「焉」，而這個「焉」字，也該作指代詞「之」或「他」解，而非語助詞。

③云：猶「焉」。用作語末助詞。常和「爾」「然」「乎」等連用，成爲「云爾」「云然」「云乎」等複合語助。意思和「焉爾」相似，都含「如是」「若此」「有此」等語氣。也常用於陳述句，有據

說如此之意。它是語氣詞並含有指代的意味，當白話「的樣兒」。如：

論語述而篇：「發憤忘食，樂以忘憂，不知老之將至云爾！」「云」猶「如」，爲「如是」意，「爾」同「耳」，爲「而已」之合音，「云爾」猶言「如是而已」，當白話「這樣罷了」。誠如竹氏會箋說：「云爾，是略自承當之辭，猶竊比之類，非公然自認語氣。」同篇：「若聖與仁，則吾豈敢，抑爲之不厭，誨人不倦，則可謂云爾已矣。」「云爾已矣」猶言「如此而已矣」朱注：「可謂云爾已矣者，無他之辭也。」意思是說：「只有這兩層還可稱說罷了。」陽貨篇：「禮云禮云，玉帛云乎哉！樂云樂云，鐘鼓云乎哉！」這裏一三兩句中的四個「云」字，係純粹語氣詞，相當於「啊」。二、四句，兩「云乎哉」的「云」。爲表反詰的語氣詞，含有「如是」之意。用白話可譯成「禮啊！樂啊！難道只是指那些玉帛和敲鐘打鼓這麼個說法嗎？」孟子公孫丑篇：「是何足與言仁義也云爾。」趙注：「云爾，絕語詞也。」當白話「這種話頭。」是說「這那裏夠得上和他講仁義這種話頭呢。」離婁篇：「薄乎云爾，惡得無罪？」「云爾」語已助詞，猶言「罷了」。萬章篇：「事之云乎！豈曰友之云乎？」兩「云乎」皆語已助詞。後者並表反詰語氣。盡心篇：「子謂之姑徐徐云爾。」此「云爾」略含「有此」之義。概略的說，「云爾」猶言「有此」，「云然」猶言「有然」，「云乎哉」猶言「有這麼個說法嗎」。

曰

「曰」之造形，象人發語時，張口有氣上出。其本義作「發語詞」講，和「語已詞」「只」字相對。引申之，則爲言談稱謂之詞。用作發端語詞的「曰」通「粵」，是古文中的常語。

①曰：猶「說」，爲發端語詞。古人叫「曰」，今人叫「說」，乃是古今語詞之變遷。同是作述說解的動詞無須多說。這裏只就它在文言裏用法上的變化，略加說明。如：

論語學而篇：「子曰：『學而時習之。』」「子曰」就是「孔子說」。按邢疏：「曰者，說文云：『從口、乙聲，亦象口出氣也。』然則曰者，發語詞也。以此下是孔子之語，故以子曰冠之，或言孔子曰者，以記非一人，各以義載，無義例也。」邢疏又說：「凡經傳直言子曰者，皆孔子，以其聖德著聞，師範來世，不須言其氏，人盡知之故也。」以此推之，故凡論孟及其他經傳中，凡言子曰者，皆夫子之語。別人之言，曰上皆加分別詞姓氏，以標幟其爲誰何。諸如顏淵曰、子夏曰、公孫丑曰、萬章曰之屬都是。「曰」都相當於「說」，是動詞性的發語詞，這是常語。

②曰：猶「云」猶「言」。按說文曰下云：「詞也」。段注云：「詞者，意內而言外也。有是意而有是言，亦謂之曰，亦謂之云，云曰雙聲也。」這就是說「曰」與「云」聲義相同，可以通用。所謂「詞」，就是表示內在的心意而達之於外的工具。換言之，古人所謂「詞」，其功用實同於今人用以抒情達意的語言文字。所以凡是用「曰」用「云」作發端詞，其下文必是吐出他的心聲，讓人明瞭其用意的。但用「曰」「云」「言」「說」等語詞的方法，也是有同有異的。如：

論語爲政篇：「子曰：書云：『孝乎惟孝，友于兄弟。』」子罕篇：「牢曰：子云：『吾不試，故藝。』」這兩例句型相同。劉氏辨略謂「牢曰、子云，其義則一，變文以便讀耳。」語殊含混，未加辨白。按古語常例，直言用「曰」，轉述他人之言用「云」。但也有轉述他人之言語，用「言曰」來代替「云」的。如子路篇：「南人有言曰：『人而無恆，不可以作巫醫。』」季氏篇：「周任有言曰：『陳力就列，不能者止。』」這裏的「言曰」，卻相當於「云」。若是單用，只能用「言」用「云」不能用「曰」。說「南人有言」，或「南人有云」，都可以，卻不能說「南人有曰」。因爲「言」和「云」是「話語」，爲名詞，「曰」是「說」，爲動詞，義近而詞性有別，是不能相混的。但有時用「言」用「曰」，因詞位不同，也是不能互易的。如憲問篇：「子言衞靈公之無道也。」陽貨篇：「昔者，由也，聞諸夫子曰」之屬是。但也有詞位相同，而有用「說」用「云」之異，即是互易，也是可以的。如顏淵篇：「惜乎！夫子之說，君子也。」子張篇：「夫子之云，不亦宜乎」之屬是。可見此類說詞之運用，雖無一定之規格，但須視詞位之異同，和語法之變化，及聲音之調協，使用各有所宜，不能絲毫勉强。其間該用「曰」用「云」的地方，絕不能隨意用「言」或「說」來代替。又論孟引詩書文字，大抵引書用「曰」，引詩用「云」以爲常；然而也有引詩用「曰」，引書用「云」的。藉此可知凡是引用他人文字，用「曰」用「云」，或是用「言」用「說」，只要認清體裁及語法和聲音之變化，都是可以任你自由選用的。

③曰：猶爲（ㄨㄟˋ）。即「謂之」之意。按「曰」與「謂」，古同音，義亦相通。用在主語和謂語之間作準繫詞，相當於「叫做」。「曰」本是同動詞，可作「爲」講，其義爲「是」，表示解釋或認定之意，也可說是不完全的外動詞，用在判斷句中間，都是直陳其義而定其義界之詞。不作「說道」講。如：

論語季氏篇：「邦君之妻，君稱之曰夫人；夫人自稱曰小童。邦人稱之曰君夫人，稱諸邦曰寡小君。異邦人稱之亦曰君夫人。」「曰」皆「爲」義，猶言「謂之」。孟子梁惠王篇：「謂其臺曰靈臺，謂其沼曰靈沼。」同篇：「老而無妻曰鰥，老而無夫曰寡，老而無子曰獨，幼而無父曰孤。」同篇：「諸侯朝於天子曰述職，天子適諸侯曰巡狩。」萬章篇：「孔子進以禮，退以義，得之不得曰有命。」同篇：「附於諸侯曰附庸。」這類例句中的「曰」，並是述詞用作繫詞，作「謂之」解。「曰」上文字是陳述事實的解釋語，「曰」下文字是依據事實而得來的名稱，也就是結語。故這個「曰」字，實為據實而定其名之術語。這種某謂之某的句式，已開示後世訓詁學之先例。尤其在古代語文中，凡屬層疊，以申明其所欲言者，每加「曰」字以領起下文。如告子篇：「葵丘之會諸侯，束牲載書，而不歃血。初命曰：誅不孝，無易樹子，無以妾為妻。再命曰：尊賢育才，以彰有德。三命曰：敬老慈幼，無忘賓旅。四命曰：士無世官，官事無攝，取士必得，無專殺大夫。五命曰：無曲防，無遏糴，無有封而不告。」這類「曰」的意思是說盟約第一條「為甚麼」或是「是甚麼」皆可。都是「謂之」或「叫做」之意。又盡心篇：「上下與天地同流，豈曰小補之哉！」「豈曰」猶言「豈為」或「豈是」，也是「謂之」或「叫做」之意。

④曰：為更端語氣詞。是在複句中用「曰」作繫詞，以表明上下文義有別，它有領起下文和申明上文文義之功能。當白話「是」或「叫做」。它的用法，約可分為申明、驚怪、與審度及推測四小類。

㈠曰：為申明之詞。推上文之意，而加「曰」以申明之。如：

論語為政篇：「詩三百，一言以蔽之。曰：『思無邪。』」八佾篇：「周人以栗，曰：『使民戰栗。』」這類複句，「曰」字居中作繫詞，「曰」上是敘事句子，「曰」下是判斷事物是非異同的申明句子。憲問篇：「子路曰：『桓公殺公子糾，召忽死之，管仲不死。曰：未仁乎？』」「曰：未仁乎。」皇疏以為時議。竹氏會箋：「凡論孟舉事實而論之，論上加「曰」字。此起，子路問詞，故加曰字。」

此言甚是。按此類「曰」字，在古語裏，是作「爲」（ㄨㄟ）解，當白話「是」字，與一般作「說道」解的「曰」字不同。孟子滕文公篇：「喪祭從先祖。曰：『吾有所受之也。』」「曰」亦是申明上文的關係詞。同章：「五月居廬，未有命戒，百官族人，可謂曰知。」「曰」猶「爲」，當白話「是」字。「可謂曰知」猶言「可謂爲知。」可猶肯，是說：「肯說他是知禮的人了。」萬章篇：「勞於王事，而不得養父母也。曰：『此莫非王事，我獨賢勞也。』」告子篇：「今之事君者。曰：『我能爲君辟土地，充府庫。』」同篇：「一者，何也？曰：『仁也。』」趙注：「髡問，一者何也？曰：仁也，乃是孟子之答詞。」趙說非是。此乃孟子一人自言，而加「曰」字以辨白其義。以上各例句中，「曰」字以下之文，都是辨白上文文義的。

㈡曰：爲驚怪之詞。在行文中間用「曰」字，「曰」以上爲敍事句子，「曰」以下文字，是對上文表示意外，故加「曰」以表驚駭怪異的語氣。如：

論語八佾篇：「儀封人請見。曰：『君子之至於斯也，吾未嘗不得見也！』」述而篇：「子在齊聞韶三月不知肉味。曰：『不圖爲樂之至於斯也！』」鄉黨篇：「廄焚，子退朝，曰：『傷人乎？』」同篇：「色斯舉矣，翔而後集。曰：『山梁雌雉，時哉！時哉！』」孟子萬章篇：「孰謂子產智，予既烹而食之。曰：『得其所哉！得其所哉！』」告子篇：「爲其智弗若與？曰：『非然也。』」盡心篇：「子以是爲竊屨而來與？曰：『殆非也。』」此類複句中的「曰」字以下的文字，皆是針對上文提出異議，以表驚訝怪駭之激動情緒。

㈢曰：爲審度之詞。這是用「曰」字以表示自家心中有此存想，當白話「有」字。如：

論語衞靈公篇：「不曰如之何、如之何者，吾末如之何也已矣！」「不曰」猶言「沒有」。「不曰如之何」，是說：「沒有審愼考慮到這件事情怎麼辦。」陽貨篇：「不曰堅乎？磨而不磷；不曰白乎？涅而不緇。」這裏的「不曰」是「不有所謂」的意思。是自家心裏深惟籌措的語言，是心語，並非口語。

㈣曰：爲推測之詞。和「以爲」或「意謂」相當。當白話「意思是說」。如：

論語八佾篇：「子語魯太師樂，曰：『樂其可知也。』」鄉黨篇：「朋友死無所歸。曰：『於我殯。』」孟子梁惠王篇：「東面而征，西夷怨；南面而征，北狄怨。曰：『奚爲後我？』」此類複句中的「曰」字，皆是表推測以申明上文文義的語氣詞。萬章篇：「曰：尊者賜之。曰：『其所取之者，義乎？不義乎？』而後受之，以是爲不恭，故不卻也。曰：請無以辭卻之，以心卻之。曰：『其取諸民之不義也，』而以他辭無受，不可乎？」這裏共用四個「曰」字，前兩「曰」，皆孟子之言，後兩「曰」，皆萬章之語。其間第二、四句上兩個「曰」字，乃是孟子和萬章自家推測之語。作「謂」解，卽「意謂」之意。

⑤曰：猶則。合言之，爲「則曰」。爲表容認關係的語氣詞。是「則以爲」的意思。如：

孟子公孫丑篇：「宰我、子貢，善爲說辭；冉牛、閔子、顏淵，善言德行；孔子兼之。曰：我於辭命，則不能也。」同篇：「齊人無以仁義與王言者，豈以仁義爲不美也？其心曰：是何足以言仁義也云爾？」同篇：「孔子去齊，接淅而行；去魯曰：遲遲吾行也。」萬章篇：「朝覲訟獄者，不之益而之啟。曰：吾君之子也。」同篇：「孔子嘗爲委吏矣，曰：會計當而已矣；嘗爲乘田矣，曰：牛羊茁壯，長而已矣。」此類例句中的「曰」字，皆爲「則」義，合言之爲「則曰」。當白話「則以爲」的意思。是承上起下之過接語，可以說是語氣助詞，「曰」字要重讀，其作用在加强語氣，振起文勢，使人注意。

⑥曰：爲重答之詞。就是一答尙感不足，而再答之，以重申前義。如：

論語憲問篇：「子路問成人。子曰：『若臧武仲之知，公綽之不欲，卞莊子之勇，冉求之藝，文之以禮樂，亦可以爲成人矣。』曰：『今之成人者，何必然？見利思義，見危授命，久要不忘平生之言，亦可以爲成人矣。』」朱注：「復加曰之者，已答而復言也。」卽同一問題，提出意義不同的雙重答案，用「曰」字領起下一個答案。這個「曰」字，也可說它是更端語詞。陽貨篇：「謂孔子曰：『來！予與爾言。』曰：『懷其寶而迷其邦，可謂仁乎？』曰：『不可。』好從事而亟失時，可謂知乎？曰：『不可。』」這裏的兩「曰不可」，皆出自陽貨自答之詞。劉氏正義引明郝敬的話說：「前兩不可，皆陽貨自爲問答，以斷爲必然之理。」所言甚是。邢疏謂兩「不可」，皆孔子答詞。當係誤解。微子篇：「齊景公待孔子。曰：『若季氏，則吾不能，以季孟之間待之。』曰：『吾老矣，不能用也。』孔子行。」「曰：吾老矣。」乃景公復言，非孔子答詞。孟子公孫丑篇：「管仲得君，如彼其專也；行乎國政，如彼其久也；功烈，如彼其卑也。爾何曾比予於是！曰：『管仲，曾西之所不爲也，而子爲我願之乎？』」此述古語既畢，而更及今事時用「曰」字。此類各「曰」字，皆係重答以申明前事之關係詞，也可以說它是更端語詞。

⑦曰：在答話或問話上面省「曰」字。在一人之辭而加「曰」字的用法，已辨白於前。這裏再將問答之辭，通常都是用「曰」字以領起的，但卻有省去問話或答話上面的「曰」字不用的。如：

論語八佾篇：「或曰：管仲儉乎？曰：管氏有三歸，官事不攝，焉得儉？□：然則管仲知禮乎？」

「然則」上省或人問話的「曰」字。公冶長篇：「□△；求也何故？」「□△：赤也何如？」「求」和「赤」上面各省孟武伯問話的「曰」字。先進篇：「□△：唯求則非邦也與？□△：安見方六七十，如五六十，而非邦也者？□△：唯赤則非邦也與？□△：宗廟會同，非諸侯而何？」句首各省曾皙問話和孔子答詞的「曰」字。陽貨篇：「子曰：食夫稻，衣夫錦，於女安乎？曰：安。□△：女安則爲之。」「曰：安」，乃宰我之答詞。「女安則爲之」，乃孔之言，上省「曰」字。孟子公孫丑篇：「□△：敢問夫子惡乎長？……□△：敢問何謂浩然之氣？」這兩句是公孫丑的問話，上面各省「曰」字。滕文公篇：「□△：許子冠乎？曰：冠。……□△：自爲之與？曰：否，以粟易之。□△：以粟易械器者，不爲厲陶冶，陶冶亦以其械器易粟者，豈爲厲農夫哉？」這篇文字，乃孟子和陳相當面辯明許行之道，不能行於中國，在孟子的問話上面每省「曰」字。告子篇：「□△：白羽之白也，猶白雪之白，白雪之白，猶白玉之白與？曰：然。□△：然則犬之性，猶牛之性，牛之性，猶人之性與？」這乃是孟子與告子當面辯白物性與人性之不同，乃是理與氣之差別。在孟子的問話上面各省「曰」字。同篇：「孟季子問公都子曰：何以謂義內也？曰：行吾敬，故謂之內也。□△：鄉人長於伯兄一歲，則誰敬？曰：敬兄。□△：酌則誰先？曰：先酌鄉人。曰：所敬在此，所長在彼，果在外，非由內也。」這是孟季子與公都子當面辯明愛敬之理和仁內義外之非是，孟季子的問話上省「曰」字。類此句例尚多，無須列舉。不過此類「曰」字，省與不省，全看辭氣緩急的需要而定。至於「曰」字，可以從省的原因，大概是因爲對面相談，語氣相承，容易銜接的緣故罷。

今

「今」本作「是時」講。說文段注：「今者對古之稱。古不一其時，今亦不一其時也。云是時者，如言目前，目前爲今，目前已上皆古。」這已說明了時間是不斷推移的，目前之今，卽來日之古，所以它是無定之詞。表當下的時間，可用作時間方面的代詞及關係詞。

①今：猶「此」。猶「是」。爲當下之指代詞，當白話「這個」。指示事物之所在。如：

孟子告子篇：「由今之道，無變今之俗，雖與之天下，不能一朝居也。」「由」猶「從」。「今之道」，指當時的行事言；「今之俗」，指當時的風氣言。是說：「照現在的做法，不能改變現在風氣，雖是把天下送給他，也不能做一天的太平天子啊。」

②今：猶「卽」。爲「現在」之義。爾雅釋詁：「卽、猶今也。」故「今」得爲「卽」。「卽今」乃同義語。「今」爲時間詞，是名詞用做副詞，和「昔」相對，「今」表時間的「現在」，「昔」表時間的過去。一般把它放在句首，不是修飾一個詞，而是整個句子。如：

論語雍也篇：「今也則亡，未聞好學者也。」「今也」就是今日。季氏篇：「今不取，後世必爲子孫憂。」「今」謂「是時」，就是「現在這個時候。」孟子公孫丑篇：「今此下民，或敢侮予。」「今」也是指現在的時間。同篇：「昔者疾，今日愈。」「者」指代「日」，同是時間詞。「今」與「昔」相對，「昔」表過去，「今」表現在，這是最普通的用法。離婁篇：「今天下溺矣。」告子篇：「今之大夫，皆逢君之惡。故曰：今之大夫，今之諸侯之罪人也。」在這類例句中的「今」字，皆指當下之時間。也是現在的意思。一般用在主語後，修飾整個句子的行爲，若是主語省略，它就居在謂語前，作表時間的副詞。

③今：猶「如」。猶「若」。爲表假設相承的連詞。王氏釋詞：「今、猶若也。」按「今」訓「若」有「若或」「若似」二義。是「如果現在」「好比現在」的意思。其實這也和前一類的「今」字用法相同。所不同的，衹是現在的事是假設的，這也是用它來修飾整個句子的。如：

論語陽貨篇：「今女安則爲之」裏的「今」，爲「若或」之詞，作「如果」解。孟子梁惠王篇：「今王鼓樂於此。」「今王田獵於此。」「今王與百姓同樂，則王矣。」「今王亦一怒而安天下之民」裏的「今」，並爲「若或」之詞，同作「如果」解。公孫丑篇：「今人乍見孺子，將入於井，皆怵惕惻隱之心。」同篇：「今有受人之牛羊而爲之牧者，則必爲之求牧與芻矣」裏的「今」，並爲「若似」之意離婁篇：「今有同室之人鬭者，救之。」「今」爲「若或」之意。告子篇：「今曰舉百鈞，則爲有力人矣。」「今」爲「若似」之意。「今」無論作若或、若似講，都是表假設相連的關係詞。

④今：猶「乃」，用作繫詞，爲表示時間相承的關係詞。如：

孟子公孫丑篇：「王就見孟子，曰：前日願見而不可得，得侍同朝甚喜，今又棄寡人而歸。」邢疏「今乃棄寡人而歸於室。」這分明是以「乃」訓「今」，「今乃」連用，乃是古人增字釋經之常例。「今乃」和「乃今」同義，猶言「如今」「而今」，亦當下之詞。

⑤今：猶「夫」。「今夫」連用，爲同義語，作發端語詞。凡承接上文中說其義，或另借一事提接上文時用之。亦有用「今夫」爲逕起下文之發端語詞，並兼有指示作用。位於句首，當白話「現在這個「現在這些」或「現在說道」等語氣。如：

論語季氏篇：「今夫顓臾，固而近於費。」孟子梁惠王篇：「今夫天下之人牧，未有不嗜殺人者。」

公孫丑篇：「今夫蹶者趨者，是氣也，而反動其心。」告子篇：「今夫水，搏而躍之，可使過顙。」同篇：「今夫麰麥，播種而耰之。」同篇：「今夫弈之爲數，小數也。」同篇：「今居中國，去人倫，無君子，如之何其可也？」此類發語詞「今夫」和「今」，皆「若彼」之義，「今」猶「若」，「夫」猶「彼」，相當於「那個」「這個」，用意和「且夫」一樣，可以換用。

仍

①仍：猶「因」。是表示不變的限制詞，爲依照過去之意。如：

論語先進篇：「仍舊貫，如之何？何必改作！」朱注：「仍，因也。」按「因」又得爲「依」。故「仍舊」即「依舊」之意，當「照舊」講。

元

①元：爲本始之詞。因人體形成之本初，是先有頭顱，故以「元」爲頭顱之代稱詞。如：

孟子滕文公篇：「志士不忘在溝壑，勇士不忘喪其元。」「元」指代人頭。又「元」同「原」，「元始」同「原始」，「元來」同「原來」，亦皆「本始」之詞，後人多以「原」代「元」。

兮

「兮」之本義，爲語所稽。「稽」爲留止之義，謂語言至此，稍微停駐的意思。

①兮：爲表語氣停頓的助詞。詩經楚辭，習用「兮」爲語助，散文裏不用它。如：

論語八佾篇引詩衞風碩人之詩云：「巧笑倩兮，美目盼兮，素以爲絢兮。」（末句爲逸詩）連用三個「兮」字，並爲歇語詞。微子篇：「楚狂接輿，歌而過孔子曰：『鳳兮鳳兮！何德之衰！』」孟子離婁篇：「有孺子歌曰：『滄浪之水清兮，可以濯我纓；滄浪之水濁兮，可以濯我足。』」盡心篇引詩魏風伐檀之詩云：「不素餐兮。」上列例句中的「兮」字，有用在句中和領起小句之末及收句之末三式，或表感歎，或表提頓，或表歇語。它的位置，可以放在名詞或形容詞及動詞的後面作語助。大都相當於「啊」或「呀」的語氣。

勿

「勿」在古文裏，用它作表否定的副詞，和「不、弗、沒、莫、無」等字的用法類似，常帶有禁止的意味。

①勿：猶「無」。猶「莫」。用作表否定的限制詞，當「不要」或「不可」講。如：

論語學而篇：「無友不如己者，過則勿憚改。」「勿」猶「莫」，和上句的「無」字相應，同爲禁止之詞，當「不要」之意。衞靈公篇：「己所不欲，勿施於人。」「勿」與上句的「不」字相應，同爲否定副詞。「勿」與「莫」同義，亦禁止之詞，爲「不可」之意。

②勿：猶「弗」。與「不」字同義。亦是表否定的副詞。如：

論語雍也篇：「雖欲勿用，山川其舍諸！」「勿用」猶言「不用」，意思就是「不要用」。顏淵篇：

「非禮勿視，非禮勿聽，非禮勿言，非禮勿動。」這裏的「非」與「勿」是否定否的詞，表示其必需條件。「勿」與「非」相應，「非」是「除非」之意，「勿」義同「不」，與「無」相近，但非禁止之詞。因顏淵的聰明睿知，一見非禮，自然不行，何待勉強克制呢。故此「勿」字，應與表否定的「不」字同義。不過名詞做賓語，在否定句裏常用倒裝句式，所以把「非禮」放在動詞上面。又如孟子梁惠王篇：「王請勿疑！」這也是把賓語「王」倒裝在動詞「請」前。但也有順說的。如同篇引詩大雅靈臺之詩云：「經始勿亟，庶民子來。」同篇：「王欲行王政，則勿毀之矣。」同篇：「左右皆曰可殺，勿聽。」這都是把「勿」字位於動詞前，以表否定。「勿」皆作「不要」講。

及

「及」之本義爲「逮」。卽後人趕上前人之意。在古文裏用它作介詞跟連詞。

①及：猶「逮」。「及」與「逮」，義相通轉，同爲「至」義。用以表時間關係，爲表所及的介詞。作「等到」講。如：

論語鄉黨篇：「唯酒無量，不及亂。」「及」爲「至」義，「不及亂」，卽「不至於亂」。先進篇：「由也爲之，比及三年，可使有勇，且知方也。」「比」訓「近」，「比及」猶言「近至」。卽「將到」之意。同篇：「師也過，商也不及。」「不及」猶言「未至」，「商也不及」是說：「卜商尚未到達中道。」衞靈公篇：「及階。子曰：『階也。』及席。子曰：『席也』。」「及」猶「至」，爲「到達」之意。季氏篇：「言未及之而言謂之躁，言及之而不言謂之隱。」「及」爲「臨到」之意。子張篇：「

譬之宮牆，賜之牆也及肩。」「及肩」猶言「到肩」。孟子梁惠王篇：「今恩足以及禽獸，而功不至於百姓，獨何與？」上句的「及」，和下句的「至於」同義，並作「到達」講。同篇：「是謀也，非吾所能及也。」「及」爲到達、夠得著的意思。萬章篇：「不及貢，以政接於有庳。」「及」爲「等待」意。趙注：「不及貢者，不待諸侯朝貢常禮，乃來也。」盡心篇：「掘井九軔，而不及泉，猶爲棄井也。」「及」亦「到達」意。同篇：「道則高矣！美矣！宜若登天然，似不可及也。何不使彼爲可幾及，而日孳孳也。」「不可及」猶言「夠不著」，「幾及」猶言「將及」，卽「靠近」之意。

②及：猶「如」。表兩相比較，爲表所比的介詞。常和否定詞「不」字連用。「及人」就是「如人」，「不及人」就是「不如人」或「不若人」，當白話「像」字。如：

孟子公孫丑篇：「子爲長者慮，而不及子思。」趙注：「及、如也」「不及」就是「不如」「不若」。盡心篇：「人能無以飢渴之害爲心害，則不及人，不爲憂矣。」「不及」猶「不如」。意思是說：「就是不如人，也不用憂慮了。」

③及：猶「於」。猶「乘」。當「趁著」講。在一事未起之先，而豫爲籌畫時用之。是表乘趁的介繫詞。如：

孟子公孫丑篇：「賢者在位，能者在職，國家閒暇，及是時，明其政刑，雖大國必畏之矣。……今國家閒暇，及是時，般樂怠敖，是自求禍也。」兩及字均與「迨」同義。「及是時」，猶言「於是時」或「乘是時」「就是「趁著這個時候。」

④及：猶「追」。表時間匆促，深恐趕不上，而有汲汲追求之意。按「及」字本義，從又（手）持人。

後人以手接觸前人叫「及」，本有追及之義。但在說明一件事情在某時發生，有承上的語氣，我們卻可認它作關係詞。如：

論語泰伯篇：「學如不及，猶恐失之。」「及」是汲汲追求之意。顏淵篇：「駟不及舌。」「不及」就是「追趕不上。」衞靈公篇：「吾猶及史之闕文也。」「及」就是「趕得及」。是說：「我還趕得及見到歷史的闕文。」季氏篇：「見善如不及」「及」爲孳孳求及之意。孟子梁惠王篇：「置君而後去之，則猶可及止也。」「可及」就是「來得及」。公孫丑篇：「晉楚之富，不可及也。」「不可及」就是「趕不及」、「比不上」之意。

⑤及：猶「在」。爲表所從的關係詞。白話也用「在」字。如：

論語先進篇：「從（ㄗㄨㄥˋ）我於陳蔡者，皆不及門也。」「及」猶「在」。「不及門」就是「不在門牆之中」。朱注：「孔子嘗厄於陳蔡之間，弟子多從之者。此時皆不在門，故孔子思之。」足以糾正鄭注所謂「皆不在仕進之門，而失其所」之誤解。

⑥及：猶「與」。是用它連接兩個名詞，或跟名詞相同的兩個詞組或詞結。它的功用跟「與」同，相當於「和」。所不同的，「與」所連接的詞，是相等的，可以易位；而「及」所連接的詞，就有主要和次要或先後之分，是不能易位的。有因此及彼之意。如：

孟子梁惠王篇引商書湯誓之文曰：「時日害喪，予及女偕亡。」「及」猶「與」。朱注：「時，是也。日，指夏桀。害，何也。……此日何日亡乎？若亡，則吾寧與之俱亡。」同篇引詩大雅緜之詩云：「爰及姜女，聿來胥宇。」孫疏：「言與姜女，自來相土居。」這「爰及姜女」上面省了主語「大王」

二字，言大王和大姜來察看可住的地方。

⑦及：為連及之詞。用作連絡關係詞，常和「以」連用，構成「以及」一詞。在敘甲事時，連類到乙事時用之。如：

論語顏淵篇：「一朝之忿，忘其身，以及其親。」「以及其親」猶言「遷累到他的親人。」孟子梁惠王篇：「老吾老，以及人之老；幼吾幼，以及人之幼。」「及」為推及之義。這是由動詞變來的關係詞。以表同類相引，後事不殊前事，而將文義引進一層的關係詞。

⑧及：猶「若」。常和「其」跟「至」連用。如「及其」猶言「若其」，「及至」猶言「若至」，意思和「至於」相近。均為敘前事方畢，而又類及別事時用之。當白話「到他」「等到他」的意思。如：

論語子路篇：「君子易事而難說也，說之不以道，不說也；及其使人也，器之。小人難事而易說也，說之不以道，說也。及其使人也，求備焉。」季氏篇：「少之時，血氣未定，戒之在色；及其壯也，血氣方剛，戒之在鬬；及其老也，血氣既衰，戒之在得。」孟子梁惠王篇：「苟無恆心，放辟邪侈，無不為已；及陷於罪，然後從而刑之，是罔民也。」「及」為「及其」之省文。同篇：「梁惠王曰：『晉國天下莫強焉，叟之所知也；及寡人之身，東敗於齊，長子死焉。』」「及」為「及至」之省文。公孫丑篇：「古之君子，其過也，如日月之食，民皆見之；及其更也，民皆仰之。」盡心篇：「舜之居於深山之中，與木石居，與鹿豕遊，其所以異於深山野人者幾希。及其聞一善言，見一善行。若決江河，沛然莫之能禦也。」同篇「仁者以其所愛，及其所不愛；不仁者，以其所不愛，及其所愛。」以上「及其」和「及至」的「及」，並訓「若」，為因上起下的轉語詞。在它後面的文義和上文比較，總是有轉變的。這是因前事而殊於後事的連絡關係詞。

夫

①夫：猶「是」。和「此」或「彼」相類。是帶有繫詞性的指示詞。位句首或句中，和白話「這、那、這個、那個、這些、那些」相當。如：

論語先進篇：「非夫人之為慟而誰為？」「夫」猶「此」，指顏回。同篇：「非我也，夫二三子也。」吳氏衍釋訓「夫」為「彼」，裴氏集釋訓「夫」為「是」，與「非」為對文，以裴氏為得。同篇：「夫人不言，言必有中。」「夫人」猶言此人，指閔子騫。同篇：「子路使子羔為費宰。子曰：『賊夫人之子。』」「夫人」猶言這個人。指子羔。同篇：「曾晳曰：『夫三子者之言何如？』」憲問篇：「告夫三子者！」「夫」猶彼，相當於那些。後句的「者」字猶「焉」，表感傷語氣。微子篇：「夫執輿者為誰？」「夫」猶彼，相當於那個。孟子梁惠王篇：「夫我乃行之。」公孫丑篇：「夫二子之勇，未知其孰賢？」同篇：「夫豈不義，而曾子言之？」同篇：「夫既或治之，予何言哉？」同篇：「夫天未欲平治天下也。」同篇：「夫尹氏惡知予哉！」萬章篇：「夫然後之中國，踐天子位焉。」告子篇：「夫物則亦有然者也。」盡心篇：「大哉居乎！夫非盡人之子與？」此類句中的「夫」，皆讀（ㄈㄨˊ），均相當於「是」或「此」或「彼」，其間有泛指、實指、虛指，和指人、指事物之別。細玩前後文意，若是指示意味較强，便用那、或那個、那些，這或這個、這些來翻它，較弱的就算了。這些用作指示詞帶有助詞性的「夫」，論孟中用的最為廣泛。

②夫：猶「其」。相當於彼，用作指示詞，是「那、那人、那些」等意思。除作他稱外，還能表遠指，但不能單獨用來表指示，常和他詞連用。如：

論語憲問篇：「子言衞靈公之無道也。康子曰：『夫如是，奚而不喪？』」「夫」猶「其」，「夫如是」猶言「其若此。」「其」相當於那個人，指衞靈公。季氏篇：「夫如是，故遠人不服，則修文德以來之。」「夫」猶「其」猶「彼」，相當於「他」，指季孫氏。陽貨篇：「夫召我者，而豈徒哉？如有用我者，吾其爲東周乎！」「夫」猶「其」猶「彼」，相當於「他」字，指代公山費擾那個人。孟子盡心篇：「曰：『夫舜惡得而禁之？夫有所受之也。』」「夫舜」之「夫」，爲發端語。「夫有」之「夫」，猶「其」，指皐陶。同篇：「曰：『是欲終之而不可得也。雖加一日愈於已。謂夫莫之禁而弗爲也。』」「夫」猶「其」，指那些短喪之人。此類作指稱詞的「夫」，如果語氣較强，就要翻出，若是不强，就不必翻。

③夫：猶「乎」，用在句中，幫助語氣，並略帶指稱的意味。相當於「那」或「那些」的語氣。但有的也可以不翻。如：

論語先進篇：「子曰：『是故惡夫佞者。』」是說：「孔子說：『所以我痛恨那些好逞口才的人。』」陽貨篇：「子曰：『小子！何莫學夫詩？』」是說：「孔子說：『弟子們！怎麼不去研究詩經呢？』」「夫」字就沒翻出，若是翻個「那」，加在詩經的上面，反而覺得聱口。同篇：「食夫稻，衣夫錦，於女安乎？」是說：「吃那好的米飯，穿那美的錦帛，在你能安心嗎？」句中的兩個「那」字，也是可省的。但文言中兩個夫字。卻是不可少的。孟子梁惠王篇：「王知夫苗乎？」是說：「你王知道禾苗嗎？」

公孫丑篇：「宜於夫禮，若不相似然。」是說：「這恐怕和那禮法有點不同罷。」此類語中助詞的「夫」字，並可改用「乎」字。指稱的成分很輕微，可把它看做純粹語氣詞，實無意義可說，勉强可用「那」字來翻它。

④夫：猶凡。爲泛指一切的發端語詞。是「大凡」「凡是」「一般」的意思。在敍事文中，提起一事時用之。「夫」爲發言之端，仍有頂承上文與指示代詞的意味。如：

論語陽貨篇：「夫君子之居喪，食旨不甘，聞樂不樂。」「夫君子」猶言「凡是君子」。孟子梁惠王篇：「夫人幼而學之，壯而欲行之。」離婁篇：「夫人必自侮，然後人侮之、」「夫人」猶言「凡人」或「一般人」。萬章篇：「夫謂非其有而取之者，盜也。充類至義之盡也。」這個「夫」字，朱注訓爲「其」於義雖可通。若是說它是發端詞，作至於講，也是可以的。即說它是泛指詞，作「凡」字講，亦未爲不可。因虛字隨文而附義，沒有定解。只要於文理講得通就行了。

⑤夫：猶「且」，「且夫」猶「今夫」。用作發端語詞，爲逕起下文之提示語。和「說到」「談起」「說到這」「談到那」等語氣詞相當。如：

論語季氏篇：「夫顓臾，昔者先王以爲東蒙主，且在邦域之中矣，是社稷之臣也，何以伐爲？」孟子梁惠王篇：「夫明堂者，王者之堂也。」公孫丑篇：「夫仁，天之尊爵也，人之安宅也。」滕文公篇：「夫世祿，滕固行之矣。」同篇：「夫仁政，必自經界始。」同篇：「夫滕，壤地褊小。」告子篇：「夫道，若大路然，豈難知哉？」此類句首的「夫」字，皆爲發言之端，用它以逕起下文，而兼有提示語氣。

⑥夫：猶「故」。猶「是故」。或「所以」。用在複句的後句頭上，作承上起下的連絡關係詞。相當於「

所謂」「講到」的意思。如：

論語雍也篇：「子曰：何事於仁，必也聖乎！堯舜其猶病諸！夫仁者，己欲立而立人，己欲達而達人。」顏淵篇：「子曰：是聞也，非達也；夫達也者，質直而好義，察言而觀色，慮以下人。」陽貨篇：「子生三年，然後免於父母之懷；夫三年之喪，天下之通喪也。」孟子離婁篇：「仁、不可爲衆也。夫國君好仁，天下無敵。」此類「夫」字。並爲申論前事的關係詞，有承上起下的連繫作用。都相當於「故」或「是故」。

⑦夫：猶「而」。猶「且」猶「尙」。當白話「還」字。這是由限制詞轉變而來的承接連詞。如：

論語子罕篇：「子曰：未之思也，夫何遠之有？」「夫何遠之有。」是說：「那還有甚麼遠的呢？」顏淵篇：「子曰：內省不疚，夫何憂何懼？」「夫何憂何懼。」是說：「那還有甚麼可憂愁害怕的呢？」孟子梁惠王篇：「彼陷溺其民，王往而征之，夫誰與王敵？」「夫誰與王敵？」是說：「那還有誰跟王爲敵呢？」此類「夫」字，並猶「而」，皆「尙」「且」之詞。都可翻成「還」字。

⑧夫：猶「若」。有「若或」「若是」之意。表假設相連，在「夫」的上下文義是略有轉變的。和「若夫」的意思相同。表進層連接而兼有比較意味。如：

孟子滕文公篇：「堯以不得舜爲己憂，舜以不得禹、皐陶爲己憂。夫以百畝之不易爲己憂者，農夫也。」「夫」爲「若是」之意。告子篇：「五穀者，種之美者也；苟爲不熟，不如荑稗。夫仁，亦在乎熟之而已矣。」同篇：「徐行後長者謂之弟，疾行先長者謂之不弟。夫徐行者，豈人所不能哉？」此類「夫」字，並爲若是之意。和「若夫」「至若」「至於」等的義法相同，當白話「像」「好比」「對於」

「說到」的語氣。

⑨夫：猶「於」。為相及而殊上事的關係詞。表比較之意。如：

論語憲問篇：「子貢方人。子曰：賜也，賢乎哉！夫我則不暇。」「夫」猶「於」當白話「在」字。若是說它表轉折關係，和「至於」「至若」相當，也是可以的。

⑩夫：猶「乃」。用在複句的次句之首，是表承轉的關係詞。當白話「卻」字。如：

孟子梁惠王篇：「吾王之好鼓樂，夫何使我至於此極也？」「夫何」猶言「乃何」，意思就是「卻是為甚麼。」這句可翻作「我們的君王如此的喜愛音樂，卻是為甚麼使我們陷在這種絕境呢？」

⑪夫：猶「也」。猶「矣」。為語末的決定助詞。通常「夫」字用在句末，表推測語氣，並帶有喜怒哀樂等諸多感情，而形成多種不同語氣。但也有用它來憑理推測不帶感情的，那就相當於「也」和「矣」，作決定性的語氣詞。如：

孟子告子篇：「率天下之人，而禍仁義者，必子之言夫」。「必」為決詞，故知「夫」當訓「也」，是表決定性的語助詞。當白話「了」字。是說：「率領天下的人，而去傷害仁義的，必定是你的這句話了。」（說見裴氏集釋）還有的「夫」，相當於「矣」，也是表決定語氣的。如論語泰伯篇：「而今而後，吾知免夫！小子！」「夫」猶「矣」，亦決定詞，當白話「了」。所不同的，「也」是表決定未來之事的必然如此；「矣」是表決定過去的已然事實，並帶有戒警的意味。這句文字可翻做「從今以後，我知道可以免了，你們衆門人啊！」

⑫夫：猶「乎」。用在句末，表感歎語氣。當白話「嗎」「啊」「哪」「罷」等語氣。如：

論語子罕篇：「子曰：鳳鳥不至，河不出圖，吾已矣夫！」「已矣夫」，是失望之詞。朱注訓「已」爲「止」，未爲允當。「吾已矣夫」者，猶言「我完了」，「我沒希望了」此非孔子的自傷，而是傷歎世無明王，終不行其道之意。同篇：「逝者如斯夫！不舍晝夜。」「夫」猶「乎」，表感歎語氣，當白話「啊」字。憲問篇：「君子而不仁者有矣夫！」「夫」亦猶「乎」，當白話「啊」字。同篇：「子曰：莫我知也夫！」「也夫」相當於「了吧」，感歎中帶有懷疑的神情。季氏篇：「子曰：求！君子疾夫！舍曰欲之，而必爲之辭。」「夫」猶「乎」當白話「啊」字。夫子對冉求的說辭，帶有厭惡的意味。此類語末助詞的「夫」，和「矣夫」「也夫」，大致與用「乎」相同，但非純粹疑詞，多少帶有疑懼和失望及感傷等語氣，是用它來做感歎詞，以完成咏歎的句式。

⑬夫：猶「哉」。用作語已助詞，並表感歎語氣。當白話「啊」「罷」等語氣。如：

論語述而篇：「子謂顏淵曰：用之則行，舍之則藏，唯我與爾有是夫！」「夫」猶「哉」，是略帶感歎的語氣詞，當白話「罷」字。「唯我與爾有是夫。」是說：「只有我和你能夠這樣罷。」雍也篇：「曰：亡之，命矣夫！」「命矣夫」的「夫」，猶「哉」當白話「啊」字。「命矣夫」是說：「那眞是天命啊！」子罕篇：「子曰：苗而不秀者，有矣夫！秀而不實者，有矣夫！」「有矣夫」猶言「有矣哉」是說：「這話是有的啊！」子路篇：「南人有言曰：『人而無恆，不可以作巫醫，善夫！』」「夫」表贊美語氣。「善夫」猶言「善哉」是說：「這話眞說的好啊！」孟子離婁篇：「今日我疾作，不可以執弓，吾死矣夫！」「夫」猶「哉」，「矣夫」的語氣，相當於「了罷」。告子篇：「固矣夫！高叟之爲詩也。」此「固矣夫」與上文「固哉！高叟之爲詩也」裏的「固哉」同義。「哉」表肯定語氣，是說：「

高老先生的講詩，實在太固執了呀！」

少

①少：猶稍，讀（ㄕㄠ）。是表程度的限制詞，爲略微之意，作稍微解。如：

論語子路篇：「少有，曰：苟完矣。」是說：「稍有了一點，他就說，聊且算是完備了。」

②少：猶少頃。表時間之限制，當白話「一會兒」，「隔不多時」。如：

孟子萬章篇：「少則洋洋焉，攸然而逝。」是說：「過了一會兒，就活潑起來，自由自在地遊去了。」

方

「方」原作「併舟」解，後以「舫」代之，今行別義。

①方：猶「夫」。「方」與「夫」，古同聲通用。爲男子之通稱。如：

論語堯曰篇引尚書湯誥之文曰：「朕躬有罪，無以萬方；萬方有罪，罪在朕躬。」「萬方」猶言「萬夫」，相當於「老百姓」。同章下文有「百姓有過，在予一人」之語，正和「萬方有罪，罪在朕躬」之語意相同。

②方：猶「常」，卽常住之處。如：

論語里仁篇：「父母在，不遠遊，遊必有方。」鄭注：「方，猶常也。」「常」卽常居之定所。

③方：猶「比」。為比較批評之意。如：

論語憲問篇：「子貢方人。」孔云：「比方人也。」「比方」為同義語。「比方人」就是品評人物，而較其長短得失之意。

④方：猶「正」。卽「正當」之意，表時間之現在，意思在「未」與「既」之間。這是由限制詞變來的連詞，表行動在時間上正在進行。如：

論語季氏篇：「及其壯也，血氣方剛，戒之在鬭。」「方」就是正在。「血氣方剛」，是說「血氣正在堅強。」孟子離婁篇引詩大雅板之詩云：「天之方蹶，無然泄泄。」「天之方蹶。」是說：「天正在顛覆這個國家。」

⑤方：猶「逆」。卽「違抗」之意。如：

孟子梁惠王篇：「方命虐民，飲食若流。」「方」猶「逆」。「方命」卽「抗拒王命。」

⑥方：猶「且」。與「尙」同義。是「尙且」「還要」的意思。如：

孟子滕文公篇：「周公方且膺之。」「方」訓「且」，又訓「尙」。「方且」「尙且」，並為同義複語，為推進文義的關係詞。「周公方且膺之。」是說：「周公還要迎頭痛擊他們呢。」

⑦方：猶「乃」。為「初」「始」之詞。表時間的開始。相當於「纔」或「方纔」。如：

孟子梁惠王篇引詩大雅公劉之詩云：「干戈戚揚，爰方啟行。」「爰」訓「於是」「方」訓「纔」，「爰方啟行」，是說：「於是纔到豳地去。」

止

①止：猶「已」，或「矣」。爲語已詞。並略含「僅此」或「止而不過」之意。「而止」猶言「而已」，「止是」猶言「祇是」，均帶有「僅此」或「不過如此」之意。如：

論語子張篇：「子游曰：喪致乎哀而止。」「而止」猶言「而已」，或「已矣」。按同篇上文有「喪思哀，其可已矣」之語可證。竹氏會箋引崔子鍾的話說：「致乎哀而止，言無所不盡其情，而後已矣。」這已說明了「而止」是「而已」的意思。藉此可知凡論孟中的語末助詞「而已」、和「已矣」、「也已」「而已矣」之屬，亦都含有「僅此」或「不過」之意。不是休止的意思。

毋

說文：「毋，止之詞也。」段注：「其意禁止，其言毋也。古通無。」

①毋：猶「莫」。是表否定的限制詞，爲「禁止」之意。作「不要」講。如：

論語學而篇：「無友不如己者」「無」「毋」通用。宋刋九經本，「無」作「毋」。而子罕篇卽作「毋友不如己者。」雍也篇：「原思爲之宰，與之粟九百，辭。子曰：『毋！以與爾鄰里鄉黨乎！』」先進篇：「子曰：『以吾一日長乎爾，毋，吾以也！』」顏淵篇：「不可則止，毋自辱焉！」「毋」皆禁止之詞，猶「莫」。說文云：「古人言毋，猶今人言莫。」作不要講。

②毋：爲絕不之詞。無之盡頭，就是絕對沒有，卽無須禁止而自止，其義已加乎禁止之上。亦是表否定

的限制詞。比「不要」的意思要深一層。如：

論語子罕篇：「子絕四：毋意、毋必、毋固、毋我。」這四個「毋」字，皆表絕不如此之意。而史記孔子世家作「無意、無必、無固、無我。」卽「無」「毋」相通之證。可見這「無」字也有絕不之意。

③毋乃：與「無乃」同義。爲疑而有定之詞。在推測性的問句中，用它以表商度語氣，當白話「只怕」二字。論孟中多以「無乃」爲之。（參閱無乃條）

比

①比：猶「從」。卽依從之意。按「從」之舊體爲「从」。說文从下云：「二人爲从，反从爲比。」「比」之得訓爲「從」，乃是相反相成之古訓。如：

論語里仁篇：「君子之於天下也，無適也，無莫也，義之與比。」「比」猶「從」。「義之與比」，猶言「義之所從」，或「惟義是從」。卽「擇其善者而從之」之意。這句文字可翻做「君子對於天下的事，沒有一定要如此做，或不如此做的成見。只要合於道義就跟著去做。」

②比：猶「爲」（ㄨㄟˋ）。作「代」或「替」講。廣韻：「比，代也。」如：

孟子梁惠王篇：「願比（ㄅㄧˋ）死者，一洒之。」朱注：「比、猶爲也。」「爲」卽「代替」之意。孫疏訓「比」爲「近」。於義未允。公孫丑篇：「且比化者，無使土親膚，於人心獨無恔乎？」「比」猶「爲」，亦作「代」講。這兩個「比」字，並爲介所爲的繫詞。

③比：猶「並」。猶「齊」。卽「比齊劃一」之意。如：

孟子滕文公篇：「夫物之不齊，物之情也。或相倍蓰，或相什伯，或相千萬，子比而同之，是亂天下也。」「比」和「同」，皆等而齊之之意。

④比：猶「及」。當白話「到」字。這是由表時間的限制詞，轉來的關係詞。如：

論語先進篇：「比及三年，可使有勇，且知方也。」「比」就是「及」，「比及」爲同義複語，是到達之意。竹氏會箋訓「比」爲「近」，「比及」猶言「將近」，於義亦洽。孟子梁惠王篇：「吾何修而可以比於先王觀也？」「比」爲「及」義，是「比得上」的意思。同篇：「王之臣，有託其妻子於其友而之楚遊者，比其反也，則凍餒其妻子。」「比」爲「及至」之意。「比其反也」就是「到了他回家。」此類「比」字，並爲表所及的介詞，和「到」字同義。

⑤比：猶「連」。猶「合」。「比連」，「比合」。爲同義複語。作「一律」講。這是由表範圍的限制詞轉來的關係詞。如：

孟子萬章篇：「子以爲有王者作，將比今之諸侯而誅之乎？其敎之不改而後誅之乎？」「比」爲「一律」之意。「其」爲轉語詞，猶「抑」，作「還」字講。是說「你認謂如果有明王出，便把現在的諸侯一律殺了呢？還是先教訓他，不肯更改再殺呢？」

⑥比：猶皆。徐鍇曰：「比，皆也。」作「都」或「全」講。也是由表範圍的限制詞轉來的關係詞。如：

孟子告子篇：「比天之所與我者，先立乎其大者，則其小者不能奪也。」「比」猶「皆」。言「耳目與心，皆天之所與我者。」今本「比」作「此」。按阮元校勘記云：「舊本多作比，而趙注亦以比方釋之。今本多作此，而注亦作此，乃未詳孰是。」而王氏釋詞謂「趙注以比爲比方，失之。或改比爲此，改趙注比方為此方，尤非。」王氏之說可從。

五畫

且

「且」字用作語助。按說文段注云：「凡語助云且者，必其義有二：有藉而加之也，云𡟰且。苟且者，謂僅藉而無所加，粗略之詞也。」至於且字在連詞及其他助詞方面的用法，則段氏未言及之。

①且：猶「猶」。猶「尚」。和「猶且」，「尚且」同義。有時為了加強語氣，故連言之。作「還」或「還要」講。這是表動態的限制詞。（參閱「猶」猶「且」，「尚」猶「且」條。）如：

孟子梁惠王篇：「獸相食，且人惡之。」是說：「野獸相互殘食，人們猶且惡嫌牠呢。」「猶且」即是換用「尚且」或「還要」，意思仍是一樣。公孫丑篇：「管仲且猶不可召，而況不為管仲者乎？」「且猶」和「猶且」為同義複語，用單用複，一任音節之自然。「而況」為表逼進關係的連詞，和上句的「且猶」相應。同篇：「然則聖人且有過與？」同篇：「識其不可，然且至，則是干澤也。」滕文公篇「御者且羞與射者比。」「且」並為「尚且」義，都作「還」字講。告子篇：「陶以寡，且不可以為國，況無君子乎？」盡心篇：「見且由（猶）不得亟，而況得而臣之乎？」這兩個例句語法相類，上句用「且」或「且猶」表可止而未止的語意。下句用「況」或「而況」作反詰問句，把文義逼進一層，前後呼應，相互較量，構成偏正的複句。前為偏句，後為正句，都是側重後句的。

②且：猶「將」。猶「要」。是表動態的限制詞。作「要」或「將要」講。如：

孟子滕文公篇：「周公方且膺之。」同篇：「今吾尚病。病愈，我且往見，夷子不來。」同篇：「不直，則道不見；我且直之。」此類句中的「且」字，都是放在動詞前，是表動態的前附助動詞，亦均含有將要之意。

③且：猶「今」。「且夫」猶「今夫」。爲指示詞，並帶有更端語氣。作「說到」講。（參閱「今」猶「夫」條）如：

孟子滕文公篇：「且夫枉尺而直尋者，以利言也。」「且夫」猶言「今夫」，爲指示而兼更端的語詞。是「說到」或「說到這」「說到那」的意思。和單用「且」，作「而且」或「況且」解的語意不同。因爲它們都是提示下文的發端詞，而無指示之義。

④且：猶「抑」。爲更端之轉語詞。表選擇之意。和「況且」「而且」相當。是「再說」或「還有一說」的語氣。如：

論語季氏篇：「危而不持，顚而不扶，則將焉用彼相矣。且爾言過矣，虎兕出於柙，龜玉毀於櫝中，是誰之過與？」「且」猶「抑」，與「而且」同義。爲轉進文義的更端語詞。微子篇：「且而與其從辟人之士也，豈若從辟世之士哉？」「且」猶「況且」，用與「抑」同。爲轉語詞，和下句的豈若相應。是表比較和選擇關係的連詞。「且爾」的「爾」與「且而」的「而」同義，並作汝解。孟子滕文公篇：「其有功於子，可食而食之矣。且子食志乎？食功乎？」孫疏：「然以子言之，則子今有食於人者，是則食其有志於爲食者乎，是則食其有功者乎？」「然」是分明釋「且」字的，當係轉語詞無疑。按「且」字用做關係詞，在文法上有引進文義之功能，同時仍有承上的意味。上文雖成段落，在表面上似不相續，但在骨子裏，仍是相連的。而且在這裏的「且」，可翻做「再說」或「還有一說」等語氣詞看來，語氣還是血脈相連的，只是另闢蹊徑罷了。（說見許氏虛字淺釋）

⑤且：猶「又」。作「又」或「並且」講。爲兩務之詞，言方且如此，又復如彼。表示文義更進一步，即是有藉而加之意。如：

論語爲政篇：「有恥且格」。「且」表文義之增進，爲「而又」之意。朱注言「民恥於不善，而又至於善。」述而篇：「不義而富且貴，於我如浮雲。」泰伯篇：「邦有道，貧且賤焉，恥也；邦無道，富且貴焉，恥也。」同篇：「如有周公之才之美，使驕且吝，其餘不足觀也矣。」孟子公孫丑篇：「仁且智，夫子既聖矣乎？」同篇：「王自以爲與周公孰仁且智。」離婁篇：「待先生如此其忠且敬也。」此類「且」字，都是用在等列或對立的兩個形容詞或抽象名詞用作形容詞的中間，作連繫詞，組成一個詞聯。和「與」字的用法相同，但不能用「與」來代替它。因爲「與」字，只能連接兩個相對的名詞。如里仁篇：「富與貴，是人之所欲也；……貧與賤，是人之所惡也；……」裏的富貴貧賤，已由形容詞變成名詞，中間只能用「與」作連繫，絕不能以「且」代之。這類「且」字，都可翻做「和」或「跟」，也可翻做「又」字。如「富且貴」、「貧且賤」、……都可翻做「富和貴」「貧和賤」或「富跟貴」「貧跟賤」。若翻成「既富又貴」，「既貧又賤」，就把又加一層的意思，表示的更明顯。還有用「且」字連接兩個動詞的，也是作「又」講。如孟子滕文公篇：「百工之事，固不可耕且爲也。」這個「且」字，亦是兩務之詞，表示一方面這，一方面又那的意思。不過連接兩個動詞，是通常用「而」不用「且」，因爲「而」可以順接，也可以轉接；「且」只能順接，不能轉接。這是它們不同之處。

⑥且：猶「夫」。「且夫」連用，與單用「且」同義。「夫」字乃是純粹語氣詞，無義可訓。「且」和「且夫」，並爲提起下文的發語詞，和「況且」或「而且」相當。如：

孟子公孫丑篇：「曰：若是則弟子之惑滋甚。且以文王之德，百年而後崩，猶未洽於天下。」同章：「且王者之不作，未有疏於此時者也。」萬章篇：「且君之欲見之也，何爲也哉？」此類「且」字，並與「夫」同義，都是放在句首，爲提示下文的發語詞，並略帶更端意味，卽是換用「夫」字，也是一樣。

皆和「況且」相當。又「且」和「且夫」，雖同是發端語詞，只是單用「且」字起句，下文可長可短，用「且夫」起句，下文必長，這是通常的狀況。（參閱「夫」猶「且」條）。

⑦且：猶「而且」或「並且」。用在複句裏，表示文義的遞進關係。如：

論語子罕篇：「且予與其死於臣之手也，無寧死於二三子之手乎？且予縱不得大葬，予死於道路乎？」

這兩個複句，既不平列，又非眞性疑問句，都用「且」字來連接，而上下句的文義，是比較輕重得失的。「且」字當然是「而且」之意。又季氏篇：「昔者先王以爲東蒙主，且在邦域之中矣，是社稷之臣也，何以伐爲？」這兩句的上下文義，是從平面累進的，中間用「且」字作連繫，當然也是「而且」或「並且」之意。孟子滕文公篇：「以粟易械器者，不爲厲陶冶；陶冶亦以其械器易粟者，豈爲厲農夫哉？且許子何不爲陶冶，舍皆取諸宮中用之？」同章：「有大人之事，有小人之事，且一人之身，而百工之所爲備。」同篇：「如枉道而從彼何也？且子過矣。枉己者，未有能直人者也。」告子篇：「不識長馬之長也，無以異於長人之長與？且爲長者義乎？長之者義乎？」此類「且」字，都是用在文義遞進的複句中作連繫。「且」上是偏句，文義較輕；「且」下是正句，文義較重。細玩便知。還有用「且」作連詞與「而」同義的，如告子篇：「徒取諸彼以與此，然且仁者不爲。」「然且」猶「然而」，作複語中的轉語。

乍

①乍：猶忽，猶猝。作「突然」解。猶言「突如其來」。是表時間的限制詞。如：

孟子公孫丑篇：「今人乍見孺子，將入於井。」趙氏訓「乍」爲「暫」，爲忽然之意。這是表動相在時間上的突現情況的限制詞。

乎

「乎」字在文言裏，通常用作疑問語氣詞。說文：「乎、語之餘也，从兮象聲上越揚之形。」意思是說：凡出言吐語時，意有未盡，常在句末，就以「乎」來越揚語氣，以表殘餘未盡之音意。許說語之餘，乃其本義，今義仍之未變。但在運用方面，則有諸多變化，表示各種不同語氣。或表疑問，或表感歎，或表呼告，或表命令，或表反詰，或表決定，或表形容，或僅爲句中與句末的語助。它的特殊用法，是表疑問的指代詞和表所在及表所比等的介繫詞。

①乎：猶「之」。爲表疑問的指代詞。當白話「他嗎」二字。如：

論語憲問篇：「愛之能勿勞乎？忠焉能勿誨乎？」句中的「之」和「焉」，並爲指代詞。兩「乎」字，也是指代所愛所忠之人。同時並含有商量語氣。注疏並訓「乎」爲「之」，在行文上，若是以「之」代「乎」，則意味便索然了。因「之」只能作指代詞，並不含商量語氣。此中微妙，隱伏在文字聲情中，難以言傳，古文辭之所以深奧者在此。虛心玩味，必能領會得出。

②乎：猶「於」。通常用在句中作介詞。有「在」「到」「從」或「比」的意思。可翻「那」或「了」，有的就是不翻，也無問題。這跟用作語氣詞的「乎」字，完全不同。（參閱「於」猶「乎」條）。

論語學而篇：「其諸異乎人之求之與？」爲政篇：「攻乎異端，斯害也已。」里仁篇：「不使不仁者加乎其身。」這類句中的「乎」，皆訓「於」，並爲表所在的介繫詞。泰伯篇：「君子所貴乎道者三。」同篇：「非飲食而致孝乎鬼神，惡衣服，而致美乎黻冕。」這類用「乎」之處，可以換用「於」，卻沒有適當的詞翻它，勉强可用「那」字，但大多是不翻的。子罕篇：「拜下，禮也；今拜乎上，泰也。」「拜下」「拜上」，同一語法，「拜下」間省「乎」字，「拜上」不省。先進篇：「以吾一日長乎爾。」「乎」猶「於」，是表所比的介詞。有超過之意。同章：「千乘之國，攝乎大國之間。」同章：「異乎三子者之撰」同章：「浴乎沂，風乎舞雩。」例句中的「乎」，並可換用「於」，都是表所在的介詞。子路篇：「予無樂乎爲君。」子張篇：「異乎吾所聞。」兩「乎」字，並猶「於」，同是表差比的介詞。又子張篇：「喪致乎哀而止。」孟子梁惠王篇：「出乎爾者，反乎爾者也。」「乎」並猶「於」，都是表所在的介詞。又梁惠王篇：「二三子何患乎無君？」與論語八佾篇：「二三子何患於喪乎？」同一語法，一用「乎」，一用「於」，足證此類例句中的「乎」，與用「於」同意。公孫丑篇：「故君子莫大乎與人爲善。」同篇：「則不敬莫大乎是。」「乎」並猶「於」，同爲表差比的介詞。同篇：「昔者魯繆公無人乎子思之側，則不能安子思。」「乎」猶「於」，爲表所在的介詞。同篇：「出於其類，拔乎其萃。」「於」與「乎」，爲變文同義。是「自」「從」之意，爲表所從的介詞。滕文公篇：「及陷乎罪，然後從而刑之，是罔民也。」同篇：「使老稚轉乎溝壑。」離婁篇：「故沛然德敎溢乎四海。」「乎」並猶「於」，都是表所到的介詞。萬章篇：「孝子之至，莫大乎尊親；尊親之至，莫大乎以天下養。」「乎」猶「於」，並爲表差比的介詞。同篇：「立乎人之本朝，而道不行，耻也。」告子篇：「是故知命者，不立乎巖牆之下。」「乎」猶「於」，同是表所在的介詞。盡心篇：「同乎流俗，合乎污世。」「乎」猶「於」，都是表所共的介詞。用「乎」雖與用「於」同義，但易之則詞氣不勁。

③乎：爲疑問語氣詞。一般疑問句型，約可分爲有疑卽問的詢問句，和問而無疑的反詰句，及半疑半問的測度句三種。而後兩種句中各有其限制詞，是同中有異的。卻又通用「乎」「與」（歟）「也」（邪）「哉」等語氣詞，是異中有同的。「乎」的語氣比較直率，「與」的語氣比較舒徐委婉，「也」卻帶有訝異的語氣。「哉」的語氣則較强勁。同爲疑問助詞，而所表的語意態勢與聲氣，卻不盡相同。在先秦的古文中，是非問句，用「乎」不用「也」，特指問句，用「也」不用「乎」。這是大概情形。如：

論語學而篇：「曾子曰：吾日三省吾身。爲人謀而不忠乎？與朋友交而不信乎？傳不習乎？」三「乎」字，含有自我反省，自我懷疑，自我檢束、警飭之意。這是是非問句，「乎」都相當於「嗎」。八佾篇：「或曰：管仲儉乎？」「乎」爲疑問而未定之詞，以詢問求答爲主。也相當於「嗎」。雍也篇：「

居敬而行簡，以臨其民，不亦可乎？居簡而行簡，無乃太簡乎？」兩「乎」字，並非純然疑問，而是表將信將疑的語氣。自信的成分多於懷疑的成分。凡句末用疑問助詞「乎」字，句中有「無乃」「得無」「莫非」「其」「豈」等推測性和反詰性的限制詞，是不期待對方回答的。如泰伯篇：「才難，不其然乎？」先進篇：「子曰：回也，其庶乎！屢空。」顏淵篇：「爲之難，言之得無訒乎？」憲問篇：「子曰：『其然，豈其然乎？』」同篇：「無乃爲佞乎？」同篇：「知我者，其天乎？」這類「乎」字，並爲擬詞，而非眞性疑問助詞。或故作反詰，用以推測然否，語氣相當於「罷」。在「乎」的上面，喜用「無乃」等推測語詞，「豈其」等反詰語詞，約當於「恐怕」「大概」「難道」等語氣。「乎」表懸疑並略帶感歎意味，也不一定要對方回答。「乎」的語氣，相當於「嗎」或「罷」。還有用「乎」在抉擇式的是非問句之末的。如子罕篇：「吾何執？執射乎？執御乎？吾執御矣。」這是並立的兩設詢問句，意思並沒有側重某一方。「乎」相當於「呢」。先進篇：「論篤是與？君子者乎？色莊者乎？」這是用是非問句的對立形式，讓人選擇其一來回答，意思側重在上句。孟子梁惠王篇：「滕，小國也。間於齊楚，事齊乎？事楚乎？」這是從是非問句化來的並立句型，讓人選擇其一來回答。可是在意思上並無所側重。這兩個例句中的四個「乎」字，都是兩設的詢問語氣詞，中間沒有連詞，並當白話「呢」字。公孫丑篇：「子爲長者慮，而不及子思，子絕長者乎？長者絕子乎？」這也是選擇性的對立兩問句，重點在上句，「乎」相當於「呢」。至於一般是非問句之末，用「乎」作疑問語詞，所謂疑而問之曰「乎」，是一定要對方回答的。如論語憲問篇：「子曰：信乎？夫子不言不笑不取乎？」季氏篇：「子亦有異聞乎？」孟子梁惠王篇：「亦將有以利吾國乎？」同篇：「賢者亦樂此乎？」同篇：「齊桓晉文之事，可得聞乎？」同篇：「交鄰國有道乎？」這都是要對方回答的眞性問句，疑問的表示，全靠句末的疑問語氣詞「乎」字，語氣相當於「嗎」。公孫丑篇：「曰：不動心，有道乎？」這是反詰的是非問句，「乎」亦相當於「嗎」。同篇：「焉有君子而可以貨取乎？」這是特指問句，「乎」猶「也」，相當於「呢」。滕文公篇：「孟子曰：『許子必種粟而後食乎？』曰：『然』。『許子必織布而後衣乎？』曰：『否』。『許子衣褐，許子冠乎？』曰：『冠』。」這是採取是非問句形式的眞性問句，只要求對方答出「然」或「否」就成。「乎」的語氣相當於「嗎」。凡是採取是非問句形式的問句，都是疑而未定的，一定要徵求對方回答。句末的「乎」，都相當於「嗎」。這是「乎」字作語氣詞最基本的用法。

④乎：爲感歎語氣詞。有歎美和歎傷兩種不同語氣。在白話裏沒有確定的語詞和它相當，只可隨語法之變化，給它個適度的語氣詞。如「啊」「那」「罷」「吧」「哩」「呢」等字。任你選用。如：

論語里仁篇：「君子去仁，惡乎成名！」邢疏訓「惡乎」爲「於何」，朱注訓「惡乎」爲「何所」。都是推測文義而爲之訓。其實這個「乎」字，只是表歎氣聲。而無義可訓。「惡乎成名」，就是說：「又怎麼能成名呢。」公冶長篇：「已矣乎！吾未見能見其過而內自訟者也。」和衞靈公篇：「已矣乎！吾未見好德如好色者也。」同一句式，並用「乎」字，和其他助詞合成複音歎詞，獨立成句，提前作發端語，以加强歎傷語氣，其警戒學者向善之意至深。朱注認定「乎」爲歎詞。一則曰：「已矣乎者，恐其終不得見而歎之也。」再則曰：「歎其終不得而見之矣。」雍也篇：「子曰：『何事於仁？必也聖乎！』」同篇：「中庸之爲德也，其至矣乎！」兩「乎」字，並爲語末歎美之詞。同篇：「不有祝鮀之佞，而有宋朝之美，難乎免於今之世矣！」述而篇：「亡而爲有，虛而爲盈，約而爲泰，難乎有恆矣！」

子罕篇：「惜乎！吾見其進也，未見其止也。」顏淵篇：「惜乎！夫子之說，君子也，駟不及舌。」此類「乎」字，並歎傷之詞，都隨著歎詞提前，也是爲了加强歎傷語氣。又顏淵篇：「子夏曰：富哉言乎！」憲問篇：「使乎！使乎！」同篇：「有心哉！擊磬乎！」這類句子，疊用「乎」「哉」，作歎美之詞，亦是爲了加强詠歎的情味。孟子滕文公篇：「知我者其惟春秋乎！罪我者其惟春秋乎！」這種正反相對詢問式的感歎句，是由兩設的是非問句化來的，側重在首句。「乎」爲感歎助詞。在上例例句中作感歎助詞的「乎」字，有的放在句首，和別的助詞組成獨立小句，與「噫」「嘻」等的功用相同，如「已矣乎」便是。有的放在提前主語（形容詞或動詞用作歎詞。）的歎詞後面，加强感歎，使語氣上揚。如「難乎」「惜乎」之屬便是。有的放在句末，上面疊用「乎」或「哉」，和它相應，以加深詠歎情味。如「使乎使乎，」「富哉言乎」之屬便是。

⑤乎：爲呼告之語氣詞。當白話「呀」字。大都位於領起小句之末。其下必有語句。「乎」和「也」，都可作呼語之停頓語氣詞。並相當於「呀」或「啊」。但呼人告語，用「乎」比用「也」爲多。如：

論語里仁篇：「子曰：參乎！吾道一以貫之。」朱注：「參乎者，呼曾子之名而告之。」「乎」表呼告之聲音，同時也把謂語「參」提放在「吾道一以貫之」的主語之前的領位，用「乎」字一頓，以表語氣之加强。述而篇：「子曰：『二三子！以我爲隱乎！吾無隱乎爾！』」夫子呼二三子，而告之以無所隱。先進篇：「子曰：『回也，其庶乎！屢空。』」夫子稱顏子之名，而許其近道。凡古文「其庶乎」以下，必有文字言其所以然之故。如「屢空」便是。

⑥乎：爲表示命令之語氣詞。當白話「罷」「啊」「嗎」等字。如：

論語爲政篇：「子曰：由！誨女知之乎！」「乎」相當於「罷」。是說：「由呀！我告訴你怎樣求知罷！」雍也篇：「子曰：『毋！以與爾鄰里鄉黨乎！』」「乎」的語氣當「啊」，是說：「你不要推辭，可拿去分給你的鄰里鄉黨啊！」陽貨篇：「子謂伯魚曰：『女爲周南召南矣乎！』」「乎」的語氣當「嗎」。是說：「你曾學過詩經中的周南召南嗎？」此類語句，都是用詢問語氣詞「乎」字，以表達命令語氣。這個「乎」字，是決於心而疑於口的語氣詞。

⑦乎：爲表反詰的語氣詞。其事實無可疑，特用疑擬之語氣，以表明其必然之理。實爲疑而有定之詞。筆下鬆活，而不僵說，其意隱然無疑矣。「乎」當白話「嗎」字。如：

論語學而篇：「子曰：學而時習之，不亦說乎？有朋自遠方來，不亦樂乎？人不知而不慍，不亦君子乎？」竹氏會箋：「乎字含決意於疑問，不亦乎，是使人領會之詞。玩三不亦乎，便想見他循循善誘之意。」又說：「凡經傳中言不亦……乎者，皆贊同之詞。」所言至爲確切。憲問篇：「子曰：賜也，賢乎哉！夫我則不暇。」「乎哉」二字，是疑詞作反詰語詞，在古語中往往省「乎」字。兪氏古書疑義舉例：「反言常省乎字不用，讀者可以自得之。」孟子滕文公篇：「禹八年於外，三過其門而不入，雖欲耕，得乎？」同章：「聖人之憂民如此，而暇耕乎？」此類「乎」字，並是表反詰而帶疑問的語氣詞，有用「乎」用「哉」之別。但用「乎」字，雖仍是疑問語氣，只是問得你沒話回答；用「哉」字，根本不要回答。而用「哉」字多少帶點感歎意味，用「乎」字則沒有。但有時用「乎」用「哉」，在語氣上沒多大出入，只因其各有不同的聯絡字，用來分別「乎」或「哉」的語氣。如「不亦」「寧」「況」等字之後，通常用「乎」字；「豈」「其」等字之後，通常用「哉」字。這和白話的情形相似，句首用難道，下面一定用「嗎」字；句首用「那裏」「怎麼」「何況」等字，下面一定用「呢」字。（說見許氏虛字淺釋。）

⑧乎：爲決定語氣詞。猶「也」。如：

論語先進篇：「子曰：何傷乎！亦各言其志也。」這「何傷乎」是特指問句式，雖帶有反詰語氣，但並非眞性的反詰語。意思是「無傷也。」是說：「那有甚麼妨礙呢。」憲問篇：「不逆詐，不億不信，抑亦先覺者，是賢乎。」朱注：「乃爲賢也。」意思是說：「這樣就是賢人了。」陽貨篇：「曰：賜也，亦有惡乎。」皇本、高麗本，「乎」作「也」。邢疏：「子貢言賜也，亦有所憎惡也。」這分明是訓「乎」爲「也」。孟子盡心篇：「齊宣王欲短喪。公孫丑曰：『爲朞之喪，不猶愈於已乎。』」「短」與斷同義，「已」猶「止」「言爲朞之喪，尙愈於短喪也。」又如論孟中常言「其斯之謂與？」與「其此之謂乎？」義法相同。「與」和「乎」，都是疑而有定之詞。與「此之謂也」一語，意思也是相同的。可見「與」和「乎」皆同於「也」字。所不盡相同的，「乎」表反詰虛斷語氣，是決於心而疑於口之詞；「與」表承接擬議語氣，是疑於心而不執著之詞；皆含有認定之義，和「也」字相似，只是「也」字表決定的意味比較濃厚而已。又用「乎」字在句中作停頓語氣詞，也和「也」字相同。如雍也篇：「於從政乎何有？」與告子篇：「於答是也何有？」語法正同，是「乎」與「也」在古語中可以通用之一證。

⑨乎：猶「哉」。爲疑而兼歎並帶有商量意味的語氣詞。相當於「嗎」。如：

論語泰伯篇：「才難，不其然乎？」憲問篇：「子曰：其然！豈其然乎？」「然乎」並猶「然哉」。「乎」都可以換用「哉」字。又上面所引的「已矣乎」的「乎」，也可換用「哉」字。同是疑而兼歎的語氣詞。「乎」「哉」既可通用，故「乎」「哉」自可連成同義的複合語助詞。如論語述而篇：「仁遠乎哉！」子罕篇：「君子多乎哉！」顏淵篇：「爲仁由己，而由人乎哉！」衞靈公篇：「雖州里行乎哉！」陽貨篇：「禮云禮云，玉帛云乎哉！」孟子萬章篇：「不識此語誠然乎哉」裏的「乎哉」，都是疑而兼歎並表謙抑和商量的語氣詞。同時並用反詰口吻，以反卻上文文義，把上文中「然」、「遠」、「多」、「由人」、「行」等字的語意轉道反面，下面就必須加「乎」或「乎哉」作反語詞，文義就變成「不然」、「不遠」、「不多」、「由己」、「不行」等語意了。

⑩乎：猶「爾」。爲句終之語氣詞。並含有餘不盡之意。當白話「了罷」「了啊」等語氣。如：

論語雍也篇：「女得人焉爾乎？」「爾」原作「耳」。孔曰：「焉耳乎皆辭。」竹氏會箋：「焉耳乎，猶言矣乎，皆意以爲然而未決之辭。矣乎差重於焉耳乎，此其別也。」述而篇：「吾無隱乎爾！」「乎爾」爲語終助詞，略表感歎之意。「爾」猶「耳」或「而已」。言「我之教人，惟有無隱耳。」或「惟有無隱而已。」盡心篇：「然而無有乎爾！則亦無有乎爾！」趙注：「乎爾者，歎而不怨之辭也。」焦氏正義：「爾者，辭之終也；乎爾者，決絕之中，尚有餘望也。」兩說以焦氏較精審。其實「焉爾乎」與「爾乎」或「乎爾」，並爲送句之複式語助詞，神韻比較清揚婉轉，若是單用「乎」或「爾」，則語氣便覺直率而不舒暢了。

⑪乎：猶「然」。作形容語氣詞。放在形容詞或副詞後作詞尾，以描繪聲容情態。形容詞帶「乎」字，大都放在句首，它不僅修飾一個詞，而是整個句或整個謂語。但「然」字有時可以放在句末，「乎」字則不能。（參閱「然」作形容詞詞尾條）。如：

論語八佾篇：「周監於二代，郁郁乎文哉！」「郁郁乎」修飾周朝文采之茂盛。泰伯篇：「師摯之始，關雎之亂，洋洋乎盈耳哉！」「洋洋乎」修飾樂歌之充盈。同篇：「大哉！堯之爲君也。巍巍乎！唯天爲大，唯堯則之；蕩蕩乎！民無能名焉。巍巍乎！其有成功也；煥乎！其有文章。」「巍巍乎」修飾堯帝德業之崇高；「蕩蕩乎」，修飾堯帝德業之廣遠；「煥乎」，修飾其典章光明。憲問篇：「鄙哉！硜硜乎！莫己知也。」「硜硜乎」，修飾孔子性情之堅確。子張篇：「堂堂乎張也！」「堂堂乎」修飾子張威儀茂盛。孟子滕文公篇：「皜皜乎不可尚已。」「皜皜乎」形容孔子的道德光輝明潔。萬章篇：「天下殆哉！岌岌乎！」「岌岌乎」形容天下杌隉之象。上列例句，有前用「哉」作歎詞，後用「乎」相應，作表性態的詠歎助詞。其功用和前用「哉」後用「然」的語法相類，都相當於「的樣子」。「乎」都用在形容詞或重疊形容詞後作詞尾，以描繪其聲情及性態，常帶詠歎的意味。「乎」的用法雖猶「然」，但卻不能以然代之。因「然」含有如是之意，「乎」字則無此意。

⑫乎：爲語氣助詞，放在句中或句末，以表示語氣頓挫，別無意義可訓，只是略帶推度和懸斷語氣，這是文言的特產，在白話裏沒有確切的語氣詞和它相當。大都是不用翻的。如：

論語雍也篇：「子曰：『由也果，於從政乎何有？』」顏淵篇：「君子何患乎無兄弟也？」同篇：「子曰：『聽訟，吾猶人也，必也使無訟乎！』」陽貨篇：「不曰堅乎，磨而不磷；不曰白乎，涅而不緇。」兩「乎」字，並可翻「麼」。孟子萬章篇：「仕非爲貧也，而有時乎爲貧；取妻非爲養也，而有時乎爲養」。同篇：「王勃然變乎色。」告子篇：「先立乎其大者，則其小者不能奪也。」同篇：「若是乎賢者之無益於國也！」盡心篇：「是故得乎丘民，而爲天子；得乎天子爲諸侯，得乎諸侯爲大夫。」同篇：「

若是乎從者之廋也。」此類「乎」字，其中有的類似用作介詞的「於」字，（參閱「於」猶「乎」條。）大都是不爲義的語助詞，只是略帶推測性的懸斷語氣罷了。

他

「他」在現代語裏是人稱代詞。在文言裏的「他」，是作旁指的。而眞正和他相當的詞是「彼」。另外還有替代「他」的詞，是指代詞「之」和「其」。但這兩個詞的性質不同，用法亦異，不在這裏多說。至於現代語裏作他稱的「他」，直到六朝初期纔出現。

①他：爲別異之詞。「他」在現代語裏作第三人稱，在文言裏是指代別人或事物的代稱詞。如：

論語季氏篇：「他日，又獨立。」「他日」猶言「異日」。孟子梁惠王篇：「他人有心，予忖度之。」「他人」猶言「別人」。同篇：「古之人，所以大過人者，無他焉，善推其所爲而已矣。」「他」指別的事理。「無他焉」，就是「沒有別的緣故。」同篇：「父子不相見，兄弟妻子離散，此無他，不與民同樂也。」告子篇：「學問之道，無他，求其放心而已矣。」同篇：「所以考其善不善者，豈有他哉？於己取之而已矣。」「豈有他哉」，爲反詰語，意思就是「無他」。盡心篇：「親親、仁也；敬長、義也。無他，達之天下也。」同篇：「欲知舜與跖之分，無他，利與善之間也。」此類複句中的「無他」一詞，是說「沒有別的事理。」其上文必定是有所求的，其下文乃接著指出其當然之理，以申明上文所要尋求的事實。以「無他」居中作過接語。

②他：爲其餘之詞。也就是撇開主題，避重就輕，而作不定的指稱詞。如：

論語子張篇：「孟莊子之孝也，其他可能也。其不改父之臣，與父之政，是難能也。」「其他」指哭泣、齊衰、饘粥諸餘之事。孟子梁惠王篇：「士師不能治士，則如之何？王曰：『已之。』曰：『四境之內不治，則如之何？』王顧左右而言他。」「他」乃是指齊宣王理屈辭窮，逃避回答主題以自咎，乃顧左右，託言別的不相干的事以塞責。盡心篇：「孔子去魯，曰：『遲遲吾行也。』去父母國之道也。去齊，接淅而行，去他國之道也。」「他國」指魯國以外的諸餘國家。句中的「他」，都是「其他」的省文。這一類型的複句裏，都是用「其他」來撇開主題，而指餘事。

以

「以」字篆文作㠯，和「已」的形體相反，古通用。說文：「以，用也。从反巳。」段注云：「用者，可施行也。」又云：「與巳篆形勢略相反也。巳主乎止，以主乎行，故形相反，二字古有通用者。」此僅就文字的形勢立說，但在古語中，「以」的性質和用法，卻大別於「已」。它可負擔指稱詞、致使動詞、助副動詞、限制詞、介詞、連詞、助詞等複雜任務。但其中以用作介詞爲最普徧。

①以：猶「此」。爲指稱詞。相當於「這」或「這個」，又可作承接詞。如：

論語公冶長篇：「子曰：敏而好學，不恥下問，是以謂之文也。」「是以」猶言「因此」。跟表因果關係的「所以」相同。和承接詞「故」字的功用一樣，當白話「因爲這個緣故。」憲問篇：「以告者過也。」「以」訓「是」，故得轉訓爲「此」。當白話「這」字。是說：「這乃是告訴的人太過了。」

孟子梁惠王篇：「仲尼之徒，無道桓文之事者，是以後世無傳焉，臣未之聞也。無以，則王乎！」「是以」猶言「因此」，是承接連詞。「無以」猶言「不必如此」。是說「不必談此霸道。」與下篇「是謀非吾所能及也。無以，則有一焉。」語法相同。「無以」猶言「不用如此」。兩「無以」，一是承上文「臣未之聞也。」一是承上文「是謀非吾所能及也。」而更爲轉換語氣，故說「無以，則王乎！」「無以，則有一焉。」這兩個「無以」的「以」，雖是可以訓「此」，但在語法上並有承轉的功能。（參閱釋無以條。）朱注：「以已通用，無以，必欲言之而不止也。」似覺牽强。離婁篇：「將以復進也。」「以」訓「此」，指酒食言。萬章篇：「以是爲弗恭，故弗卻也。」「以」猶「此」，指卻尊者之賜。言「如此乃爲不恭。」

②以：猶「之」。作指代詞，當白話「他」字。作介繫詞，當白話「的」字。如：

論語陽貨篇：「君子義以爲上。」「爲」訓「是」，「上」同「尙」，「以」猶「之」，爲介詞，當白話「的」字。言「君子最崇尙的是義。」孟子梁惠王篇：「有司莫以告。」「莫以告」即「莫之告」。「以」猶「之」，指代居民上位者。滕文公篇：「教以人倫。」即「教之人倫」。「以」猶「之」，指代全國的人民。當白話「他們」。同篇：「分人以財謂之惠，教人以善謂之忠。」兩「以」字，並與「之」同，作介詞用，當白話「的」字。告子篇：「今交九尺四寸以長。」「以」猶「之」，亦作介詞用，當白話「的」字。言「現在我曹交有九尺四寸的長度。」

③以：猶「其」。用作指代詞，當白話「他」字。如：

孟子公孫丑篇：「北宮黝之養勇也，不膚撓，不目逃，思以一毫挫於人，若撻之於市朝。」滕文公篇：「苟行王政，四海之內，皆舉首而望之，欲以爲君。」上兩句中的「以」字，皆與「其」同義。隨文各有所指。前者指北宮黝自身，後者指宋王。

④以：猶「使」。即「任使」之意，並兼帶憑藉的意味。用它來構成致動句式，但祇是存於意念，仍是意動句。如：

論語季氏篇：「遠人不服，則修文德以來之。」「以」猶「使」，言修文德使人民來歸。孟子公孫丑篇：「管仲以其君霸，晏子以其君顯。」「以」並訓「使」，言能使其君霸，使其君顯。同篇：「得百里之地而君之，皆能以朝諸侯，有天下。」「以」猶「使」，言能使諸侯來朝而有天下。告子篇：「無以妾爲妻。」「以」猶「使」，言不得使愛妾當正妻。此類「以」字，並作「使」解。但成就這項使命總是有憑藉的。如上文所說：「要使人民來歸，是由於文德修明。能使管仲成霸業，晏子得顯名，是由於其君授予政治上的權位。能使諸侯來朝而有天下，是由於得百里之地，而能行使君權所致。妾婦之所以得爲正妻，是由於其夫對妾婦之寵愛。」

⑤以：猶「爲」（ㄨㄟˋ）。玉篇：「以，爲也。」「爲」即行爲。當白話「做」字。如：

論語爲政篇：「視其所以。」何晏集解：「以，用也。言視其所用。」朱注：「以，爲也。」言看此人做事的行爲。自來漢唐注疏家，皆訓「以」爲「用」。「用」即「用事」，和「行爲」同義。孟子梁惠王篇：「君所謂踰者，前以士，後以大夫，前以三鼎，後以五鼎與？」這四個「以」字，由來注疏家多訓爲用。其實前兩句指孟子爲官的官職，後兩句是說明前後的官職不同，自然用不同的禮數。按孫疏：「君今所謂孟子以後喪過前喪者，蓋孟子前喪父之時，孟子正爲之士，故得以士禮用之；後喪母之時，孟子以爲大夫，故得以大夫之禮用之。爲其前爲士，卽得以三鼎之禮祭之；其後爲大夫，遂得以五鼎之禮祭之。」此說最爲精確詳明。則是前兩「以」字訓「爲」，後兩「以」字訓「用」。同篇：「何以能鼓樂也。……何以能田獵也。」「何以」猶言「何爲」。凡經傳言何以若此者，率皆何爲之義。（說見王氏釋詞。）

⑥以：猶「爲」（ㄨㄟˋ）。相當於「替」或「代」。用它在複句中作關係詞，是以目的關係構成的複句。前句所表示的事情，是爲後句所表示的事情而設的。也就是後句是前句的目的。如：

論語先進篇：「顏淵死，顏路請子之車，以爲之椁。」「以」訓「爲」，當白話「替」字。「以爲」的「爲」，作「治」講。是說：「顏淵死了，他的父親顏路請孔子把車子賣掉，替顏淵治外棺。」孟子萬章篇：「舜既爲天子矣，又帥天下諸侯，以爲堯三年喪，是二天子矣。」「以」訓「爲」，作「替代」講，「爲」訓「治」，作「服行」講。「以爲堯三年喪」，是說：「替堯服行三年之喪。」

⑦以：猶「謂」。「以爲」猶言「謂爲」或「意謂」，當白話「認謂」或「當做」講。「以爲」二字合用，如主語對賓語有所認定，那就成意謂動詞，在賓語後面，需要名詞或形容詞來說明，意思纔能完全。在這種句裏，主語後面的動詞「以」和賓語後面的「爲」相關聯，把「以爲」分用成「以……爲……」句式，仍是「意謂」的意思。當白話「把……當……」或「覺得……是……」句式，都是揣測之詞。如：

論語爲政篇：「有事弟子服其勞，有酒食，先生饌，曾是以爲孝乎？」這是「以爲」合用，「以」猶「謂」，「以爲」猶言「謂爲」。「曾是以爲孝乎？」裏的「以爲」合用，中間省「之」字。是說「

難道把這些當做孝順嗎？」八佾篇：「事君敬禮，人以爲諂也。」這「人以爲諂也」句中也省了兼攝語「之」字，應是「人以之爲諂也」的句式。是說：「人們反而把他當做諂媚呢。」「以」是「意謂」動詞，「爲」是繫詞，這是複式動詞的活用法。「以爲」二字可分可合，分時中間插入它們所附的詞或語。如同篇：「天將以夫子爲木鐸。」邢疏訓「以」爲「使」，「使」卽「任使」「使用」之意。這「以……爲……」的「以」，雖和「使」「令」相當，但只存在意念中，還是意動句。又如述而篇：「二三子以我爲隱乎？」是說「你們諸位覺得我是有甚麼隱藏不肯教誨你們嗎？」先進篇：「吾以女爲死矣！」同篇：「吾以子爲異之問。」衞靈公篇：「女以予爲多學而識之者與？」句法同上，中間都是插入賓語代名詞「女」「子」「予」等字，成了散動詞的形式。這是由主語認謂那賓語怎麼樣或者是甚麼，在賓語後面，還要有補充說明的話，就成爲一種特有遞進式。卽「以……爲……」式。這在文言裏爲常語，可是在白話裏沒有和它相當的句式。又憲問篇：「克、伐、怨、欲，不行焉，可以爲仁矣？子曰：可以爲難矣，仁則吾不知也。」同篇：「亦可以爲成人矣。」此類「以爲」二字連讀，實相當於一「謂」字。和白話「當做」「叫做」或「說是」「算是」的意思相當。凡言「可以爲者」，皆得放此爲訓。又孟子梁惠王篇：「百姓皆以王爲愛也。」同篇：「工師得大木，則王喜，以爲能勝其任也；匠人斲而小之，則王怒，以爲不勝其任矣。」同篇：「今燕虐其民，王往而征之，民以爲將拯己於水火之中也。」公孫丑篇：「王自以爲與周公孰仁且智？」同篇：「豈以仁義爲不美也？」滕文公篇：「之則以爲愛無差等。」同篇：「吾必以仲子爲巨擘焉。」離婁篇：「子敖以我爲簡。」同篇：「其設心以爲不若是，是則罪之大者。」萬章篇：「夫公明高以孝子之心爲不若是恝。」同篇：「子以爲有王者作，將比今之諸侯而誅之乎！」告子篇：「一心以爲有鴻鵠將至，思援弓繳而射之。」上例諸「以」字，並訓「謂」。凡言「以爲」或「以……爲……」者，皆「謂爲」或「意謂」之意。都相當於「認謂」，是意謂動詞。正義云：「以爲二字，代謂字。其實訓謂者，正是以字。又凡言意以者，皆言意謂也。」按此類「以爲」二字，無論分用合用，並設事之詞，在意念中認爲是如此的，皆是意動句子。在論孟中爲常語。

⑧以爲（ㄨㄟˊ）：爲「致使」之義。它原是個複式的致使動詞，也有合用和分用兩式，意思是相同的。這個主語的行動，對賓語不僅是認定，而更爲之安排佈署，成爲共合的行動表現。以致使動詞構成的句子，和上例用「以爲」或「以……爲……」意念動詞構成的句式一樣，而意思卻不相同。這個「以爲」跟「以……爲……」「是「用」「拿」「當」「把」加「作」或「做」，構成「用……作……」「拿……作……」「當……做……」「把……做……」的意思。如：

論語鄉黨篇：「紅紫不以爲褻服。」「以爲」猶「用……作……」。是說：「不用紅紫色作居家穿的便服。」這是用「以爲」作複式動詞的述詞。季氏篇：「夫顓臾，昔者先王以爲東蒙主。」這「以爲」二字之間，省卻指代詞「之」字。「以爲」猶「以之爲」，當白話「用……作……」，是說「從前先王用他作東蒙山的主祭人。」孟子滕文公篇：「夫人蠶繅，以爲衣服。」「以爲」猶「拿……做……」，是說：「諸侯夫人親自養蠶繅絲，拿它來做祭祀穿的禮服。」同篇：「壞宮室以爲汙池，……棄田以爲園囿。」「以爲」猶「把……做……」，是說：「把民房拆了，改做蓄水的汙池；把田地改做長草木養鳥獸的園子。」離婁篇：「繼之以規矩準繩，以爲方圓平正。」「以爲」猶「拿……做……」，是說：「拿這些規矩準繩等工具，做成方圓平正的東西。」萬章篇：「我何以湯之聘幣爲哉！」「以……爲……」

分用，猶「用……做……」，是說：「我用湯的聘幣做甚麼呢！」告子篇：「子能順杞柳之性，而以爲桮棬乎？將戕賊杞柳而後以爲桮棬也？」「以爲」猶「把……做……。」是說：「你能順杞柳的性來把它做成桮棬嗎？還是要傷害杞柳的本性，纔能把它做成桮棬呢？」同篇：「是故禹以四海爲壑，今吾子以鄰國爲壑」。「以……爲……」猶「把……做……」或「把……當……。」是說：「所以禹把四海做聚水的地方，現在你卻把鄰國當聚水的地方。」此類「以爲」或「以……爲……」，不論合用分用，都是「用作」「當做」的意思。它的位置，都是放在主語和賓語之間，也是論孟中習見的語法。它是表明主語對賓語有所認同，賓語後面也要有名詞或形容詞來說明，語意纔完全。關於表示意動的「以爲」，在白話文裏，早已承襲沿用了，這表示致動的「以爲」，卻只見用於文言，而不見於白話。

⑨以：猶「有」。按唐韻正：「有，古音讀若以。」「有」得訓爲「以」，故「以」亦得訓有。（參閱「有」猶「以」條。）如：

論語里仁篇：「好仁者，無以尚之。」「以」訓「有」，言「無有加於好仁者之上。」季氏篇：「孺悲欲見孔子，孔子辭以疾。」言「孔子以有疾爲辭。」子張篇：「譬諸草木，區以別矣。」朱注：「其類固有別矣。」「有」分明是訓「以」字的。孟子梁惠王篇：「至於治國家，則曰：姑舍女所學而從我，則何以異於教玉人彫琢玉哉？」「何以異」猶言「何有異」，是說：「有甚麼分別呢？」同篇：「未聞以千里畏人者也。」公孫丑篇：「何以異於是？」同篇：「思以一毫挫於人，若撻之於市朝。」滕文公篇：「無以供犧牲也。」離婁篇：「何以異於人哉？」這類例中的「以」字，皆得訓爲「有」。對句中動詞，並有輔助作用。

⑩以：猶「能」。當白話「能夠」。如：

論語爲政篇：「其何以行之哉！」邢疏：「言必不能行也。」與八佾篇：「吾何以觀之哉！」同一語法。顏淵篇：「慮以下人。」言思慮能屈居人下。孟子梁惠王篇：「吾何以休？」「吾何以豫？」「吾何以識其不才而舍之？」「何以」並猶「何能」。萬章篇：「一介不以與人，一介不以取諸人。」「不以」猶言「不能」。告子篇：「性可以爲善，可以爲不善。」「可以」猶言「可能」。此類「以」字，都是用在動詞前，有輔助作用，可以說它是前附助動詞。

⑪以：同「已」。說文，「以」本作「㠯」。按「以」從倒「巳」，字本同，古通用。用作限制詞，一表時間之過去，一表程度之太甚。如：

論語八佾篇：「始作，翕如也；從之，純如也，皦如也，繹如也，以成。」皇、邢二疏，皆訓「以」爲「而」。「以成」猶言「而成」，把「以」字當作連詞，當然可以講。其實這個「以」字，應作表時間限制的「已經」之「已」講。是說「音樂已經完成一套。」孟子公孫丑篇：「木若以美然。」朱注：「以，已通。以美，太美也。」是訓「以」爲「太」表示程度太甚。滕文公篇：「三月無君則弔，不以急乎？」「以急」猶言「太急」。「不以急乎」，是說：「豈不是太迫切了嗎？」同篇：「後車數十乘，從者數百人，以傳食於諸侯，不以泰乎？」趙注訓「以」爲「甚」「泰」爲「侈」。「甚」和「太」同義。「不以泰乎」，是說：「不是太奢侈了嗎？」此類「以」字，都是度量程度太過的限制詞。

⑫以：猶「可」或「可以」。是個表判斷的限制詞。如：

論語學而篇：「行有餘力，則以學文。」「以」猶「可以」。邢疏：「則可以學習先王之遺文也。」

爲政篇：「一言以蔽之，曰。」邢疏：「言一句可以當之也。」雍也篇：「毋！以與爾鄰里鄉黨乎！」竹氏會箋：「毋字絕句，是正意。以與爾鄰里鄉黨，反是餘意。」意思是說：「當受之祿無讓，可以分與爾鄰里鄉黨之人。」孟子滕文公篇：「今一見之，大則以王，小則以霸。」兩「以」字，並爲「可」義。「可」卽「可以」。「可以」和「不可以」，如今已成爲結合緊密的表肯定和否定的熟語，卽「可」與「不可」之意。「以」爲助詞，可省。

⑬以：猶「用」。王氏釋詞：「以，語詞之用也。常語也。」「以」通常爲表所用的介詞。用它來表示動作所用的工具。它的下面緊接著一個名詞，作完成的工具或憑藉。文言的「以」或「用」，當白話的「用、拿、把、憑」等字。這些詞，原是由動詞變來的，是拿某某做工具的意思。按「以、爲與」三個介詞，都帶有動詞性。比如動詞的賓語可用「之」字代替，賓語若是疑問詞必須倒置，而在它們前面又可以用所，這三個介詞有同樣情形，可說做「以之」「爲之」「與之」，也可說做「何以」「何爲」「孰與」又可說做「所以」「所爲」「所與」，在語法上有相同之點。如：

論語學而篇：「不以禮節之，亦不可行也。」皇疏：「不復用禮爲節。」「用」分明是訓「以」字的。「禮」就是節制行爲所憑藉的工具。爲政篇：「道之以政，齊之以刑。」「以」並訓「用」，是說：「用政令來領導人民，用刑罰來整頓人民。」這已說明了政令刑罰是治理人民所憑藉的工具。八佾篇：「三家者以雍徹。」里仁篇：「能以禮讓爲國乎，何有？」公冶長篇：「禦人以口給，屢憎於人。」這些例句中的「以」，並訓爲「用」。句中的「雍徹」「禮讓」「口給」，都是各個動作所憑藉的工具，述而篇：「舉一隅，不以三隅反，則不復也。」鄉黨篇：「君子不以紺緅飾。」「以」並猶「用」，「

不以」就是「不用」。先進篇：「如或知爾，則何以哉？」他如「何以文爲？」「何以伐爲？」之屬的「何以」之「以」並猶「用」，也都是表所用的介詞。它用在疑問代詞「何」的後面，跟何字結合，構成複合疑問副詞，習用既久，無法再加分析。但譯成白話，必須順說。「何以」要翻成「用甚麼」或「拿甚麼」。這是文言跟白話語法之差別。又子路篇：「雖不吾以，吾其與聞之。」同篇：「以不教民戰，是爲棄之。」衞靈公篇：「君子義以爲質，禮以行之，孫以出之，信以成之，君子哉！」微子篇：「不使大臣怨乎不以。」堯曰篇：「舜亦以命禹。」諸例句中的「以」，所處的位置，雖不盡同，但都是表所用的介詞。並作「用」或「拿」解。孟子梁惠王篇：「殺人以梃與刃」「以」猶「用」，「梃與刃」是詞連用作補詞。是說：「拿梃與刃來殺人。」同篇：「齊人無以仁義與王言者。」「無以」猶言「不用」。滕文公篇：「許子以釜甑爨，以鐵耕乎？」同篇：「招虞人以旌。」離婁篇：「仰而思之，夜以繼日。」萬章篇：「湯使人以幣聘之。」同篇：「其交也以道，其接也以禮，斯孔子受之矣。」同篇：「曰：『敢問招虞人何以。』曰：『以皮冠，庶人以旃，士以旂，大夫以旌。』」告子篇：「大匠誨人，必以規矩；學者亦必以規矩。」盡心篇：「以佚道使民，雖勞不怨；以生道殺民，雖死不怨殺者。」這類例句中的「以」字，同是表所用的介詞。它們的位置，多般用在動詞前作狀語，亦可放在動詞後作補語。但做狀語跟做補語的作用，則有不同。大抵用「以」做狀語時，重點在動詞上。如「以釜甑爨，以鐵耕乎？」重點就在「爨」和「耕」上。若用做補語時，就側重在介詞「以」的賓語上。如「招虞人以旌。」「湯使人以幣聘之。」重點就「旌」和「幣」上。這樣不但述說的重點轉移，連語勢也加强了。不過在翻譯時，需要把倒置在介詞「以」前的賓語，移放在「以」的後面，纔合現代語法。

⑭以：猶「因」。猶「爲」（ㄨㄟˋ）。劉氏辨略：「以既爲用，故可轉爲因也。」按「因」與「爲」同義，連言之曰「因爲」。凡表動作之原因或依據，「以」下爲原因補詞，用「以」字做連繫。「以」卽相當於「因爲」或「爲了」。凡是以原因關係構成的複句，前爲原因小句，後爲後果小句。用「以」做介詞，引進原因補詞，大都放在動詞前，但也有把原因小句後置，句末加「也」，以表示語氣之決定。這就把原因關係構成的複句。變成判斷的繁句了。如：

論語先進篇：「以吾一日長乎爾，無吾以也！」「以」皆「因爲」義。末句的「以」，用在否定句裏，構成倒置賓語的句式。衞靈公篇：「君子不以言擧人，不以人廢言。」孟子公孫丑篇：「君子不以天下儉其親。」「不以」皆是「不爲了」的意思。滕文公篇：「堯以不得舜爲己憂，舜以不得禹皐陶爲己憂。」同篇：「如以利，則枉尋直尺而利，亦可爲與？」離婁篇：「三代之得天下也，以仁；其失天下也，以不仁。」「以」皆「因爲」「爲了」的意思。又離婁篇：「我不意子學古之道，而以餔啜也。」「以」猶「爲了」。這是把原因小句後置，用「以」字表判斷的關係詞。萬章篇：「故說詩者，不以文害辭，不以辭害義。」告子篇：「牛山之木嘗美矣，以其交於大國也，斧斤伐之，可以爲美乎？」同篇：「乃孔子則欲以微罪行，不欲爲苟去。」盡心篇：「柳下惠不以三公易其介。」「以」皆「因爲」義，「不以」猶言「不爲了」。上列諸例句中的「以」字，都是表所因的關係詞。

⑮以：猶「依」。「因」和「依」的詞意本相近。這是由「以」猶「用」，一轉而爲「因」，再轉而爲「依」。「依」卽「依循」「依據」「依照」「案照」「憑藉」之意。展轉引申，義近而微別。這個作介繫詞的「以」字，也是由動詞變來的。如：

論語學而篇：「使民以時。」「以」爲「因依」之意。言依藉農閒之時使民。爲政篇：「生事之以禮，死葬之以禮，祭之以禮。」言生、死、葬、祭，皆依禮行之。八佾篇：「君使臣以禮，臣事君以忠。」「以」爲「依循」之意。憲問篇：「桓公九合諸侯，不以兵車。」「以」爲「依仗」「憑藉」之意。季氏篇：「公山弗擾以費畔。」同篇：「佛肸以中牟畔。」「以」並「依據」「憑藉」之意。孟子梁惠王篇：「斧斤以時入山林。」「以時」猶言「依照時令。」公孫丑篇：「域民不以封疆之界，固國不以山谿之險。」「以」爲「依靠」之意。同篇：「周公使管叔監殷，管叔以殷畔。」「以」爲「依據」之意。離婁篇：「不以規矩，不能成方圓；不以六律，不能正五音。」「以」猶「依」，爲「案照」之意。若訓爲「用」，也是可以的。同篇：「今也欲無敵於天下，而不以仁，是猶執熱而不以濯也。」「以仁」的「以」訓「依」，言「依仁行政」。「以濯」的「以」訓「用」，言「用水濯手。」萬章篇：「孔子進以禮，退以義，得之不得曰有命。」「以」猶「依」言進退皆依循禮義。告子篇：「以禮食，則飢而死；不以禮食，則得食；必以禮乎？」「以」皆「依循」「案照」之意。此類「以」字，均爲表動作之依賴或遵照的關係詞。

⑯以：猶「由」。王氏釋詞：「以，由也。」相當於「打從」二字。爲表所用之名義或資格的關係詞。如：

論語爲政篇：「至於犬馬，皆能有養，不敬，何以別乎？」「以」訓「由」，相當於「從」。「何以別乎？」是說「從那裏分別呢？」「以」「有」亦聲之轉，可以互訓。「何以」也可翻做「何有」。「以」「所」亦可互訓，「何以」翻成「何所」，也是可以的。子路篇：「說之不以道，不說也。」「

以」猶「由」，「道」是喜悅的憑藉。用「以」字做連繫來引進它。是說「你不由正道來討他喜悅，他是不喜歡的。」季氏篇：「不學詩，無以言。」「不學禮，無以立。」「以」皆「由」「從」之意。是說「不學詩，就無從說話。」「不學禮，就無由立身。」

⑰以：猶「於」。當白話「在」字。指動作之所在。表一定範圍內的定著關係。這是由動詞變爲表所在的介詞。如：

論語雍也篇：「君子博學於文，約之以禮。」「以」與「於」爲互文同義，都是表所在的關係詞。言博學在於習文，束身在於習禮。孟子梁惠王篇：「壯者以暇日，修其孝弟忠信。」「以」猶「於」。相當於「在」。爲表時間的定著關係詞。滕文公篇：「以母則不食，以妻則食之；以兄之室則弗居，以於陵則居之。」「以」並猶「於」，都是表動作之所在的關係詞。離婁篇：「君子深造之以道。」「以」猶「於」，是表動作所持循的修爲之道。萬章篇：「吾聞觀近臣，以其所爲主；觀遠臣，以其所主。」「以」猶「於」。是表一定範圍內的定著關係詞。

⑱以：猶「與」。爲表動作共同的或連帶的關係詞，當白話「和」字。「以」「與」古通用，「以」得訓「與」，故「與」亦得訓「以」。（參閱「與」猶「以」條。）如：

論語微子篇：「滔滔者，天下皆是也，而誰以易之？」「以」猶「與」。「言天下皆亂，誰能與變易之？」下文有「丘不與易也」一語，可證「以」和「與」是同義通用的。孟子梁惠王篇：「樂以天下，憂以天下。」「以」並訓「與」，言憂樂與天下同。滕文公篇：「不敢以祭，亦不敢以宴。」「以」並爲「參與」之意。盡心篇：「士未可以言而言，是以言餂之也；可以言而不言，是以不言餂之也。」兩

「可以」之「以」，皆爲「與」義。這類例句中的「以」字，都是表所共的關係詞。

⑲以：猶「及」。猶「與」。劉氏辨略：「以、與古通，與得爲及，故以亦得爲及也。」「以」爲表所及的關係詞，當白話「和」字。又爲「及至」義，作到達講。如：

論語爲政篇：「使民敬忠以勸。」皇疏：「使民行敬及忠及勸三事。」王氏釋詞：「以勸者，而勸也。」究其實，「及」「而」「與」三字，用作關係詞，都可通用。這個「以」字，可以訓「及」，若訓「而」或「與」，也是可以的。堯曰篇：「朕躬有罪，無以萬方。」「以」猶「及」或「與」。「無以萬方」，是說：「不及萬方」，或「與萬方無關」。孟子公孫丑篇：「自耕稼陶漁，以至爲帝。」「以至」猶言「及至」，爲「到達」之意，當白話「直到」的意思。但「以至」和「及至」，雖皆有連類而言及他事之意，只是「及至」略帶有甚至的意味，「以至」猶言「以及」，爲連及餘事的關係詞，並無甚至之意。離婁篇：「則賢不肖之相去，其間不能以寸。」「以寸」猶言「及寸」，「其間不能以寸」，極言相去之微。這個「以」字訓「及」，亦爲到達之意。這類「以」字，也都是由動詞變來的關係詞。

⑳以：猶「而」。用它表示承接關係，和並且相似。在白話裏尚無適當的語詞來翻它，只好仍沿用「以」字，或借用「而」字。文言裏的「以」字，表連接作用，跟「而」字大部分相同。「以」可以連接兩個形容詞，也可連接副詞跟動詞。「而」做連接詞，也有這種功能。只是「以」不能用來表轉接，若是遇到兩個相反的詞或語句，中間只能用「而」來連接，就不能用「以」了。至於用「以」來連接句子，也不像「而」能接句中不同的成分，這是「而」字的一種特別作用。（參閱「而」猶「以」條。）如：

論語雍也篇：「中人以上，可以語上也；中人以下，不可以語上也。」「以上」「以下」，猶言「而上」「而下」。述而篇：「自行束修以上。」「以」猶「而」，和上面的「自」字相應。按辭海人部「以」下云：「用『以』定時、地、數量、品級之程限與範圍，如自今以往，從此以後，由此以東，六十以外，中人以上。」此類語句中的「以」字，都可用「而」代之，以表定時、定位、定量等關係。又述而篇：「五十以學易。」與爲政篇：「五十而知天命」一語，義法相同，「以」和「而」都是定「時、位、數量」的承接關係詞。述而篇：「發憤忘食，樂以忘憂。」「以」是表結果的連詞，和「以至」相當，是表明「忘憂」是「樂」的結果。這「以」字，原是由作「因」解的介詞「以」轉成連詞，多少仍含有這種意思。如「以忘憂」，原是「以之忘憂」的意思。「忘憂」卻是「樂」的結果。「以」可換用「而」，說做「樂而忘憂。」但原句是偏重上一行動，若是改用「而」，也就偏重下一行動了。顏淵篇：「子帥以正，孰敢不正？」「以」字是表目的的連詞，因爲後一行動，是前一行動預期的事。何晏集解，改「以」作「而」。衞靈公篇：「志士仁人，無求生以害仁，有殺身以成仁。」這兩個「以」字的作用，和用「而」字一樣，是在轉變語氣。表示「以」下的行動，爲「以」上的行動的目的，不是表結果的。季氏篇：「隱居以求其志，行義以達其道。」這兩個「以」字，是表示上下兩事有不可分割的連帶關係，和用「而」字作承接詞一樣。在「以」後的行動，是前一行動預期的事。「以」也是表目的的關係詞。子張篇：「君子學以致其道。」「以」也是表目的的連詞。言君子從事學習，其目的在求得一切的道理。這類用「以」做連詞的原句，意思是偏重上一行動，若是改用「而」，不但不表目的，也就偏重在下一行動了。孟子離婁篇：「從耳目之欲，以爲父母辱。」同篇「寇至則先去，以爲民望。」

告子篇：「迎之至敬以有禮。」這三個「以」字，和用「而」字同，並是表果及的關係詞。也是表因果的關係詞。萬章篇：「吾未聞己不正而能正人者也，況辱己以正天下乎？」告子篇：「今之人修其天爵，以要人爵；既得人爵，而棄天爵，則惑之甚者也。」同篇：「秦楚之王悅於利，以罷三軍之師，是三軍之士，樂罷而悅於利也。」這三個複句裏的「而」和「以」相對成文，義實相同，都可以互轉。這類句中的「以」字，都是由介詞轉成的連詞，也都可以用「而」來代替，因爲此類「以」字，都是用在偏正句中，表順接的作用，「而」字也有此功能。無論用「以」用「而」來表示目的或結果，都是文言裏特有的表達法，在白話裏沒有和它恰好相當的連詞。這種句子前後的文意是一貫而下的，中間沒有停頓，卽使句子較長要讀斷，意思仍是貫通的。

綜上所說，「以」猶「與」猶「及」猶「而」這三個關係詞，在用法上也是有差別的。如用「與」字做連繫，則其上下的詞意，除了表示平列或對立，也可以表示動作所共同的或連帶的偏正關係。用「及」字做連繫，則有因此及彼之義，言不但自身如此，而且連及到他方面，有輕重先後之序，主從本末之分。用「而」字做連繫，則其上下的語意，必定是血脈灌注，前後連成一體，而不可分隔的。

㉑以：猶又。猶亦。爲承上之詞，並表示推及之意。白話仍沿用「又」字，或翻做「也」。如：

論語顏淵篇：「一朝之忿，忘其身，以及其親，非惑與？」「以及」猶言「又及」。「以」爲表示前事繼續發展的關係詞。憲問篇：「修己以安人」「以」爲「又」義，又可訓「而」訓「且」，有「而且」、「而又」、「又且」「並且」之意。在文義上「以」是表進層連接的關係詞。如孟子梁惠王篇：「老吾老，以及人之老；幼吾幼，以及人之幼。」趙注訓「以」爲「亦」，「言敬我之老，亦敬人之老；

愛我之幼，亦愛人之幼。」「以」是表類同的關係詞。意思是說，敬老愛幼，是人之天性；由親及疏，是人之常情。特用「以」字，以表類同關係。

㉒以：猶「故」。劉氏辨略：「以得為故者，亦因之轉也。」「以」是表因果關係的連詞。相當於「緣故」之「故」，或「是故」之「故」。如：

論語公冶長篇：「子貢問曰：『孔文子何以謂之文也？』子曰：『敏而好學，不恥下問，是以謂之文也。』」「何以」猶「何故」，「是以」猶言「是故」。憲問篇：「公伯寮愬子路於季孫，子服景伯以告」。皇疏訓「以」為「故」。子張篇：「是以君子惡居下流。」「是以」猶言「是故」。孟子梁惠王篇：「則何以異於教玉人彫琢玉哉？」公孫丑篇：「然而文王由方百里起，是以難也。」盡心篇：「夫子何以知其將見殺也？」凡言「何以」者，皆猶「何故」，意在詢問原因，是據實而求其所以然之故。凡言「是以」者，皆猶「是故」，或「因此」「所以」，意在申述結果，是據事而說明其當然之理。這兩個連絡關係詞，用在複句裏，常前後呼應，自成文理。

㉓以：猶「如」，猶「若」。「如」作「往」解，為表動作的中心詞。「若」作「如果」解，為表假設相連的關係詞。如：

論語憲問篇：「臧武仲以防，求為後於魯。」邢疏：「言自邾如防也。」訓「以」為「如」，應作「往」解。孟子公孫丑篇：「以直養而無害，則塞於天地之間。」同篇：「以予觀於夫子，賢於堯舜遠矣。」兩「以」字，並設詞，是「如果」之意。離婁篇：「教者必以正，以正不行，繼之以怒，則反夷矣。」告子篇：「陶以寡，且不可以為國，況無君子乎！」兩「以」字並為設詞，是「若或」「假如」

之意。

㉔以：猶「則」，猶「即」。當白話「就」字。表承接的關係詞。如：

論語公冶長篇：「回也，聞一以知十；賜也，聞一以知二。」上「以」字訓「則」，當白話「就」字。下「以」字訓「乃」，是「方纔」、「僅此」之意。是說：「顏回聞一就能知十，我端木賜聞一纔能知二。」孟子萬章篇：「尊者賜之，曰：其所取之者，義乎？不義乎？而後受之，以是爲不恭，故弗卻也。」同篇：「無常職而賜於上者，以爲不恭也。」「以是」「以爲」之「以」，並猶「則」。都是表承接的關係詞。告子篇：「公都子不能答，以告孟子。」「以」猶「則」。當白話「就」字。

㉕以：猶「尚」猶「且」。是表進層連接的關係詞。當白話「還」字。如：

論語先進篇：「如其禮樂，以俟君子。」泰伯篇：「三分天下有其二，以服事殷。」兩「以」字，猶「猶」、猶「尚」、猶「且」。或連言「猶尚」「猶且」「尚且」，意思都是一樣。並作「還」字解。

㉖以：猶「所」。或「所以」。「所」當「甚麼」講，是表疑問的代詞。「所以」和「因此」同義，是表因果關係的連詞。如：

論語子路篇：「誦詩三百，授之以政，不達；使於四方，不能專對，雖多，亦奚以爲？」「授之以政」的「以」，訓「與」，言授與此人的政令。「奚以爲」的「以」，訓「所」。「言何所作爲呢？」或說做「有甚麼用處呢？」孟子梁惠王篇：「殺人以梃與刃，有以異乎？曰：『無以異也。』」同篇：「王語暴以好樂，暴未有以對也。」介詞「以」用在「有」「無」後，結合成「有以」「無以」，是「有所以」「無所以」的省文。被省的「所」，含有甚麼的意思。離婁篇：「儲子曰：『王使人瞷夫子，果有以異於人乎？』孟子曰：『何以異於人哉？堯舜與人同耳。』」兩「以」字並訓「所」，也都是用做繫詞。告子篇：「尊賢育才，以彰有德。」「以」猶「所以」，當白話「爲了」。「以彰有德」，是說「爲了表揚有德行的人。」盡心篇：「古之爲關也，將以禦暴；今之爲關也，將以爲暴。」「以」並爲「所以」之義，和「因此」同，也是「爲了」的意思。這兩個複句，「以」字上文的行事，是爲了下文而設的，是前因後果的句子。「以」字自然是表因果關係的連詞。

㉗以：猶「唯」。用在主從複句的從句上面，表示部分相反之意，這是由限制詞轉來的承接詞。當「惟獨」「只有」講。如：

論語衞靈公篇：「吾嘗終日不食，終夜不寢，以思，無益，不如學也。」「以」猶「唯」，是「徒然」「單獨」「只有」之意。「以思、無益」是說：「只有思索，是無益的。」孟子公孫丑篇：「以德行仁者王，王不待大。湯以七十里，文王以百里。」兩「以」字，皆「唯」義。言商湯王只是靠了七十里的地方，周文王只是靠了百里的地方。結果都能以行仁而王天下。

㉘以：爲衡量之詞，與「論」字同義。用在主從句的從句上面，是表直溯事由略帶解釋語意的推證連詞。如：

孟子公孫丑篇：「由周而來，七百有餘歲矣；以其數，則過矣；以其時考之，則可矣。」萬章篇：「子思之不悅也，豈不曰：『以位，則子君也，我臣也，何敢與君友也？以德，則子事我者也，奚可與我友？』」這四個「以」字，把它作表示憑藉關係的「案照」或「依據」講，固然可以。若是把它作表示權衡時間的先後長短之數，和人事的是非得失之理，把「以」字看做「以……而論」的句式，來表示論事的標準，似乎更覺切合。馬氏文通說：「以位以德者，猶云案位案德也。案亦因也。」說亦可行。

㉙以：用作語助詞。如「可以」「不可以」的「以」字，看來像個詞尾，也都可以把它當作語助詞。如：

論語里仁篇：「不可以久處約，不可以長處樂。」皇疏：「言不可久處也。」「以」為語助，故可省。公冶長篇：「舊令尹之政，必以告新令尹。」「以」為語助，無義可訓。微子篇：「子未可以去乎？」孟子離婁篇：「可以取，可以無取，取傷廉；可以與，可以無與，與傷惠。」此類「可以」，皆認可之義「以」為可有可無的語助詞。只是在習慣上，「可以」一詞，已結合成副詞性的複式助動詞，不必把它強行省去。凡言「可以」或「不可以」的「以」，皆可放此為訓。

㉚以：猶「乎」。為句中助詞。如：

孟子告子篇引詩大雅既醉之詩云：「『既醉以酒，既飽以德。』言飽乎仁義也。」後句為孟子釋詩之語，改「以」為「乎」，可見「以」跟「乎」，同是語中助詞。它的作用，只是足字成句，便於上口而已。

加

①加：為增益之詞。以表挹彼注此，或挹此注彼的關係。如：

論語公冶長篇：「我不欲人之加諸我也，吾亦欲無加諸人。」馬融注：「加，陵也。」陵，即陵駕之義。按這兩個「加」字，和衞靈公篇：「己所不欲，勿施於人」裏的「施」字相同，為施設之義。先進篇：「加之以師旅。」劉氏正義：「加、益也。」又孟子梁惠王篇：「言擧此心加諸彼而已。」「加」爲「施設」或「設置」之義。自然是擡此注彼之詞。同篇：「鄰國之民不加少，寡人之民不加多，何也？」焦氏正義：「加多是增多，則加少是增少。」「增少」應是「減少」。因少了再加少，自然是減少之意。同一「加」字，有相對的兩種解釋，這本是訓詁學上反訓之特例。按方言：「苦，快也。」郭注「苦而曰快者，猶以臭爲香，以亂爲治，以徂爲存。」這是二義相反，而一字之中，兼具其義之例。（說見劉師培古書疑義擧例補。）

②加：通「假」。作「假借」解。如：

論語述而篇：「加我數年，五十以學易，可以無大過矣。」「加」作「假」，史記孔子世家作「假我數年。」

可

①可：猶「肯」。說文：「可，肯也。」爲情願之詞，表示內心之認可。是表助動而兼判斷的限制詞。如：

孟子滕文公篇：「百官族人，可謂曰知。」「可」猶「肯」。「曰」猶「謂之」，當白話「說」字。是說：「百官族人，纔肯說他知行喪禮。」同篇：「非其道，則一簞食，不可受於人。」同篇：「簡子曰：『我使掌與女乘，謂王良，良不可。』」兩「可」字，皆情願之意。「不可」卽不肯，也就是不情願。

②可：猶「可以」。爲認定之詞，作「該當」解。用在動詞前，也是表助動而兼判斷的限制詞。如：

論語里仁篇：「不患莫己知，求爲可知也。」雍也篇：「子曰：『雍也，可使南面。』」兩「可」字，並同「可以」，只是可下省了介詞「以」字。都作「該當」講。同篇：「中人以上，可以語上也；中人以下，不可以語上也。」「可以」就是「可」，「可」下不省「以」字。以此推之，凡言「可」或「可以」者，皆認定之詞。若是「可」下加表疑擬的反詰語氣詞「乎」或「哉」，那就把表肯定的「可」變成否定。如「可乎」，意思就是「不可」。「不可乎」意思就是「可」。至於「可」下的「以」，省與不省，則視文句字數之多寡，和語氣緩急之需要與否而定，一任語法之自然，不可絲毫勉强。

③可：猶可能，爲允許之詞。每用在動詞前，以表深許或僅可的兩種意義。如：

論語學而篇：「三年無改於父之道，可謂孝矣。」同篇：「敏於事而愼於言，就有道而正焉，可謂好學也已。」爲政篇：「溫故而知新，可以爲師矣。」孟子離婁篇：「事親若曾子者，可也。」此類「可」字，並爲「可能」義。皆深許之詞。又學而篇：「子貢曰：『貧而無諂，富而無驕，何如？』子曰：『可也。』」這「可也」，猶言未足多。乃僅可之義。雍也篇：「仲弓問子桑伯子。子曰：『可也簡。』」「可也」只是可而未盡善。述而篇：「子曰：『聖人吾不得而見之矣，得見君子者，斯可矣。』」「斯可矣」猶言「也就可以了。」是不得已而求其次的意思。孟子梁惠王篇：「曰：『若寡人者，可以保民乎哉？』曰：『可。』」公孫丑篇：「沈同問燕可伐與？孟子曰：『可。』」這兩句中的上兩「可」字，並猶「能」。句末的「可」字，並是姑應之之詞。同是作允許解的「可」字，意思卻有深淺之別。故解釋字義，必須觀察整句文詞情境，始能得其正解。

④可：猶「能」。爲能願之詞。作「能夠」解。用在動詞前，以表可能。「不可」或「不可以」，猶言「不能」。「不可不」或「不可以不」，猶言「不能不」。皆强勉之詞。如：

論語里仁篇：「父母之年，不可不知也。」公冶長篇：「子曰：『朽木不可雕也，糞土之牆，不可圬也。』」同篇：「子貢曰：『夫子之文章，可得而聞也；夫子之言性與天道，不可得而聞也。』」述而篇：「富而可求也，雖執鞭之士，吾亦爲之；如不可求，從吾所好。」泰伯篇：「士不可以不弘毅，任重而道遠。」孟子公孫丑篇：「可以仕則仕，可以止則止。」離婁篇：「今日我疾作，不可以執弓。」告子篇：「魚，我所欲也；熊掌，亦我所欲也；二者不可得兼，舍魚而取熊掌者也。」上列諸例句中的「可」並訓爲「能」。「可」與「不可」，即「能夠」與「不能夠」，在現代語中，「可能」和「不可能」，已成爲相對的熟語，語意顯明，無煩多說。

⑤可：猶「足」。和「足夠」相當。多用在動詞前，以表充滿之意。如：

論語子罕篇：「後生可畏，焉知來者之不如今也；四十五十，而無聞焉，斯亦不足畏也已。」上言「可畏」，下言「足畏」，「可」與「足」，爲互文同義。都是前附助動詞。孟子梁惠王篇：「五畝之宅，樹之以桑，五十者可以衣帛矣；雞豚狗彘之畜，無失其時，七十者可以食肉矣；百畝之田，勿奪其時，八口之家，可以無飢矣。」與盡心篇：「五畝之宅，樹牆下以桑，匹婦蠶之，則老者足以衣帛矣；五母雞，二母彘，無失其時，老者足以無失肉矣；百畝之田，匹夫耕之，八口之家，足以無飢矣。」文字義法，全然相同，只是後者盡改前者的「可以」爲「足以」，足可證明「可」與「足」的文義是互通的。又離婁篇：「養生不足以當大事，惟送死可以當大事。」萬章篇：「人悅之，好色、富貴，無足以解憂，惟順於父母，可以解憂。」這兩句文字，把「足以」和「可以」，相對成文，它們的意思本是相同的。告子篇：「乃若其情，則可以爲善，乃所謂善也。」上句「乃若」的「乃」訓若，「若」訓順。「情」爲「性」之借字。「可以」猶「足以」。下句的「乃」字，爲繼事之詞，當白話「就是」或「這纔是」。是說：「若順其性，則足以爲善，這纔是我說人性本善的道理。」（說見趙注。）

⑥可：猶「用」。「不可」猶言「不用」。如：

論語先進篇：「所謂大臣者，以道事君，不可則止。」「不可則止。」言不用其道，則當退止。憲問篇：「之三子告，不可。」「不可」謂不用其言。

⑦可：猶「所」。「不可」猶言「無所」。如：

孟子告子篇：「親之過小而怨，是不可磯也。」水激石叫「磯」。「不可磯」猶言「無所激」。即無所容忍之意。朱注：「不可磯，言微激之而遽怒也。」

⑧可：猶「豈」。疑詞，與「何」字同義。當白話「那」字。如：

孟子梁惠王篇：「如不得已，將使卑踰尊，疏踰戚，可不愼與？」「可」猶「豈可」或「何可」。「可不」卽「不可不」之意。「可不愼與？」翻成「豈可不謹愼嗎？」或「何可不謹愼呢？」「那可不謹愼呢？」皆是可以的。

弗

①弗：猶「不」。用在省賓語的動詞前，以表否定，意思比較深切急遽，不像「不」字那樣膚淺直率。

但秦漢以後，漸無分別。說文：「弗，撟也。」撟，即撟拂。是不順意的意思。如：

論語八佾篇：「季氏旅於泰山，子謂冉有曰：『女弗能救與？』」「弗」皇本作「不」。公冶長篇：「子曰：『弗如也，吾與女，弗如也。』」正義：「弗，不之深也。」兩言弗如，乃是深許其不如，有急遽言之之狀。孟子梁惠王篇：「飢者弗食，勞者弗息。」離婁篇：「獲於上有道，不信於友，弗獲於上矣；信於上有道，事親弗悅，弗信於友矣。」盡心篇：「君子之於物也，愛之而弗仁；於民也，仁之而弗親。」「弗」與「不」雖同是放在動詞前來否定動詞。但「弗」表否定的意味，較堅絕，辭氣更急遽，卻是實情。按何休公羊傳注云：「弗，不之深者也。」馬氏文通亦云：「弗者，不之深也。……惟較不字辭氣更遽耳。」他又說：「孟子歷數大人之巍巍者，即遽斷之曰：我得志弗爲也。至以後總言其不足之理，故曰：在彼者，皆我所不爲也。」（原文見盡心篇）可說從何休到馬建忠以來，解釋「弗」「不」二字，沒有甚麼不同。直到近人丁聲樹把古書裏的「弗」「不」的用法，歸納出三條規律：「㈠弗字只用在省去賓語的外動詞之上；內動詞及帶賓語的外動詞之上用不字。㈡弗字只用在省去賓語的介詞之上；帶賓語的介詞之上，只用不字。㈢弗字絕不與狀詞連用。狀詞之上，只用不字。」這是何等精密的區分，我們應該注意的。（文載中研院史語研究所集刊外編第一種）

必

①必：爲果決之詞，表事實之肯定，用在動詞前，把語氣加重。如必須、必要、必定等詞都是。如：

論語學而篇：「雖曰未學，吾必謂之學矣。」雍也篇：「如有復我者，則吾必在汶上矣。」鄉黨篇：「雖疏食菜羹瓜祭，必齊如也。」同篇：「見齊衰者，雖狎必變；見冕者與瞽者，雖褻必以貌。」這都是用「必」在動詞前，表絕對的肯定。用「雖」在上面，有容認的推拓作用，兩相關照，開合動宕，語勢生動自然。還有在平列複句中，各用「必」字在動詞前，表連類肯定的。如鄉黨篇：「齊必變食，居必遷坐。」子路篇：「故君子名之必可言也，言之必可行也。」憲問篇：「仁者必有勇，勇者不必有仁」之屬便是。後句用「必」和「不必」表可否相對的肯定，更覺語氣强勁有力。又憲問篇：「今之成人者，何必然？」「必」是深信不疑之詞，「何」猶「不」，「何必」就是「不必」。「何必然」就是「不必如此」。又「何必」猶言「豈但」「豈獨」，亦是「不必」之意。如憲問篇：「何必高宗，古之人皆然。」是說：「豈但高宗如此，古之人皆是這樣的。」

②必：爲專執之詞，表一意孤行，自以爲是之意。如：

論語子罕篇：「子絕四：毋意、毋必、毋固、毋我。」「必」原爲期其必然之詞，引申爲專執孤行之意。

③必：猶「若」，爲假設之詞，猶言「若或」。用它以表虛擬之情態。如：

論語顏淵篇：「必不得已而去，於斯三者何先？」「必」爲虛擬之設詞，是「假如」之意、子路篇：「不得中行而與之，必也狂狷乎！」這「必」字，亦推設之詞，但不作「假如」解，是「大概」「只好」之意。又子張篇：「人未有自致者也，必也親喪乎！」這「必」字，是有定的推展。作「只有」解。

未

①未：原爲木葉茂盛之稱，今以別義行，相當於「無」或「不」，是表歷程否定的限制詞，爲「沒有過」的意思。如：

論語學而篇：「不好犯上，而好作亂者，未之有也。」「未有」爲「絕無」之詞。是從來不曾有過的意思。荀子正名篇：「無之有也。」與此同義。這「未之有也」的語法，因句中有否定詞「未」字，止詞又是指代詞「之」字，一定要變次，故把「之」倒置在外動詞「有」前。述而篇：「則吾未之有得。」與上句語法相同。子罕篇：「未之思也，夫何遠之有？」上句也是變次的否定句式，下句是疑問句，也把疑代詞「何」調在動詞「有」前。這是古語的習慣用法，已成定律。又陽貨篇：「子曰：『賜也！女聞六言六蔽已乎？』對曰：『未也。』」季氏篇：「陳亢問於伯魚曰：『子亦有異聞乎？』對曰：『未也。』」此兩「未」字並表否定，皆「沒有」之意。古人用「未」字，多與「無」字相當，今人大率用爲「已」之對。如陽貨篇：「其未得之也，患得之；既得之，患失之。」觀此對比複句便知未爲既之否定。

②未：猶「未嘗」。與「不曾」同義。相當於「不曾有」或「沒有過」。意思比單用「未」字表歷程的否定更明顯。如：

論語學而篇：「雖曰未學，吾必謂之學矣。」「未學」猶言「未嘗學。」易言之，就是「不曾學問。」里仁篇：「有能一日用其力於仁矣乎？我未見力不足者。蓋有之矣，我未之見也。」「未見」猶言「未嘗見」。「未之見」猶言「未嘗見之。」這也是否定句，賓語倒置的句式。文言變次，白話則無須變次。公冶長篇：「子路有聞，未之能行，唯恐有聞。」「未」猶「未嘗」，「未之能行」，是「未能行之」的變次。「唯恐有聞」的「有」，是「又」的借字。衞靈公篇：「水火，吾見蹈而死者矣，未見蹈仁而死者也。」「未見」就是「未嘗見」或「不曾見」的意思。句首蒙上省「吾」字。意思是「吾未見」。上句「吾見」的意思就是「吾嘗見」，和下句「吾未見」對照成趣，語意融會貫通。是說：「我曾見過有人赴蹈水火而死的，我卻不曾見過有人行仁而死的。」孟子梁惠王篇：「臣未之聞也。」就是「臣不曾聞之也」的變次。同篇：「暴未有以對也」猶言「暴不曾有以對也。」滕文公篇：「諸侯之禮，吾未之學也；雖然，吾嘗聞之矣。」「未」猶「未嘗」，和下句的「嘗」字相應。「吾未之學也」就是「吾未學之也」的變次。離婁篇：「不失其身，而能事其親者，吾聞之矣；失其身，而能事其親者，吾未之聞也。」這裏的「吾聞之矣」就是「吾嘗聞之矣」「吾」下省「嘗」字，「吾未之聞也」，就是「吾未嘗聞之矣。」因「嘗」字爲語助，故可省。但「嘗」字的文意，仍舊是隱伏在字裏行間的。

③未：猶「不」。「未若」猶「不如」。「未足」猶「不夠」。「未可」猶「不可」。並爲表否定的限制詞。如：

論語學而篇：「未若貧而樂（道），富而好禮者也。」「未若」猶言「不如」，是表比較關係的繫詞。里仁篇：「士志於道，而耻惡衣惡食者，未足與議也。」「未足」猶言「不夠」，是表條件關係的繫詞。子罕篇：「天之未喪斯文也，匡人其如予何？」「未」爲「不欲」之意。孟子滕文公篇：「仲子所食之粟，伯夷之所樹與？抑亦盜跖之所樹與？是未可知也。」「未可知」就是「不可知」。

④未：爲語助詞。如：

論語子張篇：「人未有自致者也，必也親喪乎！」「未」爲語氣助詞。言「人有能自盡其心的，那只有對父母親的喪事，纔能極盡哀痛之情罷！」（說見裴氏集釋）

末

「末」原爲木梢之名。引申爲凡物之梢皆叫末，再轉進爲凡事非根本要務亦叫末。此其通常用法。

①末：猶「無」。是表否定的限制詞。當白話「無」或「沒」。與「蔑、莫、無」，聲近義通。如：

論語子罕篇：「雖欲從之，末由也矣。」「末」猶「無」，爲前附助動詞。「由」與上句的「從」字相應。「末由」猶言「無從」。是說：「我雖想追從他，卻也無從追得上。」憲問篇：「果哉！末之難矣。」「末之難」猶言「無所難」，意思就是「不難」或「沒有難」。是說：「這人果眞把世事忘了，那也沒有甚麼難哩。」衞靈公篇：「子曰：不曰『如之何如之何』者，吾末如之何也已矣。」「末」爲「無法」或「沒法」之意。「末」與「莫、無、蔑」三字，聲義並相通。劉氏正義引春秋繁露執贄篇：「子曰：『人而不曰如之何如之何』者，吾莫如之何也已矣。」這個「末」字，不論它訓「無」訓「莫」，或者訓「蔑」，同是表否定的限制詞，都作「沒法」講。「末如之何」，就是「沒法拿他怎樣」的意思。

②末：猶「勿」。表禁止之意。當「不要」講。如：

論語陽貨篇：「公山弗擾以費畔，召，子欲往。子路不說曰：『末之也矣。』」「末」猶「勿」，與「毋」字同義。表禁止。「末之也矣」，是說：「不要到公山氏那兒去啦！」

正

①正：猶「是」。猶「當」。「正是」和「正當」，爲同意語。用作限制詞，表示行動在時間上的準恰性。當白話「恰是」「恰好」「恰巧」之意。如：

論語述而篇：「子曰：『若聖與仁，則吾豈敢，抑爲之不厭，誨人不倦，則可謂云爾已矣。』公西華曰：『正唯弟子不能學也。』」「正唯」猶言「恰是」。是說：「公西華說：『夫子的學不厭跟教不倦兩事，恰是我們弟子學不到的啊！」

②正：猶「端」。用作限制詞，表示行動的規律性。當白話「端正」二字。如：

論語鄉黨篇：「升車，必正立，執綏。」「正立」即端立不傾邪的意思。

由

①由：猶「從」。猶「自」。用作介繫詞，本是常語。在文言裏，「由、從、自」三字轉注，可以通用。白話只用「從」或「打從」。這是由動詞變來的介繫詞，表行動之起點和方向。如：

論語爲政篇：「觀其所由。」集解：「由，經也；言觀其所經由。」朱注：「由，從也；觀其意之從來。」詞異而義同，都是指行事之動機。雍也篇：「行不由徑。」同篇：「誰能出不由戶？」兩「由」字，並是經從之義。孟子梁惠王篇：「曰：『若寡人者，可以保民乎哉？』曰：『可。』曰：『何由之吾可也？』」這「何由知吾可也」裏的「何」字，是疑問指稱詞作處所補詞，在文言裏一定提置在介詞前，說「何由」，而白話卻要把「由」字放在句首，說「從何處」或「從那裏」的。這是文言和白話語法之差異。又同篇：「禮義由賢者出。」是說：「禮義是從賢人做出來的。」公孫丑篇：「由湯至於武丁，賢聖之君六七作。」同篇：「由百世之後，等百世之王。」同篇：「由周而來，七百有餘歲矣。」「由」皆「自、從」之義。都是表行動之起點。滕文公篇：「水由地中行。」「由」爲歸從之義。言洪水歸從河道流去。同篇：「古之人未嘗不欲仕也，又惡不由其道。」「由」爲遵從之義。言不遵從正道去做官，是他可惡的。離婁篇：「由仁義行。」「由」爲遵從之義。言遵從仁義之正道行事。告子篇：「仁義禮智，非由外鑠我也。」同篇：「他日由鄒之任，見季子；由平陸之齊，不見儲子。」「由」並訓「從」，皆自從之義。此類「由」字，都是表動作之起點，爲表所從之介詞。

②由：猶「因」。是「因爲」「因此」「照這樣」的意思。「由是」和「因此」同義，爲承上起下之過渡語，都是表原因的繫詞。如：

孟子滕文公篇：「惟助爲有公田，由此觀之，雖周亦助也。」「由此」與「因此」同義，爲承上起下之詞。在認定上文文義，下文再加申論時用之。萬章篇：「我豈若處畎畝之中，由是以樂堯舜之道哉！」「由是」猶言「因此」。爲承接詞。告子篇：「由是則生，而有不用也；由是則可以避患，而有不爲也。是故所欲有甚於生者，所惡有甚於死者。」「由是」猶言「因是」「爰是」，今語作「因此」。與下文「是故」二字相應。凡古語中「由此觀之」或「由是……」之屬的語句，對上文是結語，對下文是起詞，實爲承上起下之過渡語。此類「由」字，雖是表事實行爲原因的繫詞，但是它和指稱詞「是」字結合起來，便和單用「由」字訓「因」者有別。「由是」一詞，總是位於後果小句之首，意思是「由於這個緣故」或「爲了這個緣故。」這種用法的「由是」，和「是以」「是故」「以此」「以是」等詞的作用，可說是相同的。

③由：猶「以」猶「因」。表行事之原由。作「原因」「因由」解。如：

論語子罕篇：「雖欲從之，末由也矣。」「末」訓「無」，「末由」就是「無以」「無從」或「無緣」的意思。「由」和「從」字相應。是說「雖欲追從夫子，無緣能及夫子之所立。」孟子梁惠王篇：「何由知吾可也？」趙注：「何以知吾可以保民？」孫疏：「何緣而知吾之德可以安民？」則是趙氏訓「由」爲「以」，孫氏訓「由」爲「緣」。而劉氏辨略，則訓「由」爲「從」。按「由」「從」義本相通，「以、由、緣」爲一聲之轉。故「由」得轉訓爲「以」爲「緣」。「因由」卽「緣由」。「何由」卽「何以」「何從」。若訓爲「何因」「何緣」，也是可以的。因爲「由」字用在句子的這種部位，同是表所因的介詞。

④由：猶「於」。當白話「在」字。是表行動所在的關係詞。如：

論語顏淵篇：「爲仁由己，而由人乎哉？」孔曰：「行仁在己，不在人也。」此明訓「由」爲「在」。孟子告子篇：「果在外、非由內也」「由」義同「在」，與上句「在」字爲變文。並是表所在的介詞。

⑤由：猶「用」。王氏釋詞：「由、以、用，一聲之轉，而語詞之用亦然。」這就是說，這三個字，聲近而義皆可以互轉。如：

論語學而篇：「禮之用，和爲貴。先王之道，斯爲美，小大由之。」邢疏：「由，用也。言每事小大皆用禮。」泰伯篇：「民可使由之，不可使知之。」何解、邢疏，並訓「由」爲用。「言百姓能日用而不能知。」「用」卽「行用」，爲遵從實行之義。孟子公孫丑篇：「夫子加齊之卿相，得行道焉，雖由此霸王不異矣。」趙注：「雖用此臣位，輔君行之，亦不異於古霸王之君矣。」離婁篇引詩大雅假樂之詩云：「不愆不忘，率由舊章。」趙注：「循用故舊文章也。」此兩「由」字，趙氏明訓爲「用」。其實這兩個「由」字，若訓爲「從」，意思則更爲直接而明確。盡心篇：「終身由之，而不知其道者衆也。」趙注：「由，用也。終身用之以爲自然。」此類「由」字，並訓爲「用」，亦兼「行」「從」之義。均是表所用的介詞。

⑥由：猶「行」。「不由」就是「不行」。「行」爲「行事」「行動」之義。如：

論語雍也篇：「誰能出不由戶？何莫由斯道也！」「誰」與「何」相應；「由戶」之「由」訓「從」。「莫由」之「由」訓「行」。孟子公孫丑篇：「隘與不恭，君子不由也。」趙注：「聖人之道，不取於此。」「不取」猶言「不行」。孫疏：「故君子不由用而行之。」「由用」即「行之」之義。滕文公篇：「得志與民由之。」趙氏訓「由」爲「共合」。「共合」即與民共行此道之義。離婁篇：「吾身不能居仁由義，謂之自棄也。」與告子篇：「居仁由義，大人之事備矣」裏的兩個「由」字，皆訓「行」。「居仁由義」即「處仁之安宅，行人之正路。」萬章篇：「惟君子能由是道，出入是門也。」與告子篇：「舍正路而弗由」裏的「能由」「弗由」，即「能行」「不行」之義。

⑦由：與「猶」通。猶「若」。古書多借字，所謂某字與某字通者，即是假借同音之字以爲訓，此爲六書條例之一，亦即古人用字之一法。在論孟中每見借「由」作「猶」者。我們知道「猶」字可以作準判斷句中的準繫詞，和白話「好像」「好比」相當。又可作限制詞用，相當於「還」或「尚」字。因此，「由」既得借爲「猶」，故亦有這兩種用法。

㈠「由」通「猶」，用作準繫詞的句例。如：

孟子梁惠王篇：「民歸之，由水之就下。」「由」通「猶」，爲「若似」之義。當白話「好像」或「好比」。與離婁篇：「民之歸仁也，猶水之就下。」同一義法。只是一用借字，一不用借字。公孫丑篇：「曰：『以齊王，由反手也。』」言王天下若反手之易。同篇：「人役而耻爲役。由弓人而耻爲弓，矢人而耻爲矢也。」離婁篇：「今惡死亡，而樂不仁，是由惡醉而强酒也。」朱注本改「由」作「猶」。同篇：「禹思天下有溺者，由己溺之也；稷思天下有飢者，由己飢之也。」此類文句中的「由」字，並爲「猶」之借字，都是用在準判斷句的主語和謂語之間，或是用在複句的承接小句之上，以表連繫，並含有比較之意。這「由」字翻成「若似」「譬如」「好比」「好像」皆可。

(二)「由」通「猶」。用作限制詞的句例。如：

孟子公孫丑篇：「予雖然，豈舍王哉？王由足用爲善。」「由」爲「猶」之借字，當白話「還」字。離婁篇：「自反而有禮矣，其横逆由是也。」「自反而忠矣，其横逆由是也。」兩「由」字並同「猶」。「由是」猶言「還是如此」。同篇：「舜爲法於天下，可傳於後世，我由未免爲鄉人也。」「由」通「猶」，作「還」字講。言我卻不免還是一個平常的人。告子篇：「由今之道，無變今之俗。」韋昭注：「由，從也。一人行之，人人從之則爲俗。」此說於文義未安。按此「由」字，亦爲「猶」之借字。孫疏說得好：「若猶用今人之不善之道，又不能更今之世俗。」則是明訓「由」爲「猶」，爲「仍舊」「依然」之義。若直訓「由」爲「從」爲「用」，便覺語氣迂曲硬塞了。盡心篇：「見且由不得亟，而況得而臣之乎？」「且由」與下句「而況」相應，「由」應作「猶」，爲「還」「尚」之義。朱注本改「由」作「猶」，是對的。

⑧由由：爲疊字形容詞。表自得之狀態。如：

孟子公孫丑篇：「故由由然與之偕而不自失焉。」萬章篇：「與鄉人處，由由然不忍去也。」這兩句文字，同是評論柳下惠和而不流的自得狀態。趙注：「由由，浩浩之貌」朱注：「由由，自得之貌。」兩者的意思是相同的。按「由」與「油」通，今所「浩然」「油然」，皆「由由」一義之引申。只是「由由」以疊字帶詞尾「然」字來摹狀情態，「浩然」「油然」是以單字帶詞尾「然」字來摹狀情態，形式雖小異，而意思則同。

用

①用：猶「以」。廣韻：「用，以也。」按「以、用」一聲之轉，故可以互訓。表動作之所憑藉。是由動詞轉化而來的關係詞。當白話「拿、憑、用、靠」等字。如：

論語公冶長篇：「焉用佞？」「焉」訓「何」。「用」訓「以」。「焉用」猶言「何以」。「何以」猶言「何爲」。「焉用佞？」猶言「何以佞爲？」同篇：「怨是用希。」「用」訓「以」，「是用」猶言「是以」。卽因此之意。言怨恨他的人因此就少了。子路篇：「上好信，則民莫敢不用情。」「用」訓「以」，言民對上級，不敢不以情實應之。季氏篇：「則將焉用彼相矣？」「焉用」猶言「何以」，言何必以他爲相呢？孟子公孫丑篇：「王由足用爲善。」「足用」猶言「足以」。言王尙足以爲善。滕文公篇：「殺伐用張。」「用」訓「以」。趙注：「以張殺伐之功也。」萬章篇：「用下敬上謂之貴貴，用上敬下謂之尊賢。」兩「用」字，並訓「以」，皆爲表動作所依賴的關係詞。

②用：猶「爲」。「用、以、爲」三字，互相通轉。故「何用」「何以」，亦訓「何爲」。如：

論語學而篇：「禮之用，和爲貴。」「用」卽「爲用」，當「執行」講。子罕篇：「何用不臧。」「何用」猶言「何爲」「何以」。顏淵篇：「子爲政，焉用殺？」「焉用殺」就是「何爲用殺呢？」也可說做「何以殺爲呢？」孟子公孫丑篇：「古之人皆用之，吾何爲獨不然？」「用」作「爲」講，當白話「做」字。是說：「古人皆這樣做，我爲甚麼不這樣做呢？」告子篇：「如使人之所欲，莫甚於生，則凡可以得生者，何不用也？使人之所惡，莫甚於死，則凡可以辟患者，何不爲也？由是則生而有不用也；由是則可以辟患而有不爲也。」在這層遞排列複句中的「用」與「爲」，乃互文同義，「不用」就是「不爲」，爲了避免字面相同，故交互應用，以資變化。

③用：猶「從」。爲依循之義。作「聽從」「順從」講。如：

孟子公孫丑篇：「蚔鼃諫於王而不用。」「用」訓「從」，言齊王不聽從蚔鼃之諫。

立

①立：猶「卽」。「立刻」猶言「卽刻」「立卽」爲同義複語，爲卽時之義。指眼前的短暫時間。是個表時間匆促的限制詞。如：

孟子公孫丑篇：「抑亦立而視其死與？」「立」爲「立刻」「暫時」之義。是說：「還是站在那裏看牠死去呢？」離婁篇：「其涸也，可立而待也。」「立」就是「立刻」。是說：「溝澮乾涸起來，是可以立刻等待的。」

六畫

交

①交：猶「交接」。爲「錯互」之義。如：

孟子滕文公篇：「獸蹄鳥跡之道，交於中國。」「交」卽「交錯」，言鳥獸之跡，交馳於中國。

②交：猶「接」，爲接引之義。如：

孟子萬章篇：「其交也以道，其接也以禮。」「交」與「接」變文同義，連言之曰「交接」或「接交」，爲同義複語。告子篇：「物交物，則引之而去矣。」「交」爲「接交」，是「牽引」之意。

③交：猶「共」猶「俱」。原爲兩者共合之稱，引申爲共同之義。如：

孟子梁惠王篇：「上下交征利，而國危矣。」「交」爲「交互」之詞，卽「交相」「相互」「共同」之意。「交征利」就是「共同爭取財貨」。

共

①共：猶「同」。「共同」爲同義詞，是彼此如一之意。如：

論語子罕篇：「可與共學，未可與適道。」「共學」卽共同學習。劉氏正義：「學者，業之所同，講習切磋，彼此資益，故曰共學。」古曰共學，今曰同學，義實相同。孟子滕文公篇：「自天子達於庶人，三代共之。」「共」即共同，言三年之喪禮，是天下古今貴賤的人們所共同通行的。

亦

「亦」原爲臂腋之腋的古文，今借爲助詞，乃其別義，可作表示範圍、時間、次數等限制詞，但以作承接詞爲主，表兩相須之意。也可用作歎美詞的語氣助詞。

①亦：猶「皆」。廣韻：「亦、猶總也。」是個表範圍的限制詞，爲統括之義。和「總是」「都是」相當。如：

論語爲政篇：「吾與回言終日，不違如愚，退而省其私，亦足以發。」「亦」爲「全」「盡」之義。「亦足以發。」是說：「都可以把我所講的話有所發明。」先進篇：「才不才，亦各言其子也。」「亦」訓「皆」，作「都是」講。是說：「才和不才，說來都是各人自己的兒子啊。」孟子梁惠王篇：「直不百步耳，是亦走也。」「亦」爲「皆」「同」之義。「是亦走也」，是說：「是同樣的逃走啊。」

②亦：猶「乃」。爲「難」詞，有「遲之」之義。是個表時間的限制詞。如：

孟子離婁篇：「樂正子見孟子。孟子曰：『子亦來見我乎？』」「亦來」猶言「乃來」，有難於前來的意思。因樂正子是孟子的學生，他到了齊國，不即早來見，故曰「亦來見」，乃是嫌其拜見之遲暮也。

③亦：猶「尙」。是個表示程度的限制詞。當白話「還」字。如：

孟子滕文公篇：「牲殺器皿，衣服不備，不敢以祭，則不敢以宴，亦不足弔乎？」「亦」猶「尙」。

「亦不足弔乎？」是說：「這還不值得弔慰嗎？」離婁篇：「故爲政者，每人而悅之，日亦不足矣。」「日亦不足。」是說：「日子尚嫌不夠。」全句文字是說：「所以辦理國政的人，要想用私恩使得每個人都喜歡，就是用了一生精力，在時間上還是來不及的。」

④亦：猶「其」。猶「豈」。是表反詰或反推的限制詞。和「大概」「差不多」的意思相當。如：

論語季氏篇：「陳亢問於伯魚曰：子亦有異聞乎？」孟子梁惠王篇：「王曰：叟！不遠千里而來，亦將有以利吾國乎？」兩「亦」字，並猶「其」，同是表反問的猜測語氣。在問話者的意念中，擬其「有異聞」，「有以利吾國。」告子篇：「鄉爲身死而不受，今爲宮室之美爲之，是亦不可以已乎？」「亦」猶「豈」，爲反詰語詞，疑問的成分較重，測度的意味較輕。「是亦不可以已乎？」是說：「這難道是不能罷手嗎？」

⑤亦：猶「也」。爲承上之詞，以表範圍之同一，有兩相須之義。用以表事物之類同關係。它原本是個限制詞，可是用在類同關係的複句中次句裏，以表連繫，並兼判斷作用。相當於白話「也」或「也是」。如：

論語八佾篇：「邦君爲兩君之好，有反坫，管氏亦有反坫。」上句說「有反坫」，故下句說「亦有反坫。」公冶長篇：「子曰：巧言、令色、足恭，左丘明恥之，丘亦恥之。」兩「之」字，爲指代巧言，令色、足恭之人。上言「左丘明恥之」故下言「丘亦恥之。」這兩例，是聯合關係構成的複句，前後兩句的意思相類似，後句應合前句，用「亦」以表類同關係，並兼判斷作用。孟子梁惠王篇：「王立於沼上，顧鴻鴈麋鹿。曰：『賢者亦樂此乎？』」「此」爲指代顧鴻鴈麋鹿之樂。梁惠王本身已享受此樂，故問孟子「賢者亦樂此乎？」「亦樂」是承上之詞，「謂賢者也以此爲樂嗎？」同篇：「武王亦一怒而安天下之民，今王亦一怒而安天下之民。」因上文有「文王一怒而安天下之民」，故於武王言「亦一怒」，今王亦言「亦一怒。」用「亦」字以表類同關係。同篇：「不得而非其上者，非也；爲民上而不與民同樂者，亦非也。樂民之樂者，民亦樂其樂，憂民之憂者，民亦憂其憂。」在此相對關係的複句中，上句言「非」、言「樂」、言「憂」，下句言「亦非」、「亦樂」、「亦憂」。用「亦」字以表「類同」、「相須」之義，將君民好惡相同，憂樂與共之意念，結合成一體。公孫丑篇：「不受於褐寬博，亦不受於萬乘之君。」離婁篇：「舜人也，我亦人也。」此類「亦」字，並爲表聯合關係的連詞，也都含有比較兩事輕重的意味。萬章篇：「象憂亦憂，象喜亦喜」前後句各用亦字，以表兩人心情之相同。同篇：「堯帥天下諸侯北面而朝之，瞽瞍亦北面而朝之。」同篇：「丹朱之不肖，舜之子亦不肖。」告子篇：「魚，我所欲也；熊掌，亦我所欲也。」同篇：「大匠誨人，必以規矩；學者亦必以規矩。」此類「亦」字，也都是表類同關係的連詞。盡心篇：「殺人之父，人亦殺其父；殺人之兄，人亦殺其兄。」此兩「亦」字，也是表上下相聯的類同關係，但並含有對待的因果關係。總觀上列各複句的語法，可說是大致相同的，有下句，必先有上句。也可以說上句是爲下句而設的。這都是說明某些人物，或某些行動，同一趨向，以表明這個人和那個人，這個國家和那個國家，有同樣的情形，因而構成並列句。用「亦」字，以表示後事不殊前事的對待關係。卽是表示在不同的條件下，而行動卻是一樣的，也用「亦」字構成並列句形。這類「亦」字，都兼帶判斷作用，相當於「也」或「也是」。

⑥亦：猶「特」。猶「但」。爲「惟獨」「不過」「祇是」之意。這是由表類同的承接關係，發展而爲

遞進的承接關係。有時常在複句的上句用「雖」「然」「豈」「非惟」「非獨」等詞，以表推托關係，下句用「亦」字呼應，以表轉接關係。如：

論語先進篇：「子曰：何傷也？亦各言其志也已矣。」「亦」義同「祇」，言「祇是各人談談自己的志向罷了。」和上句的「何傷也」相應。子路篇：「雖多，亦奚以爲？」「亦」猶「但」，和上句的「雖」字相應。言「詩雖然讀得多，但又有甚麼用呢？」孟子梁惠王篇：「王何必曰利，亦有仁義而已矣。」趙注訓「亦」爲「惟」。「惟」義同「祇」，是說：「君王何必談利呢？祇有行仁義就行了。」同篇：「如水益深，如火益熱，亦運而已矣。」「亦」義同「祇」。言「人民如置身於水深火熱之中，祇好逃往別國去了。」滕文公篇：「堯舜之治天下，豈無所用其心哉？亦不用於耕耳。」「亦」猶「特」，猶「但」，當白話「祇是」二字。和上句「豈」字相應。是說：「堯舜治理天下，難道沒有地方用他們的心思嗎？祇是不用在耕種上罷了。」離婁篇：「自反而忠矣，其横逆由是也。君子曰：『此亦妄人也已矣。』」「亦」猶「特」，作「祇是」講，是說：「這祇是一個不講道義的妄人罷了。」告子篇：「夫仁，亦在乎熟之而已矣。」是說：「講到仁道，也祇是能夠成熟就是了。」同篇：「奚有於是？亦爲之而已矣。」是說：「這跟形體有甚麼關係呢？祇要肯照着去做就行了。」同章：「然則舉烏獲之任，是亦爲烏獲而已矣。」「亦」爲「特」詞，也是「祇是」之意。與上句然則相應。

⑦亦：猶「也」，爲承上之繫詞，以表未盡之餘義。同時也是表示後事遜於前事的關係詞。如：

論語述而篇：「吾聞君子不黨，君子亦黨乎？」「亦」猶「也」。言「君子也互相隱匿惡事嗎？」子路篇：「言必信，行必果，硜硜然，小人哉！抑亦可以爲次矣。」「抑」爲轉語詞，猶「但」。「抑亦可以」，猶言「但也可以」此乃退一步說法，為僅可之詞，而非極至之義。同篇：「子曰：善人教民七年，亦可以卽戎矣。」憲問篇：「見利思義，見危授命，久要不忘平生之言，亦可以為成人矣。」兩「亦可以」，都是表意有未盡，僅是可以而已。同篇：「子路問成人。子曰：若臧武仲之知，公綽之不欲，卞莊子之勇，冉求之藝，文之以禮樂，亦可以為成人矣。」朱注：「然亦之為言，非其至者，蓋就子路之所可及而語之也。」意思是說，「成人乃聖道之才德渾然，非上列諸善迹可以賅之。而此諸善迹，乃成人之餘事，故言亦可以為成人矣。」凡言亦可以者，大都是僅可而非極至之義。

⑧亦：猶「又」、猶且。「又」和「且」，義本相通，這是由表範圍的限制詞，轉變而為表進層連接的關係詞。亦當白話「又」或「也」字。如：

論語衛靈公篇：「在陳絕糧，從者病，莫能興。子路慍見曰：『君子亦有窮乎？』」「亦」猶「且」，是說：「君子也有這樣的窮困嗎？」孟子梁惠王篇：「河內凶，則移其民於河東，移其粟於河內。河東凶亦然。」「亦」猶「又」。「亦然」猶言「又如此」。當白話「也是這樣」。離婁篇：「禹之行水，行其所無事；如智者亦行其所無事，則智亦大矣」前「亦行」之「亦」，為承上之關係詞，猶「也」。「亦大矣」之「亦」，為表進層連接的關係詞，為「又」「且」之義。告子篇：「曰：『耆秦人之炙，無以異於耆吾炙。夫物則亦有然者也。然則耆炙亦有外與？』」「亦有然」之「亦」，為承上之詞，猶「也」。「亦有外與」之「亦」表進層連接，為「又」「且」之義。告子篇：「既得人爵，而棄其天爵，則惑之甚者也，終亦必亡而已矣。」同篇：「此又與於不仁之甚者也，亦終必亡而已矣。」兩「亦」字，並為「又」「且」之義。表示進層連接，同時也是表因果關係的連詞。翻成白話，還是用「也」字。

⑨亦：猶「如」。猶「若」。爲表假設相連的關係詞。如：

孟子萬章篇：「孟獻子之與此五人者友也，無獻子之家者也。此五人者，亦有獻子之家，則不與之友矣。」這個「亦」字，趙注訓爲「自」，孫疏訓爲「如」，集解訓爲「若」。按「如」「若」義同。「自」爲「苟或」「如果」之義。三家的用詞雖異，而取義則同。意思是說：「這五個人，假如存有孟獻子是個貴族的觀念，那麼獻子也就不肯和他們做朋友了。」

⑩亦：猶「則」。用作承接詞，爲「卽」「就」之義。亦是「也」詞。如：

論語學而篇：「有所不行，知和而和，不以禮節之，亦不可行也。」「亦」訓「則」，當白話「就」字。「亦不可行也」是說「那也就不可行了。」這句文字，上言「有所不行」，下言「亦不可行」，相爲呼應。同篇：「因不失其親，亦可宗也。」「亦可宗」猶言「則可宗」。朱注：「所依者不失其可親之人，則亦可以宗而主之矣。」「亦」上加「則」字，乃古人增字釋經之常例。邢疏：「既能親仁比義，不有所失，則有知人之鑒，故可宗敬也。」訓「亦」爲「故」，於義亦通。爲政篇：「施於有政，是亦爲政。」「亦」訓「則」，爲「就是」之意。是說：「這就是爲政。」雍也篇：「子曰：君子博學於文，約之以禮，亦可以弗畔矣夫！」子罕篇：「四十五十，而無聞焉，斯亦不足畏也已。」先進篇：「弒父與君，亦不從也。」此類「亦」字，並爲「則」義。尤其「亦不從也」裏的「亦」字，語氣堅定强勁，以「則」字代換最宜。因「則」字有必然之義，故朱注言「必不從之。」子路篇：「善人爲邦百年，亦可以勝殘去殺矣。」「亦」爲「則」義，「亦可以」是認定語，非僅可之詞。孟子滕文公篇：「聞君行聖人之政，是亦聖人也。」同章：「子是之學，亦爲不善變矣！」告子篇：「人之可使爲不善，其性亦猶是也。」此類「亦」字並爲「則」義，都是用作承接詞，當白話「就是」或「也是」。

⑪亦：爲表感歎的語氣詞，亦當白話「也」字。如：

論語學而篇：「子曰：『學而時習之，不亦說乎！有朋自遠方來，不亦樂乎！』」兩「乎」字，並含決意於疑詞。「不亦」之「亦」，爲表感歎的語氣助詞。正義云：「言亦者，凡外境適心，則人心說樂。可說、可樂之事非一，此學而時習，有朋自遠方來，亦說樂之事耳，故云亦。」故這個「亦」字，雖是「也」詞，同時也是重申贊美之語氣詞。雍也篇：「居敬而行簡，以臨其民，不亦可乎！」述而篇：「飯疏食飲水，曲肱而枕之，樂亦在其中矣！」兩「亦」字，並爲歎美之語氣詞。泰伯篇：「仁以爲己任，不亦重乎！死而後已，不亦遠乎！」兩「亦」字，既表贊歎語氣，同時並含太甚的意味。子路篇：「如其善而莫之違也，不亦善乎！」子張篇：「夫子之云，不亦宜乎！」此類同一語法中的「亦」，都是表贊歎的語氣詞，和下面的「乎」字相應。

⑫亦：爲語助詞，祇是幫助辭氣，別無作用，白話是不用翻的。如：

論語顏淵篇引詩小雅我行其野之詩云：「誠不以富，亦祇以異。」「亦」爲語助，無義。是說：「實不足以取富，祇足以取異。」憲問篇：「不逆詐，不億不信，抑亦先覺者，是賢乎？」「抑」爲轉語詞，猶但。「亦」爲語助。是說：「不預測人家會騙我，不揣想人家不信任我，但我自然能先發覺，這樣不算是賢人了嗎？」陽貨篇：「子貢曰：『君子亦有惡乎？』」漢石經作「君子有惡乎」，無「亦」字，按這句文字，上無所承，「亦」字乃是語助詞。下文「賜也亦有惡乎」裏的「亦」字，乃是承上之詞。孟子梁惠王篇：「蓋亦反其本矣。」「蓋」通「盍」，「亦」爲語助。下文有「盍反其本矣。」省亦字，可證「亦」爲語助。意思是說：「何不回到王道的根本上去着手呢？」公孫丑篇：「人亦孰不欲富貴？」此「亦」字，亦上無所承，當係語助。是說：「人是那個不想富貴呢？」滕文公篇：「仲子所居之室，伯夷之所築與？抑亦盜跖之所築與？」「抑」爲承轉關係詞。「亦」爲語助。凡言「不亦」「盍亦」「抑亦」之「亦」，並爲語助，無義可訓，祇是在語氣上有調節的作用罷了。

再

①再：猶「重」。引申爲再次之義。表數量之重複，不表多次。段氏注說文云：「凡言二者，對偶之詞；凡言再者，重複之詞；一而又加也。」如：

論語公冶長篇：「季文子三思而後行。子聞之曰：再，斯可矣！」「再」卽「再次」之義。言不必三思，再思卽可。按阮氏校勘記：「唐石經作再思可矣。皇本、高麗本，作再思斯可矣。」因上文有三思字樣，下文的「再」，卽「再思」，「思」是動詞，是蒙上而省的，以不加「思」字爲得。但譯成白話，就必須把所省的詞塡補出來，語意纔完整。又孟子萬章篇：「北面稽首，再拜而不受。」告子篇：「一不朝，則貶其爵；再不朝，則削其地；三不朝，則六師移之。」同章：「初命曰：誅不孝，無易樹子，無以妾爲妻；再命曰：尊賢育才，以彰有德；三命曰：……。」此類「再」字，都是用作限制詞，爲「一而再」的「再」，「再」卽「再次」，意思就是第二次。但數詞表動量，用「再」不用「二」和「兩」。這是文言的句式。「再」在白話裏是表行動的重複，不表動量。表物量的一般用「兩」，不用再。表數量的，自然是用數詞。

危

①危：猶「殆」。猶「險」。按「危」的本義是在高而懼。引申爲可懼之稱。又爲幾將之詞，是將近、差不多的意思。如：

論語季氏篇：「危而不持，顚而不扶，則將焉用彼相矣。」「危」就是「危殆」、「危險」，言幾將遭遇到傾覆之禍災。又孟子梁惠王篇：「上下交征利，而國危矣。」「危」就是「危險」，言擧國上下，互相奪利，那麼這個國家就差不多了。「危」爲將及於難的設想之詞。

②危：猶「正」。爲「嚴正」「正直」之義。如：

論語憲問篇：「邦有道，危言危行；邦無道，危行言孫。」「危言危行」，就是「正言直行」的意思。

各

①各：爲別異之詞。古言「各別」猶今言「個別」。指每一人每一事的本身，是有所不同的。是表數量的指稱詞。如：

論語里仁篇：「人之過也，各於其黨。」是說：「人總是免不了犯過的，但是，各有各的類別。」公冶長篇：「顏淵、季路侍，子曰：『盍各言爾志？』」這個「各」字，是指不同的人，要他們各自談談個別的志願。

合

①合：猶「足」。爲「足夠」「適合」之意。如：

孟子梁惠王篇：「此心之所以合於王者，何也？」趙注：「寡人雖有是心，何能足王也？」意思是說：「這種心理，足夠稱王天下，是甚麼道理呀？」

向

①向：這個「向」字，原作「北向牖」解，如今一般說來，有兩種用法。一是表示動作之趨向，爲連繫處所和方所的關係詞。猶「往」、猶「去」。當白話「往」「朝」「對着」「望着」講。其次是由「往」義，引申而爲已然之詞。用作限制詞，表時間之過去。猶「曩」猶「昔」，相當於「往日」「從前」之意。可是這兩種用法的「向」字，在論孟中多假借「鄉」「嚮」等字爲之。（參閱釋「鄉」條。）

因

①因：猶「依」猶「親」。爲「依靠」和「親近」或「遷就」之意，這是由表動態的限制詞轉變而來的關係詞。如：

論語學而篇：「因不失其親，亦可宗也。」孔曰：「因，親也。言所親不失其親。」朱注：「因，猶依也。言所依者，不失其可親之人。」廣雅釋詁：「因，親也，又依也。」言可依者必可親，義本相通。孟子離婁篇：「爲高必因丘陵，爲下必因川澤。」兩「因」字，並依就之意。是個表憑藉的關係詞，是用來連繫憑藉補詞的。若是把處在賓位的憑藉補詞提前，就變成「必因丘陵而爲高，必因川澤而爲下」的句式。這類「因」字，並爲表所依的關係詞。

②因：猶「由」，猶「以」。用它來表明一件事情發生的因由，是「經由」之「由」之意。並含有「依藉」之「依」的意思。把「因」字放在原因小句或原因補詞的上面，來介進補詞，和用「以」用「由」相同。而用「因」字做連繫所介進的補詞，多數是指人的，但也有指物的。這類「因」字，可以換用「由」字，「以」字，跟「經」字，構成「因……而……」句式。如：

論語堯曰篇：「因民之所利而利之。」「因」爲「依就」「依循」之義。孟子公孫丑篇：「時子因陳子而以告孟子。」「因」爲「依憑」「依藉」之義。相當於「由……介紹。」孫疏訓「因」爲「使」，似不若訓「依」之爲雅馴。滕文公篇：「墨者夷之，因徐辟而求見孟子。」句法與上同。這類例句中的「因」字，並是表所依的關係詞，「而」字並是連絡關係詞。

③因：猶「用」。爲「沿用」「因襲」之意。亦有「依仍」「憑藉」「繼承」「接着」的意思。如：

論語學而篇：「殷因於夏禮，所損益可知也；周因於殷禮，所損益可知也。」邢疏：「殷夏後，因用夏禮；周代殷立，而因用殷禮。」所謂「因用」，就是「沿用」「襲用」，也就是「繼承」「接着」的意思。和依循憑藉之意相近。

④因：猶「仍」。「因仍」爲同義複語，有「重」「再」之意。如：

論語先進篇：「加之以師旅，因之以饑饉。」「因」猶「復」。邢疏：「復因之以饑饉困民。」朱注：「因，仍也。」按「因仍」有「重再」之義，「重再」卽「復加」之義。和「又加」的意思相同。按「因」「仍」二字本互訓，故先進篇：「仍舊貫」之「仍」，朱注卽訓爲「因」。

⑤因：猶「則」。用作繫詞，當白話「就」字。如：

孟子梁惠王篇：「若民，則無恆產，因無恆心。」趙注：「凡民迫於饑寒，則不能守其常善之心。」是趙氏訓「因」爲「則」，與上句「則無」之「則」，爲互文同義，可以交互換用。這是因果關係的複句，上句「無恆產」是因，下句「無恆心」是果，用白話是說：「至於普通人民，就會因爲沒有恆產，也就沒有恆心了。」這也可以說是把表因果關係的詞「則」和「因」倒置了。

在

①在：猶「存」。連言之叫「存在」。說文義證：「在、從土，才聲，本義爲存。」如：

論語學而篇：「父在觀其志，父沒觀其行。」上句「在」字訓「存」，與下句的「沒」字，相對成文。八佾篇：「祭如在，祭神如神在。」與里仁篇：「父母在不遠遊」裏的諸「在」字，並爲「存」義。又先進篇：「有父兄在」的「在」字，和泰伯篇：「則有司存」的「存」字，義實相同。又先進篇：「子在，回何敢死？」「在」和「死」，詞性相對。古稱未死叫「在」，又叫「存」，義則相同。上例各「在」字，並爲存在之義，這是「在」字用作動詞的一般情形。這裏不必多說。

②在：由「居」。爲表所存的介詞。如：

論語子罕篇：「瞻之在前，忽焉在後。」顏淵篇：「在邦無怨，在家無怨。」憲問篇：「不在其位，不謀其政。」季氏篇：「且在邦域之中矣。」孟子公孫丑篇：「賢者在位，能者在職。」離婁篇：「是以惟仁者，宜在高位，不仁而在高位，是播其惡於衆也。」萬章篇：「在官者同祿。」同篇：「在國曰市井之臣，在野曰草莽之臣。」告子篇：「激而行之，可使在山。」同篇：「彼將曰：『在位故也；』子亦曰：『在位故也』」之類的「在」字，都是表居處之所在而言。並作居講。

③在：猶「當」。是承當的意思。如：

論語堯曰篇：「堯曰：『咨！爾舜！天之曆數在爾躬。』」「在」訓「當」。邢疏：「言天位之列次，當在女身。」同章：「萬方有罪，罪在朕躬。」墨子兼愛下篇作「萬方有罪，罪當朕身。」這已說明了「在」字可以換用「當」字。同章：「百姓有過，在予一人。」邢疏：「言不教百姓，使有罪過，當在我一人之化不至也。」孟子梁惠王篇：「四方有罪無罪，惟我在。」言四方人民有罪沒有罪，只是由我負責承當。也就是罪當在我之意。

④在：猶「由」。「由」可訓「在」，故「在」亦得訓「由」。用作連繫處所的關係詞。當白話「自從」「打從」之意。如：

論語顏淵篇：「死生有命，富貴在天。」是說：「死生命中註定，富貴由天安排」。季氏篇：「天下有道，則政不在大夫。」孔曰：「制之由君。」言政不由大夫出。這個「在」字，和上文「自天子出」，「自諸侯出」的「自」字同義。並作「由」字講。孟子滕文公篇：「是在世子。」「是誠在我。」離婁篇：「人之患，在好爲人師。」告子篇：「所敬在此，所長在彼，果在外，非由內也。」「在」並爲由義。同章：「冬日則飲湯，夏日則飲水，然則飲食亦在外也？」上列諸「在」字，並與「由」同義，都是表所從的關係詞。（參閱「由」猶「於」條。）

⑤在：猶「於」。「於」字用作動詞，有「在」字的意思；「在」字用作動詞，亦有「於」字的意思。這都是由動詞變來的關係詞。用它來連繫時間及處所補詞的。（參閱「於」猶「在」條。）

論語公冶長篇：「雖在縲絏之中，非其罪也。」「在」爲「陷於」之義。述而篇：「子在齊聞韶，三月不知肉味。」子罕篇：「子在川上曰：逝者如斯夫！」「在」並爲「於」義。鄉黨篇：「其在宗廟朝廷」裏的「在」字，和上文「孔子於鄉黨」裏的「於」字同義。這兩句的語法也相同。衞靈公篇：「在陳絕糧」同篇：「在輿，則見其倚於衡也。」兩「在」字，並猶「於」。季氏篇：「吾恐季孫之憂，不在顓臾，而在蕭牆之內也。」唐石經、高麗本，「在」下有「於」字，作「不在於顓臾。」同篇：「孔子曰：『君子有三戒：少之時，血氣未定，戒之在色；及其壯也，血氣方剛，戒之在鬥；及其老也，血氣既衰，戒之在得。』」子張篇：「子貢曰：『文武之道，未墜於地，在人。』」「在」並與「於」同義。孟子滕文公篇：「此其大略也，若夫潤澤之，則在君與子矣。」同篇：「志士不忘在溝壑，勇士不忘喪其元。」離婁篇：「殷鑒不遠，在夏后之世也。」這類語句中的「在」字，都與用「於」字同。「在於」二字常連用，一般都是用它來作介進處所、方位、地位的關係詞。

⑥在：爲不求而自得之順詞。有當然、自然存在的意思。如：

論語爲政篇：「言寡尤，行寡悔，祿在其中矣。」朱注：「凡言在其中，皆不求而自至之辭。」竹氏會箋：「凡言在其中者，論語中更有直在其中，樂在其中、仁在其中等語，……莫非如此，必然如此之順辭。如行善而蒙天祐，施惠而來人悅之類。獨餒在其中，爲如此卻不如此之反辭。爲行善而罹天禍，施惠而來人怨之義。必不然也。祿在其中等語，本不可引餒在其中以爲證。」如衞靈公篇：「耕也餒在其中矣」裏的「在」字，爲本爲如此而反得彼之詞。竹氏會箋：「如耕本要飽，然時焉而有水旱凶荒之變，有占田沒地之厄，則或有不免飢餓之憂。此耕也，餒在其中也。」此說最爲貼切精審。按論語凡言在其中者，除此條「餒在其中」外，其他皆爲理所當然，不求而自得之順詞。而語類謂「論語凡言在其中，皆是與那事相背。」這乃是以偏賅全的說法，與實際情理不符。古人運用語文之心意，必須切己體察，深思以求其故，乃得正解。

⑦在：爲語助，無義可訓。如：

孟子梁惠王篇：「惡在其爲民父母也？」朱注：「惡在，猶言何在也。」這只是訓「惡」爲「何」，沒訓「在」字。意謂「惡在」猶言「何以」，當白話「怎麼」或「爲甚麼」的疑問語氣。告子篇：「惡在其敬叔父也？」句法與上同。這個用在句首的「惡在」的「在」，當爲語助。和盡心篇：「居惡在，仁是也；路惡在，義是也」裏的用在句末的「惡在」意思不同。這兩個「在」字，指處所言。「惡在」猶言「何處。」當白話「那裏」講。

如

「如」之本義爲「從」。引申爲凡物相似曰「如」。又凡有所往者曰「如」。皆從、隨之引申義。今多借用爲連詞。

①如：猶「若」。用作連繫詞，有若或、若似、若此三義。

㈠「如」爲「若或」之義。「若或」就是「設如」的意思。表假設以起下文。和「苟」與「若」同義。當白話「如果」「假使」「要是」之意。如：

論語雍也篇：「如有復我者，則吾必在汶上矣」。同篇：「如有博施於民，而能濟衆，何如？」「如」猶「如或」「若或」，都是放在假設小句之首，以表假設關係。述而篇：「居則曰：不吾知也，如或知爾，則何以哉？」這裏的「如或」，意思就是「如有」，「或」與「有」相通，是可以換用的。同篇：「富而可求也，雖執鞭之士，吾亦爲之；如不可求，從吾所好。」這句中的「而」和「如」，並爲設詞「若或」之義。先進篇：「如用之，則吾從先進。」「如」爲設詞「如果」之義。顏淵篇：「如殺無道，以就有道，何如？」陽貨篇：「如有用我者，吾其爲東周乎？」同篇：「子如不言，則小子何述焉？」子張篇：「如得其情，則哀矜而勿喜。」孟子梁惠王篇：「王如知此，則無望民之多於鄰國也。」同篇：「如有不嗜殺人者，則天下之民，皆引領而望之矣。」同篇：「王如善之，則何爲不行？」公孫丑篇：「如惡之，莫如貴德而尊士。」滕文公篇：「如必自爲而後用之，是率天下而路也。」同篇：「子如通之，則梓匠輪輿，皆得食於子。」同篇：「如知其非義，斯速已矣。」離婁篇：「非仁無爲也，非禮無行也，如有一朝之患，則君子不患矣。」這類複句，都是用假設關係構成的。一定在前面先提出一件事項，後面隨卽申述其結果。上句用「如」字推設，下句用「則」字承接，語法之推托與轉換極其敏活自然。

㈡「如」爲「若似」之義。「若似」猶言「似乎如此」，「彷彿如此。」當白話「像」「好像」「像…似的」

，為表比喻相連的關係詞，非實然之詞。這在修辭學上叫「明喻法」，常用如、若等語詞來表示。如：

論語為政篇：「吾與回言終日，不違如愚。」八佾篇：「祭如在，祭神如神在。子曰：『吾不與祭，如不祭。』」泰伯篇：「學如不及，猶恐失之。」顏淵篇：「出門如見大賓，使民如承大祭。」衞靈公篇：「邦有道如矢，邦無道如矢。」季氏篇：「見善如不及，見不善如探湯。」「如」並為「若似」之義，相當於「比如」。子張篇：「君子之過也，如日月之食焉。」與孟子公孫丑篇：「古之君子，其過也，如日月之食。」義法相同。離婁篇：「君之視臣如手足，則臣視君如腹心。」萬章篇：「思與鄉人處，如以朝衣朝冠坐於塗炭也。」盡心篇：「有如時雨之化者。」同篇：「聖人之治天下，使有菽粟如水火。」此類用作比況相連的「如」字，不是置於句中，就是放在複句的次句之首。「如」字上面是敍述一件事項，下面乃是該事項的決定語。也就是比況語。

㈢「如是」與「如此」同，為「若此」之義。是總結上文的關係詞。如：

論語子路篇：「上好禮，則民莫敢不敬；上好義，則民莫敢不服；上好信，則民莫敢不用情。夫如是，則四方之民，襁負其子而至矣。」子張篇：「紂之不善，不如是之甚也。」孟子滕文公篇：「晉國亦仕國也，未嘗聞仕如此其急。」離婁篇：「去三年不反，然後收其田里，此之謂三有禮焉。如此則為之服矣。」同篇：「君子曰：『此亦妄人也已矣。如此，則與禽獸奚擇哉！』」「如此」與「如是」同義，並為若此之義。當白話「像這樣」的意思。「如此」上面為敍事句子，下面為論斷語。

②如：猶若。猶比。為譬如之詞，亦表比喻相連，與上面所舉的「若似」之詞，義近而有別。如：

論語為政篇：「為政以德，譬如北辰。」「如」與「比」和「若」同義。故譬如、譬比、譬若，均爲同義複詞。如子罕篇：「譬如爲山。」與孟子盡心篇：「有爲者，譬若掘井」裏「譬如」跟「譬若」

並爲譬比之義。祇是「譬如爲山」句上省了主語「爲學」字樣。這類「如」字的用法是表等比相連，因前一事項的本身，從正面說，反使人不易通曉，後面乃擧一眼前常見的簡易事項作譬，便能使人一目了然。

③如：猶此，猶乃。用它指代某種事理，兼有繫詞作用。如：

論語憲問篇：「子曰：『桓公九合諸侯，不以兵車，管仲之力也。如其仁，如其仁。』」孔注：「誰如管仲之仁？」加誰以釋之。猶言「何如其仁？」就是說：「那個及得上管仲之仁。」此說於義雖可通而未盡善。而劉氏辨略從孔注，訓「如」爲何，「何」卽誰何。唯王氏釋詞訓「如」爲乃，「如其仁」猶言乃其仁。「乃」卽「乃是」之義，指代某種事理，並兼繫詞作用，以表決定語氣。猶言「此乃其仁。」意思是說：「這就是他的仁了。」此說較舊注爲勝。又孟子滕文公篇：「孔子奚取焉？取非其招不往也。如不待招而往，何哉？」同章：「比而得禽獸，雖若丘陵，弗爲也。如枉道而從彼，何也？」這兩個「如」字，舊注並訓爲如何。若訓「此」或「乃」，用作繼前事而申後事之詞，似較舊注訓「如何」爲愜洽。

④如：猶及。這是由外動詞轉變而爲準繫詞。前面每用副詞性的否定詞「不、弗、勿、莫」等字，用在比較關係的文句中，以表兩件事項的比較連係。「如」與「及」同義，「如」是「夠得上」的意思。「不如」猶言「不及」，也就是「夠不上」的意思。如：

論語學而篇：「無友不如己者。」公冶長篇：「子曰：『弗如也，吾與女，弗如也。』」「不如」

與「弗如」同義。是兩相比較高下的關係詞。雍也篇：「知之者，不如好之者；好之者，不如樂之者。」兩「不如」，均表進層連接，勉人由知而好，由好而樂，有循序漸進，前後比較的關係。子路篇：「樊遲請學稼。子曰：『吾不如老農。』請學爲圃。子曰：『吾不如老圃。』」此兩「不如」，非實際語，乃避不作答的代替語。衞靈公篇：「以思，無益，不如學也。」此「不如」，爲「思」和「學」的比較之詞。孟子公孫丑篇：「孟施舍之守氣，又不如曾子之守約也。」同篇：「雖有智慧，不如乘勢；雖有鎡基，不如待時。」此類「不如」，都是比較兩種事項輕重高下之詞。同篇：「天時不如地利，地利不如人和。」此兩「不如」，亦是表進層連接和前後比較的關係詞。同篇：「朝廷莫如爵，鄉黨莫如齒，輔世長民莫如德。」這個「莫如」，雖然有比較不及的意思，但後者可算是前者的條件，我們也可說它是條件關係詞。盡心篇：「仁言不如仁聲之入人深也。善政不如善敎之得民也。」此兩「不如」，雖作「不及」講，但側重在兩相比較。總上所說，用「不如」作關係詞，有相對的比較和逆差的比較兩種不同意義。

⑤如：猶「將」。亦是用作準繫詞，是擬而未定之詞。爲「欲要」「該當」的意思。如：

論語子路篇：「不能正其身，如正人何？」「如」猶「將」。言將何以正人呢？是說：「若不能使自身歸正，將要怎樣去正人呢？」孟子公孫丑篇：「寡人如就見者也，有寒疾，不可以風。」「如」猶「將」。爲應該之意。是說：「寡人本應該前來見夫子的，因爲生了怕冷的病，不可受風，所以不能前來。」

⑥如：猶「若」。爲連及之詞，表或然之義。亦是連繫上文的準繫詞。當白話「或者」二字。如：

論語先進篇：「安見方六七十，如五六十，而非邦也哉？」朱注：「如，猶或也。」言「或者五六十。」表未定之義。同章：「宗廟之事，如會同，端章甫，願爲小相焉。」「如」爲或然之詞。其功用和「與」「及」之類的繫詞相同。故劉氏辨略，謂「如讀爲若，及也。」王氏釋詞：「如，猶與也。」

⑦如：猶「若」。猶「奈」。「如何」「若何」「奈何」，皆是難之之詞。含有處置疑難而難於解決之意，並帶有請教的意味。「如何」、「如之何」，「若何」、「若之何」，和「奈何」、「奈之何」，均同義。並是無可如何之義。當白話「怎樣」「怎麼辦」或「爲甚麼這樣」的意思。如：

論語八佾篇：「人而不仁，如禮何？人而不仁，如樂何？」邢疏：「如、奈也。」「如禮何」，「如樂何」，猶言「奈禮何」「奈樂何。」言必不能行禮作樂。是說：「一個人如果沒有仁心，徒有禮儀，又將怎麼辦呢？一個人，如果沒仁心，徒有音樂，又將怎麼辦呢？」里仁篇：「不能以禮讓爲國，如禮何？」「如禮何」猶言「奈禮何」。是說：「徒有禮儀虛文，又將怎麼辦呢？」述而篇：「子曰：『天生德於予，桓魋其如予何？』」「如予何」猶言「奈我何。」言其必不能違天害我。子罕篇：「天之未喪斯文也，匡人其如予何？」和上例義法相同。先進篇：「子曰：有父兄在，如之何其聞斯行之？」此「如之何」是責難之詞，作「怎麼」講。「之」是指父兄的稱代詞。是說：「有父兄在上，怎麼可以一聽到就去做呢？」憲問篇：「公伯寮其如命何？」這個「如……何」，當「怎樣」講。是說：「公伯寮又能怎樣天命呢？」衞靈公篇：「不曰如之何，如之何者，吾末如之何也已矣。」邢疏：「如，奈也。不曰如之何猶言不曰奈是何。」重言如之何者，朱注謂「熟思審處之辭。」是表難之之義。下句「吾末如之何」，猶言「吾亦無奈之何」，是表絕望之義。又孟子梁惠王篇：「君如彼何哉？」同篇：「昔者病，今日愈，如之何不弔？」滕文公篇：「一薛居州，獨如宋王何？」萬章篇：「殷受夏，周受殷，所不辭也。於今爲烈，如之何其受之！」此類「如……何」，皆「奈……何」的意思，都是責難之辭，並當「怎麼辦」講。至於論語爲政篇：「季康子問：『使民敬忠以勸，如之何？』」八佾篇：「定公問：『君使臣，臣事君，如之何？』」孟子梁惠王篇：「滕文公問曰：『滕、小國也，竭力以事大國，則不得免焉，如之何則可？』」盡心篇：「然則舜如之何？」此類「如之何」，只是詢問其應該如何，是詢問辦法的，它代替了動詞。猶言怎麼辦呢？皆請教之詞，是遇事不知所措，而向人詢求良策之意。而論語先進篇：「魯人爲長府，閔子騫曰：『仍舊貫，如之何？何必改作！』」此「如之何」，不敢直言其非，故作商量之詞。顏淵篇：「哀公問於有若曰：『年饑，用不足，如之何？』有若對曰：『盍徹乎？』曰：『二吾猶不足，如之何其徹也？』」此兩「如之何」，同是出自哀公之口，上「如之何」，爲請教之詞；下「如之何」，爲非難之詞。又孟子梁惠王篇：「孟子謂齊宣王曰：『王之臣，有託其妻子於其友，而之楚遊者，比其反也，則凍餒其妻子，則如之何？』王曰：『棄之。』曰：『士師不能治事，則如之何？』王曰：『已之。』」此兩「如之何」，皆請教之詞，意思是怎麼辦。凡是用作請教的「如之何」，其下必有答語。其他作責難之詞的「如之何」，雖帶詢問辦法的語氣。但非眞性詢問，是不須要回答的。至於「如之何」一詞，是把「如何」拆開，中間插入指代詞「之」字構成的。但有時是直接插入一個名詞的，構成「拿……怎麼樣」的句式。它的意思，是隨著語法之變化，和部位之轉移，而有所不同。若是固執一解，那就不通了。

⑧如：猶「爲」（ㄨㄟˋ）。「何如」猶言「何爲」。作「爲甚麼」講。如：

論語公冶長篇：「何如其治也？」與雍也篇：「何爲其然也？」句例相同。「何如」與「何爲」同義，按「如」與「而」，古通用。「而」得訓「爲」，故「如」亦得訓「爲」。如憲問篇：「奚而不喪」之「奚而」，卽「何爲」之義，也是「何如」之義。

⑨如：猶「是」。「如其」猶「是其」，爲「非其」之對文。「如其」又爲推設之詞，與此義別。如：

孟子滕文公篇：「非其道，則一簞食，不可受於人；如其道，則舜受堯之天下，不以爲泰。」「如」訓「是」和首句的「非」字，詞義相對。又論語先進篇：「方六七十，如五六十，求也爲之，比及三年，可使足民；如其禮樂，以俟君子。」這個「如其」，是推設之詞，和「至於」同義。是將「如」和「其」結合成爲一體的繫詞，要連讀，不能讀斷。上面「如其道」的「如」字，要和其字讀斷，不能連讀，這種差別，讀起來，纔能明白。

⑩如：猶「卽」。當白話「就是」二字。用在先後相繼承的複句的次句之首，以表連繫。如：

孟子告子篇：「今有無名之指，屈而不信，非疾痛害事也；如有能信之者，則不遠秦楚之路，爲指之不若人也。」兩「信」字，並與「伸」通。「如」猶「卽」。相當於「就是」或「若或」之意。

⑪如：猶「雖」。爲虛設以起下文之關係詞。用在先虛擬事實，然後引起下文，轉入正義的句子裏。當白話「設使」「假如」之意。如：

論語泰伯篇：「如有周公之才之美，使驕且吝，其餘不足觀也已。」孟子離婁篇：「子思曰：『如伋去，君誰與守？』」「如」卽是「如使」「設如」之義。告子篇：「如使人之所欲，莫甚於生，則凡可以得生者，何不用也？」盡心篇：「附之以韓魏之家，如其自視欿然，則過人遠矣。」此類「如有」

「如使」「如其」猶言「雖有」「雖使」「雖其」，並爲「設使」「假如」之義。用「如」和「若」等設詞多是表條件的。用在主語前，正意在下面承接句，這也是構成偏正複句的關係詞。

⑫如：猶「然」。猶「似」。做描寫句中形容詞的詞尾，它的後面多用「也」作歇語詞。它是描摹情態或聲音色素的語助。和白話「似的」「差不多」「的樣子」相當。這類詞尾常用的是「如」和「然」，其次的是「若」和「爾」，用「焉」的不多見。如：

論語八佾篇：「子語魯太師樂，曰：『樂其可知也。始作，翕如也；從之，純如也，皦如也，繹如也，以成。』」「如」字皆係摹聲詞的語助。鄉黨篇：「孔子於鄉黨，恂恂如也，似不能言者。」同篇：「朝，與下大夫言，侃侃如也。與上大夫言，誾誾如也。君在，踧踖如也，與與如也。」在鄉黨篇中凡言甚麼「如也」的「如」，都是重疊形容詞的詞尾，同時也都是摹擬情態詞的語助。當口語「似的」或「的樣子」。又先進篇：「閔子侍側，誾誾如也；子路，行行如也；冉有、子貢，侃侃如也。」子路篇：「君子於其所不知，蓋闕如也。」孟子滕文公篇：「孔子三月無君，則皇皇如也。」盡心篇：「霸者之民，驩虞如也；王者之民，皡皡如也。」此類「如」字，用在作表語的形容詞後面，此類形容詞有單音和複音兩種，複音詞又可分重疊和聯合兩式，作詞尾的「如」，雖是語末助詞，亦均含有本來如此之義。皆指其容態如此。用在形容詞或疊字形容詞之後，成爲帶詞尾的衍聲複詞。和文言裏「甚麼貌」相當，翻成白話，大都用「的樣子」或「甚麼似的」。

多

「多」爲二夕相加之形，故其本義作「重」解。爲累加之意。

①多：猶「大多」。本爲增益之義，引申爲强半之詞。是「多半」「大多」之意。如：

孟子梁惠王篇：「諸侯多謀伐寡人者，何以待之？」告子篇：「富歲，子弟多賴；凶歲，子弟多暴。」這類「多」字，義近於頗，猶今言「頗多」。言其不在少數。是表數量的形容詞

②多：猶「自負」。爲自命不凡，深自期許之意。如：

論語子罕篇：「吾少也賤，故多能鄙事。君子多乎哉？不多也。」「君子多乎哉？不多也。」句中的兩個「多」字，是從首句「多能」引起的。以表明君子不以「多能」而「自多」的意思。「自多」即是「自大」「自負」之意。言君子不以多能自負。

③多：猶「祇」猶「適」。和白話「祇是」同義。是表態的限制詞。如：

論語子張篇：「人雖欲自絕，其何傷於日月乎？多見其不知量也。」「多」爲「祇是」之意。是說「祇是顯得他不知量力啊。」

安

①安：猶「焉」。作疑問指代詞，可以表事物處所的詢問，與「焉、惡、豈、何」等字的功用相同。論孟以用「焉」字最普遍，「安」字最少用。當白話「怎麼」講。如：

論語先進篇：「安見方六七十，如五六十，而非邦也哉？」「安」猶「焉」。古語「安」「焉」二字通用。當白話「怎麼」講。是說：「怎麼見得六七十方里，或是五六十方里，就不算是國家呢？」

夷

①夷：通「彝」。訓「常」。爲常道之代稱詞。如：

孟子告子篇引詩大雅烝民之詩云：「民之秉夷，好是懿德。」「夷」詩本作彝，訓爲「常」。是說：「人民所秉執的常性，都是喜歡美好的德行。」

②夷：爲蹲踞之詞，「夷俟」即坐待之義。如：

論語憲問篇：「原壤夷俟。」自來注家，訓「夷俟」爲蹲踞以待，即違背禮俗，箕踞坐待之意。

③夷：猶「及」。爲推及他事之發語詞。和「於是」或「可是」相當。如：

孟子盡心篇：「其志嘐嘐然。曰：古之人，古之人，夷考其行，而不掩焉者也。」趙氏訓「夷」爲「平」，於文義未洽。此「夷」字，應爲承上文之發語詞。「夷考其行」猶言「及考其所爲。」按章太炎文錄續編：「夷正借爲焉字。焉，於是也。言於是考其行也。」於文義亦愜洽。

次

「次」本作「不前不精」解。不前，謂逗留不進而不得居先，不精、謂粗疎難稱至上。

①次：爲「其次」。是等而下之之詞。凡事依序排比，不居前而居後之謂次。如：

論語憲問篇：「賢者辟世，其次辟地，其次辟色，其次辟言。」季氏篇：「生而知之者，上也；學而知之者，次也；困而學之，又其次也；困而不學，民斯爲下矣。」孟子公孫丑篇：「既曰：志至焉，氣次焉。」離婁篇：「故善戰者，服上刑；連諸侯者，次之；辟草萊，任土地者，又次之。」萬章篇：「大國地方百里，……次國地方七十里。」盡心篇：「民爲貴，社稷次之，君爲輕。」此類「次」字，用在敍事句中，均爲表層次由上而下，逐層遞降之詞。表等而下之之意。

②次：原爲舍止之所，如「旅次」「行次」是。引申爲居處不寧之意。如：

論語里仁篇：「造次必於是，顛沛必於是。」「次」爲居止之所，「造次」爲「居處不寧」之意，係「從容暇豫」之對文。馬注：「造次，急遽。」鄭注：「造次，倉卒。」朱注：「造次，急遽苟且。」詞異而義同。

有

①有：爲「無」之對文，此爲通常用法，不必多談。現在祇略述「有」字在虛實方面的不同用法。如：

論語公冶長篇：「子謂子產，有君子之道四焉。」述而篇：「三人行，必有我師焉。」這兩個「有」字，爲實有之詞，里仁篇：「蓋有之矣，我未之見也。」雍也篇：「如有復我者，則吾必在汶上矣。」這兩個「有」字，爲設有之詞，虛而不實。泰伯篇：「無而爲有」之「有」，爲虛無之詞，卻非實有之詞。又雍也篇：「有澹臺滅明者。」與述而篇：「唯我與爾有是夫！」爲知見中確有其人之詞。同是一個「有無」的「有」，而有諸多不同的意境，必須要注意。

②有：爲撫有擁有之詞，作「得到」講。如：

論語泰伯篇：「巍巍乎！舜禹之有天下也，而不與焉。」同篇：「三分天下有其二，以服事殷。」

顏淵篇：「舜有天下，選於衆，舉皐陶，不仁者遠矣；湯有天下，選於衆，舉伊尹，不仁者遠矣。」此類「有」字，是「撫有」「擁有」之義。所謂「有天下」，是得到天下人民擁戴之意。

③有：猶「得」，當白話「得了」二字。如：

論語雍也篇：「曰：亡之，命矣夫！斯人也，而有斯疾也！斯人也，而有斯疾也！」這兩個「有」字，是不應有而有之詞。是說：「像這樣的人，居然得了這樣的惡疾。」泰伯篇：「曾子有疾」言曾子得了病。這兩「有」字，可翻「得」，也可以翻做「生」。又泰伯篇：「舜有臣五人，而天下治。武王曰：『予有亂臣十人』」裏的兩個「有」字，是求而得之之義。而上面所舉的「有天下」之「有」，是不求而得之之義。也都能翻做「得」。孟子公孫丑篇：「子夏、子游、子張，皆有聖人之一體。」論衡刺孟篇引此文「有」作「得」。告子篇：「一戰勝齊，遂有南陽。」這兩個「有」字，皆爲「求得」「取得」之義，也和「有天下」之「有」意思不同，一爲求而有得，一爲不求而自得。可見同一「有」字，用在情境不同的文句裏，意思也是同中有異的。

④有：猶「之」。用作介繫詞，當白話「的」字。如：

論語子路篇：「南人有言曰。」「有」猶「之」，「南人有言」猶言「南人之言」。孟子告子篇：「雖有不同，則地有肥磽，雨露之養，人事之不齊也。」「地有肥磽」裏的「有」，和下句「雨露之養」裏的「之」同義，都是用作介詞。盡心篇：「日月有明，容光必照焉。」「日月有明」猶言「日月之明。」「有」字亦是介詞。（說見吳氏衍釋）

⑤不有：猶言「若無」、「豈無」。爲推設之關係詞。如：

論語雍也篇：「不有祝鮀之佞，而有宋朝之美，難乎免於今之世矣。」「而」猶「與」，爲表平列的連詞。「不有」猶言「若無」，卽「假如沒有」的意思。是說：「一個人假如沒有像祝鮀那樣的口才，跟像宋朝那樣的美色，那就難免被時人憎惡了。」陽貨篇：「不有博弈者乎？爲之猶賢已！」「不有」猶言「豈無」當白話「難道沒有」和「不是有」的意思。是說：「不是有那種賭博下棋的人嗎？做這些還比不用心好些。」

⑥未有：爲斷然必無之詞。「未有」猶言「未嘗有」，皆爲必無其事之決定語詞。當白話「從來沒有過」的意思。如：

論語學而篇：「不好犯上，而好作亂者，未之有也。」憲問篇：「未有小人而仁者也。」孟子梁惠王篇：「未有仁而遺其親者也，未有義而後其君者也。」公孫丑篇：「且王者之不作，未有疏於此時者也；民之憔悴於虐政，未有盛於此時者也。」離婁篇：「遵先王之法而過者，未之有也。」此類語法，在古代爲熟語，用的最爲廣泛。而「未之有也」是「未有之也」的倒裝句式。「未有」猶言「未嘗有」或「未曾有」，就是「從來沒有過」的意思。

⑦有以：和「無以」，是相對的語詞。是文言裏常見的句例。「有以」和「無以」的「以」，是表方所的補詞。猶言「有所」「無所」，也都是「有所以」「無所以」的省文。「所」在「有」「無」動詞後，是表虛指的，但一般連「所」也省說。相當於「有甚麼」的意思。如：

孟子梁惠王篇：「殺人以梃與刃，有以異乎？曰：無以異也。以刃與政，有以異乎？曰：無以異也。」「有以異乎？」是說：「有甚麼不同的地方嗎？」「無以異也」，是說：「沒有甚麼不同的。」同篇：「王語暴以好樂，暴未有以對也。」「未有以對」猶言「未有所對」。就是「沒有話回答。」離婁篇：「王使人瞯夫子，果有以異於人乎？」「有以異」猶言「有所異」。「果有以異於人乎？」是說：「夫子的相貌，果眞有和衆人不同的地方嗎？」從上列例句中可以看出，凡是詢問句中「有以」的「有」字，並含有「何」意，如梁惠王篇：「亦將有以利吾國乎？」「有以利吾國」，猶言「何所利吾國。」是說：「也該有甚麼好方法，能使我梁國得利吧？」

⑧有：猶「然」猶「是」。一爲應聲之詞。一表事實之肯定。如：

論語述而篇：「子疾病，子路請禱。子曰：『有諸？』子路曰：『有之。』」「有諸」之「有」，祇是問其有無，在虛實之間。「有之」的「有」，就是「有的」，猶言「是的啊。」是答應之詞。陽貨篇：「子路曰：『昔者由也，聞諸夫子曰：親於其身爲不善者，君子不入也。佛肸以中牟畔，子之往也，如之何？』子曰：『然，有是言也。』」「然」爲應聲詞，猶今語「是的」。「有是言也」爲肯定語，也是「是的」。既「然」又「是」，爲重應之詞，以表應允之堅定。孟子梁惠王篇：「曰：『何可廢也？以羊易之，不識有諸？』曰：『有之。』」「有之」，爲應承之詞。同篇：「齊宣王問曰：『文王之囿，方七十里，有諸？』孟子對曰：『於傳有之。』」「有之」爲應允之詞，是實有其事的肯定語。公孫丑篇：「曰：『不動心有道乎？』曰：『有。』」。同篇：「然則有同與？曰：『有。』」兩「有」字，皆應承之詞。滕文公篇：「世衰道微，臣弒其君者有之，子弒其父者有之。」兩「有之」之「有」，爲盡然之詞，表語意之肯定。

⑨有：猶「爲」。猶「是」。「爲」可訓「有」，故「有」亦得訓「爲」。「爲」可訓「是」，故「有」

亦得訓「是」。如：

論語季氏篇：「季氏將有事於顓臾。」「有事」猶言「爲事」。是「用事」或「從事」「治事」的意思。是說「季氏將發動征伐顓臾之事。」同章：「丘也聞有國有家者。」「有國有家」，猶言「爲國爲家」，卽「治國治家」的意思。因「有」可訓「爲」，「爲」得訓「治」，故「有」亦得轉訓爲「治」。孟子梁惠王篇：「善推其所爲而已矣。」說苑引此文作「善推其所有而已矣。」可證「有」和「爲」是可以通用的。滕文公篇：「人之有道也，飽食暖衣，逸居而無敎，則近於禽獸。」和同篇上文「民之爲道也，有恆產者有恆心，無恆產者無恆心。」這首兩句文字，義法相同，一用「有」，一用「爲」，意思完全一樣，並作「治」解。（說見王氏釋詞）告子篇：「夫物則亦有然者也，然則耆炙亦有外與？」兩「有」字，並猶「爲」，都作「是」解。因「爲」可訓「是」，故「有」亦得訓「是」。是說：「吃東西的喜愛，跟對長輩的尊敬，情形是一樣的；難道愛吃烤肉，也是來自外面的嗎？」同篇：「耳之於聲也，有同聽焉；目之於色也，有同美焉。」「有同」猶言「爲同」，皆「是同」之義。是說：「耳對於聽聲，目對於睹色，都是相同的。」

⑩有：猶「或」。「有」與「或」，古同聲，故義亦相通，用作假設關係詞。卽「設或」「假如」之意。（參閱「或」猶「有」條。）如：

論語里仁篇：「有能一日用其力於仁矣乎？我未見力不足者。」「有」爲設詞，是或有之義。卽假如有的意思。孟子梁惠王篇：「天下曷敢有越厥志？」「有」猶「或有。」亦設詞。告子篇：「雖有不同，則地有肥磽，雨露之養，人事之不齊也。」「雖有」就是「雖或有」。同篇：「人有雞犬放，則知求之；有放心而不知求。」上「有」字，爲若或之義，是表傳疑的推設之詞。「有放心」之「有」，是表範圍的限制詞，爲「祇有」之意。

⑪有：猶「如」。猶「若」。爲推設之詞。如：

論語子路篇：「有是哉？子之迂也。」「有」爲「如」「若」之意，「有是」猶「如是」或「若是」。是說：「若是眞要這樣嗎？夫子也算得迂闊了。」孟子公孫丑篇：「行有不慊於心，則餒矣。」「有」爲設詞，是「如」「若」之意。是說：「假如一個人所做的事，自己內心感到不滿足，那氣也就枯萎了。」

⑫有：猶「以」。唐韻正：「有，古讀若以。」故「有」「以」二字，聲同而義通。又說文：「以，作㠯，字本同，古通用。」後人把「㠯」字分用爲二，一爲「必以」之「以」，一爲「已經」之「已」。故「有」字亦有此二義。如：

論語爲政篇：「至於犬馬，皆能有養。」朱注：「言人畜犬馬，皆能有以養之。」訓「有」爲「有以」，亦是增字釋經之常例。孟子公孫丑篇：「霸必有大國。」「必有」猶言「必以」。「言必以强大的國力，纔能稱霸諸侯。」離婁篇：「雖有惡人，齊戒沐浴，則可以祀上帝。」（齊通齋）告子篇：「雖有天下易生之物也，一日暴之，十日寒之，未有能生者也。」兩「雖有」並猶「雖以」，同是設事之詞，以表容認關係。是虛設事實以起下文，而後轉入正義的句式。和「卽使」「就是」相當。「有」猶「已」，用作限制詞。一爲太甚之意，如論語先進篇：「顏淵死，子哭之慟。從者曰：『子慟矣！』曰：『有慟乎？』」「有慟」猶言「已慟」，爲過甚之詞。是說：「我眞的過於哀痛嗎？」一爲已經之意。如公冶長篇：「子路有聞。」「有」猶「已」，「有聞」猶言「已聞」，言子路已經聽到一項善道。孟子告子篇：「則其旦晝之所爲，有梏亡之矣。」「有」通「又」，作「已」解，表時間過去，爲已經之義。又如臺灣方言，「有吃」一詞的「有」，實係古音古義，是已經吃過的意思。

⑬有：猶「惟」。「惟」可訓「有」，故「有」亦得訓「惟」。當白話「祇」字。如：

論語衞靈公篇：「子曰：『有教無類。』」「有」爲「祇是」之意。是說：「祇是爲公衆立教，受教者，不分貴賤賢愚等類。」孟子告子篇：「人有雞犬放，則知求之，有放心而不知求。」上「有」字訓「如」，爲推設之詞；下「有」字訓「惟」，作「祇是」解。爲表語氣轉折的關係詞。是說：「若或有人把雞犬丟失了，倒知道去尋求，祇是把自己的良心丟失了，反而不知道去尋求。」

⑭有：猶「寧」。爲寧願之詞。作「情願」解。如：

論語衞靈公篇：「無求生以害仁，有殺身以成仁。」「有殺身」猶言「寧願殺身」。孟子梁惠王篇：「故君子有不戰，戰必勝矣。」「有不戰」猶言「寧願不戰。」此類「有」字位居動詞前，作前附助動詞用。

⑮有：猶「能」，用作助動詞。作「能夠」解。如：

論語學而篇：「與國人交，言而有信。」謂所言能守信用。先進篇：「夫人不言，言必有中。」謂所言必能中理。憲問篇：「有德者，必有言；有言者，不必有德。」朱注：「能言者，或便佞口給而已。」「能言」是解釋「有言」的。子張篇：「人未有自致者也，必也親喪乎！」「人未有自致」猶言「人未能自盡其哀痛之情。」孟子公孫丑篇：「三咽，然後耳有聞，目有見。」離婁篇：「諸侯有行文王之政者，七年之內，必爲政於天下矣。」萬章篇：「知繆公之可與有行也，而相之。」此類「有」字，並爲前附助動詞，都作「能夠」解。

⑯有：猶「又」。「有」和「又」，古同聲通用。這個「有」字，有兩種不同的意思。雖都是連接詞，一表動量「再」「復」的關係，一表數量以「奇」從「盈」的關係。均當白話「又」字。

㈠表動量「再」「復」之義的「有」字。同時也是表進層的關係詞。如：

論語公冶長篇：「子路有聞，未之能行，唯恐有聞。」孟子梁惠王篇：「王曰：若是其甚與？曰：殆有甚焉。」公孫丑篇：「禹聞善言則拜，大舜有大焉，善與人同。」同篇：「人亦孰不欲富貴，而獨於富貴之中，有私龍斷焉。」滕文公篇：「逸居而無教，則近於禽獸，聖人有憂之。」同篇：「世衰道微，邪說暴行有作。」此類「有」字，均讀若「又」，都和「再、復、更」等字相當，並爲承上文以表進層連繫的關係詞。當白話「又」字。都是表動量之重複。

㈡表數量以「奇」從盈的「有」字，亦讀若「又」。專用於整數和零數之間，以表連繫。亦當白話「又」字。如：

論語爲政篇：「吾十有五，而志於學。」鄉黨篇：「必有寢衣，長一身有半。」孟子萬章篇引書堯典曰：「二十有八載，放勳乃徂落。」此類「有」字，都是放在整數和零數之間，作表數量的關係詞。同爲「又」義，和「再」「復」等字的意思不相當。

⑰有：爲語助之詞。其功用衹是足字成句，以助語氣，沒有別的意思。在早期文言裏，「有」可做名詞詞頭，無論在普通名詞或特有名詞之前，往往加「有」以足詞。如：

論語爲政篇：「施於有政，是亦爲政。」竹氏會箋：「有政，只是政事，有字語助。」孟子萬章篇：「舜見瞽瞍，其容有蹙。」孫疏：「其容蹙蹙然，而不自容之貌也。」韓非子忠孝篇引此文作「舜見瞽瞍，其容造焉。」按「造」「蹙」二字同義，並爲改變之意，這是用「有」在動詞前以助語氣的。又上文「有」猶「能」條所引諸例中的「有」字，如「言必有中」，「三咽，然後耳有聞，目有見」等「有」字，亦可視同語助。尤其後兩句，徐言之，則爲「三咽，然後耳有所聞，目有所見。」疾言之，則爲「三咽，然後耳聞目見。」可見此類語中助詞，是能增能損的。有時在語文中，一字不成句，難以上口，則加「有」以足之。如今語中的「有煩、有勞、有請、有說、有笑；」古語中的「有虞、有夏、有居、有北」之屬等「有」字。都是不爲義的詞頭，祇取其聲以足詞而已。

此

「此」本作「止」解，爲所當止之處之稱，今引申爲指代事物之詞。

①此：猶「是」。猶「茲」。爲彼之對文。是指示某種事物，某種狀態，或某「時地、方所」的代稱詞。彼指遠，此指近。指代事物的「此」，當白話「這個」。指代狀態的「此」當白話「這樣」。指代時地方所的「此」，當白話「這裏」。大都用作主詞，但亦可作止詞用。如：

孟子梁惠王篇：「孟子見梁惠王，王立於沼上，顧鴻鴈麋鹿。曰：『賢者亦樂此乎？』孟子對曰：『賢者而後樂此，不賢者雖有此不樂也。』」這三個「此」字，並指代臺池鳥獸，係複數，當白話「這些」，單數則用「這個」。都是用作止詞。同篇：「王如知此，則無民之多於鄰國也。」「此」亦是用作止詞，指代不可以五十步笑百步的道理。「知此」就是知道這個道理。同篇：「此心之所以合於王者，何也？」「此」字用作主詞，指代不忍之心。「此心」猶言「這個仁心」。同篇：「如此，然後可以爲民之父母。」「此」指代以民意爲本的事理。當「這樣」二字。同篇：「今王鼓樂於此。」「此」指代處所，相當於「這裏」。公孫丑篇：「彼一時，此一時也。」盡心篇：「彼善於此，則有之矣。」彼此相對成文，彼遠指，此近指。上指時間言，猶言那時、這時。下指處所言，猶言那裏、這裏。這都是通常的用法。這類例句中的「此」字，和「是」或「斯」同義，都指眼前的事物或狀態及時地方所。凡孟子用「此」的地方，論語多以「是」或「斯」爲之。

而

「而」字原爲實體名詞，本義爲「須」，今作鬚，卽頰毛，象毛下垂之形。（見說文）在論孟中用「而」字作虛字，均屬純粹之假借義。「而」可作指稱詞用，有指人指事之別。但以用作連詞爲最廣泛而又最紛繁。可用它在複句裏表聯合關係，也可用它表偏正關係。可是文言句裏用「而」的地方，在白話文裏卻不一定要有連詞，這是它們的句式的區別。「而」在文句中的基本作用，是表動詞與副詞前後過遞關係能使語意一貫直下，卽使中間語氣有轉換，而上下文意仍是結合得很緊密，兩個句仍等於一個句。它可以在句中，也可以在句首，或表承上，或表對待，或表轉接，而其功用亦各不相同。卽以連詞而論，用在句首，則須看上下文語意之轉變與否，而其所表示之意義，卽不相同。用在句中，則須看前後詞性，有無差異，而其所表示的意思，也不一致。如用在句中或語末作助詞，則又因文字意境不同，而其所表示的聲情，又不一樣。因虛字既不能直釋其義，祇可借聲音相同或相近的他字以爲訓。此中變化多端，含意精微，如能了解其用法變化之奧妙，對於讀書學文，均有莫大裨益。祇因實字易解，虛字難釋，誠爲有志研習中文者一大困擾。玆將「而」字各種用法，分別循序訓釋於後。

①而：猶「爾」。與「女」（汝）同。爲人稱代詞，與「我」爲對稱。當白話「你」或「你的」。如：

論語微子篇：「且而與其從辟人之士也，豈若從辟世之士哉？」「且」猶「而且」「況且」，爲發端的轉語詞和下句豈若相應。「而」與「爾」同，爲指子路的代稱詞。皇疏：「且而，皆語助。」非是。朱注：「而，汝也。」得之。按中庸：「抑而强與」裏的「而」字，與此同義，亦訓「汝」。

②而：猶「其」。爲指示之詞，當白話「他的」。如：

論語子路篇：「其父攘羊，而子證之。」「其」與「而」爲互文同義。均爲指示詞，作「他的」講。憲問篇：「豈若匹夫匹婦之爲諒也，自經於溝瀆，而莫之知也！」「而」爲疑而未定之詞。與「或」字同義。「而或」與「其或」同義。是未定其爲誰何的代稱詞。虛指上文「匹夫匹婦之爲諒。」先進篇：「非夫人之爲慟而誰爲？」「而」猶「其」。爲疑而有定之詞，隱指孔子爲顏淵而悲慟。微子篇：「滔滔者，天下皆是也，而誰以易之？」「而誰」猶言「其誰」。是孔子隱然自期之詞。如孟子公孫丑篇：「當今之世，舍我其誰也？」與萬章篇：「非予覺之而誰也？」語法正同。可證「其誰」和「而誰」同義互訓。「其」和「而」，並爲指示詞。「舍我其誰也」裏的「其」字，是孟子隱然以救世自負。「非予覺之而誰也」裏的「而」字，是伊尹隱然以覺世醒民自期。

③而：猶「夫」。「夫」和「其」又可互訓。故這個「而」字，是帶有繫詞性的指示詞。和「彼」或「此」相類。當白話「那」和「這」，或「那個」「這個」。如：

論語先進篇：「季氏富於周公，而求也爲之聚斂。」「而求」猶言「夫求」，卽「那個冉求。」「而」爲提示之詞。陽貨篇：「夫召我者，而豈徒哉！」「夫」猶「彼」，「而」猶「夫」。言「彼召我者，夫豈徒哉！」「夫」與「而」爲變文同義。均指公山氏。孟子梁惠王篇：「王之諸臣，皆足以供之，而王豈爲是哉？」「而」猶「夫」爲提示詞。可翻「你」字。公孫丑篇：「曰：管仲，曾西之所不爲也，而子爲我願之乎？」「而子」猶言「夫子」，「而」爲提示詞，跟「子」連合，等於一個「你」字。指代公孫丑。同章：「夏后殷周之盛，地未有過千里者也，而齊有其地矣；雞鳴狗吠相聞，而達乎四境，而齊有其民矣。」「而」字當白話「那」或「那個」。「而齊」猶言「那個齊國」。萬章篇：「而舜既爲天子矣，敢問瞽瞍之非臣如何？」「而」爲提示之詞，可以翻做「那」或「那個」。此類「而」字，在白話裏沒有固定的字來翻它，有時仍用「而」字，有時也可以不翻。

④而：猶「此」。「而」訓「此」，猶「若」訓「此」。「而」「若」古通用。故「而」亦得以「此」爲訓。當白話「是」或「這是」。如：

上文所引陽貨篇：「夫召我者，而豈徒哉」裏的「而」字，亦得訓「此」。「而豈徒哉！」猶言「此豈徒然的嗎？」按古人用語混成，彼此本無顯明界限。又孟子梁惠王篇：「而武王亦一怒而安天下之民。」萬章篇：「孔子當仕有官職，而以其官召之也。」「而」爲指示詞，皆「此」義，並相當於「是」或「這是」的意思。

⑤而：猶「之」。有用作介繫詞和指事詞之別。用作介詞的「而」，當白話「的」字；用作指事詞的「而」，當白話「它」或「他」。如：

論語述而篇：「不義而富且貴，於我如浮雲。」「而」猶「之」，爲介詞，相當於「的」。同篇：「學而不厭，誨人不倦。」和同篇下文「爲之不厭，誨人不倦」義法完全相同，「而」和「之」，並爲指事詞，指所學課程，相當於「它」。泰伯篇：「人而不仁，疾之已甚，亂也。」「而」猶「之」爲介繫詞，相當於「的」。憲問篇：「君子耻其言而過其行。」邢本如此，皇本「而」作「之」，「行」下有也字。「而」與「之」，同是介詞，相當於「的」。衞靈公篇：「水火吾見蹈而死者矣。」「而」猶「之」，是指代水火的指事詞，相當於「它」。微子篇：「子路從而後」「從而後」卽「從他之後。」「而」指代孔子，相當於「他的」。孟子告子篇：「不用，從而祭。」「從而祭」卽「從之祭。」「而」指代魯君，相當於「他」。

⑥而：猶「是」。爲「是非」之「是」，承接上文以表示認定的關係詞。如：

論語先進篇：「宗廟會同，非諸侯而何？」「而」猶「是」，與「非」相對。「非諸侯而何？」是說：「不是諸侯是甚麼呢？」微子篇：「吾非斯人之徒與，而誰與？」「而」猶是。與「非」字相應。孟子滕文公篇：「且一人之身，而百工之所爲備。」是說：「而且一個人身上所需要的東西，而是要百工製造纔能齊備的。」又上文所引「非予覺之而誰也？」句裏的「而」字，亦是與「非」字爲對文，自可訓爲「是」。祇因「而」與「是」可互訓，「是」與「其」又可互訓。故「而誰」可訓「是誰」，亦得訓「其誰」。

⑦而：猶「唯」。「而」與「若」互訓。「若」得訓「唯」，故「而」亦得與「唯」同訓。用作限制詞表「唯獨」「祇有」之意。當白話祇字。如：

論語學而篇：「知和而和。」「而和」猶言「唯和」，卽一味以和的意思。先進篇：「賜不受命，而貨殖焉。」皇疏：「賜不受命，唯財貨是殖也。」衞靈公篇：「過而不改，是爲過矣。」朱注：「過而能改，則復於無過；唯不改，則其過遂成。」季氏篇：「不患寡而患不均，不患貧而患不安。」是說「不患寡與貧，唯患不均與不安。」孟子告子篇：「不揣其本，而齊其末。」同篇：「不志於仁，而求富之，是富桀也。」兩「而」字，皆「唯」義，卽「唯獨」「祇是」之意。「而」字上下文義是對立的，構成不這樣而那樣的句式。

⑧而：猶「能」。王氏釋詞：「能與而，古聲相近，故亦相通。」作「能夠」講。用句中作助動詞，並帶有承轉文義的功能。如：

論語學而篇：「貧而無諂，富而無驕。」「而」皆「能夠」之意。公冶長篇：「吾未見能見其過而內自訟者也。」「而」與「能」爲互文同義。並作「能夠」講。衞靈公篇：「女以予爲多學而識之者與？」微子篇：「焉往而不三黜。」孟子滕文公篇：「一朝而獲十禽。」盡心篇：「不仁而得國者有之矣。」此類「而」字，並爲能義，均作「能夠」講。在文句中，凡是可用「而能」來解釋「而」的地方，都適用。如「而這樣」「而那樣」「而這個」「而那個」的「而」，均爲「能」義，它雖是前附助動詞，都略帶承轉的意味。注疏家每以「而能」爲訓。餘放此。

⑨而：猶「猶」、猶「尙」。當白話「還」字。按詩小弁箋云：「尙，猶也，常語也。」禮記檀弓注云

「猶，尙也，常語也。」是「猶」與「尙」互訓。故「而」得訓「猶」，亦得訓「尙」。是表範圍的限制詞。（參閱「猶」猶「尙」條。）如：

論語里仁篇：「士志於道，而恥惡衣惡食者，未足與議也。」子罕篇：「四十五十，而無聞焉，斯亦不足畏也矣。」憲問篇：「是知其不可爲而爲之者與？」季氏篇：「舍曰欲之，而必爲之辭。」陽貨篇：「年四十而見惡焉，其終也已。」孟子梁惠王篇：「此惟救死而恐不贍，奚暇治禮義哉？」公孫丑篇：「人亦孰不欲富貴？而獨於富貴之中，有私龍斷焉。」同篇：「子爲長者慮，而不及子思。」滕文公篇：「樂歲粒米狼戾，多取之而不爲虐，則寡取之。」告子篇：「不仁而可與言，則何亡國敗家之有？」同篇：「舜其至孝矣！五十而慕。」劉向新序，作五十猶慕。盡心篇：「民日遷善，而不知爲之者。」同篇：「掘井九仞，而不及泉，猶爲棄井也。」「而」與「猶」爲互文同義。上例諸「而」字，皆爲可止而仍未絕止之詞，表應該如此，還未如此，而仍繼續的意思。它在文言裏的用法，相當於「猶」「尙」「且」等字，當白話「還」字。

⑩而：猶「乃」。「而」與「乃」互訓。「而」可用作承接詞，相當於「纔」或「於是」。也可作轉接詞，表偏正關係，相當於「卻」或「反而」。「乃」字亦有此二義。如：

論語爲政篇：「吾十有五，而志於學。」「而志於學」，是說「於是乃志於學也。」孟子梁惠王篇：「我非愛其財，而易之以羊也。」「而」猶乃，相當於「於是纔」的意思。同篇：「吾何修而可以比於先王觀也。」「而」猶「乃」，亦爲方纔之意。公孫丑篇：「不得已而之景丑氏宿焉。」同篇：「周公知其將畔而使之與？」滕文公篇：「丈夫生而願爲之有室，女子生而願爲之有家。」萬章篇：「堯老而舜攝也。」此類「而」字，並猶「乃」，爲承接詞，是「方纔」或「於是」的意思。「而」字的上下文義，是有先後輕重，一貫而下的。至於「而」字，用它來連接兩個意義相反的詞或句子的，相當於「卻是」或「反而」，如論語學而篇：「人不知而不慍。」是說：「他人不知我，卻不慍怒。」八佾篇：「關睢樂而不淫，哀而不傷。」里仁篇：「君子欲訥於言而敏於行。」公冶長篇：「或曰：雍也，仁而不佞。」同篇：「匿怨而友其人。」述而篇：「子溫而厲，威而不猛，恭而安。」這句上兩個「而」字，是連繫相反而對立的兩個形容詞。是「卻」義。「恭而安」裏的「而」字，是連繫兩個平列的形容詞，爲「又」或「且」義。子罕篇：「無臣而爲有臣」「爲」通「僞」。子路篇：「君子和而不同，小人同而不和。」同篇「君子易事而難說也。……小人難事而易說也。」陽貨篇：「懷其寶而迷其邦。」微子篇：「欲潔其身，而亂大倫。」孟子梁惠王篇：「未有仁而遺其親者也，未有義而後其君者也。」公孫丑篇：「遺佚而不怨，阨窮而不憫。」離婁篇：「今也欲無敵於天下，而不以仁，是猶執熱而不以濯也。」同篇：「道在爾而求諸遠，事在易而求諸難。」同篇：「我不意子學古之道，而以餔啜也。」此類「而」字，並猶「乃」，爲轉語詞，是「卻是」「反而」之意。「而」字的上下文義，是相反或對立的，中間用「而」字作轉語，成爲應如此而卻不如此的反詞。此類句式，在論孟中爲常語。

⑪而：猶「爲」。有「以爲」和「設問」的兩種用法。如：

論語雍也篇：「孟之反不伐，奔而殿。」「而」猶「以爲」，作「承擔」講，言其奔時當殿軍。先進篇：「非諸侯而何？」「而何」猶「爲何」。「爲」得訓「是」，「爲何」相當於「是甚麼」。是說：「不是諸侯是甚麼？」憲問篇：「奚而不喪？」「奚而」猶「何爲」，當白話「爲甚麼」。（參閱「而猶「是」條。）孟子梁惠王篇：「師行而糧食。」言與師行軍，皆運糧以爲之食。公孫丑篇：「賈請見而解之。」言爲王解之。滕文公篇：「方里而井。」言以一方里爲一井。萬章篇：「奚而不知也？」趙注：「舜何爲不知象惡己也？」是趙氏以「爲」釋「而」。同篇：「盛德之士，君不得而臣，父不得而子。」言國君不能以他爲臣，父親不能以他爲子。盡心篇：「以至仁伐至不仁，而何其血之流杵也？」「而何」猶「爲何」。凡「而」作「以爲」講，皆設事之詞。凡「奚而」「而何」作「爲何」講，皆設問之詞。

⑫而：猶「當」。「而」可訓「如」，「如」得訓「當」，故「而」亦得以「當」爲訓。相當於「應該」二字。爲「應當」或「該當」的意思。如：

論語雍也篇：「斯人也，而有斯疾也？」下「也」字表疑問語氣，同「邪」。當白話「嗎」字。是說：「這種人，應當得這種病嗎？」

⑬而：猶「寧」，猶「豈」，又猶「何」。「而」古音讀若「耐」，與「寧」一聲之轉，故「而」得訓爲「寧」。博雅云：「而，豈也。」按「豈」「何」二字，義相通。如：

論語學而篇：「爲人謀而不忠乎？與朋友交而不信乎？」「而」猶「豈」。言豈可不忠、不信嗎？子罕篇：「有美玉於斯，韞匵而藏諸？求善賈而沽諸？」兩「而」字，並爲寧義。「而藏」「而沽」，是「寧願收藏」「寧肯賣掉」的意思。先進篇：「安見方六七十，如五六十，而非邦也者？」「而」猶「豈」。言豈不是國家嗎？顏淵篇：「爲仁由己，而由人乎哉？」「而」猶「豈」。言豈由人嗎？孟子萬章篇：「相秦而顯其君於天下，可傳於後世，不賢而能之乎？」「而」猶「豈」，言不賢豈能嗎？盡心篇：「非聖人而能若是乎？而況於親炙之者乎！」「而能」就是「能夠」。「而況」猶言「豈況」「何況」。凡反詰語，用「而」作反詰詞，這個「而」字，皆和「寧」「豈」「何」等字相當。

⑭而：猶「則」。爲順序承接的連詞。表前後一意相因的關係。「則」與「卽」同義，唯詞氣較急切。當白話「就」字。如：

論語學而篇：「君子務本，本立而道生。」朱注：「言根本旣立，則道自生。」「則」是訓「而」的。里仁篇：「見不賢而內自省也。」述而篇：「求仁而得仁，又何怨？」泰伯篇：「舜有臣五人，而天下治。」顏淵篇：「子欲善，而民善矣。」子路篇：「其身正，不令而行。」堯曰篇：「欲仁而得仁，又焉貪？」孟子梁惠王篇：「上下交爭利，而國危矣。」滕文公篇：「其有功於子，可食而食之矣。」同篇：「昔者禹抑洪水而天下平。」離婁篇：「其身正，而天下歸之。」同篇：「人人親其親，長其長，而天下平。」萬章篇：「可以速而速，可以久而久，可以處而處，可以仕而仕。」在公孫丑篇用此同樣文句，並改「而」作則。可證這類作連詞的「而」與「則」是同義的。盡心篇：「用其二，而民有殍，用其三，而父子離。」「而」並猶則，爲承接連詞。不過這類用「而」作連接詞，卽使在時間上有先後之分，事實上有因果之別。但「而」的主要任務，在於做平列的連詞，並不重視這些。凡複句上下文義在平面連貫，語氣又迫切，用「而」作承上趣下之急詞，「而」皆爲「則」義。但不能改用「則」，因原句是直陳的語法，若改用「則」，便帶有推論的語氣了。

⑮而：猶「卽」，亦爲順序承接的連詞。唯詞氣較「則」爲舒徐，較「乃」爲急切，亦當白話「就」字。如：

論語公冶長篇：「聽其言而信其行。」述而篇：「蓋有不知而作之者。」堯曰篇：「不教而殺謂之虐。」孟子公孫丑篇：「以爲無益而舍之者。」例句中的「而」字，皆相當於「就」。滕文公篇：「師死而遂倍之。」「倍」通「背」。「遂」爲「卽」「就」之義。「而遂」猶「而卽」，「而就」。白話單用「就」字，卽可代替「而遂」二字。告子篇：「名實未加於上下而去之。」同章：「虞不用百里奚而亡，秦穆公用之而霸。」盡心篇：「人之所不學而能者，其良能也。」同篇：「雞鳴而起。」同篇：「士未可以言而言。」諸「而」字，並猶「卽」，皆相當於「就」。也都是句中的平面承接詞。

⑯而：猶「與」。猶「及」。用作連詞，以表平列的對待關係，當白話「和」「同」等字。但不能換用「與」或「及」，因「與」「及」祇能連接兩個名詞或代名詞，或跟名詞相同的詞組。「而」祇能連接形容詞或動詞，這是不同的。如：

論語學而篇：「謹而信，汎愛衆，而親仁。」言謹愼與信實，愛衆與親仁。同篇：「敏於事而愼於言。」言敏事與愼言。這都是在前後詞性相對待，用「而」居中作連絡的。雍也篇：「不有祝鮀之佞，而有宋朝之美，難乎免於今之世也。」皇疏：「言人若不有祝鮀佞，及宋朝美，則難免今日之患難也。」及，亦與也。」這是用「而」居次句之首，連絡兩個等立分句的。鄉黨篇：「食饐而餲，魚餒而肉敗，不食。」言「饐」與「餲」。「魚爛」與「肉腐」，皆不食。孟子梁惠王篇：「鑿斯池也，築斯城也，與民守之，效死而民弗去，則是可爲也。」「而」和「與」爲變文同義，都是連詞。公孫丑篇：「如惡之，莫如貴德而尊士。」言貴德與尊士。萬章篇：「金聲而玉振之也。」言金聲與玉振。同篇：「不挾長，不挾貴，不挾兄弟而友。」言不自恃年長、位高、兄弟之權勢，皆與之友。可見這個「而友」是「

而與之友」的省文，雖作「同」講，但不是連詞，而是表對象的介詞。凡用「而」連接兩個並列的語詞或語句，以表示其相互關係者，其功用皆和「與」「及」相同。所不同的，祇是形容詞和形容詞，或動詞跟動詞的連繫，例用「而」或「且」「又」等字，不用「與」和「及」，因爲「與」和「及」是連繫名詞跟名詞的關係詞。這類對待句，在白話裏不用連詞，即在文言裏，「而」也往往可省。表順序性和對待性的「而」，有的也可改用「則」，構成一意相因的句子，如上文所舉「而」猶「則」各例便是，可以互參。

⑰而：猶「然」。「而」與「然」，同義互訓，「然」爲轉語詞，故「而」亦得爲轉語詞。「而」的前後兩事，大都對立，祇是意思相違，特用「而」轉遞，表示彼此相反的關係。這個「而」字，作「卻是」「可是」講。如：

論語學而篇：「其爲人也孝弟，而好犯上者鮮矣。」泰伯篇：「狂而不直，侗而不愿，悾悾而不信。」同篇：「非飲食而致孝乎鬼神，惡衣服而致美乎黻冕，卑宮室而盡力乎溝洫。」子罕篇：「大哉孔子！博學而無所成名。」同篇：「說而不繹，從而不改。」憲問篇：「夫子欲寡其過而未能也。」衞靈公篇：「君子不可小知，而可大受也；小人不可大受，而可小知也。」子張篇：「夫子焉不學，而亦何常師之有？」孟子梁惠王篇：「文王以民力爲臺爲沼，而民歡樂之。」同篇：「今恩足以及禽獸，而功不至於百姓者，獨何與？」同篇：「吾有司死者三十三人，而民莫之死也。」同篇：「禮義由賢者出，而孟子之後喪踰前喪。」公孫丑篇：「環而攻之而不勝。」前一個「而」字，猶「與」，是連繫「環」與「攻」兩個動詞的。「而不勝」之「而」，猶「然」，是轉語詞，和下文「然而不勝者」之「然而」同義，祇是語氣略有輕重之分。萬章篇：「兆足以行矣，而不行，而後去。」告子篇：「人有雞犬放，則知求之；有放心而不知求。」同篇：「地非不足也，而儉於百里。」盡心篇：「君子有三樂，而王天下不與存焉。」同篇：「自以爲是，而不可入於堯舜之道。」這類例句中的「而」，不論用在句中，或複句的次句之首，皆有轉變上下文義的功能。是理應如此，而卻不如此的反語詞。換句話說，「而」的前後兩件事的意思，是不調和而相違逆的。因前事在我們心想中存在一種預期，可是後事卻出乎這個預期，其間有一轉折，不能在平面連貫。這類「而」的功能，皆與「然」同。在文言裏用作平面連接的「而」可省，但轉接的「而」卻不可省略。「而」猶「然」，「而」訓「然而」，猶「然」訓「然而」，並爲轉語詞。祇是「然而」的語氣較重於單用「而」或「然」。又「而」與「則」同義，故「然而」猶云「然則」。不過「然而」是承上轉下之詞，「然則」乃是因前起後之更端語氣，是同中有異的，不可不辨。

⑱而：猶「而後」或「然後」。均表示有待而然之意。用作承接詞。當白話「這纔」「那就」或「而後纔」的意思。大都順序連接，表示一意相因的關係。如：

論語爲政篇：「退而省其私，亦足以發。」八佾篇：「揖讓而升，下而飮。」鄉黨篇：「三嗅而作」憲問篇：「孔子沐浴而朝。」同篇：「子路問事君，子曰：『勿欺也，而犯之。』」季氏篇：「學而知之者，次也；因而學之，又其次也。」陽貨篇：「孔子時其亡也，而往拜之。」「而」皆「而後」之義。孟子公孫丑篇：「予三宿而出晝。」證之上文，有「三宿而後出晝」之語。又滕文公篇：「昔者禹抑洪水，而天下平；周公兼夷狄，驅猛獸，而百姓寧；孔子成春秋，而亂臣賊子懼。」離婁篇：「涕出而女於吳。」萬章篇：「至於禹，而德衰。」盡心篇：「親親而仁民，仁民而愛物。」此類「而」字，並與

「而後」或「然後」同義。如論語爲政篇：「先行其言，而後從之。」述而篇：「子與人歌而善，必使反之，而後和之。」鄉黨篇：「翔而後集。」子路篇：「如有王者，必世而後仁。」孟子梁惠王篇：「出乎爾者，反乎爾者，夫民今而後得反之也。」公孫丑篇：「量敵而後進，慮勝而後會。」此明言「而後」者，乃增字以顯其義，此爲後世注疏家常用之慣例，論孟已開其先路。又「而後」猶「然後」。如公孫丑篇：「且以文王之德，百年而後崩，猶未洽於天下，武王周公繼之，然後大行。」離婁篇：「夫人必自侮，然後人侮之；家必自毀，而後人毀之；國必自伐，而後人伐之。」這兩條文字，皆「而後」與「然後」錯綜變換運用，義實相同。皆爲承上文申述下文之關係詞。並表示有待而然之意。此類「而」字，跟「而後」或「然後」，是位於句中，或次句之首，作連絡關係詞，也是從平面連貫而下的，就語意看來，它們的上文是因，下文是果。語氣自然流暢。

⑲而：猶「且」。「而」和「且」，同義互訓，「而且」合並運用，卽成爲同義的複音語詞。「而且」和「並且」同義，都是引進上文文義的關係詞。當白話「又」字。如：

論語學而篇：「未若貧而樂（道），富而好禮者也。」言貧且樂道，富且好禮。泰伯篇：「舜禹之有天下也，而不與焉。」言舜禹並不以有天下爲樂。「並」就是「並且」。子張篇：「吾友張也，爲難能也，然而未仁。」「然而」猶言「然且」。「且」得訓「尚」。「然而未仁」，說做「然且未仁」或「然尚未仁」皆可。孟子梁惠王篇：「誅其君而弔其民。」「而」猶「且」，作「又」講。公孫丑篇：「非徒無益，而又害之。」萬章篇：「德必若舜禹，而又有天子薦之者。」同篇：「千乘之國，求與之友，而不可得也，而況可召與？」此類「而」字，義皆同「且」。故「而」亦同「又」義。「而又」卽

「而且」，「而況」卽「又況」，複用則其義更顯明。凡文句中前後語意相連，中間用「而」字引進一層文義者，這個「而」字，都是「且」義「又」義。祇是連用「而又」的「而」，是略帶有轉折意味的。

⑳而：猶「而又」。和「而且」「並且」的意思相類。都是從平面連接兩事，或是兩個形容詞及兩個動詞的語句。並略帶轉折意味，都有增進文義的功能。如：

論語學而篇：「學而時習之。」「而」是連接「學」和「習」兩個述詞的，當「又」或「並且」講，均可。因爲這兩個述詞，有前後相繼承的關係，絕不能轉換其位置。爲政篇：「舉善而敎不能則勸。」公冶長篇：「敏而好學。」雍也篇：「居簡而行簡。」同篇：「如有博施於民，而能濟衆。」這是用「而」連接意思相關連的上下兩事，皆作「又」或「並且」講。又先進篇：「求也爲之聚斂，而附益之。」季氏篇：「遠人不服，而不能來也；邦分崩離析，而不能守也。」子張篇：「君子尊賢而容衆，嘉善而矜不能。」孟子梁惠王篇：「望之不似人君，就之而不見所畏焉。」萬章篇：「反覆之而不聽，則易位。」這類用在句中或承接小句之首，連繫兩事的「而」，前後語意相關連，位置都不能轉換。並作「又」或「而且」講，也都是增進文義的關係詞。又論語公冶長篇：「陳文子有馬十乘，棄而違之。」鄉黨篇：「君賜腥，必熟而薦之。」衞靈公篇：「邦無道，則可卷而懷之。」孟子梁惠王篇：「匠人斲而小之。」公孫丑篇：「其子趨而往視之。」同篇：「知皆擴而充之。」萬章篇：「予旣烹而食之。」此類相同句式，都是用而來連接兩個動詞作複述詞的。同時也都是共一個指代詞「之」字作補詞的。這和「學而時習之」的句型相同，是旣學又時習的意思。在這種例句裏，「而」的前後，卽使是形容詞，也都是用來作述詞的。也可說都是活用作動詞的。如例句中的「熟」「小」「擴」「充」等形容詞，也都作致動詞用。有使之熟，使之小，擴而使之充的意思。如果把「而」字提出，便成爲「斲小」「擴充」等合成詞了。這到魏晉以後，纔逐漸產生了這類詞彙。而這類語例中的「而」，雖然作「又」講，卻都含有因仍前事之意，因有前一行動發生，纔有後一件事情的完成。歷來注疏家每遇連接這類似平而實側的兩個動詞或語句，用「而」訓「又」之處，必合訓「而又」云云。則是以「而」爲轉折之詞，「又」爲表層次的連接，非直接訓「而」爲「又」的。他如「而且」「而卽」等合訓之詞，皆可放此而爲之解說。

㉑而：猶「亦」。「而」得訓「又」訓「且」。「亦」和「又」「且」義本相通，故「而」亦得以「亦」爲訓。爲承上之繫詞，表有餘不盡之意。當白話「也」字。如：

論語述而篇：「暴虎馮河，死而無悔者，吾不與也。」「而」猶「亦」，作「也」字講，言死也不懊悔。陽貨篇：「不曰堅乎？磨而不磷；不曰白乎？涅而不緇。」「而」並訓「亦」，當白話「也」字。是說：「不有所謂眞正堅硬的東西，磨之也不會薄；眞正潔白的東西，染之也不會黑。」孟子梁惠王篇：「狗彘食人食，而不知檢；塗有餓莩，而不知發。」「而」並爲承上之詞，皆當白話「也」字。公孫丑篇：「不幸而有疾，不能造朝。」「而有疾」猶言「亦有疾」，亦承上之詞。因上文有齊王「有寒疾，不可以風」之語，故下文言「亦有疾。」萬章篇：「帝之妻舜，而不告，何也？」「而不告」猶言「亦不告」，因上文有「舜之不告而娶」之語，故下文該說「亦不告」。（參閱「亦」猶「也」條）

㉒而：猶「以」。用作關係詞。如今尙無適當的白話語詞來翻它。（參閱「以」猶「而」條）。如：

論語學而篇：「敬事而信，節用而愛人。」兩「而」字，並訓「以」，這是用它連接兩個詞組，表示聯合關係的。劉氏辨略謂「而信」之「而」爲語助，未允。八佾篇：「禘自既灌而往者。」述而篇：「必也臨事而懼，好謀而成者也。」這是用它在詞組跟動詞間，以表聯絡關係的。泰伯篇：「而今而後。」「而今」的「而」是自從之義，兼表動作和方向。「而後」和上例「而往」的「而」並訓「以」，猶言「以後」「以往」，皆是表時間趨向的介繫詞。凡東西南北等方向詞，及上下前後來往等方位詞，都是用「而」或「以」作定向、定位等關係詞。又子罕篇：「我叩其兩端而竭焉。」顏淵篇：「吾見於夫子而問知。」子路篇：「曰：焉知賢才而舉之。」微子篇：「直道而事人。」此類用作介詞的「而」字，皆與「以」同。孟子梁惠王篇：「遵海而南，放於琅邪。」「而」猶「以」，是定方向的關係詞。同章：「春省耕而補不足，秋省斂而助不給。」「而」字，並是表連帶的關係詞。公孫丑篇：「由周而來七百有餘歲矣。」和盡心篇：「由孔子而來，至於今，百有餘歲」裏的兩個「而」字，並是表定時限的關係詞。萬章篇：「今而後，知君之犬馬畜伋」句裏的「而」和「之」，並訓「以」。「而」是表時間的繫詞，「之」是表事態的繫詞。是說：「從今以後，纔知道魯君是以養犬馬的態度來待我的。」告子篇：「故二十取一而足也。」「而」訓「以」，「以」與「已」同。「而足」猶「已足。」這「而」字是表限量的關係詞。凡緣上文，用而字連繫，以爲聲音調節之用，並顯示其方位、時限、等聯絡關係的，並爲「以」義。

㉓而：猶「故」。「而」「故」可以互訓，同爲承上申下之詞，當白話「所以」二字。如：

論語季氏篇：「小人不知天命，而不畏也。」「而」猶「故」相當於「所以。」是說：「小人不知天所賦予的正理，所以不敬畏天命。」孟子公孫丑篇：「千里而見王，不遇故去。」「而」「故」爲變文同義。按禮記樂記篇：「情動於中，故形於聲。」而說苑修文作「情動於中，而形於聲。」為「而」「故」互訓之明證。凡「而」「故」可以互訓之處，「而」字後面的事，必為申明前事而設。餘放此。

㉔而：猶「如」猶「若」。「而」「如」古同聲。按說文：「需，從雨，而聲」「耎，從大，而聲。」「而」並讀為「如」。「如」與「若」古同聲，故「而」得訓「如」，又得訓為「若」。「如」與「若」義相通，故「如似」「如或」「如何」，與「若似」「若或」「若何」，義亦相通。均為表假設的關係詞。相當於「假若」「如果」之意。不過這個「而」，用在主語和謂語之間作連繫，往往構成假設句，它並不等於「若」，而是有轉折作用的。也大都是由反面轉入正義的說法。如：

論語為政篇：「學而不思則罔，思而不學則殆。」同篇：「人而無信，不知其可也。」八佾篇：「人而不仁，如禮何？人而不仁，如樂何？」同篇：「管仲而知禮，孰不知禮？」述而篇：「富而可求也，雖執鞭之士，吾亦為之；如不可求，從吾所好。」「而」「如」互文同義。同篇：「君而知禮，孰不知禮。」子路篇：「人而無恆，不可以作巫醫。」憲問篇：「君子而不仁者，有矣夫！」同篇：「士而懷居，不足以為士矣。」季氏篇：「危而不持，顛而不扶，則將焉用彼相矣。」陽貨篇：「人而不為周南召南，其猶正牆面而立也與？」孟子梁惠王篇：「取之而燕民悅，則取之；取之而燕民不悅，則勿取。」公孫丑篇：「自反而不縮，雖褐寬博，吾不惴焉？自反而縮，雖千萬人，吾往矣。」這些例句中的「而」，並是假設之詞，為「假若」「如或」之義。滕文公篇：「請野，九一而助。」趙注：「而，如也。」「如」猶「如似」，即依照的意思。「而助」即是依照助法納稅。離婁篇：「文王視民如傷，望道而未之見。」朱注：「而讀為如。」「如」猶「如似」。王氏釋詞謂「而與如同義。」俞氏古書疑義舉例，謂係上下文變換虛字。諸家所見略同，這確是變文以成詞，別無他義。萬章篇：「夫然後之中國，踐天子位焉。而居堯之宮，逼堯之子，是篡也。」王氏釋詞：「而，如也。」劉師培說：「而當讀為如，劉淇以為轉語，猶云而乃，非也。」按這個「而」字，當係設詞，假如之義，而非轉語。同篇：「孔子進以禮，退以義，得之不得，曰：『有命。』而主癰疽與侍人瘠環，是無義無命也。」同篇：「欲見賢人而不以其道，猶欲其入而閉之門也。」盡心篇：「反身而誠，樂莫大焉。」「而」都為若或之義。亦都帶有轉折作用。如上例是說：「學就得思，而不思，則罔；思就得學，而不學，則殆。」「人就得行仁，而不仁，如禮何？」下面的例子，也含有「管仲不知禮」，「富不可求」，「魯君不知禮」的意思，這都是從反面折入正義的一種特殊句式。能使語勢加强，轉折更覺有力。

㉕而況：猶「且況」「又況」「何況」。如：

「而」為轉語詞，常和推進文義的「況」字，連合成「而況」複式轉語詞，這比單用「而」或「況」的語氣顯得强勁。此一詞例，在孟子中用的最多。以其文主流暢，重氣勢，每喜用「而況」一詞，以表文義之進層或反激進層，而顯示其突兀頓挫之勢。表進層者，用之以推進文義，振起語勢；表反激進層者，用之以挫跌語勢，降落語意。使其文字波瀾壯闊，構成起伏不平之氣象。這在先秦諸子議論文中，是常見的語法。玆不例舉。（說詳釋況條）

㉖：「而」猶「耳」。又猶「乎」。「而」「耳」同為「之」部之疊韻字，故「而」得以「耳」為訓。「耳」與「乎」同為疑問助詞，故又得通用。如：

論語子罕篇引逸詩云：「唐棣之華，偏其反而；豈不爾思？室是遠而。」朱注：「而，語助也。」

微子篇：「已而！已而！今之從政者殆而！」朱注：「而，語助辭。」這幾個「而」字，應是表感歎的助聲詞。按莊子人間世：「已乎！已乎！殆乎！殆乎！」文例與此相同。又左傳宣公四年傳：「若敖之鬼，不其餒而？」正與泰伯篇：「才難，不其然乎？」文例相同。故「而」「爾」「耳」「乎」，同屬疑問助詞，可以通用。故「而已」、「爾已」、「耳已矣」，均爲語末助詞，義亦相同。

㉗而止：猶「而已」。「而已矣」。一般爲表文義完盡的語末助詞。並帶有限制的意義。但也有表未盡之意的。如：

論語子張篇：「喪致乎而止。」泰伯篇：「有婦人焉，九人而已。」「止」與「已」，音義皆同，「而止」和「而已」，並是表語意竭盡的語末助詞。里仁篇：「夫子之道，忠恕而已矣。」朱注：「而已矣者，竭盡而無餘之辭也。」關於這一詞例，論孟中用的甚多，都是表語意之完竭。不過也有細微分別。有就夠了，就是了，就算了，就罷了諸義。如屬疑問句，構成反詰語氣，那就表示未盡之義。如憲問篇：「如斯而已乎？」是說：「這樣就算了嗎？」這個「而已乎」，是表未盡之義的。

耳

「耳」爲表限制的語氣詞，在句中往往有「直、僅、但、惟」等限制詞和它相應。這類限制詞的意味，可由這語氣詞「耳」字表示出來，那限制詞「直」等也常省略。凡用「耳」作語氣詞。它所表示的語氣，比不上「也」和「矣」堅定。「耳」多用於解釋句，也可用於判斷句。表示判斷的語氣重，通常用「也」。如果把判斷的事物看輕，這語氣詞就得用「耳」來表示。

①耳：猶「而已」用作語末助詞。表示限制的語氣，有把句中陳述的事物看輕的意思。當白話「就是了」或「罷了」。如：

論語陽貨篇：「子曰：二三子，偃之言是也。前言戲之耳！」「耳」爲語已詞，和「而已」同。相當於「罷了」。有僅此、不過之意。孟子梁惠王篇：「直不百步耳，是亦走也。」公孫丑篇：「不敢請耳，固所願也。」這是類似的語法，「耳」的語氣，一面相當於「而已」，可以「而已」代之。因「耳」和「而已」，皆有僅此之意。一面又和「也」相似，帶有決定和解釋語氣，但不能用「也」代之，因「耳」的語氣輕微，有把判斷看輕的意味，而「也」的語氣堅決，又不含僅此之意。又孟子梁惠王篇：「寡人非能好先王之樂也，直好世俗之樂耳。」「直」猶但，「耳」猶而已，相當於罷了。公孫丑篇：「古之爲市者，以其所有，易其所無，有司者治之耳。」告子篇：「夫道若大路然，豈難知哉？人病不求耳。」盡心篇：「然則非自殺之也，一間耳。」此類「耳」字，並同「而已」，皆含有僅此、不過之意。都相當於「就是了。」和「罷了」不相當。又告子篇：「聖人先得我心之所同然耳。」同篇：「非獨賢者有是心也，人皆有之，賢者能勿喪耳。」同篇：「人人有貴於己者，弗思耳。」此類「耳」字，都是表決定的語已詞，義同「而已」，相當於「罷了」，也可用「呢」來翻它。但不相當「就是了。」按「耳」之所以得爲「而已」，顧炎武日知錄：「而已爲耳。」王氏釋詞：「耳爲而已之合音。」語殊而義同。凡論孟中用「而已」或「而已矣」作語末助詞，多可用「耳」來代替，祇是在語氣上有緩急輕重之分。急而重，則單用「耳」；緩而輕，則複用「而已」或「而已矣」、「焉耳矣」、「焉耳已矣。」這多種不同的語氣詞，表多種不同的聲情，意思大致還是相同的，祇是神味略有些區別罷了。

②耳：猶已。「耳矣」猶言「已矣」。「耳」和「矣」，皆語已助詞，連言之，則爲「耳矣」。「耳」和「已」，聲相近，或言「耳矣」，或言「已矣」，其義則同。因判斷句末用「耳」作語助，就帶有敍述性，這跟判斷句末用「矣」作語助，則有同樣的情形。如：

孟子梁惠王篇：「寡人之於國也，盡心焉耳矣。」焦氏正義：「耳同爾，焉耳，猶於是也，然則盡心焉耳者，猶言盡心於是也。」焦氏則以「焉耳」爲有所指的。其實這「焉耳」，語助的成分重，祇含有輕微的指稱意味。離婁篇：「人之易其言也，無責耳矣。」告子篇：「仁義禮智，非由外鑠我也，我固有之也；弗思耳矣。」「耳矣」並猶「已矣」，皆相當於「罷了」。若須延長音節，因「耳」爲「而已」之合音，可以「而已」代之，故「耳矣」又得爲「而已矣」。

③耳：猶「乎」。爲疑問助詞，當白話「嗎」字。如：

論語雍也篇：「子游爲武城宰。子曰：女得人焉耳乎？」「焉耳乎」爲疑而兼歎之詞。皇、邢本作「耳」，朱注本作「爾」。竹氏會箋：「焉耳乎，猶言矣乎，皆意以爲然，而未決之辭。但矣乎差重於焉耳乎，此其別也。後世耳作爾，因訓爲於此。（王氏釋詞：焉耳，猶於是也。）此者，指武城也。未免穿鑿可笑。朱子曰：焉爾乎三字是語助，聖人之言，寬緩不迫。得之。是輕提虛問之辭。蓋經中用助字處，必有含蓄不盡之意。」此說最能得其神理。上文所引「盡心焉耳矣」裏的「焉耳矣」，亦當據此爲之解說。至於「耳」和「焉」的用法，實際上是有區別的。對於事物要作鄭重的陳述，在句末往往用「焉」，若述說的重點不在這裏。一般就要用耳來表示了。凡連合助詞，重點在末字，女「得人焉耳乎」猶言「女得人乎」。

聿

「聿」本「書寫」之工具，秦以後以筆爲之。「聿」乃借用作助詞。

①聿：猶「遂」。爲從始向末之繫詞，相當「於是」二字，位句首或句中，以助語氣。舊注或釋爲「遂」爲「自」，爲「惟」，皆緣文生訓，本無固定之義。如：

孟子梁惠王篇引詩大雅緜之詩云：「爰及姜女，聿來胥宇。」「爰」與「聿」爲互文，同訓「於是」並爲助詞。趙注，訓「聿」爲「俱」，爲「偕同」之義。乃是緣文以爲訓，本非確解。

自

①自：猶「己」。爲指代詞。「自」爲「自己」之省稱，卽躬親之詞。在白話裏通常附於三身詞之後，如我自己、你自己、他自己之屬是。在文言裏「自」祇能附在動詞前起修飾作用，不能用「己」來代替。如：

論語里仁篇：「見不賢而內自省也。」公冶長篇：「吾未見能見其過而內自訟者也。」憲問篇：「自經於溝瀆，而莫之知也。」衞靈公篇：「躬自厚而薄責於人。」「自」卽「自己」，與「人」字相對爲詞。季氏篇：「夫人自稱曰小童。」子張篇：「人雖欲自絕，其何傷於日月乎？」孟子公孫丑篇：「是自求禍也。禍福無不自己求之者。」這「自己」的「自」，並非「己」義，而是作「由」解的介繫詞。白話裏的代詞「自己」，文言是分用的。但「自」祇能附在動詞前，而「己」則可以代替主事者和受事者。而且「自」字不僅是人身指代詞，亦可指代事物。如離婁篇：「徒法不能以自行」這個「自」字，是指法律自身。可見「自」或「自己」，可以指代人，亦可以指代事物，並非第一人稱之專屬品。在文言裏用「自」用「己」之處，決不能相互交替。如論語學而篇：「無友不如己者。」雍也篇：「夫仁者，己欲立而立人，己欲達而達人。」衛靈公篇：「君子求諸己，小人求諸人。」同篇：「己所不欲，勿施於人。」孟子盡心篇：「各欲正己也」之屬的「己」字，皆不能換用「自」字。因「自」字雖能與「人」字相對爲詞，但它祇能附在動詞前，指代自己，以表修飾作用。

②自：猶「從」。猶「由」。這是由動詞轉來的介繫詞，用它介紹「人、事、時間、方所」，皆可。當白話「打從」講。常用在動詞前。如：

論語學而篇：「有朋自遠方來。」雍也篇：「自牖執其手。」子罕篇：「吾自衛反魯。」「自」翻作「從」或「由」皆可。憲問篇：「子路宿於石門。晨門曰：『奚自？』子路曰：『自孔氏。』」兩「自」字，並訓從。祇是「奚自」的「奚」是疑問代詞。在古文裏，凡是疑問代詞作賓語，總是要倒置的。「奚自」是從那裏來的意思。季氏篇：「天下有道，則禮樂征伐，自天子出。」「自」訓「從」。上面各例句中的「自」字，都是表動作之所從出的意思。孟子梁惠王篇：「湯一征，自葛載。」公孫丑篇：「自有生民以來，未有孔子也。」這兩個「自」字，並訓「從」，爲「開始」「起初」之意。同篇：引詩大雅有聲之詩云：「自西自東，自南自北。」鄭箋：「自，由也。」「由」亦「從」義。此類西東等方位詞，都帶有動詞性，以表動作之來處或趨向。言人民從四方來歸。滕文公篇：「自楚之滕。」「自」猶「從」，「之」訓「至」，作「到」講。言從楚國到滕國。這句裏的「自」和「之」，就是「從」和

「到」，皆爲連繫處所的關係詞。介詞「自」常和動詞「至」前後相關聯。如孟子公孫丑篇：「自天子達於庶人。」和大學「自天子以至於庶人」，語意相同，「達」和「以至於」都作「到」講，和「自」字相應。又萬章篇：「天視自我民視，天聽自我民聽。」「自」猶「從」。言天之視聽，皆從民之視聽。上例諸「自」字，並爲表所從的介繫詞，也都是表動作的起點，此爲常語。

③自：猶「於」(于)。爲表所在的關係詞。表一定範圍內的定著關係。當白話「在」字。如：

孟子公孫丑篇：「孟子自齊葬於魯。」趙注：「孟子仕於齊，喪母而歸葬於魯。」是趙氏訓「自」爲「於」。「自」和「於」相應。不過這個「自齊」的「自」訓「於」，作在字講，是表定著的關係詞。「葬於魯」的「於」，是介所至的關係詞，是表動態的。作到字講，卻是同中有異的。又滕文公篇引詩小雅伐木之詩云：「吾聞出於幽谷，遷於喬木者。」原詩作「出自幽谷，遷于喬木。」孟子改「自」作「於」，足以證明「自」和「於」同是表動作之所從出的關係詞。但「遷於喬木」的「於」，則爲表所至的關係詞。當白話「到」字。

④自：猶「若」。猶「苟」，爲表假設的關係詞，當白話「假如」二字。如：

論語述而篇：「自行束修以上，吾未嘗無誨焉。」注疏於「自」字未有明訓。朱注：「故苟以禮來，則無不有以教之也。」這分明是以「苟」訓「自」。「苟」爲若或之義，是設詞，表假設以起下文。是說：「若或能行束修之禮以上而來學者，則我沒有不教誨他們的。」竹氏會箋：「自字，是自從，非自己。」訓「自」爲「由從」之義，於文義未洽。不及朱注靈活。

至

①至：猶「最」。爲表極度的限制詞，表示程度的極致，到了最高限度。爲極甚、極頂之意。和「最、尤、更、頗」等字，都是修飾謂語的形容詞，而把它放在前面。「最」和「至」是表極比的，爲習見的常語。如：

論語雍也篇：「中庸之爲德也，其至矣乎！」這個表極比的「至」字，放在中心詞「德」字後面，語法比較特殊。泰伯篇：「泰伯，其可謂至德也已矣！」「至」放在中心詞前，是一般的句式，孟子公孫丑篇：「其爲氣也，至大至剛。」同篇：「寡助之至，親戚畔之；多助之至，天下順之。」離婁篇：「規矩，方圓之至也；聖人，人倫之至也。」萬章篇：「象至不仁」。同篇：「孝子之至，莫大乎尊親。」告子篇：「舜其至孝矣！」盡心篇：「以至仁伐至不仁。」此類例句，都是用「至」來修飾中心詞以表極比的。表示某種事理的程度到了最高峯。至於它的位置，或在中心詞前，或在其後，也不一定。

②至：猶「及」。「及至」連言，爲同義複語。「至」又和介詞「於」合成「至於」一詞，和「及至」的功用相同，都是連類以推拓上文之關係詞，當白話「到達」之意。如：

論語雍也篇：「齊一變，至於魯，魯一變，至於道。」述而篇：「不圖爲樂之至於斯也。」「至於」猶言「及至」，當白話「到了」。孟子梁惠王篇：「今恩足以及禽獸，而功不至於百姓者，獨何與？」上句的「及」字和下句的「至於」同義，並是到達之意。公孫丑篇：「由湯至於武丁」「至於」是表明從某時到某時方止，是連繫這類時間補詞的關係詞。文言的「至」或「至於」，「及」或「及至」，有時也用「迄」字。白話祇用「到」字就行了。又滕文公篇：「吾先君莫之行，至於子之身而反之，不可。」同章下文「及至葬，四方來觀之」裏的「及至」和「至於」同義。皆是抵達的意思。和「到了」「等到」相當。

③至於：爲「至」和「於」結合而成的連絡關係詞，意思和上文所擧作「到達」講的「至於」不同。這個「至於」，用在複句中，是表進層連接，有比較之意，爲相及而殊上事之關係詞。和「至如」「至若」「若夫」之用法相同。當白話「對於」或「講到」「說到」的意思。如：

論語爲政篇：「今之孝者，是爲能養；至於犬馬，皆能有養，不敬，何以別乎？」孟子梁惠王篇：「今有璞玉於此，雖萬鎰，必使玉人彫琢之。至於治國家，則曰：『姑舍汝所學而從我。』則何以異於敎玉人彫琢玉哉？」告子篇：「口之於味，有同耆也。……至於味，天下期於易牙，是天下之口相似也。惟耳亦然，至於聲，天下期於師曠，是天下之耳相似也。惟目亦然，至於子都，天下莫不知其姣也。」同篇：「拱把之桐梓，人苟欲生之，皆知所以養之者。至於身，而不知所以養之者，豈愛身不若桐梓哉？弗思甚也。」此類「至於」用作連絡關係詞，以領起下文，前後語意是有轉變的，同時並帶有比較輕重得失的意味。用白話可翻做「對於」「關於」或「講到」「說到」字樣。也都是說了一事，別提一事時用之。

七畫

似

①似：猶「類」猶「像」。「像」「似」二字轉注。用在準判斷句裏作準繫詞。它的功用，和「猶、如、若」等字相同。和白話「像」或「好像」相當。如：

論語鄉黨篇：「孔子於鄉黨，恂恂如也，似不能言者。」「似」猶「類似」，緊承上句「如」字，與之呼應。「者」與上句的「也」，亦自相呼應。表平比相連，爲比擬未定之關係詞。同篇：「攝齊升堂，鞠躬如也，屏氣似不息者。」「似」猶「類似」。句法與上同，亦是表平比相連的句子。孟子梁惠王篇：「望之不似人君。」「不似」猶言「不類」「不像」。「似」是比擬人君的威儀。公孫丑篇：「孟施舍似曾子，北宮黝似子夏。」這類比擬詞「似」字，常用在形容詞後，比擬兩個事物的屬性相等，但形容詞往往隱藏不現。這兩句等於說：「孟施舍之勇像曾子之勇，北宮黝之勇像子夏之勇。」滕文公篇：「他日，子夏、子張、子游，以有若似聖人，欲以所事孔子事之。」「似」猶「像」。意思是說：「他們以爲有若的氣象才德，像聖人的氣象才德，想拿事孔子的禮節來事有若。」盡心篇：「道則高矣，美矣，宜若登天然，似不可及也。」「似」猶「像」緊接上句「若」字。相與呼應。同爲表比擬相連的關係詞。

②似：爲相像之詞。「相像」猶「相似」，相當於「形似」二字。如：

孟子盡心篇：「居之似忠信，行之似廉潔。」同章：「惡似而非者。」這三個「似」字，皆謂表面相似，而實際卻完全不是，所謂「是似而非」，表示以僞亂眞之意。

何

①何：本作「儋」解。俗作擔，乃指人的擔負言。惟此義久爲「荷」所專，今所行者爲別義。常和介詞「以、爲、自」等連用，作疑問代詞，和「誰、孰、奚、曷、安、焉」等字，雖同爲疑問代詞，而以「何」字應用最廣，亦最繁複。「何」字可指代所疑的事情、地方、及人物。「何」字可單用做謂語，用來詢問緣由。當白話「甚麼」或「爲甚麼」。如：

論語述而篇：「求仁而得仁，又何怨？」「何」指代行仁之事，作「甚麼」解。顏淵篇：「內省不疚，夫何憂何懼。」「何」猶「曷」，泛指一切事物，並無疑問意。相當於「甚麼」。同篇：「必不得已而去，於斯三者何先？」「者」指代主語的事物。「何」是謂語，與「孰」同義，表處理事物的抉擇關係，指代某些事物中的一事，和「者」字相應。相當於「那一件」。孟子告子篇：「曰：先生將何之？」「何」指代地方，與「奚、安」等字同義，表未知的處所，相當於「那裏」。在文言裏疑代詞作賓語一定位居動詞前，要翻成白話，就必須移居動詞後，這是它們在語法上的差別。

②何：用作反詰語詞，猶「豈」。當白話「怎麼」或「爲甚麼。」如：

論語爲政篇：「大車無輗，小車無軏，其何以行之哉！」「何」相當於「怎麼」，「其何以行之哉！」是說：「車子怎麼能夠行動呢。」但也可說做「車子拿甚麼行呢。」八佾篇：「與其媚於奧，寧媚於竈，何謂也？」「何」相當於「甚麼」，「何謂也？」是說：「這是甚麼意思呢？」同篇：「二三子何患於喪乎？」「何」猶「豈」，「何患」猶言「豈患」，是不必憂患的意思。「何」字用在他動詞前，其後必有賓語。先進篇：「曰：子在，回何敢死？」「何」字用在「敢、可、能」等副詞前，並猶「豈」。相當於「怎麼」或「那裏」。是說：「我顏回怎麼敢死呢？」顏淵篇：「君子質而已矣，何以文爲？」

「何」猶「奚」、猶「安」、猶「焉」。相當於「甚麼」。「何以文爲？」是說「用文做甚麼呢？」馬氏文通解釋爲「以文爲何？」甚合現代語法。同篇：「何哉？爾所謂達者。」這是提前謂語的句式。「何」當白話「怎樣」。是說：「你所說的達，是怎樣呢？」「何」字不能單獨作主語，用「何」來做謂語詢問緣由，主語一定用「者」來代替。這「何哉」原是謂語，而非主語，是爲了加强語氣，特將謂語掉在主位。孟子梁惠王篇：「此心之所以合於王者，何也？」同章：「今恩足以及禽獸，而功不至於百姓者，獨何與？」「何也」跟「獨何與」，都是疑問代詞單獨作謂語的，上用「者」代主語，代替緣故或因由。這兩個複句，「者」以上是主語，「何」翻做「爲甚麼」，是謂語。和前句「何哉？爾所謂達者」的句型剛好相反。滕文公篇：「彼丈夫也，我丈夫也，吾何畏彼哉？」「何」猶「豈」，當白話「爲甚麼」。是說：「我爲甚麼要怕他呢？」凡是用「何」作反詰語詞，「何」字均與上文緊相呼應。以不求對方回答爲主。

③何：爲不識誰何之詞，不表疑問，而是泛指事物而問之，以求答爲主。當白話「甚麼」或「甚麼東西」「甚麼事。」如：

論語公冶長篇：「曰：『何器也？』曰：『瑚璉也。』」「何」字位於名詞前，是形容詞用作主語，相當於「甚麼」或「甚麼東西。」又子罕篇：「吾何執，執射乎？執御乎？吾執御矣。」「何」字位於動詞前，是個限制詞，泛指不知何事，沒有疑問之意。相當於「甚麼」或「甚麼事」。這是一個自問自答的選擇句子。

④何：與「何如」，同爲表疑問而兼請教之詞。或問可否並帶有商量語氣。這也是以詢問求答爲主的。

相當於「怎樣」或「怎麼樣」如：

論語公冶長篇：「子貢問曰：『賜也何如？』」與述而篇：「入曰：『伯夷、叔齊，何人也？』」孟子盡心篇：「樂正子何人也」裏的「何如」與「何」，都是做定語，意思相同，皆是問其爲何等人，猶言是怎樣的人呢？「何」字位於名詞上，作形容詞用，是用它來詢問人物性態的。祇是「賜也何如」句下省「人也」，「何人也」句中省「如」字。同是「何如人也」的意思。又公冶長篇：「求也何如？」「赤也何如？」此類「何如」，都是何如人也的意思。也都是詢問人事情況的。相當於「怎樣」或「怎麼樣」「究竟怎樣。」皆爲問可否，以求解答的疑問詞。此類「何如」，也可換用「若何」，以表商量語氣。如雍也篇：「如有博施於民，而能濟衆，何如？」先進篇：「夫三子者之言，何如？」顏淵篇：「如殺無道，以就有道，何如？」子路篇：「曰：今之從政者，何如？」這都是由自家先提出設定事項，然後徵詢對方意見。此類「何如」，還有「若何」，都是代替形容詞，相當於「怎麼樣」，多屬疑而有定之詞，以表商量語氣，並非眞性詢問，以求解答爲目的。若把「何如」「何若」，倒爲「如何」「若何」，那就相當於「爲甚麼」。通常用來詢問動作情狀，也就成爲狀語了。

⑤何：猶「何故」、「何爲」。當白話「爲甚麼」。如：

論語雍也篇：「誰能出不由戶？何莫由斯道也！」朱注：「何故乃不由此道邪？怪而歎之之辭。」「何故」乃是解釋「何」字的。先進篇：「夫子何哂由也？」「何」字用在動詞上，亦當「何故」。衞靈公篇：「夫何爲哉？恭己正南面而已矣。」「夫」帶有指稱詞的意味，跟「何」合成發端疑問語詞，「夫何」連讀，不相當於「爲甚麼」，而是「做甚麼」的意思。「夫何爲哉？」是說：「他做些甚麼呢？」

孟子梁惠王篇：「夫何使我至於此極也？」「夫何」亦係發端疑問語詞，但「何」爲「何故」之意，相當於「爲甚麼」。是說：「他爲甚麼使我們淪落到這種困境呢？」同篇：「王如善之，則何爲不行？」「何爲」猶「何以」，「以」得訓「故」，「何爲」卽「何故」之意。滕文公篇：「子何以其志爲哉？」盡心篇：「何不使彼爲可幾及，而日孳孳也？」同篇：「孔子在陳，何思魯之狂士？」例句中的「何」字，皆「爲何」之省文，是「何故」之意，並作「爲甚麼」講。凡疑問代詞和介詞給合成狀語時，賓位的疑代詞必須倒置。如「何以」當白話「拿甚麼」，「何爲」「奚爲」當白話「爲甚麼」「孰與」相當於「同誰」「同那個」，已成爲約定俗成的語法。文言決不說做「以何」「爲何」「爲奚」「與孰」，都是必須倒置的。

⑥何以：猶「如何」。是詢問事物的容狀和方法，爲詢問原因的詞。這個「何」字，跟「奚」「曷」等疑代詞同義。疑代詞「何」跟介詞「以」連用，多表詢問緣由。這「何以」一詞，也可用「如何」「若何」代替，但不能用「何如」。還有跟別的介詞連用的，有「何爲」「何自」「何由」「何從」等，有「甚麼」「爲甚麼」「從那兒」諸義。如：

論語公冶長篇：「孔文子何以謂之文也？」「何以」猶「何故」，是詢問事物容狀的。作「怎麼」或「爲甚麼」講。孟子梁惠王篇：「王曰：何以利吾國？大夫曰：何以利吾家？」「何以」是詢問方法的。當白話「怎樣」解。同篇：「何由知吾可也？」「何由」猶言「由何」，與「何以」同義。是詢問根由的。是「從那兒」或「從某麼地方」的意思。同篇：「何以能鼓樂也？」「何以能田獵也？」「何以」是詢問容狀的，作「爲甚麼」講。萬章篇：「且君之欲見之也，何爲也哉？」「何爲」與「奚爲」

「曷爲」同義，也是詢問容狀的，作「爲了甚麼」或「做甚麼」講。告子篇：「高子曰：『小弁，小人之詩也。』孟子曰：『何以言之？』曰：『怨。』」「何以」與「何爲」同義，是詢問理由的。「何以言之」，是說：「爲甚麼這樣說呢？」滕文公篇：「吾何畏彼哉？」「何」猶「何以」，相當於「爲甚麼。」是說：「我爲甚麼要怕他呢？」凡言何以者，其上必有敍事句，皆據彼決此之詞。細玩便知。

⑦何：猶「不」。與「豈」「奚」用法相同。常和能願詞「可、能、敢」等字及副詞「必、嘗」等字連用。都是表進層反詰以起下文。當白話「那裏」或「怎麼」。如：

論語公冶長篇：「賜也何敢望回？」「何敢」猶言「奚敢」「豈敢」，意思就是「不敢」。當白話「那裏敢」或「怎麼敢」。先進篇：「仍舊貫，如之何？何必改作！」同篇：「何必讀書，然後爲學？」憲問篇：「今之成人者，何必然？」同篇：「何必高宗？古之人皆然。」此類「何必」，並猶「奚必」「豈必」，皆不必之意。祇是「何必」，已成熟語，可以不譯。子罕篇：「子曰：『是道也，何足以臧？』」「何足」猶言「奚足」「豈足」，就是「不足」之意。但不能改用「不足」，因不足的「不」。爲否定語氣，而非反詰語氣。微子篇：「直道而事人，焉往而不三黜？枉道而事人，何必去父母之邦？」在這複句裏，「焉」與「何」相應，「焉往」猶言「何往」，「何必」猶言「不必」。孟子梁惠王篇：「王何必曰利？亦有仁義而已矣。」同篇：「何可廢也？以羊易之。」公孫丑篇：「曰：『文王何可當也？』」同篇：「其心曰：『是何足與言仁義也云爾？』」萬章篇：「豈不曰：以位，則子君也，我臣也，何敢與君友也？以德，則子事我者也，奚可與我友？」句中的「何」與「奚」爲變文同義，皆可以「豈」代之。並爲「不」義。上列各句中的「何」字，多半用在「敢、必、足、可」等限制詞前，並可用「奚」或「豈」代替，以表反詰語氣。雖同爲「不」義，但不能代之以「不」。若是以「不」代之，便將反詰語氣變做否定語氣了。

⑧何有：猶言「不難」。是沒有甚麼困難的意思。如：

論語里仁篇：「能以禮讓爲國乎？何有！」朱注：「何有，不難也」。「何有」乃是何難之有的縮合語，意思是說：「這有甚麼困難呢？」雍也篇：「由也果，於從政乎何有？」和上句語法相同。述而篇：「子曰：默而識之，學而不厭，誨人不倦，何有於我哉？」「何有」亦不難之義。惟朱子於此注，卻說：「何有於我，言何者能有於我也。」並說明乃是孔子謙而又謙之詞。按這幾句文字的文義，和同篇下文答公西華說：「若聖與仁，則吾豈敢，抑爲之不厭，誨人不倦，則可謂云爾已矣」裏的文義相同。而且在孟子公孫丑篇載夫子答子貢的話說：「聖則吾不能，我學不厭，而教不倦也。」據此可知夫子祇是不敢以聖與仁自居，卻一再以學不厭，教不倦自認，而詞義甚明，爲何於此章又辭而不受呢？統觀前後，此注於文義未洽。竹氏會箋說：「故夫子自言，我之爲人，不過如是而已矣，除此三者外，何者能有於我也。言我無所有也。」將「何有」解做「無所有」，這是說明除此三者外，別無所有。「三者」當係確指「默而識之，學而不厭，誨人不倦」三事。語意明確可從。又子罕篇：「出則事公卿，入則事父兄，喪事不敢不勉，不爲酒困，何有於我哉？」「何有」亦不難之義。子路篇：「苟正其身矣，於從政乎何有？」孟子梁惠王篇：「王如好貨，與百姓同之，於王何有？」「何有」皆表不難之義。此類「何有」，都是用在複句的次句句首或句末作決定語，在上句都是先行提出一項行事所必備的條件，然後再以「何有」來表明對某事之達成是沒有困難的。

⑨何……有：猶言「何得有」，卽「無有」之意。「無有」就是「沒有」。跟上節的「何有」一詞，意義迥別。如：

論語子罕篇：「君子居之，何陋之有？」「何陋之有？」猶言「何得鄙陋呢？」卽是說：「怎麼會鄙陋呢？」也就是不鄙陋之意。同篇：「未之思也，夫何遠之有？」「夫何遠之有？」是說：「那裏有甚麼遠的呢？」也就是不遠之意。子張篇：「夫子焉不學，而亦何常師之有？」「焉」與「何」相應，「何常師之有？」是說：「那裏有固定的老師呢？」也就是沒有一定的師長。孟子離婁篇：「不仁而可與言，則何亡國敗家之有？」是說：「如果對於不仁的國君，還可跟他講仁道，那怎會弄到亡國敗家的地步呢？」同篇：「寇讎，何服之有？」言對於仇敵，還要穿甚麼喪服呢？就是沒有穿喪服之必要。萬章篇：「父母之不我愛，於我何哉？」「何」爲「何有」之省文。「於我何哉」猶言「於我何有哉？」或「何有於我哉？」不過這個「何有」，非不難之意，而是無有之意。是說：「這在我又有甚麼罪過呢？」這個省文的「何有」，也可變做「何……有」形式，成爲「何罪之有？」盡心篇：「不耻不若人，何若人有？」「若」猶「如」，「何若人有」言何得如人呢？就是說：「那還有甚麼比得上別人呢？」這「何……有」，都是用在複句的末句，譯白話時，要把「有」字移到「何」字上面，纔合現代文語法，這在文言，是倒裝形式。上例的「何有」一詞，也都是這樣譯法。

⑩何：與「何其」，同爲驚歎之詞。當白話「怎麼會」「爲甚麼這樣」等語氣。如：

論語雍也篇：「井有仁焉，其從之也？」子曰：『何爲其然也！』」「何爲其」是驚歎詞。「何爲其然也！」是說：「爲甚麼要這樣做呀！」「呀」字也可換用「呢」字。子罕篇：「太宰問於子貢曰：『

夫子聖者與？何其多能也！』」「何其」爲驚歎詞，並略帶詢問語氣。上句的「與」字，亦是歎詞而兼懸疑的詢問語氣。意思是說：「你們的老師是位聖人吧？不然，他怎樣會多才多藝呢！」子路篇：「冉子退朝。子曰：『何晏也？』」「何」爲「何其」之省文，亦是驚歎而兼詢問的語氣詞。「何晏也，」是說：「怎麼會退朝這樣晚呢？」孟子公孫丑篇：「三宿而出晝，是何濡滯也！」「何」亦何其之省文，也是驚歎而帶詢問的語氣詞。「是何濡滯也，」是說：「爲甚麼這樣拖延耽擱呢！」盡心篇：「此非吾君也，何其聲之似我君也！」同篇：「以至仁伐至不仁，何其血之流杵也！」兩「何其」，並爲驚歎而帶詢問的語氣詞，並非疑問語氣詞。

⑪何：用作連詞，常和「也」「哉」「者」等助詞連合成「何也」「何哉」「何者」「何則」等複詞，用在複句之中，有申推事理，考究語意，貫通上下文之功能。當白話「這卻是甚麼緣故呢？」或「這卻是甚麼道理呢？」如：

孟子梁惠王篇：「鄰國之民不加少，寡人之民不加多，何也？孟子對曰：『王好戰，請以戰喻。』」同篇：「公曰：『將見孟子。』曰：『何哉！君所謂親身以先於匹夫者，以爲賢乎？』」公孫丑篇：「齊滕之路，不爲近矣。反之，而未嘗與之言行事，何也？曰：『夫既或治之，予何言哉？』」滕文公篇：「出疆必載質，何也？曰：『士之仕也，由農夫之耕也；農夫豈爲出疆，舍其耒耜哉？』」盡心篇：「萬章曰：『一鄉皆稱原人，無所往而不爲原人，孔子以爲德之賊，何哉？』曰：『非之無舉也，刺之無刺也，居之似忠信，行之似廉潔，……故曰：德之賊也。』」此類以「何也」「何哉」等反詰疑問語詞，放在複句之中，作聯絡關係詞，獨立成句。這類語法，都是先據事實，假設疑問，然後陳述事理，以說明疑問之所在，筆意翻轉自如，文理密察，語氣條暢，足以使人心志豁然開朗。

⑫何：用作連詞，常和「況」字結合成「何況」一詞。和「而況」「又況」之功用相同。都是用在複句的次句上面，以表反詰語氣，把文義逼進一層，以增強文勢。說見釋「況」條，玆不例舉。

否

「否」原作「不是」講。在反復的然否問句裏，用「否」字融合成兩個是非問句的形式，其作用卻近選擇問句，要對方加以肯定或否定。肯定用「然」，否定用「否」，「然」就是「是」，「否」就是「非」。否定詞在文言裏常用「非、不、未、莫、無」等字來代替。

①否：爲不然之詞，表決其爲非之義。和表承諾的「唯」「然」相對。當白話「不是」之意。如：

孟子梁惠王篇：「君所謂踰者，前以士，後以大夫；前以三鼎，後以五鼎與？曰：『否！謂棺椁衣衾之美也。』」公孫丑篇：「夫子加齊之卿相，得行道焉，雖由此霸王不異矣。如此，則動心否乎？孟子曰：『否！我四十不動心。』」同篇：「今病小愈，趨於朝，我不識能至否乎？」這「則動心否乎」和「能至否乎」的「否」，祇是詢問其然否，以求抉擇之詞。「曰否」的「否」，乃是表抉擇的不然之詞。滕文公篇：「曰：『許子必織布而後衣乎？』曰：『否！許子衣褐。』……曰：『自織之與？』曰：『否！以粟易之。』」萬章篇：「曰：『然則舜僞喜與？』曰：『否！……彼以愛兄之道來，故誠信而喜之。』」同篇：「堯以天下與舜，有諸？孟子曰：『否！天子不能以天下與人。』」同篇：「人有言，至於禹，而德衰，不傳於賢，而傳於子，有諸？孟子曰：『否！不然也。』」這類問句，皆近似是非選擇句，下面用「乎」「與」「有諸」，表示詢問而兼反詰的語氣詞。其下皆用「否」字，決定其不然。既曰「否」，又曰「不然」者，乃是加重否決語氣，表示堅決沒有，堅決不如此之意。按論孟中問答詞，凡以所問爲「是」者，則曰「然」，或曰「是也」以應之。以所問爲「非」者，則曰「否」，或曰「不然」以拒之。在「然」或「否」的決詞之下，必有文字以說明其所以「然」和所以「否」之故。這是通常用法。此外還有「否則」一詞，和「然則」相對，並爲兩設之詞，表轉折相承。「否則」猶言「不然，就要」。當白話「不這樣、那麼」，或「不是這樣、那就。」均可。

②否：爲「不」詞。常和「所」字連成「所不」一詞，用在古代誓辭中，以表明事理之不可違背，如：

論語雍也篇：「夫子矢之曰：『予所否者，天厭之！天厭之！』」「矢」爲「誓」字古文，「否」爲「不」之借字。史記引此文作「不」。凡古人誓辭，多用「所不」二字，並「者」字，構成「所不…者」的句式。這在古代誓辭中，是常見的語法。

坐

①坐：爲不動之義。這是由動詞轉化爲介詞的。如：

孟子滕文公篇：「經界既正，分田制祿，可坐而定也。」「可坐而定」，猶言「不勞而定。」離婁篇：「千歲之日至，可坐而致也。」「日至」卽冬至之時日。「坐」猶「因」，有依照之意，用如介詞。是說：「千歲之久的冬至氣節，也可依照過去運行的常度，不待煩勞，就能推算出來的。」

②坐：爲急待之義。如：

孟子離婁篇：「仰而思之，夜以繼日；幸而得之，坐以待旦。」趙注：「言欲急行之矣。」意謂急切地坐待天亮，趕快實行。是動詞用如形容詞的。

希

①希：猶「鮮」。爲罕少之義。「希罕」連言，爲同義複語。如：

論語公冶長篇：「不念舊惡，怨是用希。」「希」就是「罕少」。先進篇：「鼓瑟希，鏗爾！」「希」爲間歇之詞，亦卽罕少之義。季氏篇：「自諸侯出，蓋十世希不失矣。」正義：「希，少也。」「希不失」猶言「鮮有不失。」卽失國之成分居多。孟子離婁篇：「由君子觀之，則人之所以求富貴利達者，其妻妾不羞也，而不相泣者，幾希矣！」「幾希」是無幾，猶言「鮮矣。」與單用「希」字同義。亦罕少之義。古人或釋「希」爲「罕」，或釋爲「少」，其義則同。按「鮮、罕、希、少」，均同義語，祇是在時間上有古今方俗之異。古言「希少」之「希」，今多以「稀」爲之。這是用它來指代數詞的鮮少，和幾字相類。

②幾希：猶言「無幾」。爲相去不遠之詞。卽甚近、甚少之意。如：

孟子離婁篇：「人之所以異於禽獸者，幾希。」盡心篇：「舜之居於深山之中，與木石居，與鹿豕遊，其所以異於深山野人者，幾希。」兩「幾希」，義爲「相去不遠。」注云：「幾，豈也；希，遠也。」則是訓「幾希」爲「豈遠」。「豈遠」就是「不遠」，亦卽相去甚微、甚少之意。與單用「希」者，意義有別。

抑

①抑：和「抑亦」。都是表選擇的承轉連詞。用在複句的次句之首。將文義轉到另一層，其上要有另一句文字，意思和它平列或對立，句末大都用「乎」「與」等疑問助詞，以表詢商語氣。相當於「還是」二字。「抑」或作「意」。經典釋文：「古抑意通。」如：

論語學而篇：「夫子至於是邦也，必聞其政，求之與？抑與之與？」劉氏正義：「抑者，更端之詞，漢石經，抑與作意與。」所謂更端詞，亦卽轉換語氣的發端語詞。是表示兩者之間選擇其一的關係詞。和白話「還是」二字相當。孟子公孫丑篇：「求牧與芻而不可得，則反諸其人乎？抑亦立而視其死與？「抑」爲轉語詞，將句中上下文義作正反的比較。滕文公篇：「仲子所居之室，伯夷之所築與？抑亦盜跖之所築與？所食之粟，伯夷之所樹與？抑亦盜跖之所樹與？」兩「抑」字，同是轉接連詞，用以比較上下文義，使人於二者之中抉擇其一。此類「抑亦」的「亦」，並是語助，其功用祇是幫助語氣，別無他義。這個「亦」字，和一般可以譯著「也」的繫詞「亦」字不相當。這祇是拿它來調洽整個句子的語氣，有了它，能使語氣延長，聲音和緩，跌宕生姿，好讓讀者緩和語氣罷了。這個抉擇句的句末助詞「與」，表疑問語氣。白話用「呢」「啊」等，卻不能用「嗎」。要是句上用「豈」字，可譯做「難道」、「莫非」等語氣，句下的語末助詞，纔可用「嗎」字。這樣上下語氣，纔能相應。在翻譯時，要特別留心這一點。

②抑：和「抑亦」。都是表脫卸關係的承轉連詞。也是用在複句的次句之首。和白話「然而」「但是」

相當。表示上下文義不平衡，用了它，就將文義降落一層。句末用「矣」字作助詞，以表認定語氣，當白話「了」字。如：

論語述而篇：「子曰：『若聖與仁，則吾豈敢，抑爲之不厭，誨人不倦，則可謂云爾已矣。』」「抑」猶「然」爲承轉關係詞，並表謙退之義。子路篇：「子貢問曰：『何如斯可謂之士矣？』子曰：『行己有耻，使於四方，不辱君命，可謂士矣。』……曰：『敢問其次？』曰：『言必信，行必果，硜硜然，小人哉！抑亦可以爲次矣。』」「抑」爲轉語詞，相當於「然而」。「抑亦」的「亦」字，是承上文的繫詞，可以譯做「也」字，和「抑」字合用，爲表後事遜於前事的關係詞。憲問篇：「子曰：不逆詐，不億不信，抑亦先覺者，是賢乎。」「抑」猶「然而」，「乎」與「也」同義。子張篇：「子游曰：『子夏之門人小子，當灑掃應對進退，則可矣。抑末也，本之則無，如之何？』」這個「抑」字，也是轉語詞，相當於「但是」。這類「抑」字，都可換用「然」字或「但」字。和白話「然而」「但是」「不過」「可是」等相當。此類「抑」和「抑亦」，都是表承轉的關係詞。在這個關係詞以下的文義，總是要比上文的文義跌落一層。因爲「抑」字，本有抑之使下之義。故劉氏辨略說：「抑者，抑之使下也。凡語詞用抑，或是發聲，或是轉語，其音多下而不揚，故云抑也。」此說亦精審有味。

③抑：猶「或」。爲疑而未定的推測語氣詞。和白話「或許」「也許」相當。如：

孟子梁惠王篇：「權然後知輕重，度然後知長短。物皆然，心爲甚，王請度之！抑王興甲兵，危士臣，構怨於諸侯，然後快於心與？」「抑」爲疑詞，而兼轉折作用。以表推測語氣。

攸

①攸：猶「所」。爲處所代詞。用在主語和動詞之間，使文義相連屬。如：

孟子梁惠王篇引詩大雅靈臺之詩云：「王在靈囿，麀鹿攸伏。」王氏經義述聞：「言麀鹿用伏也」裴氏集釋：「言麀鹿是伏也。」把「攸」字訓「用」訓「是」，似不若訓「所」爲得。「攸伏」猶言「所伏」。「所」卽「處所」，當白話「那兒」。翻譯時，要把「所」字放在動詞「伏」字之後，說成「麀鹿伏在那兒。」滕文公篇引書逸篇之文曰：「有攸不惟臣，東征。」「攸」猶「所」。「惟」朱注本作「爲」。「惟」「爲」二字古通用。是說：「所有那些助紂爲虐，不想做周家臣子的，武王就起兵東征。」

②攸然：疾逝之貌。是個限制詞，用它來修飾動態的。如：

孟子萬章篇：「始舍之，圉圉焉；少則洋洋焉，攸然而逝。」「攸然而逝」，爲自得而遠去之狀。

沒

①沒：猶「盡」。猶「無」。「沒人」猶言「無人」當白話「沒有」二字。如：

論語子罕篇：「文王旣沒。」「旣沒」猶言已經死去。鄉黨篇：「沒階，趨進，翼如也。」集解引孔注：「沒，盡也。」「沒階」猶言「下盡階臺」。今俗稱「無」叫「沒」，與此義近。憲問篇：「沒齒，無怨言。」「沒齒」是老而無齒的意思。猶言「終身」，也就是一直到人生盡頭。衞靈公篇：「

君子疾沒世而名不稱焉。」「沒世」卽離開人世之意。

矣

「矣」和「也」，在文言裏都是表陳述的語氣詞。它們雖都有强化語氣作用，可是這兩個詞的用法卻完全不同。「也」所表示的語氣，是事理之當然，不涉及時間。凡不帶時間性的句子，以判斷句爲最明顯，這種句末，大都用「也」，不用「矣」。「矣」是變動性的，在時間方面表示已然或必然的語氣；但也有表將然的。所以無論是敍述既成的事，或是未來的事，在語氣上都可用「矣」來表示。「矣」字有時也表感歎或疑問和堅確或決定等語氣。「矣」字的特殊用法，是作指代詞。

①矣：猶「之」。用作指代詞，指代人物或事理。這是「矣」字的特殊用法。如：

孟子萬章篇：「苟善其禮際矣，斯君子受之。」「矣」猶「之」，指代人物。這句中的「矣」字代人，「之」字代物。是說：「假使他能用完善之禮節接待人，就是君子也接受他的餽贈。」盡心篇：「行之而不著焉，習矣而不察焉。」「之」與「矣」，同是指事物之理的代稱詞，意思相同，可以換用，爲了變文以避重複，故用不同的字。是說：「做了一件事，卻不知道它的道理；已經熟習一件事，卻還不曉得它的因由。」（說見裴氏集釋）

②矣：爲語已助詞，表已然之事實或境遇。也可用它表必然之狀態，多用於帶敍述性的描寫句之末，當白話「了」字。而在句子上面常加時間副詞「已、嘗、既」等字，以表時間的變動性。如：

論語泰伯篇：「昔者吾友，嘗從事於斯矣。」鄉黨篇：「賓退，必復命曰：賓不顧矣。」這都是敍述性的描寫句，並用「矣」字，表已然之事實和狀態。先進篇：「有顏回者好學，不幸短命死矣！」這個「矣」字，表已然之境遇，兼帶感歎語氣。同篇：「由也，升堂矣，未入於室也。」句末的「矣」和「也」，皆表決定語氣，祇是在時間上，「矣」表過去，「也」表現在及未來，兩者有不同的情況及事實。「升堂」是造詣的情況，「未入於室」，是目前本來的事實。前者是表變動的語氣詞用「矣」，後者是表判斷的語氣詞用「也」。顏淵篇：「子夏曰：『商聞之矣，死生有命，富貴在天。』」「矣」爲提示下文的語氣詞，表必然之理。衞靈公篇：「俎豆之事，則嘗聞之矣。軍旅之事，未之學也。」這兩個對立句，上句用「矣」作頓詞，下句用「也」作決詞，不能換位，因前者是由變動而成的事實，祇能用「矣」來表已然或必然的語氣；後者是本來沒有變動的事實，祇能用「也」來表示未然的語氣。由此可知凡是句中用表時間過去「已」或「嘗」等字的，句末助詞必用「矣」。用否定詞「未」或「不」的，句末助詞必用「也」。這是古語的定則。又雍也篇：「如有復我者，則吾必在汶上矣。」微子篇：「道之不行，已知之矣。」季氏篇：「祿之去公室五世矣，政逮於大夫四世矣。」這類敍事或論斷語，都屬事之既往，故句末助詞必用「矣」。又孟子梁惠王篇：「壯者散而之四方者，幾千人矣。」公孫丑篇：「今日病矣，予助苗長矣。其子趨而往視之，苗則槁矣。」句中雖未用表時間過去的限制詞，但都含有「已」「既」的意味。同章：「仁且智，夫子既聖矣。」這是判斷句，先認清了夫子「仁且智」，然後纔斷定他是「聖」。也是經過變動的事實，故語末助詞用「矣」。同篇：「今既數月矣，未可以言與？」在富有變動性的數詞之後，所以語末助詞必用「矣」。離婁篇：「尹公之他，端人也，其取友必端矣。」這裏的「也」和「矣」，雖都是決定語氣詞，但「也」必須用於本來沒有變動的事實，「矣」必須用於由變動而成的事實。總之，這類用作語末助詞的「矣」，都是表直陳其事的決定語氣。同時句中常用表時間過去的「已」「嘗」「既」等限制詞，以表明已然之事實，有時也常用決定詞「必」和連詞「則」，以表示理論上必然之結果。卽是在字面上不用這等詞，也是含有這種語意在其中的。餘放此。

③矣：爲語已詞，表將然的事實。上面說「矣」是表「已然」或「必然」的詞氣。這裏又說它表將然的詞氣，而不相矛盾的原因，是前者爲事實的論斷語，是經常的用法；這裏的事實，是想像的假設場合，是處權的用法。因爲「矣」字，既然是表變動性的語氣詞，當然可以用來表假設的必然結果。

如：

論語學而篇：「子曰：賜也，始可與言詩已矣，告諸往而知來者。」這是從告往知來而得的將然。述而篇：「我欲仁，斯仁至矣。」這是人們從自己設使的願望而自然形成的將然。子罕篇：「吾何執？執御乎？執射乎？吾執御矣！」這是預作謙退之懷，設爲選擇而得的將然。顏淵篇：「回雖不敏，請事斯語矣。」這是根據意願而申述其將然。陽貨篇：「孔子曰：『諾！吾將仕矣。』」這是姑應之的將然，而非實然的語氣。微子篇：「曰：『吾老矣，不能用也。』孔子行。」這是齊景公自己推托年老，而宣告的將然。孟子梁惠王篇：「如有不嗜殺人者，則天下之民，皆引領而望之矣。」這是從孟子以假設作前提而得的將然。同篇：「曰：『是心足以王矣。』」這是孟子從齊王不忍見牛無罪而就死地之心，推測而得的將然。公孫丑篇：「孟子曰：『尊賢使能，俊傑在位，則天下之士，皆悅而願立於其朝矣；市，廛而不征，法而不廛，則天下之商，皆悅而願藏於其市矣。』」這是由於政府任用賢能俊傑之士，和減輕市場的雙重賦稅，而所得的將然。滕文公篇：「上有好者，下必有甚焉者矣。」這是根據上行下效的前導理論而得的將然。同篇：「如知其非義，斯速已矣，何待來年？」這是從假設得來的必然事理，而應有的將然。盡心篇：「死矣盆成括！」這是由於他自恃小聰明所應得的將然。句中有的用「如」「使」等設詞，卽是不用設詞，也是假設句。全靠「矣」字來表示將然語氣。

④矣：用作表感歎的語氣。有前置和後置兩種形式，大都放在後面作謂語的語末助詞。當白話「了」或「了啊」等語氣。用法跟其他語氣詞相同。但感歎句重在表示感情，爲了加强語氣，增進語勢，常用倒裝句式，把它移到句子的領位。文言裏的感歎語氣詞一般用「哉」，但也有用「矣」的。如：

論語八佾篇：「天下之無道也久矣！」這是就事物的屬性和時間，而引起的歎傷，特把表態的時間副詞「久」移到後面作謂語的句式。若是平說，是「天下久無道。」「矣」在這種句裏，同樣有强化語勢作用。這個「矣」字，表感歎而兼表已然的語氣。又里仁篇：「以約，失之者鮮矣！」雍也篇：「中庸之爲德也，其至矣乎！民鮮久矣！」述而篇：「聖人吾不得而見之矣！」泰伯篇：「泰伯其可謂至德也已矣！」子罕篇：「鳳鳥不至，河不出圖，吾已矣夫！」子路篇：「子適衞，冉有僕，子曰：『庶矣哉！』」衞靈公篇：「子曰：『群居終日，言不及義，好行小慧，難矣哉！』」孟子盡心篇：「恥之於人大矣！」這一類在語末助詞的「矣」前，大都是特別著重的形容詞作謂語的。也都是爲了强化語氣，或表感傷，或表贊美，全靠「矣」字表達。有時祇用「矣」，語氣還嫌單薄，再在下面加「夫」或「乎」「哉」等語氣詞，合成「矣夫」「矣乎」「矣哉」。也有時在「矣」上加「也」「已」「者」等語氣詞，合成「也矣」「已矣」「者矣」。更有三合的，如「也已矣」「已矣乎」「而已矣」等。這樣，能使聲韻波宕，語氣延長，更覺咏歎深遠，耐人尋味。還有把「矣」連同謂語提前的感歎句式。謂語提前，用

「矣」字一頓；主語後置，用「也」字一結。但也有不用「也」作結的。這是感歎句的倒裝形式。這個「矣」字要長讀，當白話「了啊」「罷了啊」「算了啊」等語氣。如論語公冶長篇：「已矣乎！吾未見能見其過而內自訟者也。」「已」字原是限制詞作謂語的，這裏把它變次提前，作表態的主語，使語氣顯得特別沈重。述而篇：「甚矣！吾衰也；久矣！吾不復夢見周公。」「甚」和「久」，也是限制詞作謂語的，「吾衰也」和「吾不復夢見周公」是主語。爲了强化語勢，加重感傷語氣，所以也改用變次句式，把謂語提前。如子罕篇：「病間曰：久矣哉！由之行詐也。」這「久矣哉」，也是「由之行詐也」的謂語提前的。孟子盡心篇：「死矣盆成括」這也是提前謂語的句式。這「矣」字的辭氣緊切急迫，要重讀，不宜長讀，當白話「了」字。這倒裝的用法，便能增强語氣的沈重性。若是順說：則是「盆成括死矣！」便覺少力。凡是提前謂語的感歎句，都叫它倒裝語法。因爲在感情激動時，順說却不如倒裝的語氣强勁沈痛。

⑤矣：表轉折語氣，用在複式排句的前句之末，預作承轉詞，當白話「了」字。如：

論語八佾篇：「子謂韶，盡美矣，又盡善也；謂武，盡美矣，未盡善也。」在這複式排句中，上兩句各用「矣」字作認定句的語末助詞。前排先承認其盡美的事實，下面又承認其盡善，以承接上句，用「也」字作結。下排首句，也用「矣」字作認定句的語末助詞，先承認其盡美的事實，下面却不承認其盡善，以轉接上句，也用「也」字作結，以表否定，寓變化於整齊之中，語法自然而又簡潔。季氏篇：「見善如不及，見不善如探湯，吾見其人矣，吾聞其語矣，隱居以求其志，行義以達其道，吾聞其語矣，未見其人也。」這兩排複句的，語法與上同。亦是用「矣」字，預作承轉的語末助詞。在最後一句，也用「也」字作結。以表否定語氣。

⑥矣：猶「也」。與「邪」「乎」同，表疑問語氣。所不同的，是「矣」字仍帶有已然的語氣。當白話「嗎」或「呢」。如：

論語里仁篇：「有能一日用其力於仁矣乎？」公冶長篇：「曰：『仁矣乎？』曰：『未知，焉得仁？』」「矣」並猶「也」（邪）與「乎」同爲疑問助詞。「仁矣乎」猶言「仁乎」。當白話「嗎」字，凡言「矣乎」者，放此。顏淵篇：「子張問士，何如斯可謂之達矣？」與子路篇：「何如斯可謂之士矣？」語法相同。兩「矣」字，並猶「也」，和「邪」字同義，爲疑問助詞，和句首的疑問詞「何如」相應。當白話「呢」字。憲問篇：「克、伐、怨、欲不行焉，可以爲仁矣？」矣爲疑問助詞。史記引此文作「乎」。按此句爲疑問句，下句「可以爲難矣，仁則吾不知也」爲答辭。（說見裴氏集釋）季氏篇：「則將焉用彼相矣？」「矣」與「乎」同義，爲反詰語詞。（說見王氏釋詞）孟子梁惠王篇：「大哉言矣！」說苑修文篇作「大哉言乎！」按「矣」當作「乎」，與「哉」字相應。表贊歎語氣。萬章篇：「曰：敢問國君欲養君子，如何斯可謂之養矣？」「矣」猶「也」，作用與「邪」同。當白話「呢」字。

⑦矣：用作表命令的語氣詞。當白話「呢」或「了」。如：

孟子梁惠王篇：「王欲行之，則盍反其本矣！」同篇：「夫明堂者，王者之堂也。王欲行王政，則勿毀之矣！」這兩個「矣」字，都是表命令語氣的語氣詞。

⑧矣：用作表堅確的語氣詞。有在複中的句末，和分列式的各句之末，連用「矣」字的兩式，都是表語氣之堅確，均當白話「了」字。如：

論語學而篇：「曾子曰：愼終追遠，民德歸厚矣。」爲政篇：「溫故而知新，可以爲師矣。」這在複句之末，用「矣」爲語助，以表言者語氣之堅確。里仁篇：「子曰：『事君數，斯辱矣；朋友數，斯疏矣。』」泰伯篇：「動容貌，斯遠暴慢矣；正顏色，斯近信矣；出辭氣，斯遠鄙倍矣。」子路篇：「子謂衞公子荊，善居室。始有，曰：『苟合矣；』少有，曰：『苟完矣；』富有，曰：『苟美矣。』」這都是在分列式的次句末尾，連用「矣」字，以表言者語氣之堅確，均當白話「了」字。

⑨矣：猶也。以表決定語氣。「也」與「矣」一聲之轉，故可互訓通用，亦當白話「了」字。如：

論語學而篇：「其爲人也孝弟，而好犯上者鮮矣！」「鮮矣」猶言少也。表語氣之決定。同篇：「雖曰未學，吾必謂之學矣。」朱注：「雖或以爲未嘗學，我必謂之已學也。」「矣」猶也，表理論上必然之結果，以表堅定語氣。里仁篇：「觀過，斯知仁矣。」「矣」爲決定語氣詞，用與「也」同。同篇：「朝聞道，夕死可矣。」漢石經「矣」作「也」。朱注引程子曰：「苟得聞道，雖死可也。」「矣」當爲決定語氣詞，猶「也」無疑。雍也篇：「自牖執其手，曰：『亡之，命矣夫。』」史記仲尼弟子傳引此文作「命也夫。」孟子梁惠王篇：「工師得大木，則王喜，以爲能勝其任也；匠人斲而小之，則王怒，以爲不勝其任矣。」這個複式排句，語法相同，前排語末助詞用「也」，後排用「矣」。當是互文同義。孟子離婁篇：「民不可得而治也。」中庸作「民不可得而治矣。」這是「矣」「也」可以通用的又一例證。按淮南子說林訓道篇：「也字與矣，相去萬里。」意思是說，「也」助語氣之確定，「矣」助語氣之完結，義界分明，相去遙遠，照理是不能相互通用的。但在古書裏，該用「矣」的地方，也有用「也」的；或該用「也」的地方，也有用「矣」的。這不能不說是變例了。（參閱「也」猶「矣」條。）

⑩矣：爲表僅可之助詞。亦當白話「了」字。如：

論語先進篇：「今由與求也，可謂具臣矣。」「矣」表僅可的語末助詞。他如「可謂忠矣」，「可謂知矣」之屬的「矣」字，也都是表語氣未定的語末助詞，祇是表僅可之意，而非表深許之助語詞。凡言「可……矣」的「矣」，多得放此爲訓。

⑪矣：猶「已」。「而矣」猶「而已」，表已然之語氣。「也矣」猶「也已」，表決定之語氣。有時複用「而已矣」或「也已矣」，都是表語氣之完結。並當白話「了」或「罷了」。如：

論語學而篇：「就有道而正焉，可謂好學也已。」「也已」猶「也矣」實相當於一個「矣」字。同篇：「子曰：賜也！始可與言詩已矣。」「已矣」亦相當於「矣」字。雍也篇：「能近取譬，可謂仁之方也已。」子罕篇：「雖欲從之，末由也已。」之屬的「也已」，均可單用「矣」字來代替。在白話裏尚無適當語詞和它相當，勉强可用「了」字，以表決定語氣。有時用「也已矣」或「而已矣」三合的語末助詞，以表語氣之完結。如泰伯篇：「周之德，其可謂至德也已矣！」先進篇：「子曰：『何傷乎？亦各言其志也已矣。』」此類「也已矣」三字，均爲語已詞，本無固定譯語，大致相當於「罷了」。不過凡是疊用語氣助詞，總覺其詠歎深至，語氣舒緩而延長，以表從容暇豫之情態，神味雖不盡相同，而抒暢闡緩之語氣則同。至於「而已」和「而已矣」，用作語末助詞，同是表語氣之完足，爲竭盡而無餘之詞。「已矣」和白話「罷了」相當。因爲「罷」字等於「已」，「了」字等於「矣」，都含有完結的意味。「而已矣」等於「就罷了」。其實「而已矣」也等於「而已」或「而矣」，祇是語音略有高下長短之別。如論語雍也篇：「子曰：回也，其心三月不違仁，其餘則日月至焉而已矣。」顏淵篇：「君子質而已矣，何以文爲？」子路篇：「君子於其言，無所苟而已矣。」孟子公孫丑篇：「子誠齊人也，知管仲晏子而已矣。」同篇：「發而不中，不怨勝己者，反求諸己而已矣。」此類作語末助詞的「而已矣」，在論孟已是熟語，皆爲表語意完盡而無餘之語氣詞。祇有孟子萬章篇：「如以辭而已矣，雲漢之詩曰：『周餘黎民，靡有孑遺。』信斯言也，是周無遺民也。」這個「而已矣」，與上面所舉諸例句的「而已矣」，語意迥別。它是用在領起小句之末，是反起下文的提示語，乃是表示辭氣未盡，而留有餘意待下文中論呢。（說見劉氏辨略）

每

「每」本作「艸盛上出」解，今以別義行。

①每：猶「凡」。「每事」猶「凡事」，或「各件事項」。皆充類之詞，表不一端之意。「每人」猶言「凡人」，或各個人。在多項事物，或多數人，同時出現，不分彼此，構成習慣性的連接，常用「每」字作關係詞。如：

論語八佾篇：「子入太廟，每事問。」「每事」猶言「凡事」，卽逐指各項事物之詞。孟子離婁篇：「故爲政者，每人而悅之，日亦不足矣。」「每人」猶言「凡人」，卽不論何人之意。同篇：「每食，必有酒肉。」「每食」猶言凡是吃飯，或每次吃飯。「每」表多數，亦是逐指之詞。

足

①足：猶「能」。作前附助動用。當白話「能夠」二字。如：

論語爲政篇：「退而省其私，亦足以發。」「足」猶「能」。「亦足以發」，是說：「皆能夠有所啟發。」孟子梁惠王篇：「吾力足以擧百鈞，而不足以擧一羽；明足以察秋毫之末，而不見輿薪。」「足」和介詞「以」，合成「足以」，爲前附助動詞。因前附助動詞可省，故末句「見」字前，省去「足以」二字。

②足：猶「可」。亦爲前附助動詞。當白話「夠」字。今人每以「足夠」連言。「足」和「可」，又常跟介「以」或「與」連用，作爲前附助動詞。如：

孟子公孫丑篇：「王猶足用爲善。」「用」猶以，「足用」卽可以。滕文公篇：「不敢以祭，則不敢以宴，亦不足弔乎？」「足」字附在動詞前，並爲「可」義。離婁篇：「養生不足以當大事，惟送死可以當大事。」在同一對立語句中，一用「足以」，一用「可以」，乃是變文同義的助動詞。萬章篇：「兆，足以行矣。」「足」爲「足夠」義，「足以」猶言「可以」。盡心篇：「五畝之宅，樹牆下以桑，匹婦蠶之，則老者足以衣帛矣；五母雞，二母彘，無失其時，老者足以無失肉矣；百畝之田，匹夫耕之，八口之家，可以無飢矣。」這三排文句的結語，同爲認定語句，前兩句用「足以」，後用「可以」，它們的意思是相同的，祇是互文以資語音之變化罷了。同篇：「其爲人也，小有才，未聞君子之大道也，則足以殺其軀而已矣。」「足以」猶「可以」，就是夠得上的意思。上列各句中的「足」和「足以」，並爲前附助動詞，其義爲「可」，「足」下用「以」作語助，或不用，視其語氣之須要與否而定，悉任其自然。

③足：猶「過」。猶「多」。相當於過分（ㄈㄣˋ），甚多之意。如：

論語公冶長篇：「巧言令色，足（ㄐㄩˋ）恭。」「足恭」就是過分恭維。孟子盡心篇：「昏暮叩人之門戶，求水火，無弗與者，至足矣。」「至足」猶言甚多。

見

①見：猶「被」。猶「爲」（ㄨㄟˋ）。爲自彼加己之詞，用在動詞前，是表示被動的介詞。當白話受到的意思。介詞「於」用在動詞後，也常有表被動的作用。表被動的「見」和「於」可以分用，但「見」雖然可以表被動，卻不能引出施動者，要引出施動者，就非用「於」不可。（參閱「於」猶「受」條）。如：

論語陽貨篇：「子曰：年四十而見惡焉。」「見惡」猶言爲人所惡，或被人所惡。文言中可用「見」字在被動句裏，放在動詞前，像個詞頭，表示被動，動詞下面的賓語可省。如孟子梁惠王篇：「望之不似人君，就之而不見所畏焉。」「不見所畏」，就是不爲人所敬畏。同篇：「百姓之不見保，爲不用恩焉。」「不見保」猶言沒有受到保護。滕文公篇引尚書仲虺之誥曰：「紹我周王，見休。」「見休」，就是受到庇蔭。盡心篇：「盆成括見殺，門人問曰：『夫子何以知其將見殺？』」「見殺」就是爲人所殺。此類例句中的「見」字，都是自彼加己，表示被動的前附助動詞。施動者經常不出現，大都見於上文，或在人的意念中。若是要引出施動者，就必須在動詞後再加「於」字，引出施動者作補詞。「見」和「於」前後連用，就形成一種「見……於……」格式。可將上面例句變成「年四十而見惡於人。」「

就之而不見畏於人。」「百姓不見保於齊王。」「人民見休於周王。」「盆成括見殺於齊。」這個「見」字在形式上近似動詞的詞頭，其實不是，它是表被動的關係詞。

②見：猶現。爲當下之詞。當白話「現在」二字。是表時間的限制詞。這一詞例，顯明易知。「當下」和「現在」與「卽今」之義相同。論孟中多以「今」爲之。（參閱「今」猶「卽」條。）

言

「言」爲心之聲，引申爲用口以表達心聲的語言之言。許氏說文：「直言曰言，論難曰語。」「言」爲直說其事之意。這是用作名詞、動詞的實體詞，無須解說。但「言」字也可用作連詞和助詞的。

①言：爲訓釋之詞，即「謂之」之義。是某之謂某的句式的擴展。在引成語時，而以「言」字解釋之。如：

孟子梁惠王篇引詩大雅思齊之詩云：「『刑于寡妻，至于兄弟，以御于家邦。』言舉此心加諸彼而已。」告子篇引詩大雅既醉之詩云：「『既醉以酒，既飽以德，』言飽乎仁義也。」盡心篇：「征之爲言正也」「言」並「謂之」之義，是據實而定其名之詞。「言」上爲敍事語，「言」下爲結語，「言」爲術詞。凡此皆足以闡微著隱，指明其取義之所在。

②言：猶於。是表對象的關係詞，和用「乎」字相類似。如：

孟子公孫丑篇：「宰我、子貢，善爲說辭；冉牛、閔子、顏淵，善言德行。」這裏的「善爲」之「爲」，和「善言」之「言」，意思相同，並作「於」字解，猶言「善於說辭」，「善於德行」。「爲」和「於」，都是表對象的介繫詞。

③言：猶「則」。用作連詞。當白話「就要」二字。如：

孟子告子篇：「凡我同盟之人，既盟之後，言歸於好。」「言」猶「則」，作就要講。是說：「凡我們同盟的，簽了盟約以後，就要和睦相處。」王氏述聞謂「言歸於好」的「言」猶「云」，爲助語詞，亦通。在早期文言的動詞前，有用「言」做詞頭，以表進行式，但這種情形，到秦漢時，就少見了。

④言：猶「乃」。亦是用作連詞，當白話「纔」字。如：

論語學而篇：「信近於義，言可復也。」「言」爲承接詞，猶「乃」，是「然後纔」的意思。是說：「信約必須接近義理，然後纔可以履行諾言。」

⑤言：猶「然」。猶「焉」。用作語中助詞，無義可訓。如：

孟子公孫丑篇引詩大雅文王之詩云：「永言配命，自求多福。」毛傳：「永、長，言、我也。」趙注與毛傳同。或又訓言爲「思」，皆與文義不甚帖切，當以「言」爲句中助詞爲得。「永言配命」猶言「永久配合天命。」（說見王氏釋詞）又萬章篇引大雅下武之詩云：「永言孝思，孝思維則。」趙注謂「常言孝道」與鄭注同。皆於「言」無訓。孫疏：「長言我心之所思。」焦氏正義引毛詩箋云：「長我孝心之所思。」都是訓「永」爲「長」，訓「言」爲「我」。若是依循王氏之說，以「言」爲語助，「永言孝思」說做「長思孝道」，那就簡明多了。

吾（我）

①吾：猶「我」。「吾」與「我」，皆自稱之代詞。在早期古文裏，「吾」常用在動詞前，「我」常用

在動詞後，和「予」「余」的用法略同。凡自稱代詞作領有者，多用「吾」作主語，受事者多用「我」作賓語。「我」有時略帶親密之私意。賓語用「吾」，除倒裝外就不多見，主語用「我」，也常用於「人」「己」相對的句裏，或倒裝句裏。這種情形，到秦漢以後，界限就不分明了。在現代語裏的自稱詞，一律用「我」，不用「吾」，連「予」「余」等字也少用了。如：

論語里仁篇：「我未見好仁者惡不仁者。好仁者無以尙之。惡不仁者，其爲仁矣，不使不仁者加乎其身。有能一日用其力於仁矣乎？我未見力不足者。蓋有之矣，我未之見也。」這裏三個自稱代詞，並處於領位作主語的「我」，都應作「吾」，祇因句中的「者」字指代人，在「人」「己」相對的句裏，故得用「我」。公冶長篇：「我不欲人之加諸我也，吾亦欲無加諸人。」用「我」在領位，也是「人」「己」相對的說法。雍也篇：「善爲我辭焉。如有復我者，則吾必在汶上矣。」前兩句的「我」，用在動詞後作賓語，後句的「吾」，用在動詞前的領位作主語，這是古語的通則。子罕篇：「子曰：『吾有知乎哉？無知也。有鄙夫問於我，空空如也。我叩其兩端而竭焉。』」末句中的「其」，指代他人，「我叩其」也是「人」「己」相對的說法，所以用我在主位作領有者。同篇：「夫子循循然善誘人，博我以文，約我以禮。」同篇：「子謂顏淵曰：『惜乎！吾見其進也，未見其止也。』」「我」用在動詞「博」「約」後作賓語，「吾」用在動詞「見」前作主語。乃是古語之常規。先進篇：「子路、曾皙、冉有、公西華侍坐。子曰：『以吾一日長乎爾，毋吾以也。』居則曰：『不吾知也。』如或知爾，則何以哉？」這「毋、吾以也」和「不吾知也」，是否定句，賓位的自稱代詞，該用「我」，因爲是倒裝句式，故得用「吾」。可是這「不吾知也」和憲問篇的「莫我知也夫」，同一語例。可見倒裝語，用「我」用

「吾」是相同的。祇是翻成白話，仍舊要把它放在動詞後，說做「沒有人知道我」纔行。孟子梁惠王篇：「吾之不遇魯侯，天也；臧氏之子，焉能使予不遇哉？」「予」猶「我」。滕文公篇：「昔者孟子嘗與我言於宋，於心中不忘。今也不幸至於大故，吾欲使子問於孟子，然後行事。」同篇：「吾爲之範我馳驅。」萬章篇：「吾與顏般，則友之矣；王順長息，則事我者也。」告子篇：「吾大者不能行其道，又不能從其言也，使飢餓於我土地。」這類例句中的「吾」，都是用在領位作主語，「我」都是用在動詞後作賓語。這是古文裏的通常用法。又如滕文公篇：「紹我周王，見休。」盡心篇：「此非吾君也，何其聲似我君也。」兩「我」字，對下面的賓語，都帶有親切的意味。

八畫

並

①並：猶「比」。與竝同，爲同時排比，齊集一處之意。是個表修飾動詞的限制詞。如：

論語憲問篇：「見其與先生並行也。」「並行」卽「比肩而行」。子張篇：「堂堂乎張也，難與並爲仁矣。」「並」猶「比」，和「俱」字義近，作「一同」講。是說：「難以和他一同行仁道。」孟子滕文公篇：「賢者與民並耕而食。」「並耕」卽比耦而耕。此類「並」字，位居於中心詞前，不僅是修飾動詞，大都是用它修飾整個句子。

來

①來：爲未至之詞。表繼起之事和時間的配合關係。如：

論語微子篇：「往者不可諫，來者猶可追。」「來者」指未來之事項。孟子梁惠王篇引詩大雅緜之詩云：「來朝走馬。」「來朝」指未至之朝，卽「明朝」。滕文公篇：「今玆未能，請輕之，以待來年，然後已」。「來年」指未至之年，卽「明年」。「來」都是指事情的發動，在將來的時間上。

②來：爲呼召之詞。和斥退之詞的「去」字相對。如：

論語陽貨篇：「謂孔子曰：來！予與爾言。」「來」，卽呼夫子前來而告以出處之道。「來」就是嗟來，與嗟乎嗟哉的語氣相類，這樣就足以顯示陽貨敖慢矜驕之形態。

③來：上加介詞「以」字，構成「以來」，作連繫時間的關係詞，表某事由某時起一直到現在，經若干時。如：

孟子公孫丑篇：「自有生民以來，未有孔子也。」同篇：「由周而來，七百有餘歲矣。」同篇：「自生民以來，未有能濟者也。」「以來」猶「而來」，均爲連繫時間補詞的關係詞，當白話一直到現在的意思。

④來：猶「哉」，作語助詞，當白話「呢」字。如：

孟子離婁篇：「伯夷辟紂，居北海之濱，聞文王作，興曰：『盍歸乎來！』」盡心篇：「孔子在陳曰：『盍歸乎來！』」這「盍歸乎來」裏的「盍」，爲表反詰的疑問詞，「歸」爲述詞，「乎」爲語中助詞，「來」字若是把它當「歸」字下面表動態的限制詞，卻不很妥當。若是把它看作和「乎」字合成的複式語助，變爲「盍歸乎哉！」語氣便覺爽朗多了。

使

①使：作假設關係詞。和「若、設、苟、如」等字同義。它原是致使動詞，如學而篇：「使民以時。」公冶長篇：「子使漆雕開仕。」先進篇：「子路使子羔爲費宰。」滕文公篇：「湯使亳衆往爲之耕」裏的「使」都是致使動詞，若是用在假設句裏，就把它看做繫詞了。如：

論語泰伯篇：「如有周公之才之美，使驕且吝，其餘不足觀也矣。」「如」和「使」，都是「假如」「設使」之意，分用在兩句之首，以表假設相連的關係。孟子公孫丑篇：「如使予欲富，辭十萬而受萬是爲欲富乎？」告子篇：「使弈秋誨二人弈。」同篇：「如使人之所欲，莫甚於生，則凡可以得生者，何不用也？使人之所惡，莫甚於死者，則凡可以辟患者，何不爲也。」這裏的「使」和「如使」均爲表假設相連的關係詞。這類句子，都是先假設，然後推論，正義放在後句，此等設詞，多是表示與事實相反的假設，構成一個偏正複句。

其

「其」在文言裏最常用的是指代詞和測度詞。也可用作限制詞和介詞與連詞及助詞等。

①其：猶彼。爲指代詞，有指人指事指物之別。「其」的基本作用是做定語，和主謂結構的主語，卻不

能做獨立句子的主語。「其」可指代我、你、他三身，是稱代自己的詞。「其」所指代的，有的見於上文，有的見於本句中，大都位於動詞後，下面以接著名詞為常，但也有接著形容詞或限制詞的。當「他」「他的」或「那」「那個」「那些」講。如：

論語八佾篇：「子曰：『賜也！爾愛其羊，我愛其禮。』」兩「其」字指代事物的定語。作「那」「那個」講。公冶長篇：「子謂公冶長可妻也，雖在縲絏之中，非其罪也，以其子妻之。」上一個「其」，指代公冶長，作「他的」講；下一個「其」，指代孔子自己，作「他自己的」講，把自己當第三者了。同篇：「由也，千乘之國，可使治其賦也。」「其」當「那個國的」講。雍也篇：「子曰：『回也，其心三月不違仁。』」這是稱代詞的複指句式，是把名詞放在句首後面再用「其」稱代他。作「他的」講。泰伯篇：「鳥之將死，其鳴也哀；人之將死，其言也善。」兩「其」字，並指代主謂結構的主語，上一個指鳥，下一個指人。也是稱代詞的複指句式。均作「他的」講。同篇：「不在其位，不謀其政。」「其」並為泛指事務的定語。前者指政位，後者指政事。當「這個」或「那個」講。子罕篇：「子謂顏淵曰：『惜乎！吾見其進也，未見其止也。』」「其」並為主謂結構的主語，指代顏淵，後面接著動詞。作「他」講。憲問篇：「驥不稱其力，稱其德也。」「其」指代事物，是驥的屬性「力」和「德」，作「牠的」講，表領屬關係。衞靈公篇：「立則見其參於前也，在輿則見其倚於衡也。」「其」指上文忠信篤敬之事，代主謂結構中動詞的主語。作「它」講。同篇：「工欲善其事，必先利其器。居是邦也，事其大夫之賢者，友其士之仁者。」這前面兩個「其」，指代領有者「工」所屬的「事」與「器」，作「他的」講；後面兩個「其」，指代「大夫」和「士」中的賢而仁者。相當於「那些」，也都是表領屬關係。子張篇：「博學而篤志，切問而近思，仁在其中矣。」「其」指代「博學篤志，切問近思」之事。「其」當白話「那些」。孟子梁惠王篇：「王之臣，有託其妻子於其友而之楚遊者，比其反也，則凍餒其妻子」裏的四個「其」，並指代主語「王之臣」。其中「比其反也」裏的「其」，當「他」字，其餘皆當「他的」。公孫丑篇：「異哉！子叔疑，使己爲政，不用，則亦已矣。又使其子弟爲卿。」「其」指代上文子叔疑。當「他的」。滕文公篇：「他日歸，則有饋其兄生鵝者。」「其」指代陳仲子，當「他的」。離婁篇：「禹稷當平世，三過其門而不入。」「其」指禹稷自家，當「他的」。告子篇：「不揣其本，而齊其末。」「其」並指代禮之輕重，相當於「它的」。同篇：「吾聞秦楚構兵，……我將言其不利也。」「其」指代秦楚構兵之事。盡心篇：「獨孤臣孽子，其操心也危，其慮患也深。」這是先把總提的主語提前，然後分別用「其」來稱代它。「其」當「他們」。這都是確有所指的句例。還有泛指人、事、物的，與此微別。如論語學而篇：「其爲人也孝弟。」「其」泛指那個人。爲政篇：「視其所以，觀其所由，察其所安。」「其」猶「彼」，泛指一般人。孟子公孫丑篇：「彼以其富，我以吾仁；彼以其爵，我以吾義。」「其」「吾」相對成文，「其」作「他的」解，「吾」作「我的」解。均爲泛指對人生的看法。又「其」與「己」，可以相互通假，作第一人稱指代詞。如憲問篇：「不患人之不己知，患其不能也。」「其」代「己」，變文以避重複。顏淵篇：「攻其惡，無攻人之惡。」孟子告子篇：「學問之道無他，求其放心而已矣。」「其」並猶「吾之」，作「我們的」解。盡心篇：「盡其心者，知其性也。」「其」猶「余之」，作「自己」解。同篇：「樂其道而忘人之勢。」「其」爲「己」之借字。與「人」爲對文。還有用「其」指代第二人稱，作「汝之」「你的」解，第三人稱，作「彼之」「

「他的」解。這個指代詞「其」字，可以隨文附義，卻指代了許多繁複語詞，能使文字簡化，故多方被人利用。有時也可用「其」構成詞結性的詞組，如梁惠王篇：「見其生，不忍見其死；聞其聲，不忍食其肉。」這四個「其」，都位於兩動詞之間，對前面動詞說，它是止詞；對後面動詞說，它又是起詞。這個「其」跟「之」字用作指稱詞相似。在白話用「他」字在文言則有用「其」用「之」之別。但一般情形，「其」用在名詞前，是代領有者；在動詞前，是代主事者。「之」祇代受事者，用在動詞或介詞之後。用「其」代主事者的，如滕文公篇：「梓、匠、輪、輿，其志將以求食也。」這個「其」，是中心詞作句子的定語，把「梓匠輪輿」等名詞提前作主語，然後用「其」來指代它，把成分複雜的句子，化為簡潔有力。（參閱許氏文法講話）

②其：猶此。猶是。用作指代詞，當白話「這」或「這個」，「那」或「那個」。如：

論語子張篇：「士見危致命，見得思義，祭思敬，喪思哀，其可已矣。」「其」猶「此」。當白話「這」。指上文陳述的事，並帶承接作用，為認定上文之結語。「其可已矣」，是說「這就可以了。」孟子盡心篇：「人之所不學而能者，其良能也；所不慮而知者，其良知也。」「其」和「此」，或「是」同義。相當於「這是」。是說：「人用不著學習，自然就會的，這是人的良能；用不著思考，自然就知道的，這是人的良知。」

③其：猶「所」。為指代詞，當「那個」或「那些」講。「其」與「所」互訓。（參閱「所」猶「其」條。）如：

孟子離婁篇：「其妻問所與飲食者，則盡富貴也。其妻告其妾曰：『良人出，則必饜酒肉而後反，問其與飲食者，盡富貴也。』」這裏的「問所與」和「問其與」，義實相同。「所」和「其」，同是指代給予飲食的人。意思就是「問其所與」相當於「那個」。同章：「卒之東郭墦間之祭者，乞其餘；不足，又顧而之他；此其爲饜足之道也。」「乞其餘」就是「乞其所餘」是說：「乞討那些殘餘的酒肉。」「此其爲」就是「此其所謂」。「此其爲饜足之道也」是說：「這就他每次吃飽酒肉的方法呀！」

④其：猶「之」。有用作介繫詞和指代詞之別。作介繫詞的，當白話「的」，作指代詞的，當白話「他」（參閱「之」猶「其」條）。如：

論語子路篇：「言不可以若是其幾也。」「其」猶「之」，用作介詞，相當於「的」。子張篇：「紂之不善，不若是之甚也。」和上句語法相同。漢石經作「不若是其甚也。」可證「之」與「其」本可通用。孟子梁惠王篇：「王曰：若是其甚與？」同篇：「若是其大乎？」公孫丑篇：「管仲得君，如彼其專也；行乎國政，如彼其久也；功烈，如彼其卑也。」此類「其」字，並猶「之」，用作介詞，相當於「的」。又同篇：「人之有四端也，猶其有四體也。」「人之」的「之」，是特介詞。「其」爲指代詞，相當於上句的「人之」二字，作「他」字解。滕文公篇：「未嘗聞仕如此其急，仕如此其急也，君子之難仕何也？」「其」並猶「之」，爲介詞，相當於「的」。離婁篇：「三代之得天下也以仁，其失天下也以不仁。」在這複句裏，「其」爲指代主語的起詞，相當於上句的「三代之」。作「他」解。又同篇：「待先生如此其忠且敬也。」盡心篇：「去聖人之世，若此其未遠也；近聖人之居，若此其甚也。」「其」並與介詞「之」字同義，並可用「之」代之，都相當於「的」。

⑤其：猶「將」原爲表時間未來的限制詞，這裏用它來表將然的關係詞，並略帶測度語氣。相當於「打

算」「準備」的意思。如：

論語爲政篇：「大車無輗，小車無軏，其何以行之哉？」「其」猶「將」，言將何以行走呢？雍也篇：「井有仁焉，其從之也？」「其」猶「將」。是說：「有人掉下井，他是否將要跟著他下去營救呢？」同篇：「修己以安百姓，堯舜其猶病諸！」「其」猶「將」，爲尚且之義。是說：「堯舜尚且還怕不能做到呢！」述而篇：「天生德於予，桓魋其如予何？」子罕篇：「天之未喪斯文也，匡人其如予何？」憲問篇：「道之將行也與，命也；道之將廢也與，命也，公伯寮其如命何？」此類收句，語法相同，「其」都是疑而有定之詞，表將然之義。子路篇：「雖不吾以，吾其與聞之。」陽貨篇：「如有用我者，吾其爲東周乎！」堯曰篇：「人雖欲自絕，其何傷於日月乎！」諸「其」字，並表將然之義，用在複句的後句裏，拿它表示時間，打算未來，總是先言事，而後描繪其將然尚未然之情狀，兼帶疑擬語氣。若是用反詰句式，則含有論定意味，並非純是欲然之詞。

⑥其：猶「抑」。不表將然，而是在深淺不同的兩件事中，以表抉擇其一的轉折關係，與「抑」字同義，當「還是」二字。如：

孟子萬章篇：「子以爲有王者作，將比今之諸侯而誅之乎？其敎之不改而後誅之乎？」「將」與「其」同義，前句用「將」，後句用「其」變文以避重複，若是上句用「其」，下句就得用「將」，像這樣的複句，在次句之首，無論用將用其，並與「抑」字同義，是表轉折語氣的抉擇關係詞。

⑦其：猶「必」。是表判斷的限制詞，作「一定」解。如：

論語子路篇：「冉子退朝。子曰：『何晏也？』對曰：『有政。』子曰：『其事也。』」「其」訓

「必」，作「一定」解。「其事也」，是說：「那一定是季氏的家事吧！」衞靈公篇：「如有所譽者，其有所試矣。」「其」爲一定之意，是說：「如果有被我稱譽過的人，那一定是經我考驗過的了。」

⑧其：猶「其中」，是指示代詞。當「其中」二字。如：

論語述而篇：「三人行，必有我師焉，擇其善者而從之，其不善者而改之。」孟子告子篇：「使弈秋誨二人弈，其一人專心致志，惟弈秋之爲聽。」「其」並猶「其中」，前者指三人中的二人，後者指二人中的一人。

⑨其：猶「夫」。爲更端語詞，亦卽推開上文別言異事的關係詞。如：

論語鄉黨篇：「孔子於鄉黨，恂恂如也，似不能言者，其在宗廟朝廷，便便言，唯謹爾。」「其」爲更端語詞，並帶指稱詞的意味。孟子梁惠王篇：「天下之欲疾其君者，皆欲赴愬於王，其若是，孰能禦之」裏的「其若是」，與論語季氏篇：「夫如是，故遠人不服」裏的「夫如是」義法相同。「其」和「夫」並爲更端語詞。離婁篇：「周公思兼三王，以施四事，其有不合，仰而思之，夜以繼日。」告子篇：「不知者，以爲爲肉也；其知者，以爲爲無禮也。」兩「其」字，皆更端語詞，與「夫」字功用相同。都是用在複句中的後句之首，下文對上面的敍事句，加以申論，並略帶轉折意味。

⑩其：猶「豈」。因「其」和「豈」，音近義同。「其」表疑問語氣，當白話「何」字。若表反詰語氣，則當「難道」二字。「其」和「豈」的功用相同，因「豈」和「寧」通用，故「其」亦得爲寧願之義。當白話「願意」講。不過它本來的測度意味，仍寄寓在裏面。如：

論語雍也篇：「雖欲勿用，山川其舍諸？」「其」猶「豈」，爲願詞。乃寧肯、願意之意。泰伯篇

「才難，不其然乎？」「不其」猶言「豈不」，當反詰詞「難道不」的語氣。是說：「人才難得，難道不對的嗎？」子路篇：「舉爾所知，爾所不知，人其舍諸？」「其」爲疑詞，與「豈」同義。和「難道」或「那裏會」相當。「人其舍諸。」是說：「別人那裏會放棄他而不向你推薦呢？」憲問篇：「子問公叔文子於公明賈，曰：『信乎？夫子不言不笑不取乎？』公明賈對曰：『以告者過也！夫子時然後言，人不厭其言；樂然後笑，人不厭其笑；義然後取，人不厭其取。』子曰：『其然！豈其然乎？』」「其然」的「然」，是如此、這樣的意思。上「其然」，爲孔子答語，乃以公明賈之言爲眞，是美公叔文子之詞；下「豈其然」，乃是孔子的疑問，而用反詰語氣，疑其夫子未必有如此之修養。「其然！豈其然乎？」是說：「他能這樣嗎！難道他眞能這樣嗎？」

⑪其：猶「若」。一爲表假設的關係詞，乃是若或、如果之義。一爲表認定的關係詞，乃是若是、如此之義。如：

論語爲政篇：「其或繼周者，雖百世可知也。」「其」訓「若」，「或」訓「有」。「其或」猶言「若有」。爲表假設相連的關係詞。微子篇：「言中倫，行中慮，其斯而已矣。」「其斯」猶言「若是」或「如此」。「其斯而已矣」與孟子盡心篇：「無爲其所不爲，吾欲其所不欲，如此而已矣」裏的「如此而已矣」，文例相同，都是表認定的關係詞。又公孫丑篇：「其尊德樂道，不如是，不足與有爲也。」離婁篇：「其有不合者。」同篇：「其自反而仁矣」裏的「其」，並猶「若」，爲倘或之意。都是表假設以起下文的關係詞。

⑫其：猶「則」。「其」得訓則，「則」亦得訓其。是表推度關係的連詞，作「就」字解。（參閱「則」

猶「其」條)。如：

論語陽貨篇：「譬諸小人，其猶穿窬之盜也與！」同篇：「年四十而見惡焉，其終也已！」孟子梁惠王篇：「書曰：『徯我后，后來其蘇。』」同章：「如之何其可也」的「其」，與下章「如之何則可也」的「則」同義。都是表推設的關係詞。並略含指代意味。

⑬其：猶乃。與「卽」「就」之義相近，爲異之之詞。對事情的處理，有爲難之意。在現代語裏尙無確切語詞和它相當。如：

論語先進篇：「子曰：『有父兄在，如之何其聞斯行之？』」顏淵篇：「曰：『二，吾猶不足，如之何其徹也？』」子張篇：「我之不賢與？人將拒我，如之何其拒人也？」孟子梁惠王篇：「仲尼曰：『始作俑者，其無後乎！』爲其象人而用之也。如之何其使斯民飢而死也。」萬章篇：「殷受夏，周受殷，所不辭也；於今爲烈，如之何其受之？」此類收句語法約略相同，「其」並猶「乃」，用與「則」同，祇是語氣較「則」爲緩。「其」都是用在結語的疑問句的疑問詞後，動詞前，以表驚異語氣，對當前擧措，有難於解決之意。這「如之何」是嚴核是非，據名而求其實之詞。

⑭其：猶「以」、猶「爲」(ㄨㄟˋ)。「奚其爲」猶言「何以爲」。當「怎麼」或「爲甚麼」解。這個「其」字，用在疑問指稱詞後，並含有疑問和驚異語氣。如：

論語爲政篇：「奚其爲(ㄨㄟˊ)爲政？」「奚其」猶「何以」。朱注訓「奚其」爲「何必」，「何必」是肯定語氣，爲不必之意。似不若訓「奚其」爲「何以」或「何爲」，作反詰語氣爲適合。是說：「你以爲怎樣纔算是爲政呢？」子路篇：「子路曰：『有是哉！子之迂也，奚其正？』」「奚其正」是說：「爲甚麼要正名分呢？」憲問篇：「夫如是，奚其喪？」是說：「能這樣善用人，怎麼會失位呢？」孟子盡心篇：「以至仁伐至不仁，而何其血之流杵也？」同篇：「此非吾君也，何其聲之似我君也！」此類「何其」，並猶「何以」或「何爲」，因「以」和「爲」本可互訓。這「何其」的「其」，是表驚歎駭異的語氣詞。

⑮其：猶「而」。用作連絡關係詞。如：

論語憲問篇：「子曰：『賢者辟世，其次辟地，其次辟色，其次辟言。』」「其次」猶言「而後」。孟子公孫丑篇：「當今之世，舍我其誰也？」論衡刺孟篇引此文作「而誰」。離婁篇：「自反而仁矣，自反而有禮矣，其橫逆由（猶）是也。」「其」猶「而」，作轉語詞，當白話「可是」。萬章篇：「何爲其號泣也？」「其」猶「而」，爲語中繫詞。盡心篇：「衆皆悅之，其爲士者笑之」「其」猶「而」，爲轉語詞。

⑯其：猶「唯」。猶殆，爲擬議之詞，表推測性的語氣。常用於詢問句式，表示半信半疑的程度。但問者對某事，已有打算，祇是仍有點懷疑，希望對方答覆來證實。有時也把自己的估計說出來，是於擬議未定之中，而含有定之意。這個表推測性的「其」，和「豈、殆、惟」等字，義近而略別，相當於大概、差不多的意思。句末多用「乎、與、也」等作語氣詞，但也有用「矣、夫」的。如：

論語學而篇：「孝弟也者，其爲人之本與？」同篇：「夫子之求之也，其諸異乎人之求之與？」兩「其」字，並爲推測語氣詞，「諸」爲語助。同篇：「子貢曰：詩云：『如切如磋，如琢如磨。』其斯之謂與？」「其」爲疑而有定之詞，相當於「該是」「大概」之意。凡引經傳或是成語，而接之以「斯之謂」或「此之謂」，皆緊接上文所言之事與理而表驗證之意。「其」爲結句之發語詞，與「殆」「蓋」相當，表推測語氣。八佾篇：「其如示諸斯乎？指其掌。」是說：「那就好像看這個一樣容易了，說時他指著自己的手掌。」同篇：「子語魯太師樂，曰：『樂，其可知也。』」竹氏會箋：「樂亦可知也。按「亦」和「其」可以互訓，並表測度語氣。當「大概」二字。公冶長篇：「道不行，乘桴浮於海，從我者，其由也與！」子罕篇：「語之而不惰者，其回也與！」同篇：「衣敝縕袍，與衣狐貉者立，而不恥者，其由也與！」這都是先言其事而後擬其情狀的句式。先進篇：「子曰：『回也，其庶乎！屢空。』」泰伯篇：「子曰：『泰伯，其可謂至德也已矣！三以天下讓，民無得而稱焉。』」這都是先擬其情狀而後言其事的句式。皆用「其」字，以表未定之擬議。憲問篇：「微管仲，吾其被髮左衽矣！」同篇：「下學而上達，知我者其天乎！」衞靈公篇：「子貢問曰：『有一言而可以終身行之者乎？』子曰：『其庶乎！』」「其」字並爲推測性的語氣詞，當「大概」二字。子張篇：「有始有卒者，其惟聖人乎！」「其」猶「惟」，「其惟」連用，爲同義複語。是大概、祇有之意。孟子梁惠王篇：「始作俑者，其無後乎！」同篇：「王之好樂甚，則齊其庶幾乎！」滕文公篇：「子曰：『知我者，其惟春秋乎！罪我者，其惟春秋乎！』」告子篇：「爲此詩者，其知道乎！」此類「其」跟「其惟」，同是表測度的語氣詞，也都是大概、祇有之意。

⑰其：猶「當」。爲表示命令而兼勗勉的語氣詞。相當於「該當」語氣。如：

孟子萬章篇：「惟茲臣庶，女其于予治！」「其」爲該當之意。是說「我正想念這些臣民，你該當來幫助我治理。」

⑱其：猶「乎」。爲語中助詞。並略帶指稱意味。如：

論語憲問篇：「何爲（ㄨㄟˋ）其莫子知也？」「何爲」與何謂同義。「其」爲語中助詞。子張篇：「日知其所亡，月無忘其所能。」孟子梁惠王篇：「惡在其爲民父母也？」公孫丑篇：「曰：『敢問其所異？』」離婁篇：「孟子曰：『大人者，不失其赤子之心者也。』」此類「其」字，和語中助詞的「乎」字略同。如同篇：「不明乎善，不誠其身矣。」「乎」與「其」爲互文，同是語中助詞。而中庸作「不明乎善，不誠乎身矣。」可證「其」與「乎」作語中助詞的功用是相同的，但也都帶有指稱意味。在白話裏沒有適當的語詞和它相當。

卒

①卒：猶「盡」猶「終」。用作限制詞，爲終、竟之義。當白話最後的意思。如：

論語子張篇：「有始有卒者，其唯聖人乎！」「卒」和「始」爲對文，自是終了之意。孟子萬章篇：「子思不悅，於卒也，摽使者出諸大門之外。」「卒」作終於或最後講。盡心篇：「晉人有馮婦者，善搏虎，卒爲善士。」「卒爲善士」，是說：「最後竟成爲善士。」此類卒字，都是表時間的限制詞。

②卒：猶「乃」。當「於是」講，用作繫詞。如：

孟子離婁篇：「徧國中無與立談者，卒之東郭墦間之祭者。」「卒」猶乃，爲承接上文的關係詞。若說它是表時間的限制詞。作終於講，也是可以的。

③卒：與猝同。爲遽然、突然之義。如：

孟子梁惠王篇：「卒然問曰：天下惡乎定？」「卒」同「猝」。「卒然」爲急遽之貌。作表情態的限制詞。當白話忽然之意。

宜

①宜：猶「適」。用作指示形容詞。爲應該、適宜之意。如：

孟子離婁篇：「是以惟仁者，宜在高位。」萬章篇：「信斯言也，宜莫如舜。」兩「宜」字，作「應該」或「適合」講。

②宜：猶「應」。爲應合之詞，亦作「應該」講，祇是虛擬，爲意計而未定之詞，和上訓微有不同。如：

孟子梁惠王篇：「王笑曰：『是誠何心哉？我非愛其財，而易之以羊也。宜乎百姓之謂我愛也。』」滕文公篇：「枉尺而直尋，宜若可爲也。」離婁篇：「我欲行禮，子敖以我爲簡，不亦宜乎？」萬章篇：「惡乎宜乎？抱關擊柝。」此類「宜」字，爲相宜、合宜之意，當白話應該、派到的意思。

③宜：猶「殆」。爲表推度的關係詞。是疑而有定之詞。和白話「大約」、「似乎」相當。如：

孟子公孫丑篇：「宜與夫禮，若不相似然。」滕文公篇：「不見諸侯，宜若小然。」離婁篇：「孟子曰：『是亦羿有罪焉。』公明儀曰：『宜若無罪焉。』」盡心篇：「道則高矣美矣！宜若登天然，似不可及也。」趙注訓「宜」爲「將」。「言聖人之道大高遠，將若登天，人不能及也。」其實趙氏所謂「將若」，亦卽殆若之義。此類「宜」字，並訓爲「殆」，又皆與下面「若」「似」等字相應合，並用

「焉」或「然」做詞尾，顯然是表推度語氣。是大概、大約、若似乎的意思。

④宜：猶「爲」（ㄨㄟˋ）。「奚宜」猶「何爲」。當白話「爲甚麼」。如：

孟子離婁篇：「此物奚宜至哉！」趙注：「推此人何爲以此事來加我！」這是趙氏明訓「奚宜」作「何爲」的。吳氏衍釋訓「宜」爲「且」，「奚宜」猶言「何且」，而於文義亦洽。

彼

①彼：猶「他」。原爲第三身的指代詞。有指人、指事、指物之別。「彼」爲「此」之對文，彼指遠，此指近。俗謂「彼」叫那個、那樣；「此」叫這個、這樣。如：

孟子梁惠王篇：「彼陷溺其民，王往而征之，夫誰與王敵？」「彼」指敵國的國君，猶言「那些」文言裏的代詞，不分單數與複數，祇可以行文的文義求之。同篇：「言舉斯心加諸彼而已。」「斯」猶「此」，猶言「這個」。「彼」指代他人，猶言別人，或那個人。公孫丑篇：「管仲得君，如彼其專也；行乎國政，如彼其久也；功烈，如彼其卑也。」「彼」指管仲行政的事態，猶言「那樣」。是表性態的副詞，「其」指代管仲。滕文公篇：「彼丈夫也，我丈夫也，吾何畏彼哉！」「彼」與「我」「吾」對稱。「彼」爲泛指他人之代稱詞，猶言那個人。告子篇：「彼長而我長之，非有長於我也；猶彼白而我白之，從其白於外也。」「彼長」之「彼」指「人」，「彼白」之「彼」指「物」，皆當那個。「彼我」「彼己」「彼此」相對成文，是文言常見的詞彙。

②彼：猶「他」，爲表賤視之代稱詞。「彼」同於爾，汝之稱，有鄙之輕之之義。孟子盡心篇：「人能

充無受爾汝之實」可以爲證。如：

論語憲問篇：「問子西。曰：『彼哉！彼哉！』」「彼哉！彼哉！」猶言「他嗎！他嗎！」表鄙賤之義，言其沒有甚麼可取。孟子公孫丑篇：「曾子曰：『晉楚之富，不可及也。彼以其富，我以吾仁；彼以其爵，我以吾義；吾何慊乎哉！』」亦是彼我對稱爲文，「彼」爲晉楚之指代詞。對他國或他人稱「彼」，亦有輕之賤之之義，於相對的「我」「吾」，則有親之尊之之義。

③彼：猶「夫」。爲提示之詞。亦當白話「那個」。如：

論語微子篇：「夫執輿者爲誰？」史記引此文作「彼」。「夫」義同「彼」，論孟中多以「夫」作提示之詞，用「彼」者少。祇有孟子盡心篇：「彼善於此，則有之矣」裏的「彼」字猶夫，爲提示語詞，並略帶指稱意味。

幸

①幸：爲希冀、期望之詞，與庶幾之詞義相近。表示祈求的意思。引申爲吉而免凶，和化凶爲吉之義。爲表轉折相連的關係詞。如：

論語述而篇：「子曰：『丘也幸，苟有過，人必知之。』」「幸」即幸運之意。孟子離婁篇：「仰而思之，夜以繼日；幸而得之，坐以待旦。」「幸而」即幸好之意。兩「幸」字，皆吉而免凶之詞，並表語意之轉折。

②不幸：幸之反面叫不幸。也就是應吉而凶，應生而死的意思。同時也表語意之轉折。如：

論語雍也篇：「孔子對曰：『有顏回者好學，不遷怒，不貳過。不幸短命死矣。』」孟子公孫丑篇「朝、將視朝，不識可使寡人得見乎？對曰：『不幸而有疾，不能造朝。』」」滕文公篇：「世子謂然友曰：『昔者孟子嘗與我言於宋，於心終不忘。今也不幸，至於大故。』」此類句中的「不幸」，都是表示應吉而凶的意思。同時亦表語意之轉折。

呼

①呼：常與「嗚」連成「嗚呼」一詞。表虛弱疲憊之聲。或表憤怒鄙斥，或表感歎傷痛，隨文附義，各因文義之所宜，而爲之解說。如：

論語八佾篇：「子曰：『嗚呼！曾謂泰山，不如林放乎？』」邢疏：「孔子歎其失禮，故曰嗚乎。」

按嗚呼一詞，在古籍中，形體多變，聲音則同。如「於戲、嗚嘑、烏乎、烏虖、烏呼、於乎」等，不拘字形，祇取其聲。至於所表示的感傷之情，亦多隨文屬義，而無定解。它的聲音低沈頓剉，虛弱疲憊，恰好和「嗟乎」或「嗟夫」的高昂激越之聲情相反。

固

①固：爲本然之詞。用作限制詞，表肯定語氣。和「原來、本來、正是」或「實在是」的語意相當。如：

論語子罕篇：「固天縱之將聖，又多能也。」「固」與「又」相應，爲增進文義的連繫詞。衞靈公篇：「子曰：『君子固窮，小人窮斯濫矣。』」「固」猶固然，爲本來之意。和「貧、士之常」之語意相類。程子謂「固窮者，固守其窮。」則是訓固爲堅決之義，似非聖人氣象。同篇：「子曰：『然！固相師之道也。』」「固」爲正是或本來就是的意思。孟子梁惠王篇：「百姓皆以王爲愛也，臣固知王之不忍也。」告子篇：「仁義禮智，非由外鑠我也，我固有之也。」此類固字，並爲「原來、本來、」或「正是」的意思。表肯定語氣。用在複句裏，也可算是構成容認關係的關係詞。

②固：爲堅執之詞。卽堅持己見，不知變通之意。如：

論語子罕篇：「子絕四：無意、無必、無固、無我。」憲問篇：「非敢爲佞也，疾固也。」孟子告子篇：「固哉！高叟之爲詩也。」此類固字，都是固執不化之意。

③固：猶「既」。猶「已」。「既已」重言，當「已經」二字，爲表時間限制的關係詞。如：

論語憲問篇：「夫子固有惑志於公伯寮，吾力猶能肆諸市朝。」「固」爲「已經」之意，與下句「猶」字相應。滕文公篇：「夫世祿，滕固行之矣。」「固」亦爲已經之意。這是從原本之義引申而來的。

④固：猶「必」。用作限制詞，表示永恒之理，是持久不變的。相當於「一定」二字。如：

孟子梁惠王篇：「然則小固不可以敵大，寡固不可以敵衆，弱固不可以敵强。」滕文公篇：「百工之事，固不可耕且爲也。」告子篇：「君子之所爲，衆人固不識也。」此類固字，都是表示不變的必然之理。也是從原本之義引申而來的。

⑤固：猶「當」。「固當」乃同義複語，義近於「則」。亦是本然之詞。如：

孟子公孫丑篇：「固將朝也，聞王命而遂不果。」滕文公篇：「親喪固所自盡也。」同篇：「君之於民，固周之。」趙注：「固當周其窮乏」趙氏疊用「固當」二字，分明是以「當」釋「固」的。盡心篇：「及其爲天子也，被袗衣，鼓琴，二女果，若固有之。」此類固字，都是表當然之理，也是從本然之義引申而來的，但語意沒有上文那麼凝重。

⑥固：猶「乃」。當白話「是」字，這是由本然之詞，轉化爲繼承前事之關係詞。如：

論語子罕篇：「太宰問於子貢曰：『夫子聖者與！何其多能也？』子貢曰：『固天縱之將聖，又多能也。』」「固」猶「乃」，當白話「是」字，說做「乃是」「原是」也是可以的。孟子萬章篇：「象至不仁，封之有庳，有庳之人，奚罪焉？仁人固如是乎？」告子篇：「名實未加於上下而去之，仁者固如此乎？」盡心篇：「賢者之爲人臣也，其君不賢，則固可放與？」「固」並猶「乃」，都是用作繫詞。

姑

①姑：猶「且」。「姑且」連言，爲同義複語。和暫且、暫時相當。爲表時間的限制詞。如：

孟子梁惠王篇：「王曰：『姑舍女所學而從我，則何如？』」公孫丑篇：「子夏、子游、子張，皆有聖人之一體，冉牛、閔子、顏淵，則具體而微，敢問所安？曰：『姑舍是。』」盡心篇：「是猶或紾其兄之臂，子謂之姑徐徐云爾。」此類姑字，並猶姑且，爲有藉而加之之詞。表暫時之義。

始

①始：猶「初」。起初即開始、開頭之意。用作限制詞，大都用來追述往事，表動作在時間上的起點。如：

論語泰伯篇：「師摯之始，關雎之亂。」子張篇：「有始有卒者，其唯聖人乎！」這「始」與「亂」跟「始」與「卒」，均相對成文。「始」爲本初，「亂」和「卒」爲終末。孟子梁惠王篇引詩大雅靈臺之詩云：「經始勿亟，庶民子來。」滕文公篇引詩邠風七月之詩云：「其始播百穀。」同篇：「之則以爲愛無差等，施由親始。」萬章篇：「始舍之圉圉焉。」此類始字，並起初、開頭之意。在敍述往事，用它來表動作之起點。

②始：爲起原之詞，亦開始之義，表時間之過去。是從前的意思。如：

論語學而篇：「始吾於人也，聽其言而信其行。」孟子梁惠王篇：「始作俑者，其無後乎？」公孫丑篇：「征商，自此賤丈夫始矣。」此類「始」字，並爲追溯本初的限制詞，和前條意近而有別。

③始：猶「方」。當白話「纔」字。也是表動作在時間上的開始。如：

論語學而篇：「子曰：賜也，始可與言詩也矣。」「始」猶「方」，「始可」猶言方纔可以。子路篇：「始有，曰：『苟合矣。』」「始有」猶言方纔有。孟子梁惠王篇：「景公悅，大戒於國，出舍於郊，於是始興發補不足。」「於是始」猶言「於是纔」。公孫丑篇：「若火之始然，泉之始達。」「然」同「燃」，古今字。此類始字，並爲方纔之義，是表動相的限制詞。

尙

「尙」爲賞之古文，皆可訓加。尙之本義爲曾，曾卽增之古文。今所行者爲其引申義。

①尙：與「上」同。爲貴重之義。凡有貴重的念頭，卽有所希冀，義相輾轉引申，故得爲庶幾、願望之

詞。表示求而得之之義。如：

論語陽貨篇：「子路曰：『君子尚勇乎？』子曰：『君子義以爲上。』」「尚」猶「上」，字異而義同。並爲尊崇之義。「尚」爲外動詞，言君子以勇爲上嗎？孟子萬章篇：「舜尚見帝。」「尚」與「上」同。言舜上朝見堯帝。盡心篇：「王子墊問曰：『士何事？』曰：『尚志。』」朱注：「尚、高尚也。」「尚志」卽高尚其志。「高尚」卽尊貴珍重之意。

②尚：猶「加」。卽加乎其上，爲勝過之義。當白話「加」字。如：

論語里仁篇：「好仁者，無以尚之。」「尚」猶「加」。是說：「沒有別的事物，再可以加乎愛好仁道之上。」和顏淵篇：「草上之風」裏的「上」字同義。案孟子滕文公篇引此文作「尚」，亦作「加」講。孟子公孫丑篇：「今天下地醜德齊，莫能相尚。」滕文公篇：「皜皜乎不可尚已。」盡心篇：「禹之聲，尚文王之聲。」「尚」皆加乎其上之意。亦卽高過、勝過之意。

③尚：猶「猶」。「尚猶」連言，爲同義複語。與「猶且」之義相類。在表示某一狀態繼續未變或殘餘未盡時用之。這是由表範圍的限制詞轉來的關係詞，當白話還、仍然、依舊之意。如：

孟子滕文公篇：「今吾尚病。」「尚」猶「猶」，當白話「還」字。是說：「如今我還在生病。」同篇：「以母則不食，以妻則食之；以兄之室則弗居，以於陵則居之。是尚未能充其類也。」「尚」猶「還」，這是由限制詞變爲連繫二事以作比較的關係詞。

④尚：猶「復」。爲更、又之義。用作繫詞，以表進層連接，當白話「還要」二字。如：

孟子萬章篇：「以友天下之善士爲未足，又尚論古之人。」趙注：「尚、上也，乃復上論古之人。」

孫疏：「則又上論古之人。」「復上」「又上」同義，均是解釋「尙」字的。

所

①所：爲定位之詞。作處所解。如：

論語爲政篇：「爲政以德，譬如北辰，居其所，而衆星共之。」「所」爲處所，指天之中樞。子罕篇：「吾自衞反魯，然後樂正，雅頌各得其所。」「所」爲地位。指雅頌詩樂各皆恢復其本來地位。孟子滕文公篇：「使之居於王所，在於王所者。」兩「所」字，皆是爲句主安定其分位之詞。這是名詞，用法簡單，茲不多說。

②所：猶「其」。「所以」猶言「其以」，爲指代人物之詞。當白話「用此」或「拿來」講。（參閱「其」猶「所」條。）如：

孟子公孫丑篇：「丑見王之敬子，未見所以敬王也。」「所以」猶言「其以」，指對齊王尊敬之事。是說：「丑祇見齊王敬你，從來沒見你拿甚麼對君王來表示過尊敬的。」同篇：「故將大有爲之君，必有所不召之臣。」「所」猶「其」，指大有爲之君的自身。是說：「古來要做大有爲的國君，一定有他自己不敢隨便召喚的臣子。」離婁篇：「其妻問所與飲食者，則盡富貴也。」「所」猶「其」，指代給予飲食的人。與下文「問其與飲食者」裏的「其」字同義。

③所：爲有所指的連絡代詞。通常由「處所」的「所」，借爲語助，雖不爲義，但和一般連詞跟助詞不同。它有指代作用，有確指和泛指之別。中心詞見於上文就是確指，未見於上文便是泛指。這跟「

者」作指代詞的情形相似，祇是「所」用在動詞前，「者」用在動詞後，位置恰好相反。在現代語裏沒有和它相當的詞，勉强用「的」來翻它。情形比較特殊，祇有在修飾成分的句子用到它，難以表示出甚麼意思，用時必須把它放在動詞或介詞前，都有指示兼代稱作用。如：

論語爲政篇：「視其所以，觀其所由，察其所安」裏的「所」，皆有方向和指目，並非空爲語助。

在文言裏每以「所」作連絡代詞，常用在外動詞或關係內動詞之上，故有時卽用它來表動詞的被動性。跟「見殺」「相邀」的「見」和「相」同類，也都有指代作用。如爲政篇：「殷因於夏禮，所損益可知也」裏的「所」，是指夏禮。是說：「夏禮被殷所損益。」述而篇：「子之所愼，齊、戰、疾」。是說「齊、戰、疾三事，皆爲孔子所謹愼。」同篇：「子所雅言，詩、書、執禮。」「雅言」卽正言，是說：「詩、書、執禮，皆爲孔子所正言。」「正言」卽正讀其音。子路篇：「舉爾所知，爾所不知，人其舍諸？」是說：「舉用爲你所知的，未爲你所知的，難道他人豈肯捨棄不舉嗎？」又孟子梁惠王篇：「狄人之所欲者，吾土地也。」「所」居主位，指代下文土地。滕文公篇：「且志曰：『喪祭從先祖。』曰『吾有所受之也。』」「所」指代句主「喪祭從先祖」之禮。同篇：「由是觀之，則君子之所養，可知矣。」「所」指代上文「不俟禮之至而不往見」之理。此類用「所」的句法，和語體文用來指定甚麼的「的」相當。位句中或句首，下面常用「者」相連。「所」下爲動詞，動詞下爲「者」，作端詞，表示指定的事物，作「之人」「之物」「之事」講。在主謂結構的句子裏，代詞「所」上常加「之」字，而下面的端詞「者」，也是經常省略的。「所」作代詞，必居於賓位，且在動詞或介詞前。在白話裏，必須更換位置，把動詞移置「所」上，「所」翻成「的」就行了。如滕文公篇：「仲子所居之室，伯夷之所築與？抑亦盜跖之所築與？」說成「仲子居住的房子，是伯夷建築的呢？還是盜跖建築的呢」就是。句中的「的」是翻「所」字的，因爲這類特介詞「之」字，雖然相當於「的」，本來就可省略，在語體文裏更無此需要，所以也就不翻了。如離婁篇：「巨室之所慕，一國慕之。」同篇：「所欲與之聚之，所惡勿施爾也。」同篇：「蚤起，施從良之所之。」告子篇：「魚，我所欲也；熊掌，亦我所欲也。」同篇：「人之所貴者，非良貴也；趙孟之所貴，趙孟能賤之。」下句省端詞「者」，上句不省。此類「所」字，皆有指示兼代稱作用，並相當於語體文指定甚麼的「的」字。

④所以：「所以」是詞組，並不是一個詞。代詞「所」指緣故，介詞「以」有因意。兩個詞組合起來，可作狀語，並有關連作用。其功用是承上文，猶「是以」，與「故」同義。相當於「因此」或「因爲這個緣故。」是承上文而有所指的結語詞。和「是以」「是故」換用，意思一樣。把它放在因果關係。複句的次句之首，以表因果關係。這是所以的第一種用法。如：

論語公冶長篇：子貢問曰：『孔文子何以謂之文也？』子曰：『敏而好學，不恥下問，是以謂之文也。』」這「是以」猶言「所以」。和孟子告子篇引詩大雅既醉之詩云：「『既醉以酒，既飽以德。』言飽乎仁義也。所以不願人之膏粱之味也；令聞廣譽施於身，所以不願人之文繡也」裏的「所以」，功用相同。都是承上文的結語的連詞。在論孟中用此類「所以」的地方，多以「是以」或「故」爲之。

⑤所以：所以的第二種用法，是推測上文的因由，爲探原之詞，求其所以然之故，係如何之意。當白話「怎樣」講。意思和上面的所以不同。雖也是用作承接連詞，而有探其本原的作用。如：

論語里仁篇：「不患無位，患所以立。」「所以」爲探其立位之原，在於才德。公冶長篇：「子在陳曰：『歸與！歸與！吾黨之小子狂簡，斐然成章，不知所以裁之。』」「所以」為探其思歸之故，在於為弟子裁成文章，而入正道。孟子梁惠王篇：「夫子言之，於我心有戚戚焉，此心之所以合於王者何也？」「所以」為探求王者為政之本，在於不忍之仁心。同篇：「狄人之所欲者，吾土地也。吾聞之也君子不以其所以養人者害人。」「所以」為探求養民之本原，在於土地。公孫丑篇：「今人乍見孺子，將入於井，皆有怵惕惻隱之心，非所以內交於孺子之父母也，非所以要譽於鄉黨朋友也。」「所以」為探求乍見孺子將入井，而惻然心動之故，是發自人類純全的良知。離婁篇：「不以舜之所以事堯事君，不敬其君者也；不以堯之所以治民治民，賊其民者也。」前「所以」為探求臣道事君之本原在於忠勤；後「所以」為探求君道治民之本原在於仁慈。同篇：「三代之得天下也以仁，其失天下也以不仁，國之所以廢興存亡者亦然。」「所以」為求其國家廢興存亡之故，在仁與不仁。同篇：「安其危而利其菑，樂其所以亡者。」「所以」為察其招致滅亡之故，原於利災樂禍的荒淫暴虐之行。告子篇：「非天之降才爾殊也，其所以陷溺其心者然也。」「所以」為原其心之殊異，在於年歲之豐歉。同篇：「其所以放其良心者，亦猶斧斤之於木也。」察其所以放其良心之故，乃原於仁心之逐漸斲喪。同篇：「拱把之桐梓，人苟欲生之，皆知所以養之者。」察其所以養之之術，乃原於非時而勿伐。盡心篇：「存其心，養其性，所以事天也；殀壽不貳，修身以俟之，所以立命也。」察其存心養性之行，乃原於事天；修養身心以待天命，乃是完成天所付予我們的生命。此類「所以」的用法，凡是在行文時，不便悉舉其事，便以「所以」該之。這個「所以」，乃是思維籌措探本窮原的因果連詞。亦皆隨文各有所指，和一般連詞，僅在文法方面作連繫者有別。這是要特別注意的。

⑥所：猶「有」。「所以」猶言「有所以」。相當於「爲甚麼」或「究竟爲甚麼」。還有「有所」「無所的「所」，都相當於「甚麼」，並是虛指事物或性態，而不表示疑問。祇是帶有探尋本原的意味，不在這裏多說。如：

孟子離婁篇：「人之所以異於禽獸者，幾希。」和盡心篇：「其所以異於深山野人者，幾希」裏的「所以異」猶言「有所不同」。當白話「究竟爲甚麼不同。」又盡心篇：「人之所不學而能者，其良能也；所不慮而知者，其良知也。」兩「所」字，並爲「有所」之義，當白話「爲甚麼」。

⑦所：猶「可」。用爲助動詞。相當於可以。王氏釋詞謂「所與可同義。故或謂可爲所，或謂所爲可。」（參閱「可」猶「所」條）。如：

論語公冶長篇：「子曰：『賜也，非爾所及也。』」「所」猶「可」。或訓爲「能」，亦通。因可、能二字，義本相通。同篇：「子曰：『由也，好勇過我，無所取材。』」鄉黨篇：「朋友死，無所歸。」兩「無所」並猶「無可」。衞靈公篇：「如有所譽者，其有所試矣。」「所譽」之「所」，皇本作「可」。這兩個「所」字，若是把它看做表動詞的被動性，也是可以的。孟子梁惠王篇：「就之而不見所畏焉。」同篇：「曰：『非所謂踰也，貧富不同也。』」滕文公篇：「親喪，固所自盡也。」同篇：「堯舜之治天下，豈無所用其心哉！」離婁篇：「良人者，所仰望而終身也。」告子篇：「所敬在此，所長在彼。」此類「所」字，皆和「可以」之「可」相當。也都是放在動詞前，作助動詞用。

⑧所：猶「若」。猶「或」。爲表假設相連的關係詞。當白話「如果」二字。如：

論語雍也篇：「予所否者，天厭之！天厭之」裏的「所」字，應爲設詞，作如果解。注疏以「所」

為誓辭。劉氏辨略謂「所、未必是誓辭，疑當時誓辭之例，以所為發句，而繼之有如云何也。」其說可採。因這「所」字，有兼攝「者」字的任務，有代稱作用的緣故。又孟子離婁篇：「上無道揆也，下無法守也。朝不信道，工不信度，君子犯義，小人犯刑，國之所存者，幸也。」「幸」為若或之設詞，用「所」字以表假設關係。言其國之不當存而或存，乃徼幸得很。若訓此「所」字為可能，便覺意味索然了。

⑨所：猶「是」。為助動詞。如：

孟子梁惠王篇：「先王無流連之樂，荒亡之行，惟君所行也。」「所」猶「是」「惟君所行」，是說：「願君選擇是行。」「是行」就是實行之意。

⑩所謂：為領起並認定下文之發端語。當白話「說的」或「說的甚麼」語氣。如：

孟子梁惠王篇：「所謂故國者，非謂有喬木之謂也，有世臣之謂也。」離婁篇：「世俗所謂不孝者五：惰其四肢，不顧父母之養，一不孝也；……」告子篇：「今之所謂良臣，古之所謂民賊也。君不鄉道，不志志於仁，而求富之，是富桀也。」此類「所謂」，即稱謂、認為之意。都是認定下文文義的發端語。

於

①於：猶「其」。為指事之詞。作「他的」講。如：

論語學而篇：「三年無改於父之道，可謂孝矣。」「於父」猶言「其父」。即他的父親。同篇：「

斂於事而愼於言。」里仁篇：「君子欲訥於言而敏於行。」「於」並猶「其」，爲指示之詞。與憲問篇：「君子耻其言而過其行。」義法全然相同。前兩句各用兩個「於」字，後句則用兩個「其」字，可證「於」「其」互訓通用，同爲指示之詞，作「他的」講。皆君子指他自己。雍也篇：「如有博施於民。」鄉黨篇：「侍食於君。」衞靈公篇：「當仁不讓於師。」「於」並猶「其」，亦各有所指，都作「他的」講。孟子公孫丑篇：「蚳鼃諫於而不用。」「於」猶「其」。指齊王。離婁篇：「爭地以戰，殺人盈野；爭城以戰，殺人盈城。此所謂率土地而食人肉，罪不容於死。」「於」猶「其」。指爭地爭城而殺人的人。趙注：「言其罪大，死刑不足以容之。」卽是說：「他的罪惡之大，雖處死尚有餘辜。」盡心篇：「於所厚者薄，無所不薄也。」大學經文作「其所厚者薄。」可證「於」「其」古通用。他如「於後」猶「其後」，「於時」猶「其時」，乃文言中習見之常語。

②於：猶「此」。爲指示事物之代稱詞，並兼關係詞的功能。當白話這、這個、這裏的意思。如：

論語八佾篇：「奚取於三家之堂。」集解和邢疏：「今之三家，但家臣而已，何取此義而作之於堂邪？」皆訓「於」爲「此」。指雍、徹之樂。孟子梁惠王篇：「臣始至於境，問國之大禁，然後敢入。」「於」猶「此」，指齊國。言臣初到齊國的邊境。這個「至」和「於」要分讀，和作「到達」講的「至於」不同。

③於：猶「爲」。猶「是」。「爲」和「是」，用作同動詞，義本相同。如：

論語里仁篇：「有能一日用其力於仁矣乎？」孔氏訓「於」爲「脩」，「脩」卽脩爲之意。同篇：「君子喻於義，小人喻於利。」言君子所瞭解的爲義，小人所瞭解的爲利。兩「於」字，翻作「是」，也是可以的。泰伯篇：「君子篤於親，則民興於仁。」「於親」之「於」訓其，爲指稱詞，作「他的」講。「於仁」之「於」訓「行」或「爲」皆可。「則民興於仁」，是說「人民就會興起行仁了。」孟子離婁篇：「寇至，則先去，以爲民望；寇退，則反。殆於不可！」「於」猶「爲」或「是」。「殆於不可」，猶言「殆爲不可」或「殆是不可」。告子篇：「此又與於不仁之甚也。」「與」猶「助」，「於」猶「爲」。「與於不仁」，卽「助爲不仁」之意。

④於：猶「至」。猶「往」。表動作之所歸。這個「於」字，是介進處所補詞的關係詞。通常位居動詞後。當白話「到」字。如：

論語雍也篇：「子華使於齊。」「於」作「到」講，言子華出使到齊國。子路篇：「使於四方。」言出使到四方各國。憲問篇：「蘧伯玉使人於孔子。」言蘧伯玉派人到孔子這裏來。子張篇：「文武之道，未墜於地。」「未墜於地」，是未曾亡失之意，言其尙留存世間。「於」並猶至，作「到」講。都是介進處所補詞的關係詞。又孟子梁惠王篇：「河內凶，則移其民於河東，移其粟於河內。」兩「於」字，並爲「到」義。公孫丑篇：「孟子自齊葬於魯，反於齊，止於嬴。」這「葬於魯，反於齊」裏的兩個「於」，是介進處所補詞「魯」和「齊」的關係詞。「於」表動作的到達點，相當於「到」。「止於嬴」的「於」，是表靜止關係的，祇能翻做在，不能翻做到。萬章篇：「繆公之於子思也，亟問亟餽鼎肉，於卒也，標使者出諸大門之外，北面稽首再拜而不受。」「之於」是對於之義。「於卒也」的「於」，是到的意思，猶言到了最後。上面各句中的「於」，都是表所到的關係詞。皆因避免字面重複，「於」上省「至」字，但也有不省的。如論語學而篇：「夫子至於是邦也。」而史記仲尼弟子傳作「孔子適是邦也。」公治長篇：「陳文子有馬十乘，棄而違之，至於他邦。」雍也篇：「非公事未嘗至於偃之室也。」同篇：「齊一變，至於魯；魯一變，至於道。」孟子梁惠王篇：「今恩足以及禽獸，而功不至於百姓者，獨何與？」同篇：「五旬而舉之，人力不至於此。」公孫丑篇：「由湯至於武丁。」盡心篇：「由堯、舜至於湯。」此類句中的「至」和「於」，並為「到」義。複用「至於」，仍是到達之義。至於介進不過在文法上別提一事，而作更端語詞的「至於」，則為「至如」「至若」之義，與此迥別。至於「有處所補詞的「於」，單用在句中，也是可省略的。如孟子公孫丑篇：「不幸而有疾，不能造朝。」「有采薪之憂，不能造朝。」「今病小愈，趨造於朝。」「請必無歸，而造於朝。」離婁篇：「曾子居武城，有越寇。」「子思居於衞，有齊寇。」告子篇：「天子適諸侯曰巡狩，諸侯朝於天子曰述職。」其間兩用「造朝」，兩用「造於朝」。語法相同，祇是一省「於」，一不省「於」。「居武城」與「居於衞」，「適諸侯」與「朝於天子」，也是同一語法形式，獨「居衞」「朝天子」加「於」字。這是修辭上的關係。在語意上並無差別。

⑤於其：「於」和「其」同義通用，都是指事之詞，已在上面說過。但有時「於其」二字連用，則為「對於」之義，和「之於」的用法類似，大都放在動詞前，成為表動作對象的關係詞。如：

論語先進篇：「人不間於其父母昆弟之言。」子路篇：「子曰：野者由也！君子於其所不知，蓋闕如也。」同章：「君子於其言，無所苟而已矣。」陽貨篇：「予也，有三年之愛於其父母乎？」這類「於其」二字，並為同義複語，都是對於之意。為表對象的關係詞。

⑥於：猶「對於」。「於」和「之於」，都是表對待關係的「對於」之意。古代單用於，後世用對於。

這個「於」字，是由動詞變來的介繫詞。仍是對於之意。如：

論語八佾篇：「知其說者之於天下也。」這句文字，是由「知其說者於天下也」這個詞結，在它的起詞「知其說者」跟動詞「於」的中間加「之」字，構成組合式的詞結，「於」是對於，「之於」仍是對於。這是特介詞「之」的特別用法。和里仁篇：「君子之於天下也。」語法相同。公冶長篇：「始吾於人也，聽其言而信其行；今吾於人也，聽其言而觀其行。」這「始吾於人也」和「今吾於人也」，是兩個詞結用作主語，在起詞「吾」跟動詞「於」之間，省去「之」字，「於」是對於之意。雍也篇：「子曰：由也果，於從政乎何有？」「曰：賜也達，於從政乎何有？」「曰：求也藝，於從政乎何有？」在這三個同一語法中的「於」，並爲對於之意。先進篇：「子曰：『回也，非助我者也，於吾言無所不說。』」「於」就是對於。衞靈公篇：「吾之於人也，誰毀誰譽？」同篇：「民之於仁也，甚於水火。」這「吾之於人也」和「民之於仁也」，也是在「吾於人也」和「民於仁也」兩個詞結的起詞跟動詞之間加「之」，而構成組合式的詞結。子張篇：「我之大賢與，於人何所不容？」「於」爲對於之意。孟子梁惠王篇：「寡人之於國也，盡心焉爾矣。」同篇：「君子之於禽獸也，見其生，不忍見其死；聞其聲，不忍食其肉。」公孫丑篇：「湯之於伊尹，學焉而後臣之，故不勞而王；桓公之於管仲，學焉而後臣之，故不勞而霸。」同篇：「我於辭命，則不能也。」此類「於」和「之於」，皆對於之意。離婁篇：「舜明於庶物，察於人倫。」兩「於」字，用在動詞後，近似指事詞「其」字，但是它表明那件事情怎麼樣。「於」仍是對於之意。是說舜對於庶物人倫方面的明察。同篇：「此亦妄人也已矣，如此，則與禽獸奚擇哉！於禽獸又何難焉？」萬章篇：「周公之不有天下，猶益之於夏，伊尹之於殷也。」盡心篇：「吾於武成，取二三策而已矣。」此類「於」跟「之於」，都是對於之意。也都是由動詞變做表對待關係的關係詞。按特介詞「之」跟介詞「於」合成「之於」，意思仍是對於，「之」可省，「於」決不可省。

⑦於：猶「與」。當白話「同」字、「給」字，「於」是表動作之對向，介進一個受詞的關係詞。如：

論語子罕篇：「天之將喪斯文也，後死者不得與於斯文也。」「與」讀（ㄩ）「與於」就是參預。即預聞他人之事，爲承受之義。邢疏：「天將喪斯文，本不當使我與知之。」竹氏會箋：「後人何以得預於斯文乎？」這「與」和「預於」，並參與之義。這個「於」字，是介進受詞的關係詞。孟子梁惠王篇：「王之臣，有託其妻子於其友，而之楚遊者。」「於」爲賦與之義。作託付、交給講。公孫丑篇：「伯夷、伊尹於孔子，若是班乎？」「於」猶與，爲相比連繫的關係詞，當白話「同」字。同章：「麒麟之於走獸，鳳凰之於飛鳥，泰山之於丘垤，河海之於行潦，類也。聖人之於民，亦類也。」此類之於，表方面關係，當白話「比」字。是「比於」之意，而非「對於」之意。是表所比的介詞，跟「與」字同義。揚子法言引此文，便將「之於」變作「與」。焦氏正義：「麒麟與走獸異，鳳凰與飛鳥異，泰山河海與丘垤行潦異，聖人與凡民異，是萬類各有殊異也。」焦氏亦將「之於」解作「與」，以表兩者之間的比較關係。這便是表所比的關係詞。又萬章篇：「昔者堯薦舜於天。」「舜薦禹於天」裏的「於」字，和上文「天子不能以天下與人」「天與之」裏的「與」字同義，都是給與之意。又告子篇：「若犬馬之於我不同類也」裏的「之於」，亦同「與」。是比於之意，亦爲表所比的關係詞。

⑧於：猶「過」。猶「踰」。用「於」字介進補詞，位於形容詞後，表形容性的差比。當白話過、比過、甚過之意。這是表示這事物比那事物怎麼樣的。介詞結構的「於」，在這裏是表差比，相當於「比……

還……」句式，是用來說明事物就屬性比較情況的。如：

論語先進篇：「季氏富於周公。」是說「季氏富過周公。」或「季氏比周公還富。」衞靈公篇：「民之於仁也，甚於水火。」「甚於」就是甚過的意思。是說：「民對於仁，比水火還重要。」上兩句的結構，「季氏」跟「民之於仁」是主語，「富」和「甚」是形容詞作表詞。「周公」跟「水火」是比差的補詞，兩「於」字，是連繫它們的關係詞。子張篇：「叔孫武叔語大夫於朝曰：『子貢賢於仲尼。』」同篇：「陳子禽謂子貢曰：『子爲恭也，仲尼豈賢於子乎？』」這裏的兩個「於」，皆爲連繫補詞的比較關係詞，當白話比過、甚過的意思。是說「子貢比仲尼還要賢。」孟子梁惠王篇：「王如知此，則無望民之多於鄰國也。」公孫丑篇：「德之流行，速於置郵而傳命。」同篇：「以予觀於夫子，賢於堯舜遠矣。」同篇：「自有生民以來，未有盛於孔子也。」這類的「於」，皆是踰越、超過的意思，也都是用在形容詞後。就兩事物的屬性作比較，祇要說出勝過者的屬性，而相差者也就從此可知了。可見這個「於」，雖是表差比的關係詞，但在這裏，仍含有對於的意味。因爲這兩者的比較作用，仍是由對待關係顯示出來的。

⑨於：猶「從」。和「自、由」等字同義。當白話「向」字。用它來介進處所補詞，表動作之所從出，相當於「從」或「打從」。大都用在動詞後，翻成白話，就要放在動詞前。「於」在文言中，是應用最廣的一個介繫詞，它所表示的關係也特別多。如：

論語爲政篇：「孟孫問孝於我。」「於」猶「從」。是說：「孟孫從我問孝。」「從」字換用「給」或「向」，也是可以的。八佾篇：「哀公問社於宰我。」是說「哀公從宰我問社。」衞靈公篇：「衞靈公問陳於孔子。」是說「衞靈公從孔子問陣。」季氏篇：「虎兕出於匣，龜玉毀於櫝中。」「出於匣」的「於」，是「從」義，表動作之所從出。是說「老虎跟野牛從柵欄裏跑出來。」「毀於櫝」的「於」，爲「在」義，是靜態的，表動作之所在。是說「龜和玉在櫃子裏毀了。」孟子梁惠王篇：「今燕虐其民，王往而征之，民以爲將拯己於水火之中也。」「於」猶「從」。是說「人民都以爲將要把他們從水火之中救出來。」離婁篇：「逢蒙學射於羿。」是說「逢蒙跟從后羿學射。」此類文字的句型，大致相同。其中的「於……」是連接動詞的補語，「於」都是表動作所從出的關係詞。祇是文言中的「於」，都放在動詞後，譯成白話，就必須放在動詞前，這是文言跟現代語法的差別。

⑩於：猶「在」。表動作之所在。這是由動詞變爲連繫處所補詞的關係詞，以用在動詞後爲常，當白話「在」字。若句中無動詞，它就作動詞用。如：

論語里仁篇：「士志於道，而耻惡衣惡食者，未足與議也。」「於」猶「在」。「士志於道」。是說「一個讀書人，既然立志在專心求道。」名詞「志」，在介詞「於」前，因句中沒有動詞，它就變做動詞。公冶長篇：「子曰：赤也，束帶立於朝，可使與賓客言也。」「立於朝」就是「站在朝廷上。」述而篇：「何有於我哉？」「於」猶在，是說「這些在我來說有甚麼難呢？」同篇：「子食於有喪者之側，未嘗飽也。」是說：「孔子在有喪事的人身旁吃飯，從來沒有吃飽過。」子罕篇：「且予縱不得大葬，予死於道路乎？」「於」用在動詞後，爲表所在的關係詞。鄉黨篇：「孔子於鄉黨」和下文「其在宗廟朝廷」是語法相同的敍事句，一用「於」，一用「在」，足證「於」和「在」是可以互通的，都是動詞而兼繫詞用的。先進篇：「由之瑟，奚爲於丘之門？」「於」猶「在」。是介進處所補詞的關係詞。

顏淵篇：「子貢問政。子曰：『足食、足兵、民信之矣。』子貢曰：『必不得已而去，於斯三者何先？』曰：『去兵』。子貢曰：『必不得已而去，於斯二者何先？』曰：『去食。自古皆有死，民無信不立』」裏的兩個「於」字，都是動詞作述詞用，是「在……中」的意思。用在比較或選擇的句子裏。「於斯三者何先？」是說「在食、兵、信三項之中，要先去那一項呢？」「於斯二者何先？」是說「在食、信二項之中，要先去那一項呢？」陽貨篇：「食夫稻，衣夫錦，於女安乎？」「於」猶在，介詞用在形容詞「安」前，表示在主觀上對於那方面的適應情況怎樣。孟子梁惠王篇：「邠人曰：『仁人也，不可失也，』從之者如歸市。或曰：『世守也，非身之所能爲也。效死勿去！』君請擇於斯二者」這個「於」字，也是用在比較二事選擇其一的句子裏，也是「在……中」的意思。「君請擇於斯二者。」是說「請你在這兩項之中，挑選一項。」同篇：「夫子言之，於我心有戚戚焉。」「於」猶「在」，也是介進處所補詞的關係詞。「於我心有戚戚焉。」等於說「戚戚於我心」這已顯明地看出「於」是由動詞變來的關係詞。又同篇：「王立於沼上。」和「王坐於堂上。」句式相同，「於」爲在義，位居動詞後，都是連繫處所補詞的關係詞。滕文公篇：「當是時也，禹八年於外，三過其門而不入，雖欲耕，得乎？」「於」是動詞作述詞用，也是「在」的意思。同篇：「於此有人焉，入則孝，出則弟。」「於此」是個介詞結構的詞結作起詞，是「有人於此」的變式。「於」是關係詞「在」的意思。「此」爲處所補詞。離婁篇：「舜生於諸馮，遷於負夏，卒於鳴條」裏的三個「於」，其中「遷於負夏」裏的「於」，是介所至的關係詞，表動態關係，當白話「到」字。其他「生於諸馮」和「卒於鳴條」裏的兩個「於」，都是表定著的關係詞，當白話「在」字。萬章篇：「於斯時也，天下殆哉，岌岌乎！」「於」是動詞用作述詞，當白話「在」字。同篇：「太甲顚覆湯之典刑，伊尹放之於桐；三年，太甲悔過，自怨自艾，於桐處仁遷義，以聽伊尹之訓己也，復歸於亳。」這裏「放之於桐」的「於」，是由動詞變爲介進處所補詞的關係詞。當白話「在」字。「於桐處仁遷義」裏的「於」，是動詞作述詞，亦當白話「在」字。「復歸於亳」的「於」，是介所到的關係詞，當白話「到」字。盡心篇：「孟子之滕，館於上宮。」「館」是由名詞變做動詞，作「居住」講。「館於上宮」，就是「住在滕君的別宮。」

⑪於：猶「受」。當白話「被」字。是表被動的關係詞。這句中的述詞，定是外動詞的被動式，所介的便是原主詞。如：

論語公冶長篇：「禦人以口給，屢憎於人。」「憎於人」就是被人憎惡。是說「祇靠巧辯去應付人，常常會被人討厭的。」孟子梁惠王篇：「東敗於齊，長子死焉。」「敗於齊」，就是「被齊國打敗」。公孫丑篇：「思以一毫挫於人，若撻之於市朝。不受於褐寬博，亦不受於萬乘之君。」「挫於」跟「受於」的「於」，都是表被動關係的關係詞。「不受於」是不肯受挫受辱的意思。是說：「在他想來，就是一根毫毛被人拔去的挫辱，也像在公共場所鞭打他一樣的可耻，他既不肯受辱於穿寬大粗布衣服的平民，也不肯受辱於擁有萬輛兵車的國君。」滕文公篇：「勞心者治人，勞力者治於人；治於人者食人，治人者食於人。」兩「治於人」跟「食於人」的「於」，都是表被動關係的關係詞。是說：「勞心的人，治理人，勞力的人，被人治理；被人治理的人奉養人，治理人的人，被人奉養。」萬章篇：「無常職而賜於上者，以爲不恭也。」「於」亦是表被動的關係詞。是說：「沒有一定的職務，卻受國君的賞賜，總以爲是不恭的。」此類表被動關係的「於」，在文言裏都是位居動詞後，但翻成白話，卻要放在動詞前，這是文言跟白話語法不同之處。

⑫於：猶「由」。「由於」二字合用，爲同義語。這個「於」字，是介進原因補詞的關係詞。和「爲了」、「因爲」的意思相同。如：

論語里仁篇：「人之過也，各於其黨。」「於」就是「由於」。是說：「人的過失，由於他們的性類各有不同。」公冶長篇：「於予與改是。」「於」卽由於。是說：「由於宰予的行爲，我纔改變這個主張。」孟子告子篇：「然後知生於憂患，而死於安樂也。」兩「於」字都是由於之意。是說：「然後纔知道生存是由於患難奮鬬而得來，死亡卻是由於安樂怠荒而招致。」此類譯句中的「由於」，若是換用「爲了」或「因爲」，也是可以的。因爲它們都是介進原因補詞的關係詞。這個「於」字，是由「從」意，又轉到「因」意。它也是用在動詞後面。

⑬於：猶「以」。猶「用」。是表示動作所用的工具。「於」字用作憑藉補詞的關係詞。是因襲、依照的意思。如：

論語爲政篇：「殷因於夏禮，所損益可知也；周因於殷禮，所損益可知也。」「因於」是因襲沿用之意，也就是憑藉的意思。言殷禮取材於夏禮，周禮取材於殷禮，其間所損所益，是可以知道的。陽貨篇：「親於其身爲不善者，君子不入也。」「於」猶以，是用的意思。是說：「一個人用自身去做惡事的，君子就不到那兒去。」孟子離婁篇：「所惡於智者，爲其鑿也。」「於」猶用。趙注：「惡人欲用其智，而妄自穿鑿。」這個「於」字不論訓「以」、訓「用」，也都是依靠、憑藉之意。

⑭於：猶「如」。可用作如若、如此、比如、設如，多種不同的關係詞。如：

論語爲政篇：「今之孝者，是爲能養。至於犬馬，皆能有養，不敬，何以別乎？」「於」猶「如」。「至於」爲至如、至若之義，是別事之關係詞。至於以下的文意，和上文有別。這是以犬馬之至賤，別異於人性之尊嚴的說法。里仁篇：「君子無終食之間違仁，造次必於是，顛沛必於是。」「於是」猶言如此。當白話「是這樣」。爲指承上文的結語詞。「於」是表容認關係的關係詞，「是」是「不違仁」的指代詞。公冶長篇：「宰予晝寢。子曰：『朽木，不可雕也；糞土之牆，不可杇也。於予與何誅！』」「於」猶如，爲如似之義，當白話「像」字。是說：「像宰予這樣志氣消沈的人，我又何足責備他呢！」這個「於」字，翻作對於，雖是可以，祇是不及翻作「如」字語氣委婉。述而篇：「述而不作，信而好古，竊比於我老彭。」「比於」就是比如的意思。這是倒裝語法，順說是「我竊比如老彭。」同篇：「子於是日哭，則不歌。」「於」猶如，爲設如之義。（說見吳氏衍釋）是說：「孔子假如那天弔喪哭了，就不再唱歌。」若是把這個「於」字，看做表時間的介詞，譯成「在」字，雖然可以，祇是不及把它當做設詞「如」字，語氣來得靈活。同篇：「曰：『不圖爲樂之至於斯也。』」「至於斯」猶言到如此。當白話到這樣的意思。孟子萬章篇：「父母之不我愛，於我何哉？」「於」是如似之義。是說：「父母的不愛我，像我究竟有甚麼過呢？」

⑮於是：於是一詞，因它在句中所處的部位不同，而所表示的有兩種不同的關係。如：

一種是放在動詞後的「於是」。「於」是介進「是」的關係詞，「是」是處所補詞的代稱詞。如上文所引里仁篇：「造次必於是，顛沛必於是」裏的「於是」便是。又微子篇：「我則異於是，無可無不可。」「我則異於是」，是說「我跟他們不同」。「於」譯作「跟」，是介進處所補詞「是」的關係詞。

「是」指代逸民伯夷等人。孟子梁惠王篇：「曰：否。吾何快於是！」「於是」猶言在此。是說「我怎麼能在這方面感到痛快呢！」「於」是介進處所補詞「是」字的，「是」是指代上文「興甲兵，危士臣，構怨於諸侯」之事。公孫丑篇：「爾何曾比予於是！」「於」是介進處所補詞「是」字的。「是」是管仲的代稱詞。告子篇：「奚有於是？亦爲之而已矣。」盡心篇：「不素餐兮，孰大於是！」這類「於是」的「於」，都是介進處所補詞「是」的關係詞，「是」都是各有所指的代稱詞。另一種是放在動詞之前的「於是」。在兩事相承的句裏，但不甚密接，而是有間隔的。卽是說了一事，作一停頓，表示上句語氣已斷，下句要另起，就用於是做連絡關係詞，來接說另起的第二事。這個「於是」，多用在起詞之後，述詞之前。和「其後」「然後」的用法相類似。如孟子梁惠王篇：「景公說，大戒於國，出舍於郊。於是始興發，補不足。」離婁篇：「逄蒙學射於羿，盡羿之道，思天下惟羿爲愈己，於是殺羿。」這兩個「於是」，是因此之意。在白話裏仍舊沿用，是不用翻的。

⑯於：猶「之」。爲表動作之所向的關係詞。按「之」和「於」跟「之」和「乎」，都可互訓通用，而且二者的合音都是「諸」，故這個「於」字，也可用「諸」代之。如：

論語學而篇：「子禽問於子貢曰。」「於」猶之。是說「子禽問之子貢曰。」或說做「子禽向子貢問曰。」也可。爲政篇：「施於有政。」「於」猶諸。「有」是語助。竹氏會箋：「施於有政，謂施諸國政也。」是說「把孝友之道，施諸家庭間，已有爲政之理。」公冶長篇：「道不行，乘桴浮於海。」泰伯篇：「以能問於不能，以多問於寡。」衞靈公篇：「躬自厚而薄責於人。」季氏篇：「冉有、季路見於孔子曰。」同篇：「陳亢問於伯魚曰。」此類於字，都是「之」的意思。又和「之於」「之乎」跟

「諸」的詞意相同，都是用在動詞後，表動作之所向的關係詞。

⑰於：猶乎。這是用「於」字作連繫處所補詞的關係詞。表一定範圍內的定著關係，當白話「在」字，已在上面說過。但有時相當於那、那個的意思。不翻也可以。（參閱「乎」猶「於」條）。如：

論語八佾篇：「獲罪於天，無所禱也。」里仁篇：「放於利而行，多怨。」「於」並猶「乎」當白話「那」或那個，但也可以不翻。述而篇：「志於道，據於德，依於仁，游於藝。」泰伯篇：「興於詩，立於禮，成於樂。」在這同一類型句中的「於」，並與「乎」字同義，當白話「在」字，都是表定著關係的關係詞。孟子梁惠王篇：「克告於君，君爲來見也。」「告於君」猶言「告乎君」，就是「告訴那個君。」公孫丑篇：「出於其類，拔乎其萃」裏的「於」「乎」二字，爲變文同義。按「於」「乎」音近義同，古書多通用。亦常交互爲用。如孟子梁惠王篇：「及陷於罪。」而滕文公篇作「及陷乎罪。」公孫丑篇：「老羸轉於溝壑。」而梁惠王篇作「老弱轉乎溝壑。」這類句型跟句義完全相同，可見「於」「乎」二字，在古代是音義相同而通用的。再如離婁篇：「居下位而不獲於上」一節文字中連用七個「於」字，而在禮記中庸篇裏皆作「乎」字，此爲「於」「乎」通用之又一例證。

⑱於：爲語助詞。一讀烏（ㄨ），爲發端歎詞。一讀本音（ㄩˊ），爲語中助詞，跟「乎」字用作語中助詞相同。如：

孟子梁惠王篇引詩大雅靈臺之詩云：「於、牣魚躍！」朱注：「於、音烏，歎辭。」孟子告子篇：「於答是也何有！」趙注：「於、音烏，歎辭也。」作爲歎辭的「於」，要把它讀斷，孟子中多以「惡」爲之。朱注謂「於答是也何有」裏的「於、如字」。依朱注，這「於」字，應是對於之意。兩說岐異，似皆可行，祇是所表的情態不同罷了。古來作爲感歎詞的文字有「於、烏、嗚、惡」等，常和「乎、呼、虖、嘑、戲」等合用，成爲複音感歎詞，形體雖異，而音義則同。還有用作語中助詞的「於」字，如論語學而篇：「夫子至於是邦也。」雍也篇：「非公事未嘗至於偃之室也」這一類的「至於」，已在上文（於猶至條）說過，「至於」連用，爲到達之義。若是把「至」訓爲「到」，認「於」爲語助，似乎也是可以的。又孟子梁惠王篇：「王無異於百姓之以王爲愛也」，與告子篇：「無或乎王之不智也。」「或」同「惑」。「無異於」跟「無或乎」同義，都是「無怪乎」的意思。「於」和「乎」，都是語中助詞。離婁篇：「何取於水也？」這個「於」字，也可用「乎」來代替，亦是語中助詞。

或

「或」原爲國之古體字，作「邦」解，今所行者爲別義。可指代不知誰何的某人，作「有人」講，也可虛指事物，作「有的」講。又爲虛設不定的繫詞。

①或：猶「誰」。爲虛構的無定指代詞。和白話「那個」相當。如：

孟子公孫丑篇引詩豳風鴟鴞之詩云：「今此下民，或敢侮予？」接著引孔子釋詩之文曰：「能治其國家，誰敢侮之？」這分明是以「誰」解釋「或」的。「或」是不知其名爲誰何的代稱詞。是虛設的，「或敢侮予？」是說「那個敢來欺侮我呢？」

②或：爲設定之詞。是泛指不知誰何的某人。卽設定有人之意。也是虛構事實，設爲或者之問而後作答，用以辨明事理和告曉事實，這是古代論說文中常用的語法之一。如：

論語爲政篇：「或謂孔子曰：『子奚不爲政？』子曰，書云：『孝乎惟孝，友于兄弟。』施於有政，是亦爲政，奚其爲爲政？」八佾篇：「或問禘之說。子曰：『不知也。知其說者之於天下也，其如示諸斯乎？』指其掌。」同篇：「子入太廟，每事問。或曰：『孰謂鄹人之子知禮乎？入大廟，每事問。』子聞之曰：『是禮也。』」同篇：「或曰：『管仲儉乎？』曰：『管氏有三歸，官事不攝，焉得儉？』」公冶長篇：「孰謂微生高直？或乞醯焉，乞諸其鄰而與之。」子罕篇：「子欲居九夷。或曰：『陋，如之何？』子曰：『君子居之，何陋之有？』」這都是虛設「或」字作指代詞，先假設或人之問話和說詞，下文就問話之要旨，以辨明行事之正道。「或」字的意思是「有人」。「或有這麼一個人」，和「誰何」不相當，因「誰何」相當於「那個」，不相當於「有人」。

③或：爲疑而兼商度之詞。王氏釋詞：「或之者，疑之也。」是表示一件事情的或然性。是個限制詞，相當於「要是」「倘或」的意思。商度詞，也是一種測度詞，同是表半信半疑的。祇是商度偏於主觀的推度，測度偏於意見的徵求。在文言裏表商度的語氣詞多用「乎」，「也」「與」也可用，都相當於「罷」。如「其或」「容或」「或者」「或有」，都是類似的商度詞。如：

論語爲政篇：「其或繼周者，雖百世可知也。」竹氏會箋：「或之言有也。」「其」爲商度詞，「或」爲設詞。「其或繼周者」猶言「要是有人繼周而王者。」孟子公孫丑篇：「昔者辭以病，今日弔，或者不可乎？」「或者」是疑擬詞，猶言「無乃」，表推測語氣，是大概、恐怕之意。「其或」與「或者」，均爲疑而有定之詞，義近而有別。「其或」有設或之意，以表有定之語氣；而「或者」有無乃之意，以表商量之語氣，此其不同之處。

④或：猶「有」。爲虛設的不定指稱詞，並表示假設的測度關係。有指人和指事物之別。均係泛指，相當於「有人」或「有的」之意。如：

孟子梁惠王篇：「兵刃既接，棄甲曳兵而走，或百步而後止，或五十步而後止。」兩「或」字，泛指敗走的人，表交替關係。當白話「有的人。」公孫丑篇：「夫既或治之，予何言哉！」鄭注：「或，有也。」「有」卽有人之意。這個「或」字，隱指上文王驩，似虛而實實。滕文公篇：「北方之學者，未能或之先也。」「未能或之先也。」是說：「沒有人能居他之上的。」這個「或」字，泛指北方之學者。同章：「夫物之不齊，物之情也。或相倍蓰，或相什佰，或相千萬。」這類「或」字，是泛指物價不定的代稱詞，相當於「有的」。這是分述多種複雜事項，把它們分成若干分，每句用或字，以表示多數中而居其一之累進關係。同篇：「或以告王良。」是說：「有人把話告訴王良。」萬章篇：「孟子曰：封之也。或曰：放焉。」「或」作「有人」解。同篇：「聖人之行不同，或遠或近，或去或不去，歸潔其身而已。」此類或字，是泛指聖人行徑之差別。作「有的」解。孟子告子篇：「鈞是人也，或爲大人，或爲小人，何也？…曰：均是人也，或從其大體，或從其小體，何也？」此類「或」字亦是泛指人的代稱詞，意思是「有的人」。

⑤或：猶「如」。猶「若」。按「如」和「若」，均有「或」義，故「或」亦得訓「如」訓「若」，這個「或」字，有若或、若似二義。如：

孟子梁惠王篇：「行或使之，止或尼之」此兩「或」字，亦是不定的指代詞，爲「若或」之意。相當於「若或有人」，並含不一定、不盡然之意。告子篇：「或相倍蓰而無算者，不能盡其才者也。」「

或」猶「若」，爲懸指的不定之詞。盡心篇：「是猶或紾其兄之臂，子謂之姑徐徐云爾。」這個或字，相當於「如」，爲「若似」之意。「猶或」和「猶如」「猶若」同義，當白話「好像有人」。

⑥或：猶「則」。猶「卽」。當白話「就」字，爲承接上文的繫詞。如：

論語子路篇引恆卦之辭曰：「不恆其德，或承之羞。」陽貨篇：「古者民有三疾，今也或是之亡也。」這兩個「或」字，並用作繫詞，當白話「就」或「就是」，也含有「也許」之意。

⑦或：爲怪異之詞。當白話「責怪」的意思。如：

孟子告子篇：「無或乎王之不智也。」「或」同「惑」。異而怪之之詞。「無或乎」猶言「無怪乎。」是說「不必責怪齊王不明智啊。」

⑧或：爲膽敢之詞。當白話「敢」字。如：

孟子滕文公篇：「雖使五尺之童適市，莫之或欺。」「或」猶「敢」。「莫之或欺」是「莫或欺之」的倒裝語。是說「沒有人敢欺負他。」

果

①果：猶「誠」。和信、審同義。是個限制詞，表堅決實踐之意，和白話「眞的」、「確實」相當。如：

論語子路篇：「言必信，行必果。」「果」爲必行之詞，卽堅定不移之意。凡行事決不改變其既定之意念叫果。憲問篇：「子曰：『果哉！末之難矣。』」「果哉」指荷蕢之決意忘世。是說「眞的把人世間忘了，那倒沒有甚麼難哩。」孟子梁惠王篇：「嬖人臧倉者沮君，君是以不果來也。」凡行事跟預期相合叫果。「不果」就是不相合。「不果來」就是想來而沒有來成。趙氏訓「果」爲「能」。未允。劉氏辨略謂「廣韻云：『果，定也。』與此義協。凡言與事應曰果。旣許其來而不來，是不能遽定其來，故云不果。仍是信、審之詞，非不能之謂也。」批評趙注之誤，所言甚中肯綮。

②果：爲終竟之詞。「果然」猶言竟然，卽畢竟、果眞之義。也是用作限制詞。如：

孟子離婁篇：「王使人瞷夫子，果有以異於人乎？」「果」爲畢竟、果眞之詞。言必當有異於常人。趙氏訓「果」爲「能」，於文義未洽。告子篇：「果在外，非由內也。」「果」猶果然、果眞，爲驗證之詞。「果在外」猶言畢竟在外。

③果：猶如果。爲虛設以起下文之關係詞。如：

禮記中庸篇：「果能此道矣，雖愚必明，雖柔必強。」「果」爲如果、假如之意。也是由果眞一義引申而來的。

況

①況：與「矧」的功用相同。爲義轉而益深之詞。祇是「矧」的辭氣急，況的辭氣緩。論孟中多以況爲之。它是用在複句的次句之首，時常和「而」字結合成「而況」作轉語詞，跟「何況」同義，當還說、還要說的語氣。在前句裏，常用「尚、猶、且」等連詞，和「況」或「而況」相應。句末又用疑問助詞「乎、與、哉」等字與之相應。跟「況乎」的意思差不多。若是句中用了「況乎」、「況

於」、「況夫」，句末就不必再加疑問助詞。用「況」字作連繫的複式句子，在語意上有上下比況的意味。大致有兩種意象。一種是逼進一層相比，以表語氣之激揚；一種是跌落一層相比，以表語氣之舒宕。「況」上加而、又字，所以助轉折之勢。「況」下襯以於、乎字，所以明比於之義。如：

孟子公孫丑篇：「管仲且猶不可召，而況不為管仲者乎？」這個「而況」與「且猶」相應，是逼進文義的轉語詞。它能使文義增進，語氣加強。同篇：「仁智，周公未之盡也，而況於王乎？」「而況於」猶「而況乎」，「於」為語助，跟「而況」同義。以表語意之跌落，語氣則較舒緩。同篇：「為其多聞也，為其賢也，則天子不召師，而況諸侯乎？」這個「而況」亦是表語氣之跌宕。同篇：「求與之友，而不可得，而況可召與？」「而不可得」之「而」猶「尚」，跟「而況」相應。「而況」表語氣之逼進。萬章篇：「獵較猶可，而況受其賜乎？」「猶」與「而況」相應，表逼進語氣。告子篇：「徒取諸彼以與此，然且仁者不為，況於殺人以求之乎？」「然且」猶「而且」，跟「況於」相應。「況於」亦是表逼進關係的連詞。同篇：「陶以寡，且不可以為國，況無君子乎？」「且」與「況」相應，「況」猶「而況」，亦是表逼進關係的連詞。同篇：「好善優於天下，而況魯國乎？」「而況」，是表語氣跌宕的關係詞。盡心篇：「見且猶不得亟，而況得而臣之乎？」「且猶」為同義詞，猶「尚且」，跟「而況」相應。「而況」亦是表語氣跌宕的關係詞。同篇：「而王子若彼者，其居使之然也，況居天下之廣居者乎？」「而」猶然而，與「況」相應。「況」亦是表語氣逼進的關係詞。此類複句，在文義上是說明前後兩事的輕重，而加以比較，因「況」有比況、譬況之義，若是前輕後重，中間作承轉的「而況」或「況」及「況於」，便是表語氣逼進的關係詞，使文義轉益，而有滋增情勢；若是前重後輕，中間作轉語的「

而況」或「況」及「況於」便是表語氣跌落的關係詞，使文義降低，而有每下愈況之勢。此類複句的造型，是「乙尚且如此，何況甲呢？」或「甲尚且如此，何況乙呢？」在兩者意思深淺不同的層次上，分別加以比較說明，使人有所適從。

②況：猶「若」。與「若夫」同義。單用「況」，或複用「況於」「況乎」「況夫」，亦皆與「若夫」同義。「於」「乎」「夫」並為語助。這個「況」字，猶言「何況」，亦表進層連接，為相及而殊上事之關係詞。和至於、及至於的功用相同，在說了一事別提一事時用它，有提示兼轉語的雙重任務。如：

孟子離婁篇：「君不行仁政而富之，皆棄於孔子者也；況於為之強戰，爭地以戰，殺人盈野；爭城以戰，殺人盈城。」「況於」猶若夫，為表進層連接的關係詞。萬章篇：「吾未聞枉己而能正人者也，況辱己以正天下者乎？」同篇：「以大夫之招招虞人，虞人死不敢往；以士之招招庶人，庶人豈敢往哉？況乎以不賢人之招，招賢人乎？」此類「況」或「況於」「況乎」並與何況同義，都是針對上文申推事理的關係詞。

直

①直：猶「特」。猶「但」。猶僅，為表態的限制詞。相當於「祇是」「不過」或「僅僅地」。如：

孟子梁惠王篇：「以五十步笑百步，則何如？曰：『不可。直不百步耳！是亦走也。』」「直」為僅詞，猶「特」。猶「但」。是祇是、不過之意。「直不百步耳」，是說「祇是不到百步就是了。」同篇：「寡人非能好先王之樂也，直好世俗之樂耳！」公孫丑篇：「中古棺七寸，椁稱之，自天子達於庶人；非直爲觀美也，然後盡於人心。」這兩個「直」，同是僅詞，並與「特、獨、但」等字同義。譯成祇是、不過、僅僅地、獨獨地，都可以。

罔

「罔」之累增字爲網，「罔」之本義爲網所專，今所行者爲別義。

①罔：猶「無」。卽沒有之意。爾雅：「靡、罔、無也。」疏云：「無，不有也。」如：

孟子萬章篇：「凡民罔不譈。」「罔不」猶「無不」，卽「沒有不」。「凡民罔不譈」，是說「凡民沒有不怨恨他。」

②罔：猶「誣」。爲誑騙之詞。是用言語欺誣人的意思。如：

論語雍也篇：「人之生也直，罔之生也幸而免。」朱子訓罔爲不直。劉氏正義：「罔本訓無，誣者，皆僞造虛無，故曰罔。」竹氏會箋：「罔、猶無也，罔之，謂無是直也。罔之爲不直，是顧上文爲言耳。」兩說皆較朱注爲精密。又同篇：「可欺也，不可罔也」孟子萬章篇：「故君子可欺以其方，難罔以非其道。」兩「罔」字，並與「欺」相對爲言，是蒙昧、欺誣之義。

③罔：通惘。「迷罔」爲昏昧無知之狀。是個表性態的形容詞。如：

論語爲政篇：「學而不思則罔。」「罔」同惘，是昏昧、迷惑之意。

舍

①舍：猶「不」。「舍」本作「客居」解，爲賓客止息處所之稱。「舍」又通「捨」，是不取之義，故可通爲「不」。如：

論語季氏篇：「孔子曰：『求！君子疾夫，舍曰欲之，而必爲之辭。』」「舍曰」猶言「不曰」。是說：「孔子說：『求啊！君子最討厭的，是把他自己貪慾的不說，還一定要替自己說些掩飾的話。』」

②舍：爲止息之詞。

論語子罕篇：「逝者如斯夫！不舍晝夜。」舍讀（ㄕㄜˋ），爲停止歇息之意。是說：「逝去的就像流水這樣啊！不分晝夜，永無止息。」舊注音捨（ㄕㄜˇ）作「棄」講者非。孟子滕文公篇：「且許子何不爲陶冶，舍皆取諸宮中而用之。」趙注：「舍，止也。」劉氏辨略曰：「止，猶只也，舍是止息之義，借作止辭也」。此舍字當讀作啥（ㄕㄚˊ）。劉師培則謂「舍、卽今語所謂甚麼（俗作啥），猶云何爲也。劉氏從趙注以爲止詞，非也」按師培之說，新穎可行。

近

①近：猶「幾」爲將及之詞。意思相當於差不多。「近」原作「附」解，乃是以此附益於彼之意。如：

論語學而篇：「信近於義，言可復也；恭近於禮，遠恥辱也。」「近於」猶言「近乎」，卽附近、相距不遠之意。是說：「約信對於義理，恭敬對於禮節，總要差不多接近，纔可以履行諾言而遠離恥辱。」泰伯篇：「正顏色，斯近信矣。」這個近字，亦差不多之意。言「顏色端正，雖不算眞的信實不妄，也就相距不遠了。」如禮記中庸篇：「好學近乎知，力行近乎仁，知耻近乎勇」裏的近字，亦爲將及之詞。言好學、力行、知耻三者，雖未達智、仁、勇之極致，但已庶幾近之了。

②近：猶「過」。「莫近」猶言莫過，卽比過之義。如：

孟子盡心篇：「強恕而行，求仁莫近焉。」言求仁，再沒有比過勉力行恕道了。

③近：指自身。卽自己的意思。如：

論語雍也篇：「能近取譬，可謂仁之方也已。」子張篇：「博學而篤志，切問而近思。」兩「近」字，皆指自身言，爲反躬自省之意。

長

①長：猶「常」。爲表時間的限制詞。是恆久之義。如：

論語里仁篇：「不可以久處約，不可以長處樂。」「久」與「長」同義。述而篇：「小人長戚戚」裏的「長」，正與孟子萬章篇：「欲常常而見之」裏的常常同義。都是從長久之義引申而來的。

非

①非：猶不是。「非」爲「是」之反，「不是」就是「非」。「非」本作「違」解，表兩者相背之意。

今多用作否定詞，通常對事物作否定的判斷。祇是在句型上有許多變化。如：

論語先進篇：「唯求則非邦也與？安見方六七十，如五六十，而非邦也哉！」「非」皆是表否定的關係詞，並作「不是」解。可是用在疑問反詰語裏，意思就變做肯定了。顏淵篇：「子曰：是聞也，非達也。」「是」「非」相對爲文，「是」相當於「這是」，「非」相當於「這不是」都是帶有指代意味的判斷詞。孟子滕文公篇：「城郭不完，兵甲不多，非國之災也；田野不辟，貨財不聚，非國之害也。」盡心篇：「此非吾君也，何其聲之似我君也。」這三個複句中的「非」，都是表否定的關係詞。皆「不是」之意，祇是前兩個用在結句裏作判斷詞，後一個用在領位作判斷詞，同是表否定的關係詞，也都帶有申辯的意味。否定詞「非」，常和否定詞「不」與「無」連用，構成「非不」「非無」這種複式否定詞，是用「非」來否定「不」和「無」的。但在語意上卻轉爲肯定了。如論語雍也篇：「非不說子之道，力不足也。」孟子梁惠王篇：「是不爲也，非不能也。」告子篇：「非無萌櫱之生焉。」這裏的「非不」相當於「不是不」，「非無」相當於「不是沒有」。連用否定的否定詞，就把語意轉成肯定。「非不說」就是「說」，「非不能」就是「能」，「非無」的意思就是「有」。「非」可否定「無」，「無」亦否定「非」。如孟子梁惠王篇：「無非事者。」公孫丑篇：「無非取於人者。」「無非」相當於「沒有不是」，意思就是「是」。又可在否定詞「非」和「不」的中間加名詞間隔著，前後相應，表示必需條件的。如公孫丑篇：「非其君不事，非其友不友。」萬章篇：「非其君不事，非其民不使。」這「非……不……」句式裏的「非」和「不」，是表示條件的關係詞，句中都隱含著必需之意。還有先用「非」作否定繫詞，後用「而」字一轉，作認定關係，構成「非……而……」句式，以表先否定然後轉折，上下呼應，用以加強語勢。如先進篇：「非夫人之爲慟，而誰爲？」同篇：「宗廟會同，非諸侯而何？」「而」的後面，爲疑問代詞，構成反詰語，更覺語勢强勁。又微子篇：「吾非斯人之徒與，而誰與！」兩「與」字，並是關係詞，跟白話「和」「同」相當，是表否定詞「非」跟認定詞「而」的語氣詞，不是疑問助詞。又萬章篇：「非予覺之而誰也？」「非」訓「不是」，「而」訓「是」，相對成文，語意至爲明顯。「非」既相當於「不是」，而「則」「卽」又都可相當於「就是」，因此在文言裏就形成了「非……則……」和「非……卽……」前後呼應的交替句式，也是常見的語法。

②非：猶不。原是判斷性的否定副詞，在早期文言裏作「匪」，它似乎包含「不」和「是」兩個詞的意思，有表否定判斷作用，常和連詞「特、徒、獨、唯、但、僅」等字，聯合成非特、非徒……等複式連詞，爲表示文義遞進的關係詞。當白話，不但、豈但、不祇、不單是、不祇是、不獨是等語意。如：

孟子公孫丑篇：「非徒無益，而又害之。」「非徒」猶不但，和下句「而又」相應，是表兩意相反相承的關係詞。萬章篇：「非惟百乘之家爲然也，雖小國之君亦有之。」「非惟小國之君爲然也，雖大國之君亦有之。」上句用「非惟」推開一件事，下句用「雖」字引進一件事，上句是陪襯，下句是主語。告子篇：「非獨賢者有是心也，人皆有之，賢者能勿喪耳！」這句文字，和上句語法相同，是用「非獨」推開一件事，而以「皆」字引進一件事，上句是賓，下句是主。此類複句，在領起小句之首，用非惟、非獨等襯托關係詞，表示還有比這個更進一步的語句。在承接小句裏，經常用「又、且、雖、亦」等字和它相應，構成「非徒……而又……」等句式。但後句用「又、皆、且」等字，則是表示累積性的遞進法；用「雖、亦」等字，則是表示比較性的遞進法。這兩種相應的關係詞，不能通用。此類句子的構造是「不但甲，而且乙」的句型，表示乙事比甲事有更深一層的意義。這種語法，能使文義由淺入深，文理明白曉暢，文情生動有致，是論說文裏習見的語法。學者閱讀往籍，當自得之。

③非：猶未嘗，即不曾之義。也相當於「不是」二字。如：

前面所引雍也篇：「非不說子之道。」「非不悅」猶言「未嘗不悅」也就是「不是不悅」。比直接說「悅子之道」，語氣要增強得多。公孫丑篇：「城非不高也，池非不深也，兵革非不堅利也，米粟非不多也。」「非不」猶言「未嘗不」，和「不是不」同義。意思就是「是」，這比單用一個「是」字，要顯得婉曲有味。告子篇：「是其日夜之所息，雨露之所潤，非無萌蘗之生焉。」「非」猶「未嘗」，「非無」猶「未嘗無」，當白話「不是沒有」，意思也就是「有」。若是單用一個「有」字，便覺了無意味。「非」字原本是否定詞。「非不」「非無」是用「非」來否定「不」和「無」的，語意便由否定變成肯定，而帶著申辯語氣，有時比直接肯定語氣弱，但有時反而使文情委婉跌宕，更覺深切有味。就此可知文章雖以簡明爲貴，但繁複也有它的好處。

④非：爲除外之詞。是「除……外」的句式。有排除打消部分的意思。也作「不是」講。如：

論語鄉黨篇：「非帷裳，必殺之。」意思是說：「除了祭祀穿的帷裳外，一定要殺縫的。」也可說做「不是祭祀穿的帷裳，一定要殺縫的。」同篇：「非祭肉，不拜。」是說「除了祭肉之外，受了也不拜。」也可說做「不是祭肉，受了也不拜。」孟子公孫丑篇：「我非堯舜之道，不敢以陳於王前。」「非」亦除非之詞。滕文公篇：「墨之治喪也，以薄爲其道也。夷子思以易天下，豈以爲非是而不貴也？」「是」爲如此之意。「非是」猶言「除非如此。」這個「是」，不是「是非」相對的「是」，跟後代語言裏著不是解的「非是」不同。因爲那是判斷詞。「是」和「非」合成的「非是」。與此迥別。離婁篇：「非仁無爲也，非禮無行也。」盡心篇：「五十非帛不煖，七十非肉不飽。」同篇：「民非水火不生活。」此類「非」字，並爲除外之詞，可譯成「除……外」句型，或用「不是」代之。其間並含有「沒有」的意思。

⑤非：同否。表否定。因「非」和「不」，同爲否定詞，義本相通。「不」既同於「否」，故「非」亦得同於「否」。如：

論語衞靈公篇：「子曰：『賜也！女以予爲多學而識之者與？』對曰：『然，非與？』曰：『非也。』」這裏的「非與」的「非」，是將信將疑的否定詞。「非也」的「非」，是決定性的否定詞。和上面的「然」（和應聲詞「是」字同義。）字相對成趣。孟子梁惠王篇：「不得而非其上者，非也；爲民上而不與民同樂者，亦非也。」「非其上」之「非」，爲非毀之非，是動詞。兩「非也」之「非」爲否定詞。公孫丑篇：「仕而不受祿，古之道與？曰：『非也。』」「非」字也是否定詞。義皆同「否」。

九畫

亟

「亟」本作「敏疾」解，卽迅速敏活以赴事機之意。又作「屢次」解，表動作頻煩之意。

①亟：讀若急（ㄐㄧˊ），用作限制詞，與「急」字同義，表時間的急迫，當白話趕快之意。如：

孟子梁惠王篇引詩大雅靈臺之詩云：「經始勿亟，庶民子來。」朱子訓「亟」爲「速」。「速」就是急速。「勿亟」就是「別著急」的意思。滕文公篇引詩邠風七月之詩云：「亟其乘屋，其始播百穀。」「亟」爲迅速、趕快之意。

②亟：讀（ㄑㄧˋ），用作限制詞，當頻數講。是「疊次、屢次、屢屢、常常」的意思。如：

論語陽貨篇：「好從事而亟失時，可謂知乎？」孟子離婁篇：「仲尼亟稱於水，曰：『水哉！水哉！』」萬章篇：「繆公之於子思也，亟問亟饋鼎肉。……子思以爲鼎肉，使己僕僕爾亟拜也。」同篇：「繆公亟見於子思。」盡心篇：「故王公不致盡敬禮，則不得亟見之。見且猶不得亟，而況得而臣之乎？」此類「亟」字，都是用在動詞前，表示動作頻數之意。當白話屢次、常常的。

信

①信：猶誠。爲表實然的限制詞。引申爲凡事無差爽，依期而至的意思。同時也可算是表轉折關係的連詞，用它爲下文留轉折之地，構成容認關係的複句，當白話「祇管是、算是、是說」等語氣。如：

孟子公孫丑篇：「信能行此五者，則鄰國之民，仰之若父母矣。」滕文公篇：「夫夷子信以爲人之親其兄之子，爲若親其鄰之赤子乎？」兩「信」字，並和誠字同義，作「果眞」講。都是表肯定語氣的關係詞。

②信：爲設如之詞，表疑而未定之意。和「果、誠、倘、或」等字相似，同是用作限制詞，相當於「假如、如果、要是」等語氣，也可算是表假設相連的關係詞。如：

論語顏淵篇：「信如君不君，臣不臣，父不父，子不子，雖有粟，吾得而食諸？」「信如」當要是、果眞的意思。憲問篇：「信乎！夫子不言、不笑、不取乎？」孟子萬章篇：「或曰：『百里奚自鬻於秦養牲者，五羊之皮食牛，以要秦穆公，信乎？』」兩「信乎」，皆是疑而未定之關係詞，當白話「是眞的嗎」「眞的這樣嗎」等語氣。

則

「則」字在文言裏是主要連詞之一。用在複句裏，可以表示聯合關係，也可以表示偏正關係。它既能表示文義上下承接，同時還帶有頓挫取勢的作用。在譯成白話時，有的是不需要連詞的，這是文言跟現代語法之不同。它對整個句子上下文義的結合，並不十分緊密，不像「而」字那樣，能把兩個句子結合成一體，有血脈聯貫而不可分的黏合力。可是它在文言句裏能表示對待性、時間性、及假設性等多種不同關係的連詞。現在分別加以說明。

①則：猶卽。猶乃。「則」與「卽」，古同聲通用，皆語氣之急詞，表輒卽之義。但「卽」比「則」的語氣較緩。常用在句中，或複句的下句句首，作判斷繫詞，並帶有轉換語氣和頓挫語勢的作用。以表示上下文的對待、前後、因果等語意，在時間上表先後相承的關係。相當於「那就」「就要」等語氣。如：

論語學而篇：「弟子入則孝，出則弟，謹而信，汎愛衆，而親仁，行有餘力，則以學文。」這裏的前兩個「則」，表對待關係，詞氣較急。要重讀。「則以學文」的「則」，表時間前後相承，同時也表示語氣更換，是說先把上面的「孝、弟、謹、信、愛衆、親仁」，幾件事情做好，然後「則可以學文」。這個「則」相當於「乃」，語氣較緩。要輕讀。同篇：「君子不重則不威。」「則」表因果關係，「不重」是因，「不威」是果。同篇：「過則勿憚改。」「則」表時間先後關係，言犯了過，就要隨時改過，含有不容絲毫從容放鬆之意，詞氣較急。爲政篇：「學而不思則罔，思而不學則殆。」同篇：「多聞闕疑，愼言其餘，則寡尤；多見闕殆，愼行其餘，則寡悔。」同篇：「擧直錯諸枉，則民服；擧枉錯諸直，則民不服。」上面各句中的「則」，並表因果關係，同爲卽、就之意。作「就」字講。子罕篇：「出則事公卿，入則事父兄」裏的「則」，表對待關係，作「就要」講，詞氣較急切，含有須臾不容殆荒之意。衞靈公篇：「小不忍，則亂大謀。」堯曰篇：「寬則得衆，信則人任焉，敏則有功，公則說」裏的「則」都是表因果關係的連詞。當白話「就」字。孟子公孫丑篇：「求牧與芻而不得，則反諸其人乎？抑亦立而視其死與？曰：『此則距心之罪也。』」句中的前一個「則」，爲表因果對待關係的設詞，是「將要」的語氣，後一個「此則」的「則」，猶「是」，是表判斷的繫詞。離婁篇：「其設心以爲不若是，是則罪之大者。是則章子已矣！」「是則」相當於「這就是」，也是表判斷的繫詞。又告子篇「求則得之，舍則失之。」同篇：「思則得之，不思則不得。」盡心篇：「窮則獨善其身，達則兼善天下。」同篇：「有伊尹之志則可，無伊尹之志則簒也。」此類語法，大致相同。句中的「則」，本來是由假設用法而轉來的，用在這裏，就加强兩件事的對待性，「則」的意思相當於「就」「便」或「是」。在上下句中各用「則」，以表因果對待關係，「則」上爲因，下爲果。上爲設定之語，下爲推斷之詞，都用「則」作表偏正關係的連詞，意思和白話「那就」「這纔」的語氣相當。

②則：猶「以」。「以」與「已」通，故「則」義又同「已」。用在複句裏，作表時間性的承接詞。這類句中的第二件事，在時間上雖是發生在前，但發覺的時間卻在後，仍然用第二件事來承接第一件。「則」的意思，相當於「已經」或「原來」，不作「就要」講。如：

論語子張篇：「子夏之門人小子，當洒掃應對進退則可矣，抑末也，本之則無，如之何？」「本之的「之」猶「且」，「則無」的「則」猶「已」。「本之則無」，猶言「本且已無」。「則」表先後本末的偏正關係。是說「子夏的弟子，祇是學些洒掃、應對、進退等末節的禮儀，而對根本的道理卻沒有學，這怎麼好呢？」微子篇：「使子路反見之，至、則行矣。」「則行」猶言已行。這也是表時間性的承接關係。把後一件事，用「則」來接前一件事，句中動詞「至」的主語是子路，「行」的主語是丈人，皆承上而省。用「則」表主語的更換，同時指代被省的丈人。在譯成白話時，就必須用「他」來代替，說做「叫子路去看他（丈人），子路到了他的家，他已經出行了。」可見早期文言的語法，是何等的精簡，何等的奧妙。孟子梁惠王篇：「王之臣，有託其妻子於其友，而之楚遊者；比其反也，則凍餒其妻子。則如之何？」「則」也是表時間先後的承接關係，同時表主語的更換，並指代凍餒其妻子的人——其友。在時間上，凍餒的事實在先，故「則」得爲已經之訓。同篇：「七八月之間旱，則苗槁矣。」「則」是表時間先後、因果相承的關係詞。乾旱在先，苗槁在後；旱是因，槁是果。公孫丑篇：「其子趨而往視之，苗則槁矣。」「則槁」是已經槁的意思。「則」是表時間先後承接的關係詞，「矣」是表時間過去的句末助詞。表「已經」之意。此類複句的句末多用「矣」，事情發生的時間應在先，但就發覺的時間來說，仍然在後，依舊是以第二件事來承接第一件事。這種承接，比較更顯得頓挫有力。「則」

的意思，不是「就要」，而是「已經」或「原來」。

③則：猶若。爲表假設性的關係詞。常用在複句的後句裏，被省略的代詞前面，表示主語的更換或省略。相當於「那麼」或「那就」等語氣。還有在對待性的分句中，前後各用一個則字，以表假設相連的關係。相當於「若似」「若或」之意。如：

論語爲政篇：「委康子問使民敬忠以勸，如之何？子曰：『臨之以莊，則敬；孝慈，則忠；擧善而教不能，則勸。』」這個複句，「則」上的動詞的主語，都是指的季康子，「則」下的動詞的主語，都是指的人民。都因承上而省略了。如譯成白話，就要把省去的主語補出來，用稱代詞「你」跟「他們」來代替。說做：「如果你以端正莊嚴的態度治民，那麼他們自然也會恭敬你；如果你本身能孝順父母，慈愛民衆，那麼他們自然也能敬忠於你；如果你能擧用善良的人，教訓不善良的，那麼他們自然也會相互勸勉而爲善了。」又孟子告子篇：「如使人之所欲莫甚於生，則凡可以得生者，何不用也？如使人之所惡莫甚於死，則凡可以辟患者，何不爲也？」兩「則」字，並用在複句的次句之首，表假設相連，並表示做主語的代詞被省略。譯成白話是：「假如說人的欲望，沒有再比生命更重的話，那麼他們凡是可以保得生命的手段，有甚麼不可以使用的呢？假如說人的憎惡，沒有再比死亡更厲害的話，那麼他們凡是可以逃避死亡的方法，有甚麼不可以做出的呢？」這個複句，前用設詞「如」字，和後句的「則」字相應，構成假設性的承接關係，在早期文言裏，是常見的句式。如論語雍也篇：「如有復我者，則吾必在汶上矣。」述而篇：「如或知爾，則可以哉？」先進篇：「如用之，則吾從先進。」陽貨篇：「子如不言，則小子何述焉？」這類複句都是先用設詞「如」字，提出假設事項，然後用「則」字相應，轉入正義。構成「如……則……」句式，以表示因果相承的關係。也有不用「如」「若」等設詞，祇用「則」在對待句裏表示假設關係的。如論語述而篇：「用之則行，舍之則藏，唯我與爾有是夫。」孟子梁惠王篇：「鄒人與楚人戰，則王以爲孰勝？」同篇：「王之好樂甚，則齊國其庶幾乎？」此類複句，上面雖未用設詞，卻都藏著「如」「若」之意，在譯成白話時，上面都要用如果、假若字樣，把假設的意思表示出來，下面用「則」承接，纔現出力量。「則」的語氣相當於「那麼」「那就」。還有把「則」用在假設性的對待句裏，以表假設相連的關係，爲「若似」之義的。如論語衛靈公篇：「立則見其參於前也，在輿則見其倚於衡也。」兩「則」字，都是表假設相連的關係詞，爲若似、如似之義，當白話「好像」二字。孟子離婁篇：「諫則不行，言則不聽，膏澤不下於民。有故而去，則君搏執之。」告子篇：「入則無法家拂士，出則無敵國外患者，國恆亡。」這四個「則」字，也都是表假設相連的關係詞，爲假若、設如之義，當白話「如果」二字。

④則：猶「始」，猶「方」。爲方纔之意。在始爲一事時用之。和「乃」字同義，祇是語氣較「乃」爲急。如：

孟子梁惠王篇：「願比死者一洒之，如之何則可？」「則」猶始，當白話「纔」字。「如之何則可」，是說「要怎樣纔能替死者洗盡這些恥辱呢？」同篇：「曰：德何如，則可以王矣？」「則」爲纔義，是說「要怎樣的德行，纔能使天下人民來歸呢？」同篇：「誅之，則不可勝誅；不誅，則疾視其長上之死而不救。如之何則可？」這句中的三個「則」，前一個爲轉語詞，猶且，當白話「卻」字。中一個爲承接詞，猶卽，當白話「就」字。後一個爲方纔之意。同篇：「滕、小國也，竭力以事大國，則不得免焉。」

如之何則可？」這句中的前一個「則」，爲轉語詞，當白話「尙且」或「還是」。後一個「則」，當白話「纔」字。凡言「如何」或「如之何」疑問語詞下面的「則」字，都是「方纔」的意思。萬章篇：「晉平公之於亥唐也，入云則入，坐云則坐，食云則食。」這三個「則」字，都是纔字的意思。告子篇：「紾兄之臂，而奪之食，則得食；不紾，則不得食，則將紾之乎？」這句中的三個則字，雖全是表承接的關係詞。但「則得食」之「則」，爲「方纔」之意。「則不得食」之「則」，是「就」字之意。「則將紾之乎」的「則」，表轉接，是「而」和「乃」之意。並當白話「那麼」的語氣。就此可知連詞在虛字中所代表的語意，是變化多端的，必須對原文語意，下一番領悟功夫，給予適當的解釋，不可絲毫有所偏執。這是一種比較高深的專門學問，很難做到恰到好處。

⑤則：猶其。作表推測性的關係詞，當白話「那」或「那麼」二字。如：

孟子梁惠王篇：「謀於燕衆，置君而後去之，則猶可及止也。」「則」爲推測語氣詞，並略帶轉折意味。「則猶可及止也。」是說「那麼，還可以來得及阻止諸侯要進攻的救兵呢。」同篇：「至於治國家，則曰：『姑舍女所學而從我，則何以異於教玉人彫琢玉哉？』」「則曰」的「則」，爲轉語詞，相當於「卻是」。「則何以」的「則」，爲表推測而兼帶疑問語氣的關係詞，當白話「那」字。是說：「到了治理國家，卻說：暫且丟開你所學的，照我的意思做。那又和硬教玉工怎樣去彫琢玉石，有甚麼分別呢？」告子篇：「萬乘之國，一人陶，則可乎？」「則可乎」猶言「其可乎」，更顯明地看出「則和「其」一樣，是表推測性的語氣詞，相當於「那麼」是說「假如有一萬戶人家的大國，祇有一個人燒製陶器，那麼，可以不可以呢？」（參閱「其」猶「則」條）。

⑥則：猶之。「之」可訓「則」，故「則」亦得訓「之」。用作介繫詞。（參閱「之」猶「則」條）又用它作表所比的關係詞，相當於「如」或「若」；表陪同的關係詞，當白話「的」字。如：

孟子萬章篇：「智，譬則巧也；聖，譬則力也。」「則」猶之。作表所比的關係詞，相當於「如」或「若」。和用「諸」或「之於」同義。是說「智，譬之於巧；聖，譬之於力。」又告子篇：「敬叔父則敬，敬弟則敬。」「則」猶之，用作介詞，當白話「的」字，是表陪同關係的介繫詞。是說「尊敬叔父，是對長輩的尊敬；尊敬弟弟，是對神位的尊敬。」

⑦則：猶而。「然則」猶然而，表轉折以起下文。相當於「反而、那麼、卻是」等語氣。還有用「則」作承接詞，以表因果關係，和用「而」字同義，當白話「就」字。如：

孟子梁惠王篇：「王若隱其無罪而就死地，則牛羊何擇焉？」公孫丑篇：「今言王若易然，則文王不足法與？」這兩個「則」，並與「而」同義，相當於然則或然而，都是表承轉的關係詞，當白話「照這樣說、那麼」的語氣。滕文公篇：「樂歲粒米狼戾，多取之而不爲虐，則寡取之；凶年糞其田而不足，則必取盈焉。」句中的兩個「而」跟兩個「則」，義並相同，皆表轉折語氣，意思相當於「反而」或「卻是」。表應該如此卻不如此之義。還有用「則」作承接詞，以表因果關係，與「而」的功用相同的。如公孫丑篇：「可以仕則仕，可以止則止，可以久則久，可以速則速。」與萬章篇：「可以速而速，可以久而久，可以處而處，可以仕而仕。」義法全然相同，前面連用四個「則」，後面連用四個「而」，都是「就」的意思。表應該如此就如此之義。

⑧則：猶雖。「則」通卽，「卽」與雖同義，故則亦得訓雖。爲表推拓的關係詞，相當於「卽使」「就

像」等語氣。以表容認關係。如：

孟子滕文公篇：「非其道，則一簞食，不可受於人；如其道，則舜受堯之天下，不以爲泰。」兩「則」字，義與「雖」同，表推拓關係，當白話「卽使」之意。萬章篇：「爲其多聞也，則天子不召師，而況諸侯乎？」告子篇：「由是則生，而有不用也；由是則可以辟患，而有不爲也。」盡心篇：「人能無以飢渴之害爲心害，則不及人，不爲憂矣。」此類則字，並爲表推拓的關係詞，義皆同雖，當白話「卽使」語氣。此種語法，是上句先把文義推開去說，下句隨卽挽合正義，一開一合，輕便自然，把事理表白地清清楚楚。

⑨則：猶猶。猶尙。表示某種狀態殘餘未盡的關係。爲依然、仍舊的意思，當白話「還」字。如：

孟子梁惠王篇：「滕，小國也，竭力以事大國，則不得免焉。」「則」爲猶、尙之義，當白話還字。

表應該如此而卻不如此之義。

⑩則：猶當。爲應當、必當之義。相當於「應該」二字。如：

論語子張篇：「如得其情，則哀矜而勿喜。」「則」爲應該之意。孟子梁惠王篇：「有託其妻子於其友，而之楚遊者，比其反也，則凍餒其妻子，則如之何？」「則凍餒」之「則」，說它是表時間的過去，固然可以。若是說它是表語氣之轉折，相當於「而」或「乃」，作「卻是」講，也是可以的。「則如之何」之「則」，猶當，是「應該」的意思。爲據名而求其實的關係詞。滕文公篇：「大夫有賜於士，不得受於其家，則往拜其門。」「則」爲必當之義。言依禮必當登門拜謝。

⑪則：猶將。是承接詞，爲願欲之義。表時間之將來，相當於「就要」或「應該」的意思。如：

孟子公孫丑篇：「今有受人之牛羊而爲之牧者，則必爲之求牧與芻矣。求牧與芻而不得，則反諸其人乎？抑亦立而視其死與？」「則」猶將。和下句的「抑」字相應，爲表選擇關係的設詞，是將要或應該之意。滕文公篇：「吾今則可以見矣。不直則道不見，我且直之。」「則可以」的「則」，爲「將要」之意，和下句的「且」字相應，「且」亦是「將要」的意思。同篇：「欲其子之齊語也，則使齊人傅諸？使楚人傅諸？」「則」猶將，爲表態的懸擬之詞，當白話想要、打算解。和前例語法相同。祇是下句「使」字上面省卻轉語詞「抑」字。告子篇：「鄉人長於伯兄一歲，則誰敬？」「則」猶將。是將要、想要、應該的意思。

⑫則：猶且。「則」訓將，「將」可訓且，故「則」亦得訓且。爲表進層連接的關係詞。如：

論語學而篇：「君子不重，則不威，學則不固。」朱注：「而所學亦不堅固也。」朱子訓「則」爲「亦」，按「亦」與「且」「又」義本相通。（參閱「亦」猶「且」條）。孟子梁惠王篇：「誅之，則不可勝誅。」盡心篇：「言不顧行，行不顧言，則曰：『古之人！古之人！』」兩則字，義並同且，都是表進層連接的關係詞，當白話卻是、而且的語氣。

⑬則：猶唯（惟）。與「特、獨」等字，同是表僅此之義。爲表範圍的關係詞。當白話「祇」或「不過」之意。如：

論語述而篇：「抑爲之不厭，誨人不倦，則可謂云爾已矣。」「則可」猶言惟可、祇可。「則可謂云爾已矣」，是說「惟有這兩層尚可稱說罷了。」孟子梁惠王篇：「效死而民弗去，則是可爲也。」「則是」猶言「惟有如此。」「則是可爲也」，是說「惟有這樣，纔可以有所作爲呢。」滕文公篇：「充仲子之操，則蚓而後可者也。」集註：「惟蚓之無求於世，然後可以為廉。」「惟」字分明是解釋「則」字的。離婁篇：「天下之言性也，則故而已矣。」「則」猶祇，「則故而已矣」，是說「祇須從過去的事跡上去推求就是了。」告子篇：「心之官則思。」「則」訓惟，言心之官能，惟主思考。

⑭則：猶適。「則」訓惟。「惟」可訓適、訓祇，故「則」亦得訓適、訓祇。均是表轉折相連的關係詞。連繫同時的兩件事情。如：

孟子滕文公篇：「他日歸，則有饋其兄生鵝者。」「則有」猶言適有。「適」為適當其時，卽在時間上不先不後，恰逢其會之意。盡心篇：「晉人有馮婦者，善搏虎，卒為善士。則之野，有衆逐虎，虎負嵎，莫之敢攖。」「則」猶適。「則之野」，猶言適好之野。「適好」卽恰巧之意。同篇：「其為人也，小有才，未聞君子之大道也，則足以殺其軀而已矣。」「則」猶適，言適足以殺其身罷了。

⑮則：猶祇。為卻是之意。是表轉折相連的關係詞。用了它，能使上下文義相反。如：

論語微子篇：「我則異於是，無可無不可。」「則」當白話「卻」字，「我則異於是。」是說「我卻跟他們不同。」孟子梁惠王篇：「今有璞玉於此，雖萬鎰必使玉人彫琢之。至於治國家，則曰：『姑舍女所學而從我。』」「則曰」猶言卻是說。公孫丑篇：「乃所願則學孔子也。」「乃」和「則」，並是轉語詞，是說「但是我所願意的，卻是學孔子呢。」告子篇：「指不若人，則知惡之；心不若人，則不知惡。此之謂不知類也。」這複句中，前一個則，為「尚且」之意；後一個則，當白話「卻」字。意思是相反相應的。同篇：「以禮食，則飢而死；不以禮食，則得食。必以禮乎？」這裏前一個則，為「卻」義，後一個則，為尚且義。在這兩個複式句中，各用兩個則，同位於第二小句之首，而它們的意思剛好相反。細玩文義便知。

⑯則：猶或。為不定之關係詞。如：

論語里仁篇：「父母之年，不可不知也；一則以喜，一則以懼。」「則」猶或。言忽或以喜，忽或以懼。意謂子女對父母喜其壽而懼其衰之情，同自一心流露，是難以分解在時間上有先後的。孟子盡心篇：「春秋無義戰，彼善於此，則有之矣。」「則」為或然之詞。「則有之矣」是說「那是容或有的。」

⑰則：猶於。「於」訓在，故「則」亦得訓在。用作介所在的關係詞。如：

論語述而篇：「若聖與仁，則吾豈敢？」「則」猶於。當白話「在」字。「則吾豈敢？」猶言「於吾豈敢？」是說「在我怎麼敢當呢？」孟子公孫丑篇：「三宿而後出晝，是何濡滯也？士則茲不悅。」「則茲」猶言於此。「士則茲不悅」是說：「在我尹士，就不喜歡這樣。」

⑱則：猶故。原為表事由之關係詞。因「故」可通借作「固」，乃轉而為本然、固然之詞。如：

孟子滕文公篇：「滕君則誠賢君也。」「則」猶故，「故」通固。言滕君固然算得上是個賢君。盡心篇：「道則高矣美矣。」「則」亦轉作固講。言道固高明優美了。

⑲則：猶今。「則」通卽，「卽」得訓今，故「則」亦訓今。為表時間的限制詞。如：

孟子離婁篇：「由君子觀之。則人之所以求富貴利達者，其妻妾不羞也，而不相泣者，幾希矣。」「則人」猶言今人。就是現在的人。

⑳則：猶若夫、或至於。用為增進文義之發端語詞。如：

孟子滕文公篇：「掩之誠是也。則孝子仁人之掩其親，亦必有道矣。」「則」猶若夫或至於，當白話「那麼」的語氣。

卽

①卽：猶就。爲表方所之介繫詞。是「就」或「趨就」的意思。如：

論語子路篇：「善人敎民七年，亦可以卽戎矣。」「卽」爲趨就之意。「卽戎」就是從戎，去當兵衞國。子張篇：「卽之也溫」。「卽之」猶言就而近之。也就是趨就之意。

②卽：猶遂。當白話「便」或「就是」之意。常用在時間先後相繼的複句的上面，作承接上文的關係詞。若認他爲轉語詞，猶「然」亦可。如：

孟子梁惠王篇：「齊國雖褊小，吾何愛一牛，卽不忍其觳觫，故以羊易之也。」「卽」爲繫詞，是「是」或「就是」的意思。劉氏辨略謂此卽字爲特、但之詞，是說：「吾非愛一牛，特不忍其觳觫耳!」於義亦通。

咸

①咸：猶皆。爲表性態的限制詞。當白話「都」字。如：

孟子滕文公篇引尙書之文曰：「咸以正無缺。」萬章篇：「讙蓋都君，咸我績。」同篇：「四罪而天下咸服。」此類「咸」字，並爲「皆」義，均可用「都」來飜它。

哉

「哉」用作助詞。說文：「哉，言之閒也。」謂「哉」在文句中是個間隔兩語之詞。它有用在句末和句中兩式。大致表感歎和反詰及疑問等語氣。表感歎的，有歎美與歎傷之別。（按說文，歎嘆二字異義。從欠旁歎，與喜爲類；從口旁嘆，與悲哀爲類。在早期文言裏或如此，後世則無此分別。）「哉」的主要任務在表感歎，就是用它表詢問或疑問語氣，也常含有感歎意味。凡是在半詢問半感歎的情況下，用「哉」表示這種語氣最適宜。表疑問語氣的「哉」和「也」，一定用在特指問句下，因爲「哉」經常表感歎語氣，「也」經常表陳述語氣，如果沒有疑問代詞和它相應，則前者容易爲人看成感歎句，後者容易爲人看成陳述句，這是必須要認識清楚的。

①哉：用作歎美語氣詞，有句末和句中兩式。用在句中的「哉」要和下文讀斷，作一停頓，是感歎句的倒裝句式。感歎句以表達感情爲主，在句裏必有表感歎的中心詞，以謂語形容詞或名詞用作形容詞的來表明。若是沒用感歎中心詞，則感歎之情味，就貫徹在全句裏。這個「哉」，當白話「啊、哪」等語氣。如：

論語公冶長篇：「子謂子賤，君子哉若人！魯無君子者，斯焉取斯？」雍也篇：「賢哉回也！一簞食，一瓢飲，在陋巷，人不堪其憂，回也不改其樂。賢哉回也！」首尾疊用歎美句，以表無限贊賞之深情。泰伯篇：「大哉，堯之爲君也！巍巍乎！唯天爲大，唯堯則之！」子罕篇：「大哉孔子！博學而無所成名。」先進篇：「孝哉閔子騫！人不間於其父母昆弟之言。」顏淵篇：「公曰：『善哉！信如君不君，臣不臣，父不父，子不子，雖有粟，吾得而食諸？』」衞靈公篇：「直哉，史魚！邦有道，如矢；邦無道，如矢。君子哉，蘧伯玉！邦有道，則仕；邦無道，則可卷而懷之。」孟子梁惠王篇：「曰：『大哉，言矣！寡人有疾，寡人好勇。』」同篇：「晏子對曰：『善哉，問也！天子適諸侯曰巡狩。巡狩者，巡所守也。』」此類語法，大致相同，都是先用「哉」表贊歎，下用「也」一應，然後申述事實，中間用「哉」作語氣詞，有表贊美兼停頓的雙重作用。這都是以人的屬性「君子」「賢」「大」「孝」「善」等謂語作感歎中心詞，衹因爲感情激動時，詞序往往顛倒，先把謂語提前說出，然後再補主語。其中的語氣詞多用「哉」但也有用「矣」的。（參閱「矣」作感歎語氣詞條）。「哉」相當於「啊」，「矣」相當於「了」或「了啊」。在翻白話時，要把提前的謂語掉轉過來，但也可不掉轉的。用在句末作歎美語氣詞的「哉」，自然是把可贊美的事陳述在前，然後用「哉」作結，以表贊美語氣。如論語八佾篇：「周監於二代，郁郁乎文哉！」鄉黨篇：「曰：『山梁雌雉，時哉！時哉！』」孟子離婁篇：「仲尼亟稱於水，曰：『水哉！水哉！』」此類例句，都是觀察事物的屬性「文、時、水」等所引起的感歎，用「哉」以表示贊美語氣。更有疊用兩「哉」字助歎，以表無限贊賞，無限歎惋之深情。

②哉：用作歎傷語氣詞。也有句末和句中兩式。其組合情形，跟上面用作歎美語氣詞的相同。如：

論語八佾篇：「子曰：『管仲之器，小哉！』」子罕篇：「久矣哉！由之行詐也。」子路篇：「小人哉！樊須也。」這裏的前一例謂語在後，是順序的。後兩例把「哉」字隨著謂語提置在句首，形成倒裝句式。陽貨篇：「飽食終日，無所用心，難矣哉！」孟子公孫丑篇：「異哉！子叔疑，使己爲政，不用，則亦已矣，又使其子弟爲卿。」離婁篇：「曠安宅而弗居，舍正路而弗由，哀哉！」萬章篇：「天下殆哉！岌岌乎！」告子篇：「固哉！高叟之爲詩也。」此類作歎傷語氣詞的「哉」，或在句末，或隨中心詞提置句首，以示語法之變化，其表傷歎之情，在程度上雖有深淺之別，在語義方面，均有不足和外之之意。也有在句末用「也哉」作歎傷助詞的。如論語陽貨篇：「鄙夫！可與事君也與哉？」這裏連用三個字表疑問而兼歎傷的語氣詞。孟子告子篇：「人見其濯濯也，以爲未嘗有材焉，此豈山之性也哉？」同章：「人見其禽獸也，而以爲未嘗有才焉者，是豈人之情也哉？」這兩句語法相同，都是疊用「也哉」，以表歎傷並兼疑問和反詰語氣的。而其歎惋之情，更加深長。祇是這個「哉」，似可翻做「嗎」，但「哉」上用「也」連成「也哉」。「也」表疑問語氣，要翻做「嗎」，「哉」表感歎和反詰語氣，就不用翻了。也可以說「也哉」二字，祇相當於一個「嗎」字。

③「哉」和「乎哉」：爲表反詰和疑問並兼商度的語氣詞。句間含有不足之意味很濃厚，而對句子的原意加以否定。凡是句末用「乎哉」作反詰語詞，句中動詞前面有否定詞的，意思是肯定，沒有否定詞，意思卻是否定。這類語詞的用法，也有句末和句中兩式。當白話嗎字。如：

論語述而篇：「仁遠乎哉？我欲仁，斯仁至矣。」子罕篇：「君子多乎哉？不多也。」同篇：「吾有知乎哉？無知也。」此類語法相同的句子，都是以自問自答方式出之。「仁遠乎哉」，就是仁不遠人；「君子多乎哉」，就是君子不自多；「吾有知乎哉」就是吾無知。「不遠」「不自多」與「無知」，就是各自表明「乎哉」的語意。「乎哉」均含有少之之意。凡是用「哉」作反詰語詞的，殆可作如是觀。又憲問篇：「或問子西。子曰：彼哉！彼哉！」這「彼哉」是鄙之之詞，言此人不足稱道。同篇：「子貢方人。子曰：賜也賢乎哉？夫我則不暇。」意謂子貢方人之不足爲賢。陽貨篇：「禮云禮云，玉帛云乎哉？樂云樂云，鐘鼓云乎哉？」言玉帛鐘鼓，祇是禮樂之虛文，而不是主要精神。孟子滕文公篇：「予豈好辯哉？予不得已也。」意思就是予不好辯。按此類乎哉二字，義本相同。疊用乎哉，祇是表聲韻之延長，和神情之夷宕。若仔細分析其個別的用法，「乎」表反詰或疑問，哉不能單獨表反詰或疑問，上面要有「豈、其、焉、安、奚、何」等字，和它相應纔成。猶如「也」「矣」，本作陳述句的決定語氣詞，若冠以「奚、何、誰、孰」等疑問代詞，便轉化為疑問助詞一樣。這「乎哉」的「乎」，可譯成「嗎」，「哉」在別處，一般譯「啊」，單用作疑問或反詰語氣詞，則可譯「嗎」。但跟「乎」一起連用，「哉」的語氣，爲「乎」所掩蓋，祇要讀起來把「嗎」的讀音拖長一些就行了，更不得譯成「啊」。

④哉：猶乎。作疑問助詞。「哉」的主要作用，在表感歎語氣。即是作疑問助詞，雖相當於「乎」，都略帶感歎意味。至於用「哉」用「乎」，各有所宜，要看行文的語氣而定。在譯成白話時，用「嗎」或「呢」，亦不能隨便互換。如：

論語爲政篇：「大車無輗，小車無軏，其何以行之哉？」八佾篇：「居上不寬，爲禮不敬，臨喪不哀，吾何以觀之哉？」先進篇：「如或知爾，則何以哉？」顏淵篇：「子曰：何哉？爾所謂達者！」這四個例句，都是特指問句，「哉」並當白話「呢」。祇是前兩例略帶擬議和感歎意味，不以求答爲目的。後兩例爲眞性問句，是要對方回答的。衞靈公篇：「夫何爲哉！恭己正南面而已矣。」這個「哉」字，是表示問而非疑的反詰語詞，亦當白話「呢」。微子篇：「且而與其從辟人之士也，豈若從辟世之士哉？」「哉」是反詰語氣詞，表半信半疑的測度語氣，可譯「吧」或「哩」。孟子梁惠王篇：「曰：『若寡人者，可以保民乎哉？』」「乎哉」爲疑而未定之詞，句中雖未用疑問代詞，亦以求達爲目的。同篇：「臧氏之子，焉能使予不遇哉？」「哉」表疑問而兼感歎語氣。此類作疑問助詞的「哉」，都帶有反詰語氣，相當於「乎」，並可翻做呢。又滕文公篇：「陳仲子，豈不誠廉士哉？」這是寓疑問於反詰的句式。「哉」當翻做「嗎」。離婁篇：「其待我以橫逆，則君子必自反也，我必不仁也，必無禮也，此物奚宜至哉？」「哉」可翻做呢，表反躬自問語氣，不求他人回答。萬章篇：「不識此語誠然乎哉？」「乎哉」表疑而未定語氣，句中雖未用疑問代詞，亦是以求答爲主，當白話「嗎」字。同篇：「吾豈若使是君爲堯舜之君哉！吾豈若使是民爲堯舜之民哉！吾豈若於吾親身見之哉！」「豈若」猶言何不，與「哉」字相應，「哉」可翻作「呢」。此類用作反詰語詞的「哉」或「乎哉」，不單是表詢問，並帶有感歎和商量語氣。功用略同於「乎」。衹是「哉」的語氣重，「乎」的語氣輕，所以不能用「乎」來代替。「哉」上面如用「豈」「其」等推測詞相應，「豈」「其」可譯成「難道」，「哉」就要翻做「嗎」作語助，決不能譯成「呢」。若是「哉」上用「焉」「何」等疑問代詞相應，「焉」「何」可翻做怎麼、爲甚麼或那裏，「哉」就要翻成「呢」作語助，決不能譯成「嗎」。

⑤哉：猶與(ㄩ)。是個表疑問的助詞。大多放在句末，也有跟著疑問詞提前放在句首的。當白話「啊」，也可翻成「呀」或「喲」。如：

孟子梁惠王篇：「曰：何哉？君所謂踰者。」滕文公篇：「如不待招而往，何哉？」「哉」字緊接疑問詞「何」字，一定是疑問助詞，它和疑問助詞「與」字相類似。「何哉」猶「何與」，或「何也」。「何」爲疑問詞。「哉、與、也」，都是表疑問的語助，同時並帶有徵求答問的作用。

⑥哉：猶也。表語氣之決定。用在徵詢句的答問句的語末。如：

孟子公孫丑篇：「公孫丑問曰：『膾炙與羊棗孰美？』孟子曰：『膾炙哉！』」「哉」爲決定詞，義同「也」。當白話「了」字。「膾炙哉」，是說「當然是膾炙的滋味美好了。」

⑦哉：猶乎。用作句末或句中助詞，祇是助語氣不表示甚麼意思。如：

論語爲政篇：「人焉廋哉！人焉廋哉！」「哉」爲語助，當白話「呢」字。子路篇：「子路曰：『有是哉子之迂也，奚其正？』」自來注家，均讀「有是哉」句，「子之迂也」句。謂「有是哉」爲子路蔑視孔子正名之詞。惟竹氏會箋獨與諸家異趣，他說「有是哉子之迂也，七字一句。有是哉，猶曰若是乎也。孟子，若是乎從者之廋也，句法同。」依此說，「有是哉」跟「若是乎」同義，相當於「大概是」的語氣。「哉」與「乎」，都是作用相同的表推測性的懸斷語氣詞。此說至爲愜洽可從。

咨

①咨：嗟歎聲。當白話「唉」字。如：

論語堯曰篇：「堯曰：『咨！爾舜！天之曆數在爾躬。』」「曆」與歷通，訓次。說文無曆字，蓋即歷之異文。是說：「堯說：『唉！舜啊！天道所定帝王相繼的次第，在你身上。』」

致

①致：猶竭。爲極盡之義。是個限制詞，表示用力程度高達極限的意思。秦漢以後，用作致使動詞的「致」，與此義近而別。如：

論語學而篇：「事父母能竭其力，事君能致其身。」「致」爲委致義。謂不有其身，盡其能力之所及，不少吝惜。跟上句「事父母能竭其力」的「竭」同義。均爲竭盡無餘之詞。泰伯篇：「菲飲食而致孝乎鬼神，惡衣服而致美乎黻冕，卑宮室而盡力乎溝洫。」「致孝」「致美」的「致」，與「盡力」的「盡」同義。子張篇：「士見危致命。」「致命」就是捐軀，謂不愛惜肉體生命之極。同篇：「喪致乎哀而止。」謂居喪竭盡其哀痛之情。同篇：「人未有自致者也，必也親喪乎？」和孟子滕文公篇：「親喪，固所自盡也。」語意相同，一用「自致」，一用「自盡」，「致」爲極盡之義甚明。告子篇：「不專心致志，則不得也。」同篇：「迎之致敬以有禮。」盡心篇：「故王公不致敬盡禮，則不得亟見之。」各例句中的「致」，皆竭盡義，亦即極盛最高之意。

②致：猶至。爲推及之關係詞。是推至極處無不到的意思。和令、使的作用相當。用在因果關係句的述果句裏作關係詞。和以至於的意思約略相當。這種用法的「致」，更接近於致使動詞。如：

論語子張篇：「子夏曰：雖小道，必有可觀者焉，致遠恐泥，是以君子不爲也。」「致遠」的「遠」，是從「小道」來。謂小道可以推及政理，也必有可觀。「致遠恐泥」，是說「把小道推及到匡國理政的高遠之處，就恐怕行不通了。」同篇：「君子學以致其道。」謂所學能至於道。劉氏正義：「學以致其道。致、致知致曲之致。致者、極也，盡也。禮記大學曰：『大學之道，在明明德，在親民，在止於至善。』止於至善者，則致其道之謂。故大學又言：『君子無所不用其極。』「極」「致」同義。」竹氏會箋同此。解說至爲詳盡。可知這個致字，也是推及到盡處的意思。

③致：猶還。相當於辭退、歸還之意。如：

孟子公孫丑篇：「蚳鼃諫於王而不用，致為臣而去。」朱注：「致」猶還也。「致為臣而去」，是說「歸還政權於君而離去。」即致仕之義。以現代民主政體來說，也就是還政於民的意思。

後

①後：為先之對文，作表動態的方所程序詞，是放在後面的意思。如：

論語八佾篇：「子曰：繪事後素。曰：禮後乎？」兩後字，並是放在後面的意思。雍也篇：「仁者，先難而後獲。」「後」與「先」為對文。衞靈公篇：「事君敬其事而後其食。」孟子梁惠王篇：「未有義而後其君者也。」這類「而後」二字要讀斷，「而」是連詞，「後」是形容詞作動詞用，都是置之於的意思。

②後：為繼前事而述後事之承接詞，表行事所經歷的時間有先後。常和「而、然、以、乃」等字，連合成而後、然後、以後、乃後等繫詞。相當於「這纔」二字。如：

論語為政篇：「先行其言而後從之。」公冶長篇：「三思而後行。」述而篇：「必使反之，而後和之。」雍也篇：「文質彬彬，然後君子。」子罕篇：「吾自衞反魯，然後樂正。」同篇：「歲寒然後知松柏之後凋也。」「而後」與「然後」同義，都是前後兩事的承接關係詞。

曷

①曷：猶何。為指事物的疑問代稱詞。爾雅釋詁：「曷，盍也。」說文引廣韻：「曷，何也。」王氏釋

詞：「盍，爲何不，又爲何；曷，爲何，又爲何不。聲近而義通。」總此三說，以王氏訓釋盍，曷二字的順序看來，「盍」以訓何不爲主，但亦可訓何；「曷」以訓何爲主，但亦可訓何不。這是古人的特殊用法。一般是訓「曷」爲何，「盍」訓何不。「曷」字或作「害」。如：

孟子梁惠王篇引尙書湯誓之文曰：「時日害喪？」「時」訓是，爲指代詞。「害」趙注讀爲「曷」，以「害」爲「曷」之變文，作「何」解，爲疑問代詞。是說：「是日（喻夏桀）何時喪亡乎？」王氏釋詞訓「曷」爲何不，未爲允當。同篇：「天下曷敢有越厥志？」「曷敢」猶言何敢，意思就是那個敢。「曷」又訓爲豈，但豈敢的意思，猶言爲甚麼敢，語氣卻由疑問變做反詰了。

是

①是：猶爲。「爲」亦得訓是，原爲同動詞，主持判斷，並有連接上下文的繫詞作用。當白話「是」或「就是」二字。如：

論語微子篇：「桀溺曰：『子爲誰？』曰：『爲仲由。』曰：『是魯孔丘之徒與？』」句中的「爲」，並猶「是」，「爲仲由」的「爲」，作判斷詞。這個「是」，是代詞做主語，作「就是」講，有「這」「是」兩個詞的意思、不是直接的判斷詞。在早期文言裏，「是」是代詞，直到漢魏以後，纔逐漸用它作判斷詞。在文言裏一般所用的判斷詞，表肯定的，有「爲」「乃」「卽」等字。這跟現代語的判斷詞「是」的性質，也不完全相同。如孟子梁惠王篇：「王之不王，是折枝之類也。」萬章篇：「以意逆志，是爲得之。」同篇：「是以論其事也，是尙友也。」此類是字，是認以爲是，爲表肯定語氣的關係詞，其功用和「爲」或「乃」作承接關係詞大致相同。（參閱「乃」猶「是」、「爲」猶「是」各條。）

②是：猶此。爲指代事物之詞。當白話「這」「這個」「這些」，指事物兼可指人。如：

論語爲政篇：「夫子至於是邦也，必聞其政。」「是」猶此。「是邦」猶言這個邦家。八佾篇：「八佾舞於庭，是可忍也，孰不可忍也？」「是」猶此，當白話「這件事。」指季氏僭用八佾舞樂之事。公冶長篇：「子曰：『始吾於人也，聽其言而信其行；今吾於人也，聽其言而觀其行。於予與改是。』」「是」猶此。是個補詞，替補上文，由「聽言信行」變爲「聽言觀行」的態度。述而篇：「德之不修，學之不講，聞義不能徙，不善不能改，是吾憂也。」「是」猶此，當白話「這些」。指上文所說的四件事。「是吾憂也。」是說「這些都是我所憂慮的。」這個「是」，固然可以說它是指代詞，同時也可以說它是補詞。微子篇：「我則異於是，無可無不可。」「於是」的「是」，是指代上文「隱居獨善」和「放言自廢」的行事。也可說是處所補詞。孟子梁惠王篇：「是心足以王矣。」同章：「王笑曰：『是誠何心哉！』」同章：「曰：『無傷也，是乃仁術也。』」這三個「是」，皆猶此，並是以代詞做句子的主語。指代以羊易牛之事。又梁惠王篇：「王之諸臣，皆足以共之，而王豈爲是哉？」公孫丑篇：「昔者竊聞之，子夏、子游、子張，皆有聖人之一體；冉牛、閔子、顏淵，則具體而微；敢問所安？曰：『故舍是。』」這兩個「是」，皆猶此，並是以代詞爲句子的止詞。上列各「是」字，或爲主語，或爲止詞，並與「此」同義，皆可用「此」代替。所指代的事物，單數翻成「這」或「這個」，複數翻「這些」就行了。

③是：猶其。用作指示詞，翻成那、這、那個、這個、或他的，皆可。如：

孟子盡心篇：「有事君人者，事是君則爲容悅者也。」「是」猶其，爲泛指所事之君。翻成那個、他的，皆可以。「容悅」爲同義語，「容」就是悅。同篇：「君子居是國也，其君用之，則安富尊榮。」「是」猶其，和下句「其君用之」的「其」同義。泛指某國。翻成那個、這個，皆可以。同篇：「仲子不義而與之齊國而弗受，人皆信之，是舍簞食豆羹之義也。人莫大焉（「焉」猶於，不斷句連讀）亡親戚君臣上下，以其小者，信其大者，奚可哉！」「是」猶其，並含有認定意味，和下句「以其小者，信其大者」裏面的兩個「其」，皆指仲子言。

④是：猶者。爲指人物之代稱詞。當白話的人、的事。如：

論語先進篇：「論篤是與？君子者乎？色莊者乎？」集解：「論篤者，謂口無擇言；君子者，謂身無鄙行；色莊者，不惡而嚴，以遠小人。言此三者，皆可以爲善人。」劉氏正義：「蓋此三者，皆可謂之善人。然容有似是而非者，與乎其間，故但爲疑辭，或言與，或言乎，文法之變。」依此兩說，可證「是」猶者，用作端詞，當白話「的人」。「與」猶乎，疑詞。「是與」與「者乎」同義。朱注以「與」爲稱許之義，則於文義未洽。

⑤是：猶夫。「夫」亦猶是。有指代詞兼語助詞的兩種作用。如：

論語微子篇：「曰：『是知津矣！』」孟子梁惠王篇：「直不百步耳，是亦走也。」兩「是」字，並爲「夫」義。爲指示代詞，猶彼。當白話「他」或「這」，「那個」或「這個」。公孫丑篇：「予豈若是小丈夫然哉？」「是」爲語中助詞，「若是」猶若夫。當白話「像那」二字。告子篇：「是其日夜之所息，雨露之所潤。」「是」與夫同義，爲發端語詞，當白話「那」字。

⑥是：猶之。「之」亦得訓是。用作介繫詞，當白話「的」字。如：

論語季氏篇：「孔子曰：求！無乃爾是過與？」「是」猶之。「爾是過」猶言「爾之過」，下文有「誰之過與」一語，可證「是」是相同於「之」的。

⑦是：猶於是。爲繼承前事之繫詞。以表因果關係。當白話「於是」。若是用因此、是以、所以，來替代它，意思也是一樣。如：

論語堯曰篇：「周有大賚，善人是富。」「是」猶於是，翻成白話，要把「是」掉在句首，說做「於是善人都富有了。」「於是」改用因此或所以，也是可以的。公冶長篇：「不念舊惡，怨是用希。」「用」猶以。「以」猶因、猶由。「是」猶於是，又猶此。「是用」翻做於是、是以、以是、由此、因此、所以，皆是可以的。翻白話時，也是要把它掉在句首的。說做「不記別人過去的壞處，於是怨恨他的人也就少了。」這都是把賓語提在動詞前，中間挿入「是」字，旣側重在行動的對象，同時也加强了語勢。

⑧是則：猶則是。並爲承上文之決斷語氣詞。當白話「那倒是」或「這就是」的語氣。「是」仍帶有指代意味。如：

孟子梁惠王篇：「臣聞郊關之內，有囿方四十里，殺其麋鹿者，如殺人之罪。則是方四十里，爲阱於國中。」「則是」猶是則。相當於「那倒是」。是說「那倒是好像用方四十里的土地，在國中挖個大陷井了。」同篇：「效死而民弗去，則是可爲也。」「則是」也是「那倒是」的意思。離婁篇：「其設心以爲不若是，是則罪之大者，是則章子已矣！」「是則」猶則是。相當於「那倒是」或「這就是」。

是說「他的用心，以爲不如此做，那倒是很重大的罪過，這就是章子的爲人了。」

⑨是：猶所。「是以」猶所以，與「是故」同義。都是承上申下之繫詞，也是表因果的關係詞，和白話所以一樣，要翻成因爲這個緣故。如：

論語先進篇：「子路曰：『有民人焉，有社稷焉，何必讀書，然後爲學？』子曰：『是故惡夫佞者。』」同篇：「曰：『爲國以禮，其言不讓，是故哂之。』」子張篇：「紂之不善，不如是之甚也。是以君子惡居下流，天下之惡皆歸焉。」孟子梁惠王篇：「仲尼之徒，無道桓文之事者，是以後世無傳焉。」同章：「見其生，不忍見其死；聞其聲，不忍食其肉；是以君子遠庖廚也。」同篇：「惟仁者，爲能以大事小，是故湯事葛，文王事昆夷；惟智爲能以小事大，故太王事獯鬻，句踐事吳。」「是故」與「故」同義，並可翻做「是以」或「所以」。公孫丑篇：「爲天下得人者謂之仁，是故以天下與人易，爲天下得人難。」滕文公篇：「春秋，天子之事也。是故孔子曰：『知我者，其惟春秋乎？罪我者，其惟春秋乎？』」離婁篇：「有本者如是，是之取耳。」「是」猶所，「之」猶以。「是之」猶所以，與是故同義。告子篇：「牛羊又從而牧之，是以若彼濯濯也。」盡心篇：「民爲貴，社稷次之，君爲輕。是故得乎丘民，而爲天子，得乎天子爲諸侯，得乎諸侯爲大夫。」此類「是故」跟「是以」，同是表因果的承接關係詞，在申論文字中用的最爲廣泛。它們的意思和用法是相同的。但「是故」的「是」，是指代上文所說的原因或理由，「故」是個關係詞，通常用在因果關係複句的次句之首，和「是」結合成「是故」這個關係詞，當白話所以，意思是「因爲這個緣故」。「是以」猶言以是，「以是」猶言因此。故「是以」是個很明顯地表原因關係的關係詞。亦當白話所以，意思也是「因爲這個緣故」。

⑩是：爲發語詞，與爰字同，義近於乃，爲於是或就是的語氣。如：

論語爲政篇：「今之孝者，是謂能養。」王氏釋詞，訓是爲祇，言祇謂能養，於義亦愜洽可從。

故

①故：猶是故。爲承上申下之連詞。猶是以、所以、因是。和白話所以、因此一樣，用在複句的次句上面，其上必是說明原因的語句，以表明前後因果關係。在現代語裏的因果句，常用「因爲……所以……」式，可是在文言裏這類文句間，卻多半祇用一個「故」或「是故」二字。如：

論語子罕篇：「吾少也賤，故多能鄙事。」陽貨篇：「夫君子之居喪，食旨不甘，聞樂不樂，居處不安，故不爲也。」孟子梁惠王篇：「古之人與民偕樂，故能樂也。」同篇：「若無罪而就死地，故以羊易之也。」公孫丑篇：「其尊德樂道，不如是，不足與有爲也。故湯之於伊尹，學焉而後臣之，故不勞而王；桓公之於管仲，學焉而後臣之，故不勞而霸。」「故湯」之「故」，爲發語詞，猶夫。其下兩「故」，皆是承上文以表因果的關係詞。「故」上是因，「故」下爲果。並非單純的結語詞。

②故：猶所以。爲結束上文的結語詞。用在複句的結句上面。其上必爲說明事理的文字。如：

論語子罕篇：「牢曰：子云：『吾不試，故藝。』」孟子公孫丑篇：「當今之時，萬乘之國，行仁政，民之悅之，猶解倒懸也。故事半古之人，功必倍之。」同篇：「我非堯舜之道，不敢以陳於王前，故齊人莫如我敬王也。」同篇：「取諸人以爲善，是與人爲善也，故君子莫大乎與人爲善。」盡心篇：「獨孤臣孽子，其操心也危，其慮患也深，故達。」此類「故」字，都是放在結句上面，猶言因此、所以，「故」上必有陳述事實原因的語句。這「故」字，既表結束上文，亦略帶有因果關係。

③故：猶夫。爲更端語氣詞，放在複句的另一起句頭上，當白話所以。它不表因果關係，而是申論前事的更端語詞。如：

孟子萬章篇：「校人出，曰：『孰謂子產智？予既烹而食之。』曰：『得其所哉！得其所哉！』故君子可欺以其方，難罔以非其道。」盡心篇：「孔子登東山而小魯，登泰山而小天下。故觀於海者難爲水，游於聖人之門者難爲言。」兩故字，並猶夫。和是、是故、是以同義。祇是這個「故」下的文字，在於申論前事，並不表示因果關係，凡言故之文義與上文不屬，便知其爲更端語詞。雖也可以把它翻成所以、是故，卻與承上起下之繫詞有別。祇可翻成「照這樣看起來」或「照這件事情看起來」的語氣。

④故：猶但。「故曰」猶但曰。因故通顧，顧得訓但，所以故亦得訓但。「故曰」爲申論上文之發端語詞，也是轉語詞，同時亦是結束上文的論斷語詞。有時也在引述古語作辯證時，加故曰二字。這個「故曰」，總是翻成所以說。如：

孟子梁惠王篇：「國人皆曰可殺，然後察之；見可殺焉，然後殺之。故曰：『國人殺之也。』」「故曰」爲結束上文之論斷語詞。公孫丑篇：「城非不高也，池非不深也，兵革非不堅利也，米粟非不多也，委而去之，是地利不如人和也。故曰：『域民不以封疆之界，固國不以山谿之險，威天下不以兵革之利；得道者多助，失道者寡助。』」「故曰」爲申論上文之發端語詞，也是轉語詞。滕文公篇：「且一人之身，而百工之所爲備；如必自爲而後用之，是率天下而路也。故曰：『或勞心，或勞力；勞心者治人，勞力者治於人；治於人者食人，治人者食於人；天下之通義也。』」「故曰」亦是申論上文之發端語詞而兼轉語詞的雙重作用。離婁篇：「今有仁心仁聞，而民不被其澤，不可法於後世者，不行先王之道也。故曰：『徒善不足以爲政，徒法不能以自行。……』」在本章文字中，連用四個「故曰」，將文義層層轉進，論辯周詳，極盡翻騰揮灑之能事，可見古文辭氣深厚之一斑。萬章篇：「昔者堯薦舜於天，而天受之；暴之於民，而民受之。故曰：『天不言，以行與事，示之而已矣。』……天與之，人歸人。故曰：『天子不能以天下與人。』……天下諸侯朝覲者，不之堯之子而之舜；訟獄者，不之堯之子而之舜；謳歌者，不謳歌堯之子而謳歌舜。故曰：『天也。』」這裏連用三個故曰，以轉語作斷制，詞氣爽朗，筆勢動宕，强調天與人歸之眞切事理。告子篇：「孟子曰：『五霸者，三王之罪人也；今之諸侯，五霸之罪人也；今之大夫，今之諸侯之罪人也。』……故曰：『五霸者，三王之罪人也。』……故曰：『今之諸侯，五霸之罪人也。』……故曰：『今之大夫，今之諸侯之罪人也。』」這裏連用三個故曰，以結筆作復筆，有承轉和斷制的雙重作用。這類「故曰」的功能，在文法上是先案後斷，其間歷陳事實，剖析義理，使文義層層脫卸，如剝繭抽絲，昭晰無遺，使他人再無申辯之餘地。

⑤故：猶本。爲本然之義。「本然」猶常然。卽故常之義。「故」有舊義，「舊」有本原之義，展轉引中，義近而略別。如：

孟子公孫丑篇：「我故曰：『告子未嘗知義，以其外之也。』」「故」爲本來的意思。同篇：「紂之去武丁未久也，其故家遺俗，流風善政，猶有存者。」「故家」卽世臣舊家。同篇：「遺佚而不怨，阨窮而不憫，故曰：『爾爲爾，我爲我。』」「故曰」猶常曰，因「故」有故常之義，與申論文中所用的「故曰」意思不同。離婁篇：「天下之言性也，則故而已矣。故者，以利爲本。」朱注：「故者，其已然之迹，若所謂天下之故者。利、猶順也。語其自然之勢也。」同章：「天之高也，星辰之遠也，苟求其故，千歲之日至，可坐而致也。」「求其故」卽求其已然之迹。此所謂已然、自然，皆故常之義。也都是本然一義之引申。盡心篇：「挾故而問。」「故」卽故舊，猶言舊有的關係。

⑥故：猶特。故意卽特意。卽知其不應爲而爲之的意思。有心爲之叫「故」，無心爲之叫「誤」。「故」有使爲之之義。說文：「故、使爲之也。」這個「故」，也是表因果相承，和白話故意、特意、偏偏等語詞相當。如：

論語先進篇：「求也退，故進之；由也兼人，故退之。」兩故字，皆故意之意。因求、由二人之生性不同，求之性緩，特恐其聞而不卽行，故意使之進；由之性急，特患其聞而急於行，故意使之退，約之進於中庸之道，使其無過不及之偏，此乃孔子因材施敎之一例。孟子萬章篇：「欲常常而見之，故源源而來。」「故」是有意豫爲安排之意，猶言故意使其源源而來。若把這「故」字，作所以解，爲探究本原之詞，也是可以的。

⑦故：猶則。爲承接關係詞，在文義上是先後相繼的。如：

論語季氏篇：「祿之去公室，五世矣；政逮於大夫，四世矣。故夫三桓之子孫微矣。」「故」猶則，爲繫詞；「夫」猶乎，爲助詞。「故夫」猶則乎，和至乎的用法類似。孟子公孫丑篇：「我非堯舜之道，不敢以陳於王前，故齊人莫如我敬王也。」盡心篇：「窮不失義，故士得己焉；達不離道，故民不失望焉。」同篇：「大敗，將復之，恐不能勝，故驅其所愛之子弟以殉之。」此類用作承接詞的「故」字，義皆同則。其功用和所以、於是、因此等繫詞的用法略相類。

⑧故：猶因。爲因由之意，當白話「緣故」或「的緣故」。經傳用「故」，多在句首，惟此用在句尾。如：

論語八佾篇：「夏禮、吾能言之，杞不足徵也；殷禮，吾能言之，宋不足徵也；文獻不足故也。」孟子滕文公篇：「天之生物，使之一本，而夷子二本故也。」離婁篇：「曰：『諫行言聽，膏澤下於民，有故而去。』」告子篇：「彼將曰：『在位故也；』子亦曰：『在位故也。』」盡心篇：「君子所性，雖大行不加焉，雖窮居不損焉，分定故也。」同篇：「梁惠王以土地之故，糜爛其民而戰之。」此類故字，皆因由之詞，相當於「緣故」。用作抽象名詞，爲文言中之常語。

⑨故：猶而。爲因而、而又之意。是因前起後之詞，當白話「就」字。如：

孟子公孫丑篇：「千里而見王，不遇故去。」「不遇故去」猶言「不遇而去。」是說「因爲意見不合而就離去。」滕文公篇：「然友反命，定爲三年之喪，父兄百官皆不欲。曰：『吾宗國魯先君莫之行，吾先君亦莫之行也。』」「曰」就是「故曰」的意思，相當於因而說、而又說、就是說。雖然也可翻成所以說，但和上文所引申論前事的「故曰」，意思不同。

⑩故：猶若。爲表假設相連的關係詞。和如果、假如相當。如：

論語季氏篇：「蓋均無貧，和無寡，安無傾。夫如是，故遠人不服，則修文德以來之。」「故遠人不服」，是說「如果遠方的人不歸服。」孟子離婁篇：「君子平其政，行辟人可也，焉得人人而濟之？故善爲政者，每人而悅之，日亦不足矣。」「故」爲設詞，亦是如果、假如之意。告子篇：「故苟得其養，無物不長；苟失其養，無物不消。」這是結合「故」和「苟」爲同義複語，做假設相連的關係詞，和單用「苟」作設詞者同義。

⑪故：猶乃。和爰字同義，當白話於是二字。如：

孟子萬章篇：「彼以愛兄之道來，故誠信而喜之，奚僞焉？」「故」猶乃。和白話於是、因此、所以等語詞相當。

思

①思：猶惟。思與惟，本可互訓，惟可用做發端語詞，「思」自然也可做發端語詞。當白話就是的語氣。如：

孟子公孫丑篇：「思以一毫挫於人，若撻之於市朝。」「思」猶惟。「思以一毫」猶言「惟此一毫」。同篇：「推其惡惡之心，思與鄉人處，其冠不正，望望然去之，若將浼焉。」萬章篇：「思與鄉人處，如以朝衣朝冠，坐於塗炭也。」這都是評論伯夷之淸高，「思」並猶惟，皆發端語詞。同章下文言柳下惠「與鄉人處，由由然不忍去也。」句首省「思」字，足以證明思爲助語，可以省卻。

②思：猶斯。「思」與「斯」聲近義通，並可作語助詞。

論語公冶長篇：「季子文三思而後行。子聞之曰：再，斯可矣。」今通行本如此。朱注：「斯、語辭。」按阮元校勘記：「唐石經作思可矣。皇本、高麗本，作再思斯可矣。」竊意前句有三思字樣，後句僅曰「再」，當卽再思之義。後句中「思」或「斯」，當係語助無疑。孟子梁惠王篇引詩大雅公劉之詩云：「思戢用光，弓矢斯張。」毛傳：「言民相與和睦，以顯於時也」焦氏正義同此。「思」字未加訓釋，當係語助。同篇引詩大雅文王有聲之詩云：「自西自東，自南自北，無思不服。」「思」爲語助，「無思不服」猶言「沒有不服。」萬章篇引詩大雅下武之詩云：「永言孝思，孝思惟則。」趙注：「周武王所以長言孝道，欲以爲天下法則。」兩「思」字，皆語助，並含有道理的意思。

恆

①恆：猶常。爲堅定不移和常久不變之義。如：

論語子路篇：「人而無恆，不可以作巫醫。善夫！不恆其德，或承之羞。」「恆」爲堅定不移之詞。孟子梁惠王篇：「無恆產而有恆心者，惟士爲能。」「恆」爲常久不變之義。

②恆：猶常。爲經常之義。如：

孟子離婁篇：「人有恆言，皆曰天下國家。」「恆言」爲經常通行之語言。同篇：「愛人者，人恆愛之，敬人者，人恆敬之。」「恆」猶常。趙注本，「恆」作「常」。告子篇：「入則無法家拂士，出則無敵國外患者，國恆亡。」盡心篇：「人之有德慧術知者，恆存乎疢疾」「恆」皆經常之義。和白話常常、往往之意相當。

③恆：猶嘗。「恆」既得訓常，而常與嘗通，故得轉訓爲嘗。作曾經講。如：

孟子告子篇：「人恆過，然後能改。」「恆」猶嘗，是個表時間的限制詞，作曾經講。是說「人曾經犯了過，然後纔能改過。」

殆

①殆：猶幾，作近講，爲將近之意。是測度詞，表推度事理，爲疑而有定之詞。和白話差不多、大概是、大約是、恐怕是的語氣相當。如：

孟子梁惠王篇：「王曰：『若是其甚與？』曰：『殆有甚焉！』」「殆」猶近，爲測度詞。「有」同又。「焉」猶於是，表指代兼停頓語氣。「殆有甚焉」，是說「恐怕比這個更厲害呢！」離婁篇：「寇至則先去，以爲民望；寇退則反，殆於不可！」「殆」猶近。「於」猶爲、猶乎，相當於「是」，作句中繫詞。「殆於不可」，猶言「近爲不可」，或「近乎不可。」可譯成「恐怕是不可吧！」盡心篇：「國人皆以夫子將復爲發棠，殆不可復！」「殆不可復」，是說「這事恐怕不能再行了吧！」同篇：「子以是爲竊屨來與？曰：『殆非也！』」「殆非也」，猶言「大概不是吧！」

爰

①爰：猶乃。相當於「於」或「於是」。爲表動作之所在的關係詞。意思和「然後」差不多。（參閱「乃」猶「於是」條）。如：

孟子梁惠王篇引詩大雅皇矣之詩云：「王赫斯怒，爰整其旅。」「爰」有引出之意。鄭箋，訓「爰」爲「曰」，乃語詞之「曰」，非「子曰」之「曰」。趙氏訓「爰」爲「於是」。「曰」和「於是」，同爲發端語詞，是表對象之介繫詞。同篇引詩大雅公劉之詩云：「干戈戚揚，爰方啟行。」「爰」鄭箋訓爲「曰」。毛傳訓爲「於是」。詞別而義同。同篇引詩大雅緜之詩云：「爰及姜女，聿來胥宇。」「爰」與「聿」爲互文，同訓「於是」。當白話因此、這纔、或「在這時候」的意思。

相

①相：「相」本是「以目接木」之意，引申爲彼此「更共、交互」的兩相之詞。是代替彼此的對稱。即「交相、互相」之意。和白話彼此、雙方、大家的語意相似。如：

論語衞靈公篇：「道不同，不相爲謀。」「相」爲兩相之詞。是說：「彼此的理想不同，那就不能在一起互相謀慮。」也就是各行其志，彼此不能比合之意。孟子梁惠王篇：「父子不相見。」「相」爲彼此交互的對稱。「不相見」卽彼此不能見面。等於說「父親看不到兒子，兒子看不到父親。」公孫丑篇：「又有微子微仲、王子比干、箕子膠鬲，皆賢人也，相與輔相之。」「相與」之「相」，爲「共同、交相」之意：「輔相」之「相」讀（ㄒㄧㄤ），係動詞，爲幫助意。補詞「之」，是指代紂王的。「相與輔相之」，意思是說：「有這些賢人共同幫助他。」滕文公篇：「出入相友，守望相助，疾病相扶持。」「相」猶互相，卽彼此與共，大家交互幫助之意。離婁篇：「夫子教我以正，夫子未出於正也，則是父子相夷也。父子相夷，則惡矣。」「夷」傷害之意。「父子相夷」謂父子互相傷害了恩愛的感情。此類「相謀、相見、相與、相友、相助、相扶持、相夷」的「相」，都是放在動詞前作狀語，表示互相關係，指出前面的詞，是互爲賓主的，動詞後面不能再用賓語，句法比較特殊。看它像個詞頭，但不是表被動的，而是表指示兼代稱的關係詞。而且都是表互指的，後來逐漸演變用它來表偏指了。如「相約、相邀、相迎、相送、相煩、相勞」都是。賓語「我、你」等，也是經常不出現，由「相」來指代。它所指代的以對稱詞爲多，其次是自稱詞，他稱詞則少見。

②相：讀（ㄒㄧㄤˋ）。猶助，爲輔導之義。作幫助講。如：

論語先進篇：「願爲小相焉」古時接待賓客的贊禮人員稱「相」。這是名詞，從略。引申其義，則爲嚮導、輔導之義。如衞靈公篇：「固相師之道也。」季氏篇：「則將焉用彼相矣」裏的「相」字都是。

某

①某：爲指代詞。虛指某人。有本知其姓名而略之，乃指之以某者。如：

論語衞靈公篇：「子曰：某在斯，某在斯。」「某」指某人，卽某某人。有時亦可做自謙之詞。更有些地方，凡無所指名，或泛指人、事、物，及不知其名的人、事、物，皆可以某代之。

甚

①甚：爲極、劇之詞。廣雅：「甚、劇也。」這是個表程度的限制詞。和「尤、太、益、深」等詞相類。如：

論語衞靈公篇：「民之於仁也，甚於水火。」「甚」爲超過之意，表比較相連。是說「仁比水火更重要。」子張篇：「紂之不善，不如是之甚也。」「甚」卽過甚，略帶誇張意味。孟子梁惠王篇：「王之好樂甚，則齊國其庶幾乎？」「甚」卽「深、劇」之意，和白話很、厲害、或很厲害的語意相當。公孫丑篇：「民之憔悴於虐政，未有甚於此時者也。」「甚」爲超過之意。同篇：「燕人畔，王曰：『吾甚慚於孟子。』」「甚」爲極、劇之意，當白話「非常」二字。滕文公篇：「上有好者，下必有甚焉者矣。」「甚」爲超過之意。離婁篇：「暴其民甚，則身弒國亡；不甚，則身危國削。」「甚」爲極、劇之意，當白話「厲害」二字。告子篇：「所欲有甚於生者……所惡有甚於死者。」「甚」爲「更加」或「超過」之意，亦是表極限的限制詞。同篇：「豈愛身不若桐梓哉？弗思甚也。」同篇：「則惑之甚者。」「甚」並爲太過之意。

祇

①祇：猶但。猶適。爲止而不過之意。是表文義轉折之關係詞。如：

論語顏淵篇引詩小雅我行其野之詩云：「誠不以富，亦祇以異。」「祇」猶但。義與止同。當白話「只」或「祇」字。是說「稱贊人，實在不因爲他富有，祇因爲他的德行異於常人。」

疾

①疾：猶惡。爲厭惡之意。作討厭講。如：

論語泰伯篇：「子曰：好勇疾貧，亂也；人而不仁，疾之已甚，亂也。」「疾貧」是惡己之貧。「疾之」是惡不仁之人。衞靈公篇：「君子疾沒世而名不稱焉。」「疾」亦自惡之意。竹氏會箋：「疾乃愧疾之疾，自惡也。」

②疾：猶急。爲急切迫促之意。如：

論語鄉黨篇：「不疾言，不輕指。」「疾言」卽躁急之言。謂匆促地高聲講話。

皆

「皆」本作「俱詞」解。卽彼此咸同之意。廣雅云：「皆、俱辭也。」

①皆：猶俱。爲全體之詞。是個表範圍的限制詞，並兼有指代詞的性質。當白話「都」或「都是」。

如：

論語爲政篇：「至於犬馬，皆能有養。」先進篇：「從我於陳蔡者，皆不及門也。」顏淵篇：「四海之內，皆兄弟也。」孟子梁惠王篇：「百姓皆以王爲愛也。」公孫丑篇：「子夏、子游、子張，皆有聖人之一體。」同篇：「皆古聖人也，吾未能有行焉。」滕文公篇：「其徒數十人，皆衣褐。」此類皆字，並爲限制詞，都帶有總指的判斷作用，表俱全之意，相當於「都」或「都是」。

②皆：猶同。亦俱詞，爲共同之意。如：

論語子張篇：「是以君子惡居下流，天下之惡皆歸焉。」同篇：「君子之過也，如日月之食焉。過也，人皆見之；更也，人皆仰之。」孟子告子篇：「人皆可以爲堯舜。」此類皆字，亦是限制詞，表共同之意。按「皆、俱、同」三字，都可展轉互訓，義近而微別。

③皆：與偕同義。亦俱詞。也是共同之意，作「一起」講，不作「都是」講。也是個限制詞，與「舉、盡」等字同義。如：

孟子梁惠王篇：「時日害喪？予及女偕亡。」接著孟子釋之曰：「民欲與之偕亡」「偕」並與皆同。爲一起之意。孔本、韓本，並作「皆」。閩、監、毛三本並作偕。按皆與偕，原爲一字，後世分化運用。「偕」作偕同講。讀（ㄒㄧㄝˊ。）

者

①者：別事之詞（見說文）。這是用「者」分隔主語和謂語，使彼此別異。「者」放在主語後，其下必爲說明解釋之語，用「也」作判斷語氣詞，和「者」前後呼應。「者」爲分隔小句的提示語氣詞，兼有停頓作用。用了「者」，句中便省卻繫詞「爲」或「是」，其下就是解釋主語的判斷句，從而使語勢加强。所以「……者，……也。」在文言裏成了一種判斷句的格式。這是主語和表語並重的句式，也是文言裏習見的通常語法。成了訓詁學家的口頭禪。如：

論語顏淵篇：「政者，正也。」孟子梁惠王篇：「巡狩者，巡所守也。……述職者，述所職也。」同篇：「畜君者，好君也。」滕文公篇：「徹者，徹也；助者，藉也。……庠者，養也；校者，教也；序者，射也。」同篇：「洚水者，洪水也。」告子篇：「五霸者，三王之罪人也。」盡心篇：「征者，上伐下也。」此類「者」字，皆別事之詞，也可說是表提示而兼停頓的語氣詞。「也」爲決詞，和上面的「者」相應。這是不用繫詞「爲」或「是」的注釋判斷句，也稱訓詁式的判斷句。「者」下之文，卽釋「者」上之文的文義。猶言「某者，某也。」這是後世訓詁學上最常用的語法之一。

②者：用作提頓詞，有表提示而兼停頓的雙重作用。用在主語和謂語之間，先把主語鄭重說出，用「者」

一頓，然後加以判斷或解釋。若是謂語後面不用「也」作決詞，說話重點就偏重主語方面。如：

論語八佾篇：「三家者以雍徹。」先進篇：「異乎三子者之撰。」孟子梁惠王篇：「樂民之樂者，民亦樂其樂；憂民之憂者，民亦憂其憂。」離婁篇：「齊人有一妻一妾而處室者，其良人出，則必饜酒肉而後反。」此類用在句子的主詞或複句的主句之後的「者」，以表語氣之停頓，並略帶提示意味。都是名詞及形容詞或動詞的後置詞。在白話文裏沒有和「者」相當的語氣詞。大都是不用譯的。

③者：與「者也」的「者」，用作指代詞。位句中的，並帶有轉接功能和停頓語氣作用，語氣比較重。用在句末的，相當於指甚麼的「的」、「的人」、「的事情」「的地方」等語意。「者」的主要任務，是代替一般詞組的中心詞。它所代替的情形，有確指和泛指之別。如果是確指，就必須見於上文。「者」下綴以「也」字，為表決定的歎語詞。如：

論語學而篇：「其為人也孝弟，而好犯上者鮮矣；不好犯上，而好作亂者，未之有也。」「者」是泛指孝弟的人。當白話「的」字。里仁篇：「仁者安仁，知者利仁。」「者」是泛指「仁人」和「知士」，當白話「的人」。雍也篇：「有顏回者好學。」「者」是確指顏回。當白話「這個人」。先進篇：「子曰：『回也，非助我者也。於吾言無所不說。』」「者」與「也」結合，「者」是確指顏回，「也」是決詞。「者也」當白話「的人呀」。憲問篇：「有荷蕢而過孔氏之門者。」「者」指代荷蕢。當白話「的人」。衛靈公篇：「居是邦也，事其大夫之賢者，友其士之仁者。」兩「者」字，泛指仁賢的士大夫。並表語氣之停頓，當白話「的」字。孟子梁惠王篇：「賢者而後樂此，不賢者雖有此不樂也。」兩「者」字，泛指賢和不賢的人。同篇：「有牽牛而過於堂下者。」同篇：「不得而非其上者，非也；為民上而不與民同樂者，亦非也。」同篇：「飢者弗食，勞者弗息。」各者字，皆泛指人。當白話「的人」。公孫丑篇：「有是四端，而自謂不能者，自賊者也；謂其君不能者，賊其君者也。」兩「者」字，指四端之事。兩「者也」的「者」，泛指人。滕文公篇：「吾聞用夏變夷者，未聞變於夷者也。」「者」指華夏文化風俗之事。「者也」的「者」指夷狄文化風俗之事。萬章篇：「士之尊賢者也，非王公之尊賢也。」下句「也」上省「者」。告子篇：「弈秋，通國之善弈者也。」「者」等於「之人」，「者也」相當於「的人呀」。同篇：「五穀者，種之美者也。」「者」和「者也」的「者」，並指事物，當白話「的東西」。凡用「者」作指代詞，都是放在動詞後的卽物之詞。這跟「所」用作指代詞，位置一定要在動詞前，恰好相反。祇要看「者」上的主詞是甚麼，它就指代甚麼，這是很容易決定的。

④也者：猶者，祇是聲音與神韻較單用「者」爲夷宕。位首句末，表語氣之頓挫，跟位於句末作語已詞的「也者」，意味不同。如：

論語學而篇：「孝弟也者，其爲仁之本與？」顏淵篇：「夫達也者，質直而好義。」「也者」疊用在複句的領起小句之末，表頓挫之語氣。當白話「呢」字。但亦有把「也者」用在句末作疑問助語的，如先進篇：「安見方六七十，如五六十，而非邦也者？」這個「也者」，是表疑問的語末反詰助詞，跟「也哉」同義。孟子萬章篇：「金聲也者，始條理也；玉振之也者，終條理也。」皆以「也者」疊助前文，而申解者也。

⑤者：和「與」共合而成「者與」，爲表感歎而兼疑問的語氣詞，當白話「吧」字。如：

論語子罕篇：「太宰問於子貢曰：『夫子聖者與？』」「者與」共合，而爲贊歎助詞。先進篇：「

然則從之者與？」憲問篇：「管仲非仁者與？」「者與」共合，而爲疑問助詞。這類「者與」的「者」初看像是對下而有所指的代詞，究其實，乃是跟「與」結合，而成爲表感歎或疑問的複音助詞。不論它是表感歎或疑問，都略帶推測語氣，當白話「吧」字。

⑥者：猶之。用作語助詞，當白話「的」字。如：

論語子路篇：「葉公問政。子曰：『近者說，遠者來。』」兩「者」字，並猶「之」，是形容詞詞尾，當白話「的」字。但不能換用之來代替「者」，大概是因「者」字仍含有提頓語氣。孟子公孫丑篇：「今夫蹶者趨者。」趙注：「今夫行而蹶者。」推想趙注這話，就是「今夫行之蹶者。」（說見周氏國文法。）也就是說：「現在那跌倒的跑的人。」告子篇：「吾大者不能行其道。」猶言「大之不能其道。」「者」亦是形容詞詞尾。盡心篇：「堯舜性之也」下面則言「堯舜性者也。」可證「之」與「者」同義，爲表決定性的語氣助詞。

⑦者：爲總括物量之詞。常在數詞後用「者」，就指代上文總括之事物。如：

論語顏淵篇：「子貢問政。子曰：『足食、足兵、民信之矣。』子貢曰：『必不得已而去，於斯三者何先？』」陽貨篇：「孔子曰：『能行五者於天下，爲仁矣。』請問之？曰：『恭、寬、信、敏、惠。』」孟子告子篇：「魚、我所欲也；熊掌、亦我所欲也。二者不可得兼，舍魚而取熊掌者也。」同篇：「五穀者，種之美者也。」同篇：「五霸者，三王之罪人也。」這類用在數詞後的「者」，卽代替上文或下文總括的事物，當然是指代詞了。這是特有的一種表達法。在白話文，就要把所代替的事物譯出來。否則，也祇好承襲文言「三者」或「五者」的說法了。

⑧者：猶也。常和時間詞結合成爲一個詞的用途。如：

論語里仁篇：「古者言之不出」與顏淵篇：「鄉也吾見於夫子而問知。」是類形相同的敍事句，一用「者」，一用「也」，作用是相同的。又陽貨篇：「古者民有三疾，今也或是之亡也。」「者」和「也」都是附屬在時間詞後，義並相同。同篇：「昔者偃也，吾諸夫子曰。」孟子公孫丑篇：「昔者竊聞之。」同篇：「昔者病，今日愈。」這類句中的「者」和「也」都是跟時間詞結合。「古者」「昔者」等於說「古代」「往日」。「鄉也」「今也」等於說「往時」「今日」。用「者」「也」在時間詞後，合成一個詞的作用，沒有別的意思。衹是可以說它是代替時日的指代詞罷了。

⑨者：猶也。用作設詞，和「邪」同義。當白話「喲」的語氣。如：

論語公冶長篇：「魯無君子者！斯焉取斯？」說苑作「魯無君子也？」這個「者」，是用來表示條件的，帶有疑問和提頓語氣，同時仍有稱代作用，相當於「喲」，是「的話」的語氣。是說「若是魯國沒有許多君子的話，他又從那裏學到這樣的品德呢？」

⑩者：猶焉。爲語末助詞，表感傷語氣，當白話「吧」字。如：

論語憲問篇：「君曰：『告夫三子者！』」「者」猶焉，相當於「吧」，表失望的語氣。是說「你去告訴三大夫吧！」因其時陳恆弒齊君，乃人倫之大變，孔子愼重其事，特請哀公討賊，哀公有「告夫三子」之語。深感哀公君權旁落，不能自作主張，而夫子重述此語，無限傷痛之情，寄寓其中，全靠「夫」「者」虛字傳達。可見語氣詞含義的重要性了。

⑪者：猶然。爲摹擬之語助詞，表類似之義，並表謙抑之容態。當白話「像……似的」或「的樣兒」的

語氣。在形式上雖是語氣詞，而在實際上依舊是代詞，代替「的樣兒」。如：

論語鄉黨篇：「孔子於鄉黨，恂恂如也，似不能言者。」「過位，色勃如也，足躩如也，其言似不足者。」「攝齊升堂，鞠躬如也，屏氣似不息者。」此類語法相同，都是先摹擬容態，然後加以懸斷。下句的「似……者」和上句的「如也」相應。都是形容聲音容態的摹擬詞。這個「者」，和在古文中作詞尾的「然」或「焉」的作用略同。

苟

①苟：猶誠。爲實然之詞，表眞實關係。是果眞的意思。當白話「祇要」二字。如：

論語里仁篇：「苟志於仁矣，無惡也。」子路篇：「苟正其身矣，於從政乎何有？」孟子梁惠王篇：「苟爲義，後世子孫必有王者矣。」「苟」並猶誠，都是果眞之義。公孫丑篇：「苟能充之，足以保四海；苟不充之，不足以事父母。」告子篇：「故苟得其養，無物不長；苟失其養，無物不消。」同篇：「夫苟好善，則四海之內，皆將輕千里而來告之以善；夫苟不好善，則人將曰訑訑，予既已知之矣。」在此類文義相對立的複句中，前後句各用一個「苟」字。前句句首的「苟」，並訓誠，因誠有專一不二之義，故「苟」翻做「祇要」或「祇有」就行了。後句句首的「苟」，是虛設之發端語詞，爲假使之義，當白話「如果」或「要是」的意思。前後兩個苟字的語意，卻不相同。

②苟：猶如。猶若。爲虛構的假設關係詞。和「若、使、令」等字同義。如假若、假使、假令、假如，都是同義詞。和白話如果、要是相當。如：

論語述而篇：「丘也幸，苟有過，人必知之。」「苟」爲或然之詞，是假如之意。顏淵篇：「苟子之不欲，雖賞之不竊。」「苟」爲如果之意，是設詞，和下句的雖字前後呼應。邢疏訓「苟」爲「誠」，未可從。子路篇：「苟有用我者，朞月而已可也，三年有成。」陽貨篇：「苟患失之，無所不至矣。」「苟」並爲設詞，是如果之意。孟子梁惠王篇：「苟爲後義而先利，不奪不饜。」「苟爲」乃假設之詞。舊注或訓「苟」爲「誠」，於文義未洽。同篇：「苟無恆心，放辟邪侈，無不爲已。」滕文公篇：「不行王政云爾，苟行王政，四海之內，皆擧首而望之。」離婁篇：「苟爲不畜，終身不得；苟不志於仁，終身憂辱，以陷於死亡。」萬章篇：「苟善其禮際矣，斯君子受之。」告子篇：「苟爲不熟，不如荑稗。」上列各句中「苟」和「苟爲」，皆是虛設的若或之詞。和白話「假使」「如果」「要是」等語詞相當。這都是偏正複句，先假設，後推論，正義放在後句。

③苟：猶苟且。爲聊且。含有不合禮法、不務實際之意。和白話「隨便」相當。爲僅藉而無所加的粗略之詞。（見說文段註）如：

論語子路篇：「君子於其言，無所苟而已矣。」「苟」爲苟且、隨便之意。同篇：「子謂衞公子荆，善居室。始有，曰：『苟合矣；』少有，曰：『苟完矣；』富有，曰：『苟美矣。』」王氏釋詞，訓「苟」爲「且」，裴氏集釋，訓「苟」爲「誠」，以王氏爲得。因這個苟字，既表聊且隨便之意，同時又在贊美公子荆善居室。以爲他在物質上有不求完美，知足常樂，不爲物累之善行。在表面上雖是苟且粗略，但其心中實無此念，祇是隨寓而安，自覺心滿意足了。孟子告子篇：「所欲有甚於生者，故不爲苟得也。」「苟」爲姑且、暫時之意。同篇：「乃孔子則欲以微罪行，不欲爲苟去。」「苟」爲聊且、粗略之意。焦氏正義：「苟去，猶言徒去，空空而去。」此卽不務實際之意。其時孔子的處境，既不欲顯其君相之過，又不欲無故而苟去，在左右爲難中，見幾明決，用意至深，情味全靠這個「苟」字傳達。

④苟：猶但。猶第。用作轉語詞，相當於「祇要」二字。如：

孟子盡心篇：「好名之人，能讓千乘之國；苟非其人，簞食豆羹見於色。」趙氏訓「苟」爲「誠」，於文義未洽。同篇：「往者不追，來者不拒，苟以是心至，斯受之而已矣。」上兩苟字，並爲轉語詞，猶但。當白話「祇要」二字。

若

「若」本可借作第二人身的稱代詞，和爾汝同義。又和指代事物的「其」跟近有所指的「此」相通用。但以用作比擬連詞爲最普遍。

①若：猶如。「如」和「若」同義互訓，有「如似、如及、假如、譬如、如同」諸義。

㈠「若」爲「如似」之意，是動詞性，用比擬方式代判斷。「若」是準判斷句的準繫詞，是表比擬未定的關係詞，當白話「像」字。如：

論語泰伯篇：「有若無，實若虛。」先進篇：「若由也不得其死然。」「若」和「然」相應。是表比擬未定的關係詞。憲問篇：「若臧武仲之知。」同篇：「豈若匹夫匹婦之爲諒也。」「若」並猶如，「豈若」猶言「不如」或「何如」。微子篇：「齊景公待孔子曰：『若季氏則吾不能。』」孟子梁惠王篇：「王曰：『若是其甚與？』」「若是」猶言如此。同篇：「方命虐民，飲食若流。」公孫丑篇：「無若宋人然。」「夫子若有不豫色然」「木若以美然」這都是語尾用「然」與「若」相應，形成「像……似的」句式，以表比擬未定的關係。又滕文公篇：「古之人，若保赤子。」離婁篇：「若曾子則可謂養志矣。事親若曾子者可也。」這類例句中的「若」字，並為如似之意，都可以換用「如」字，作表比擬相連的關係詞，當白話「像」字，是彷彿、好像之意。

(二)若為「如、及」之意。就是趕得上的意思。這個「若」字，也是用作準判斷句中的準繫詞。如：

論語學而篇：「未若貧而樂（道），富而好禮者也。」「未若」猶言不如或不及，和上文「無友不如己者」的「如」字同義。孟子告子篇：「指不若人，則知惡之；心不若人，則不知惡。此之謂不知類也。」同篇：「雖與之俱學，弗若之矣。」此類「若」字，並和盡心篇：「則不及人」之「及」同義。故「未若」「不若」「弗若」，皆不如或不及之意。

(三)「若」為假如之意。是表假設相連的關係詞。和白話「假如、如果、倘使」等語詞同義。如：

論語述而篇：「若聖與仁，則吾豈敢？」孟子梁惠王篇：「王若隱其無罪而就死地，則牛羊何擇焉？」同篇：「若殺其父兄，係累其子弟，毀其宗廟，遷其重器，如之何其可也？」滕文公篇：「若藥不瞑眩，厥疾不瘳。」此類若字，都是表假設以起下文的關係詞。此類複句，都是以假設小句作前提，下面的後果小句是由上面的假設而引出的。在後果小句之首，常用「則」字，跟上句表假設的關係詞「若」字相關聯，而形成「若……則……」的假設句式。這是一種表假設的偏正複句。

(四)「若」為譬如之意。是表比況相連的關係詞。用它來表平比相連，和「如似」的意思相近而有別。當白話「好像」二字。如：

孟子梁惠王篇：「民望之，若大旱之望雲霓也。」同篇：「誅其君而弔其民，若時雨降。」盡心篇：「及其聞一善言，見一善行，若決江河，沛然莫之能禦也。」同篇：「有爲者，譬若掘井。」「若」和「譬若」同義，「譬若」爲複詞單義語。都是以彼事物比擬此事物的相等級的譬況連詞，也就是以具體事物來說明抽象事理的語法。這個若字，翻做好比、好像皆可。

㈤「若」爲如同之意。「相若」猶相如，表相等、相同的關係，和「如似」之意，相近而實不相同。當白話「一樣」二字。如：

孟子滕文公篇：「布帛長短同，則賈相若；麻縷絲絮輕重同，則賈相若；五穀多寡同，則賈相若；屨大小同，則賈相若。」句中的「同」和「若」，意思相同。「相若」卽相同，是等齊劃一之意。

②若：猶此。爲指示之詞。連言之則曰「若此」。凡言若此者，皆如是之意。當白話像這個、像這種、的語意，爲指示代名詞。如：

論語憲問篇：「君子哉若人！尚德哉若人！」包注：「若人者，此人也。」按若訓此，與其訓此相當，同是指示形容詞。孟子梁惠王篇：「以若所爲，求若所欲。」兩「若」字，皆「若此」之省文。孫疏與焦氏正義，皆訓如此。言「以如此所爲，求如此所欲。」「若」是近有所指的指代詞。惟趙氏訓若爲順，於文義未洽。「若」既訓爲此，有時和繫詞「是」結合成「若是」，也是如此的意思。同篇：「其若是孰能禦之？」同篇：「若是其大乎？」公孫丑篇：「曰：『若是，則夫子過孟賁遠矣！』」滕文公篇：「有爲者，亦若是。」離婁篇：「其設心以爲不若是，不足與有爲也。」「若是」猶言如此，皆爲表事理之當然的決定語詞。

③若：爲順善之詞，卽隨順之義。表安和之情態。如：

孟子萬章篇引尙書大禹謨之文曰：「祇載見瞽瞍，夔夔齊慄，瞽瞍亦允若。」朱注：「允、信也。若、順也。」「順」卽順從善道之意。按「若」本可假借爲「如」「然」等語詞，若是把這個「若」，看做「允」的詞尾，相當於「如」或「然」，似乎也是可以的。

④若：猶則。猶其。表示推測關係。並含有指示兼期望之意。當白話這好像、這大概的語氣。如：

孟子公孫丑篇：「伯夷伊尹於孔子，若是班乎？」「若是班乎」，是說「豈不像是同等嗎？」告子篇：「若是乎賢者之無益於國也！」盡心篇：「若是乎從者之廋也。」這兩句語法相同，「若是」下加疑問助詞「乎」，連成「若是乎」表推測語氣更顯明，並帶有懷疑驚訝的意味。

⑤若：猶當，爲該當之詞，意思和「宜」字「近」字類似。如：

孟子盡心篇：「滕更之在門也，若在所禮，而不答，何也？」「若」是該當的意思。當白話「似乎應該」的語氣。是說「滕更在夫子門下，似乎應該以師弟之禮待他，可是夫子卻不回答他的問題，這是甚麼緣因呢？」

⑥豈若：猶言何如。爲商較之關係詞，以表兩者選擇其一的意思。如：

論語微子篇：「且而與從辟人之士也，豈若從辟世之士哉！」孟子萬章篇：「與我處畎畝之中，由是以樂堯舜之道，吾豈若使是君爲堯舜之君哉！吾豈若使是民爲堯舜之民哉！吾豈若於我身親見之哉！」「豈若」猶何如。和上句的「與其」相應，爲權衡輕重、商榷比較的關係詞。

⑦若：猶乃。「若乃、乃若」連用，意思不變，都是因上起下之轉語詞。作用與「然」同，但不能換用

然字。當白話「那麼」或「不過」語氣。如：

孟子公孫丑篇：「今言王若易然，則文王不足法與？」「若」爲轉語詞，猶乃，當白話卻字。是說「你把王天下卻說得那麼容易，難道文王也不值得效法嗎？」離婁篇：「是故君子有終身之憂，無一朝之患也。乃若所憂，則有之。」「乃若」爲轉語詞，和「至於」的作用相當。告子篇：「乃若其情，則可以爲善矣，乃所謂善也。」趙注：「若、順也。能順其情使之善者，眞所謂善也。」此說未允。朱注「乃若，發語詞。」這「乃若」二字，應作增進文義之轉語詞爲得。

⑧若：猶夫。猶至。若夫、若至，爲同義語，並爲相及而殊上事之關係詞。卽說了一事，別提一事時用之。有提示與轉語的雙重作用。如：

孟子梁惠王篇：「無恆產而有恆心者，惟士爲能。若民則無恆產，因無恆心。」同篇：「君子創業垂統，爲可繼也；若夫成功，則天也。」公孫丑篇：「當在薛也，予有戒心，辭曰：『聞戒，故爲兵餽之，』予何爲不受？若於齊，則未有處也；無處，而餽之，是貨之也；焉有君子而可以貨取乎？」滕文公篇：「此其大略也，若夫潤澤之，則在君與子矣。」離婁篇：「此所謂養口體者也。若曾子，則可謂養志也。」同篇：「若夫君子所患，則亡矣。」「亡」通無。告子篇：「若夫爲不善，非才之罪也。」盡心篇：「待文王而後興者，凡民也。若夫豪傑之士，雖無文王猶興。」上列各句中的「若」和「若夫」，義並相同。跟至於、至若、至乎、及夫等語詞的功用相同。與「但、然、而、乃」等字相似而不相同，因爲它們祇表承轉關係，並無提示作用。

⑨若：猶如。猶奈。凡言若何、若之何者，皆與如何、如之何，奈何、奈之何同義。此類表疑問的關係

詞，是用來詢問動作之情況，並含有深思熟慮，安排措置，煞費苦心，以求解決之意，茲不多贅。

迨

①迨：猶及。猶趁。與「逮」同義。用做連接時間補詞的關係詞。如：

孟子公孫丑篇引詩邠風鴟鴞之詩云：「迨天之未陰雨，徹彼桑土，綢繆牖戶。」「迨」爲介繫時間的關係詞，以表動作之時機。是在說明某事在某時發生，要在事前及時作個準備，以表承上而下的語氣。

胥

①胥：猶須。爲等待之意。如：

孟子萬章篇：「帝將胥天下而遷之焉。」趙注：「胥，須也。」胥，須古通用。「須」就是等待。言堯帝等待天下悉治，將遷位而禪之。朱注：「胥，相視也。」焦氏正義：「胥天下，卽輔天下。」三說以趙氏爲得。

②胥：猶相。有交相、相視二義。如：

孟子梁惠王篇：「睊睊胥讒，民乃作慝。」趙注：「胥，相也。」「相」爲交相、互相之意。「胥讒」卽臣子們彼此互相毀謗。同篇引詩大雅公劉之詩云：「爰及姜女，聿來胥宇。」「胥」猶相，讀（ㄒㄧㄤˋ），爲省視之意。「胥宇」卽察看居住的房屋。

十畫

俱

①俱：猶皆。「俱」「皆」同義互訓。爲皆、全之義。當白話「都」或「都是」。如：

論語憲問篇：「羿善射，奡盪舟，俱不得其死然。」孟子盡心篇：「父母俱存，兄弟無故。」「俱」與「皆」「全」，義並相同，作「都」或「都是」講。

②俱：猶同。亦皆詞。爲共同之義。當白話「同」字。如：

孟子告子篇：「雖與之俱學，弗若之矣。」「俱學」謂同在一師門學習。這個「俱」字，不論訓皆訓同，都是表範圍的限制詞。

乘

①乘：讀（ㄕㄥˋ）。猶及。「乘時」猶及時。表時機不可放過。當白話「趁」字。如：

孟子公孫丑篇：「雖有智慧，不如乘勢；雖有鎡基，不如待時。」「乘勢」與「待時」，意趣相同，都是及時掌握時機的意思。

徒

①徒：猶空。無所憑藉叫徒。相當於「白白地」，「空空地」。如：

論語先進篇：「吾不徒行以爲之槨，以吾從大夫之後，不可徒行也。」「徒行」即無車代步，空自步行之意。陽貨篇：「夫召我者，而豈徒哉？」「徒」猶空，卽徒然之義。相當於「空空地」。孟子告子篇：「徒取諸彼以與此。」「徒取」猶言空取，卽光取、白取之意。這類「徒」字，位於動詞前，用它來修飾動詞，是個表動態性的限制詞。

②徒：猶但。與「僅、特、獨、唯」等字同義。是表示範圍的一部分。當白話「祇」（只、止）。或「祇是」。大都用在中心詞前，拿它來修飾謂語裏的動詞。如：

孟子公孫丑篇：「非徒無益，而又害之。」同篇：「今之君子，豈徒順之，又從而爲之辭。」同篇：「王如用予，則豈徒齊民安？天下之民擧安。」「非徒」和「豈徒」，猶言不但、不僅、不獨。此類複句，前句用「非徒」或「豈徒」，後句用「又」或「而又」及「擧」相應，在文義布署方面，是前輕後重，一步緊一步的句法。離婁篇：「徒善不足以爲政，徒法不能以自行」裏的「徒善」猶言祇有善心，「徒法」猶言祇有良法。這兩個「徒」字，劉氏辨略訓「空」，卻不及訓「但」爲得。因「但」能訓祇有，而「空」則無祇有之義。同篇：「子之從於子敖來，徒餔啜也。」「徒」猶但，謂「但求飲食而已。」或說做「祇是貪圖吃喝罷了。」

時

①時：猶是。與「此」同義。一爲指示詞，作「這個」講。一爲承接詞，是因此之意，相當於「於是纔」

的語氣。如：

孟子梁惠王篇引尙書湯誓之文曰：「時日害喪？予及女偕亡。」朱注：「時、是也，日、指夏桀。」是說「這個太陽甚麼時候纔滅亡呢？我們情願跟你一同滅亡。」同篇引周頌我將之詩曰：「畏天之威，于時保之」「于時」猶於是，和因此同義，是表因果關係的連詞。是說「能夠敬畏天理的威嚴，於是纔可以保守住天命。」此兩句例，前者的「時」字爲指示詞，後者的「時」字是承接詞。

②時：猶常。時時猶常常。時常連言，爲同義複語。如：

論語學而篇：「學而時習之」「時」猶常。「時習」猶言時常溫習，是個表時間的限制詞。

③時：猶伺。意思是暗中等候著，作「窺探」講。按說文段注引「廣雅：『時，伺也』此爲引伸之義。」如：

論語陽貨篇：「孔子時其亡也，而往拜之。」「時」爲窺探、伺候之義。是說「孔子探伺陽貨不在家時，前去回拜他。」

④時：猶當（ㄉㄤˋ）。爲適合時宜之意。如：

論語鄕黨篇：「不時不食。」鄭注：「不時，非朝夕日中時。」意謂食必有定時，不在朝夕日中該當吃飯時就不吃。憲問篇：「夫子時然後言。」謂言必適時，卽該當說話時纔說。孟子梁惠王篇：「斧斤以時入山林。」萬章篇：「孔子聖之時者也。」盡心篇：「有如時雨之化者。」「時」卽時宜，並是適當、合宜的意思。

奚

①奚：猶何。爲疑問代名詞。可指代所疑的事、物或處所等，與「胡、曷」等字同義。都可以「何」代之。如：

論語爲政篇：「子奚不爲政？」「奚」猶何。翻怎麼或爲甚麼均可。八佾篇：「奚取於三家之堂？」「奚」猶何，亦可翻做爲甚麼。同篇：「子路宿於石門，晨門曰：『奚自？』」「奚」翻作那裏或何處均可，不能翻成怎麼或爲甚麼。先進篇：「子曰：由之瑟，奚爲於丘之門？」「奚爲」一定翻作爲甚麼。凡言奚爲者放此。孟子梁惠王篇：「奚暇治禮義哉？」「奚」翻作那裏，不能翻成怎麼或爲甚麼。滕文公篇：「孔子奚取焉？」「奚」可翻作爲甚麼或那一點。萬章篇：「事道，奚獵較也？」「奚」猶奚爲，可翻作爲甚麼。此類奚字，並爲疑問詞，一定用在疑問句裏。此類疑問句，多取反詰形式，譯成白話，用「何」字卽可。若是要通俗些，則有不同的譯語，如上所說。

振

①振：猶收。爲收束、停止之義。如：

孟子萬章篇：「金聲而玉振之也。」「振」爲收止、停息之義。是說「奏樂是先用鐘聲來開始，最後要用磬聲來收束的啊。」按「振」原爲始作之義。爾雅：「振，古也。」「振」爲久古，猶從、猶自。故「振古」得爲自古。創始爲作，此欲溯其由來，故謂之振古。言自有天地以來也。（說見劉氏辨略）

「振」既得爲創始之義，反其訓，則爲收束之義。此乃訓詁學上相反相成之理。也就是一字兼有相反對的兩義。

泰

①泰：猶甚。古作太，與大字通。大之極曰泰，爲過甚之詞，相當於太過。都是表程度的限制詞。如：論語子罕篇：「拜下，禮也；今拜乎上，泰也。」「泰」，爲驕慢奢侈，卽過甚之義。孟子滕文公篇：「不以泰乎？」「以」通已，訓太。「泰」訓甚。「以泰」卽太甚之義。

盍

①盍：猶何不。「盍」卽何不之合聲。「盍」爲蓋的本字，爲表反詰的疑問詞。如：論語公冶長篇：「盍各言爾志？」顏淵篇：「盍徹乎？」「盍」並訓何不。爲疑問反詰詞。孟子梁惠王篇：「蓋亦反其本矣！」焦氏正義：「蓋與盍古通。」按同章下文有「則盍反其本矣」一語，可證「蓋」爲「盍」之借字。朱注謂「蓋如字，發語詞。」似不及焦氏之訓爲貼切。公孫丑篇：「子盍爲我言之？」離婁篇：「子思居於衞，有齊寇。或曰：盍去諸？」盡心篇：「盍歸乎來？」「盍」並作「何不」解，都是「怎麽不」的意思。

益

①益：猶更。猶愈。爲表程度的限制詞。是加甚之意。如：

論語先進篇：「季氏富於周公，而求也爲之聚斂，而附益之。」「益」猶愈。作更加講。謂季氏既已富有，而冉求又使之更富。孟子公孫丑篇：「如水益深，如火益熱。」「益深」「益熱」猶言愈深、愈熱。說做更深、更熱，意思也是一樣。

②益：猶增。爲增加之義。如：

論語雍也篇：「子曰：『與之釜。』請益。曰：『與之庾。』」孟子滕文公篇：「又稱貸而益之。」「益」並增加之義。告子篇：「子以爲有王者作，則魯在所損乎？在所益乎？」損益對舉，則益爲增加之義，更爲明顯。同篇：「所以動心忍性，曾益其所不能。」「曾」同增。「曾益」爲同義複語。此類益字，並爲外動詞，表量的增加，和加甚之義不同。

素

①素：猶空。猶徒。爲修飾動詞的限制詞。和口語「白白地」相當。如：

孟子盡心篇引詩魏風伐檀之詩云：「不素餐兮。」趙注：「無功而食祿謂之素餐。」「素餐」即白吃的意思。

能

①能：猶克。「能」與「克」互訓，並作能夠講。如：

孟子梁惠王篇：「或曰：世守也，非身之所能爲也。」「能爲」是能夠做到的意思。公孫丑篇：「自生民以來，未有能濟者也。」「能」即能夠。是說「從有人類到現在，沒有人能夠成功的。」

②能：猶寧。「能」和「寧」，聲近義通。「寧」與「豈」又可通用。爲商榷之詞，並表反詰語氣。如：

論語子罕篇：「法語之言，能無從乎？改之爲貴；巽語之言，能無說乎？繹之爲貴。」「能無」猶言寧無。「寧」猶豈，當白話難道的語氣。「能無」和「可無」「得無」等詞同義。均爲表反詰而帶商量的語氣詞。

③能：猶而。能與而，古聲相近，義亦相通（說見唐韻正）。亦作能夠解。（參閱「而」猶「能」條）。如：

論語顏淵篇：「舉直錯諸枉，能使枉者直。」「能」猶而，謂「舉用正直之人，置於枉者之上，而能使邪枉者皆化爲正直。」憲問篇：「愛之能勿勞乎？忠焉能勿誨乎？」朱注並訓能爲而。鹽鐵論作「忠焉能勿誨乎？愛之而勿勞乎？」在詞義相對的偶句中，上句用「能」，下句用「而」，「而」就是「能」（說見俞樾古書疑義舉例，上下文變換虛字條。）不過這個「能」字，並帶寧能、豈能的商榷語氣，似不能以「而」代之。

④能：猶可。能與可互訓，是能願詞，均作能夠解（參閱「可」猶「能」條。）如：

論語泰伯篇：「蕩蕩乎！民無能名焉。」「無能」猶言不可，意思就是不能夠。陽貨篇：「吾豈匏瓜也哉！焉能繫而不食？」「焉能」猶言何可。意思就是那裏可以。孟子梁惠王篇：「是謀也，非吾所能及也。」「能及」猶言可及，就是可能達到的意思。這個能字，都用在動詞前表修飾作用。

⑤能：猶敢。卽膽敢之義。是個表情態的限制詞。如：

論語公冶長篇：「吾斯之未能信。」「未能信」猶言未敢自信。孟子梁惠王篇：「寡人非能好先王之樂也。」「非能好」猶言未敢愛好。

⑥能：猶及。是來得及，趕得上的意思。如：

論語公冶長篇：「子路有聞，未之能行，唯恐有聞。」「未之能行」猶言「未之及行」。意思是說「還未來得及做」。上句「有聞」之「有」猶「已」。下句「有聞」之「有」通「又」。子張篇：「吾友張也，爲難能也。」同篇：「孟莊子之孝也，其他可能也，其不改父之臣與父之政，是難能也。」「能」並訓及。前言「爲難能也」，後言「是難能也」。並爲同義決定語。意思是說「總是別人難趕得上的。「可能」就是可以趕得上，「難能」就是不容易趕得上。

⑦能：猶得。「不能」猶言不得。爲決定語詞。如：

孟子滕文公篇：「仲子惡能廉？」「惡能廉」猶言「何得廉」。謂仲子不得稱做廉士。這個「能」字，和論語「焉得儉」，「焉得仁」，「焉得知」裏的「得」字同義，亦是「能夠」之意。

⑧能：猶足。「能」與足互訓，是足夠之意（參閱「足」猶「能」條。）如：

論語憲問篇：「吾力猶能肆諸市朝。」是說：「我還有足夠力量把公伯寮殺掉，陳屍於市朝。」子張篇：「焉能爲有？焉能爲亡？」「焉能」猶言何足。是說：「何足爲有？何足爲無？」言世間有無此人，亦不足爲輕重。孟子離婁篇：「徒善不足以爲政，徒法不能以自行。」「足」與「能」變文同義。萬章篇：「不能五十里，不達於天子。」「不能」猶言不足。言土地不足五十里，不能直達於天子。

玆

①玆：猶此，爲近有所指的稱代詞，與「斯」同義。當白話這、這個、或這裏。按顧炎武日知錄說：「爾雅云：『玆、斯、此也。』今考尚書多言玆，論語多言斯，大學以後之書多言此。……論語之言斯者七十而不言此，檀弓之言斯者五十三，言此者一而已矣。大學成於曾子之門人，而一卷之中，言此者十有九。語音輕重之間，而世代之別，從可知矣。」從時間上看，可見玆、此二字，也是古今字了。如：

論語子罕篇：「文王旣沒，文不在玆乎？」「玆」訓此，近指孔子自身。孟子公孫丑篇：「士則玆不悅。」「玆」訓此，指代事理，意思是「這方面。」萬章篇：「惟玆臣庶，女其于予治。」「玆」訓此，指代臣民，當白話「這些」。

②玆：猶益。按「玆」之分別字爲「滋」，是增加之意。如：

孟子盡心篇：「士憎玆多口。」趙注：「離於凡人而爲士者，亦益多口。」依此訓，趙氏以「憎」爲「增」之借字，故以「益」釋之。「增玆」當爲「益多」或「更加」之義。按焦氏正義：「此讀玆爲滋，謂憎惡以辨謗，故益多口。」與趙注不同，義各有當，故並存之。

③玆：猶今。「今玆」爲同義複詞。是個連絡時間補詞的關係詞。如：

孟子滕文公篇：「什一，去關市之征，今玆未能。」「今玆」表時間的現在。爲下面的時間補詞「未能」作連絡關係詞。

豈

曾國藩求闕齋讀書錄云：「凡言豈者，皆庶希之詞，亦重難之詞也。明知其近於此矣，然審重而未深信則曰豈。周漢人文字曰豈者，往往然也。」這已說明了「豈」在古文中的內在含義了。

①豈：猶安。與「焉」、「惡」義近，並爲何義。同時又是表無疑的反詰詞。此爲論孟中之常語，當白話「那裏」「難道」「祇是」等語氣。如：

孟子梁惠王篇：「雖有臺池鳥獸，豈能獨樂哉！」「豈能」猶言何能，和起句表容認關係的詞「雖有」相應。「豈能」譯成「怎能」或「那裏能」皆可。同篇：「豈有他哉！避水火也。」公孫丑篇：「舍豈能爲必勝哉，能無懼而已矣。」滕文公篇：「陽貨先，豈得不見！」萬章篇：「以士之招招庶人，庶人豈敢往哉！」「豈」並爲何義，均可用「安、焉、惡」等代替，句末經常用「哉」字，有時用「乎、與、也」等字，來表反詰語氣。

②豈：猶何、猶孰。「豈若」猶言何若、孰若。「豈」的語意是「怎麼」或「那裏」。如：

論語述而篇：「若聖與仁，則吾豈敢？」「豈敢」猶言何敢，意思就是「怎敢」或「怎麼敢」。憲問篇：「微管仲，吾其被髮左衽矣！豈若匹夫匹婦之爲諒也，自經於溝瀆，而莫之知也！」「豈若」猶言「何如」「孰若」，意思就是「那裏如」，用以比較兩事之輕重。微子篇：「且而與其從辟人之士也，豈若從辟世之士哉！」「豈若」亦是「那裏如」之意。與上句的「與其」相應。亦是表示兩者比較，讓人抉擇其一的關係詞。孟子萬章篇：「湯三使往聘之，既而幡然改曰：「與我處畎畝之中，由是以樂堯舜之道，吾豈若使是君爲堯舜之君哉！吾豈若使是民爲堯舜之民哉！吾豈若於我身親見之哉！』」這複句前面的「與我」，是「與其我」之省文。句首以「與我」發其端，下面連用三個「吾豈若」，與之前後照顧呼應。亦是比較相連，筆勢急轉直下，文義一層逼緊一層，句句落實，跌宕多姿。這幾句文字的精神氣魄，全盤寄託在「與其」和「豈若」的聯絡關係詞上。可見虛詞在文章中的功能，是何等重要。

③豈：猶非。「非」又訓不。通常用在複句的領起小句裏，表示下文還有較深一層的意思。如：

孟子公孫丑篇：「王如用予，則豈徒齊民安，天下之民舉安。」「豈徒」猶言不但。下句用「舉」字和它相應，以表語意之增進。同篇：「今之君子，豈徒順之，又從而爲之辭。」這個複句，前用「豈徒」，後用「又……而」相應，使文義遞進一層。告子篇：「飲食之人，無有失也，則口腹豈適爲尺寸之膚哉！」「豈適」猶不但。意思是說「飲食不衹是爲了保養尺寸之皮膚而已，此外還有高貴的心志呢。」盡心篇：「豈惟口腹有饑渴之害，人心亦皆有害。」「豈惟」猶言不但，下句用「亦皆」相應，以增進文義。此類「豈」字，並訓「非」，又得轉訓爲「不」。「豈徒」猶言非但、不但。「豈惟」猶言非獨、不獨。都是表反詰性的關係詞。凡是用「豈徒」或「豈惟」領起的複句，下句文義必是遞進的，構成不但這樣，而且那樣的句式。這是語文裏習見的熟語。

④豈：表語意之未定。同時亦是表推度而兼反詰的語氣詞。當白話「難道是」的語氣。如：

論語憲問篇：「子曰：其然！豈其然乎！」陽貨篇：「吾豈匏瓜也哉！焉能繫而不食！」兩「豈」字，並與「寧」字義近，雖是未定之詞，實含有定之意。孟子梁惠王篇：「王之諸臣，皆足以供之，而王豈爲是哉？」公孫丑篇：「齊人無以仁義與王言者，豈以仁義爲不美也！」同篇：「予豈若是小丈夫然哉！」同篇：「夫豈不義，而曾子言之，是或一道也。」萬章篇：「事之云乎？豈曰友之云乎？」告子篇：「激而行之，可使在山。是豈水之性哉！」同篇：「豈愛身不若桐梓哉！勿思甚也！」盡心篇：「上下與天地同流，豈曰小補之哉！」在這一系列文句中的「豈」字，並與「寧」字義近。都是表語意未定之詞，也都帶有商權意味，和推測而兼反詰語氣。

⑤豈：猶其。「豈」「其」義本相通。並表疑問而兼推度語氣。如：

論語子張篇：「陳子禽謂子貢曰：『子爲恭也，仲尼豈賢於子乎？』」孟子公孫丑篇：「則吾進退，豈不綽綽然有餘裕哉！」滕文公篇：「文王我師也，周公豈欺我哉！」同篇：「墨之治喪也，以薄爲其道也，夷子思以易天下，豈以爲非是而不貴也？」離婁篇：「恭儉豈可以聲音笑貌爲哉？」「豈」並猶其。同爲疑而有定之詞，兼表推測和反詰語氣，和白話「那裏」、「難道是」或「怎麼會」等語氣相當。

⑥豈：猶寧。表商榷語氣，爲願欲而未定之詞。如：

孟子公孫丑篇：「有若曰：豈惟民哉！」同篇：「矢人豈不仁於函人哉！」同篇：「不遇故去，豈予所欲哉……予雖然，豈舍王哉！」滕文公篇：「堯舜之治天下，豈無所用其心哉！亦不用於耕耳。」同篇：「予豈好辯哉！予不得已也。」離婁篇：「夫章子，豈不欲有夫妻子母之屬哉！」告子篇：「豈謂一鈎金與一輿羽之謂哉！」此類豈字，並與寧字義近。尤其在比較兩事，選擇其一的句裏，「豈」表寧願之意，最爲顯明。並帶有商榷和反詰語氣。和白話「那裏」或「難道」相當。

⑦豈：猶尙。當白話「還」字。如：

孟子滕文公篇：「巨屨小屨同賈，人豈爲之哉！」「豈」猶尙。當白話「還」字，表「仍然」「依舊」之意。

十一畫

偕

①偕：與皆同。「皆」爲俱詞，故「偕」亦得爲俱詞。爲表範圍的限制詞，是全體之意。讀（ㄒㄧㄝˊ）。如：「孟子梁惠王篇：「古之人與民偕樂，故能樂也。」「偕」猶俱，爲共同、偕同之意。公孫丑篇：「故由由然與之偕，而不自失焉。」「偕」猶俱，爲相與並處共同爲事之意。這兩個「偕」，是「在一起」的意思，不作「都是」講。（參閱「皆」與「偕」條）

從

①從：用作指代詞，讀（ㄗㄨㄥˋ）。爲隨從者之稱。如：論語八佾篇：「從者見之。」邢疏訓「從」爲「隨」。意思就是隨行者。公冶長篇：「從我者，其由與？」先進篇：「從我於陳蔡者，皆不及門也。」同篇：「從者曰：『子慟矣！』」衞靈公篇：「從者病，莫能興。」孟子滕文公篇：「後車數十乘，從者數百人。」上列諸「從」字，並讀爲縱，都是指代隨員或僕從之稱。

②從：通縱。作放任講。如：

論語爲政篇：「七十而從心所欲，不踰矩。」皇疏：「從，放也。」正平、南宗本，「從心」之「從」，皆作「縱」。爲放任之義。謂孔子到七十歲，已達大化自然之境，不勉而中，雖縱其心之所欲，皆在規矩之中。朱注：「從、如字。從，隨也。隨其心之所欲，而自不過於法度，安而行之，不勉而中也。」依朱注，訓從爲隨，隨心所欲而不踰矩，卽從（ㄘㄨㄥ）容中道之義。說亦精審可從。八佾篇：「從之，純如也。」「從」通縱。爲放縱、發揚之義。孟子離婁篇：「從耳目之欲，以爲父母辱。」「從」卽放縱，是任意胡作非爲之意。

③從：猶自。猶由。「自、由、從」三字，同義互訓，都是表動作之起點，爲表所從之介繫詞。和白話「從、自、由、自從、打從、依從」的意思一樣。如：

孟子公孫丑篇：「人皆以爲賤，故從而征之。征商，自此賤丈夫始矣。」句中的「從」與「自」，並和「由」同義。是說：「人們都認爲這種專利的行爲卑賤，所以由此就征收他的貨物稅。徵收商人的稅，就從這個卑賤的男子開始。」滕文公篇：「從許子之道，則市賈不貳。」「從」爲依從之義。是說「如果依着許子之道去做，那麼，就能使市場上的商品不二價了。」離婁篇：「施施從外來。」「從外來」就是自外來、由外來、或打從外來之意。告子篇：「從其白於外也」「從」猶由，和下文「非由內也」裏的「由」字，變文同義。

得

①得：猶能。「得」和「能」，同義互訓。當白話「能夠」二字。（參閱「能」猶「得」條）如：

論語八佾篇：「焉得儉？」里仁篇：「焉得知？」「焉得」猶言何能。當白話「怎能夠」。述而篇：「聖人吾不得而見之矣。得見君子者，斯可矣。」「得」就是能夠，「不得」就是不能夠。孟子公孫丑篇：「惡得有其一，以慢其二哉！」滕文公篇：「陽貨先，豈得不見？」離婁篇：「薄乎云爾！惡得無罪？」「惡得」與「豈得」，並猶何能，都是「怎能夠」的意思。告子篇：「季子不得之鄒，儲子得之平陸。」「得」就是能，「不得」就是不能。

②得：猶可。「無得」猶言不可，是表否定的限制詞。如：

論語子張篇：「仲尼、日月也，無得而踰焉。」孟子滕文公篇：「是焉得爲大丈夫乎？」這裏的「無得」猶言不可，「焉得」猶言何可。「不可」與「何可」都是表否定的副詞。「可」和「能」，義近而有別，如「可不可」和「能不能」，語意是不盡相同的。

③得：猶豈。和白話「怎能」相當，表推測語氣。如：

論語顏淵篇：「爲之難，言之得無訒乎？」「得無」猶言豈不。意思是「怎能不」。表推想其或然如此，爲疑而有定之詞。

庶

①庶：猶幾。與「庶幾」同義。作希望講。廣韻：「庶，冀也，幸也，庶幾也。」「庶」爲近詞，表差不多的語氣。如：

論語先進篇：「子曰：回也其庶乎！屢空。」「庶」爲近詞，言顏回差不多近於道了。孟子梁惠王篇：「王之好樂甚，則齊國其庶幾乎！」「其」猶殆，爲測度詞。「庶」爲近詞，言齊國殆近於治。是說：「王愛好音樂，如果很厲害，齊國大概也就可以治平了。」按「庶」與「庶幾」同義，都是表推測並略帶盼望之意。

②庶幾：爲冀幸之詞，卽希冀、祈求之意。相當於大概、也許等語氣。如：

孟子梁惠王篇：「吾王庶幾無疾病與！何以能鼓樂也！」「庶幾」爲冀幸之詞，是想必、大概等語氣。是說：「我們的君王，想必沒有病吧，不然的話，怎麼能鼓樂呢！」公孫丑篇：「王庶幾改之，予日望之。」「庶幾」亦冀幸之詞。是說：「齊王也許能改悔的，這是我天天盼望着的。」這兩個「庶幾」衹有希求、冀望之意，而非近詞，不能譯做差不多。

孰

「孰」和「誰」，並爲疑問指稱詞。一般都是用來指人的，但用法卻不完全相同。「誰」可用在名詞前，「孰」大都用在名詞後，「誰」又可單獨做謂語，「孰」卻不能。「誰」衹能指人，但「孰」除指人外，還可指事物。無論指人或指事物，而它仍不失爲主語。（參閱「誰」猶「孰」條）

①孰：猶何。猶誰。爾雅：「疇、孰、誰也。」「孰」與「誰」，聲同義轉，「誰」訓何，「孰」亦得訓何，同爲疑問代詞。用它代人與「誰」同，當白話「那一個」，代物與「何」同，當白話「那一種」的意思。在文言疑問代詞中，以「孰」、「何」兩個詞應用較爲廣泛，因爲詢問事物的疑代詞，如「何、奚、安、焉」等，以用何的地方最多。詢問人的疑代詞，如「孰、誰」等，衹有「孰」可

以兼指事物。「孰」可做主語或賓語，卻以做主語爲常。「何」可做賓語及修飾或限制名詞的定語，但以做謂語較多。如：

論語八佾篇：「孰謂鄹人之子知禮乎？」「孰」指代不知誰何的人，是「那個」或「甚麼人」的意思。同篇：「管氏而知禮，孰不知禮？」「孰」指代不知誰何的多數人。這兩個「孰」字，並做反問句的主語，是純從反面來詢問的。「孰」在這裏是指人，跟「誰」的用法完全相同，並可用「誰」代之。公冶長篇：「子謂子貢曰：『女與回也孰愈？』」「孰」字用在複式主語後，爲比較兩人高下的關係詞。亦是誰何的意思。相當於「那一個」。下面的謂語是形容詞。同篇：「孰謂微生高直？」「孰」爲泛指不知誰何的人，是反問語，意思就是微生高不直。雍也篇：「哀公問弟子孰爲好學？」「孰」爲選擇性的反問主語，但必須放在名詞後，在正面以表抉擇的詢問，指代人，當「那一個」，是表示多數人選擇其一的疑代詞。述而篇：「君而知禮，孰不知禮？」「孰」是詢問句的主語，泛指君以外不知誰何的多數人。與「誰」通用。先進篇：「子貢問：『師與商也孰賢？』」「孰」亦是比較兩人高下的關係詞，指代兩人作平面對比的，謂語也是形容詞。同篇：「赤也爲之小，孰能爲之大？」「孰」亦是泛指赤以外不知誰何的多數人，相當於「那一個。」孟子梁惠王篇：「孰能一之。」「孰能禦之？」公孫丑篇：「孰可以伐之？」「孰可以殺之」裏的「孰」，都是從正面詢問，泛指任何人，並訓誰何，都可用「誰」來代替，卻不能用「何」來代替。因爲「誰」就是「何人」，或「那個人」。「孰」不僅可以指人，且可以指代事物。指代事物的疑問詞「孰」，祇能譯做「何」，不能譯做「誰」，因「何人」纔是「誰」，「何物」不是「誰」。至於指代事物的「孰」。如論語八佾篇：「是可忍也，孰不可忍也？」「孰」訓何，猶言「何者」。指代疑問之事物。相當於「甚麼」或「那件事」。子張篇：「君子之道，孰先傳焉？孰後倦焉？」「孰」指事理，猶言「何者」。相當於「那些」「那樣」或「那一件」。孟子梁惠王篇：「曰：『獨樂樂，與人樂樂，孰樂？』」「孰」訓何，相當於「那一種」。亦是比較兩事之輕重得失，使人抉擇其一的關係詞。是說這兩種快樂，是那一種快樂呢？離婁篇：「事，孰爲大？事親爲大；守，孰爲大？守身爲大。」「孰」並是指事之詞。一指事奉之事，一指守身之事，相當於「那件」。都放在名詞後，仍不失主語地位。告子篇：「禮與食孰重？」盡心篇：「膾炙與羊棗孰美？」兩孰字，並是用在聯合結構的複名詞後，表示兩者對比來問的，都帶有比較意味。下面的謂語都是形容詞。這指代事物的「孰」，祇作「何」解，不能解作「誰」。當白話「那樣」。指事的當「那一件事」，指物的當「那一個東西。」都是用它作表示二者或二者以上的人或事物中抉擇其一的關係詞。

②孰：猶曷。作何解。通常和介詞「與」連成「孰與」，成爲兩相比較句中的關係詞。「孰與」猶「孰若」，與「曷若」或「何如」同義。如：

論語顏淵篇：「百姓足，君孰與不足？百姓不足，君孰與足？」「孰」猶何，「與」猶如，「孰與」猶言「何如」。相當於「怎麼」。是說「百姓富足了，君怎麼會不富足呢？如果百姓不富足，君怎麼會富足呢？」在文言裏，通常把「孰」字分置在上下句裏，形成疑問性的比較句式，把形容詞放在後面。

（參閱前項例句。）

唯（惟、維）

按說文：「唯，諾也。」段注：「玉藻：父命呼，唯而不諾。」「惟，凡思也。」段注：「凡思，謂浮泛之思。」「維，車蓋繫也。」段注：「引申之，凡相繫者曰維」這三個字的分別觀，於此可見一斑。後世一般的用法，因仍此義未變。又說文惟下段注云：『凡經傳多用爲發語之詞。毛詩皆作維，論語皆作唯，古文尚書多作惟，今文尚書多作維。』」這是說明用作發語詞，唯、惟、維三字，是自古相通的。又正字通云：「書助詞皆用惟，詩助詞多用維，魯論、左傳多用唯。」其說與段注略同。依據現行的論孟來說，凡論語用唯之處，而孟子則多用惟字。這已說明了語詞之運用，亦隨時代而有轉變的。

①惟：猶其。爲、惟一聲之轉，爲可訓其，故惟亦得訓其。用作指代詞而兼推設語氣。表大概、如果、設或之意。字或作雖。如：

孟子告子篇：「至於日至之時，皆熟矣；雖有不同，則地有肥磽，雨露之養，人事之不齊也。」「雖有不同」，趙注：「其有不同。」是趙氏訓「雖」爲「其」。按此「雖」不能直接訓其，因「雖」爲「惟」之借字，故得訓其。這「其有不同」，猶言「所有不同」。這「雖」字，無論訓「其」或「所」，都是指代而兼推設的語氣詞。表若或、如果、那些等語氣。「雖有不同」可翻成「如果有那些不同。」

同篇：「出入無時，莫知其鄉，惟心之謂與！」「惟」猶其，亦是指代而兼推設的語氣詞。相當於大概二字。「惟心之謂與！」是說「這大概就是指心性說的吧！」（參閱「爲」猶「其」條。）

②惟：通爲。有作爲、因爲二義。如：

孟子萬章篇引詩大雅下武之詩云：「永言孝思，孝思惟則。」趙注：「周武王所以常言孝道，欲以爲天下法則。」趙氏明訓「惟」作「以爲」，是作「用做」講。朱注本，改「惟」作「維」，其訓與趙氏同。告子篇引周書洛誥之文曰：「『享多儀，儀不及物，惟曰不享。惟不役志於享。』爲其不成享也。」「惟曰」之「惟」，是更端語詞。焦氏正義引書序云：「『惟曰不享。』孟子引經文，曰上無「惟」字。當係語助。」「惟不」之「惟」，和下句「爲其」之「爲」同義。作「因爲」講。

③惟：訓思。訓念。爾雅：「惟，思也。」釋文：「惟，念也。」「思」猶念。「思念」是表動態的複合語。爲祈求欲得之詞，表示願望之意。如：

孟子滕文公篇引尚書逸篇之文曰：「有攸不惟臣，東征，綏厥士女，篚厥玄黃，紹我周王見休，惟臣附于大邑周」裏的兩個「惟」，並思念之意。「不惟臣」就是不想做周朝的臣子。「惟臣」就是願意臣服的意思。朱注本改「不惟」之「惟」作「爲」，則是假「爲」作「惟」，因「爲」「惟」二字，本可通用。萬章篇：「惟茲臣庶，女其于予治」趙注：「惟念此臣衆，汝故助我治事。」「惟念」就是以「念」釋「惟」的增字解經的常法。「念」與「惟」意相展轉引申，都是希望之意。如梁惠王篇：「先王無流連之樂，荒亡之行，惟君所行也。」「惟」爲願欲之意，「所」猶是，「言惟願君王選擇是行也。」這類「惟」字，都是表動態的限制詞。

④唯：通惟。用與但同，作轉語詞，其義爲獨、爲僅。和白話「祇」或「祇有」相當。大都是用來修飾謂語裏的動詞，以表明動作範圍。一般是用在中心詞前，修飾整個句子。有時位於主詞前，就側重在表明主語的情況。如：

論語爲政篇：「父母唯其疾之憂。」朱注以「惟」釋「唯」，明訓爲獨。當白話「祇」字。「言惟恐其有疾病爲憂」以表關切。里仁篇：「唯仁者，能好人，能惡人。」朱注：「唯之爲言獨也。」「唯」當白話「祇有」。述而篇：「用之則行，舍之則藏，唯我與爾有是夫！」朱注本，變「唯」作「惟」，亦作「祇有」講。鄉黨篇：「便便言，唯謹爾。」唯相當於「但」，可翻作「祇是」。泰伯篇：「唯天爲大，唯堯則之。」兩「唯」字，並爲專獨之詞，作「祇有」講。先進篇：「唯求則非邦也與？」竹氏會箋：「唯，獨也。語勢從由來，故曰獨。言獨求所言非邦也與？」又子路篇：「予無樂乎爲君，唯其言而莫予違也。」陽貨篇：「唯上知與下愚，不移。」同篇：「唯女子與小人，爲難養也」之屬的「唯」字，並與「惟」同義，都是轉語詞，爲「祇有」之意，這是「唯」字的通常用法。凡論語用「唯」之處，到孟子中，則多用「惟」而不用「唯」，可見同一語詞，也因時代之演進，而爲用有所不同。如孟子梁惠王篇：「無恆產而有恆心者，惟士爲能」同篇：「民惟恐王之不好勇也。」同篇：「惟仁者，爲能以大事小，是故湯事葛，文王事昆夷；惟智者，爲能以小事大，故大王事獯鬻，句踐事吳。公孫丑篇：「故事半古之人，功必倍之，惟此時爲然。」同篇：「豈惟民哉！」同篇：「矢人惟恐不喪人，函人惟恐喪人。」離婁篇：「是以惟仁者宜在高位。」同篇：「侮奪人之君，惟恐不順焉。」同篇：「思天下惟羿爲愈己，於是殺羿。」告子篇：「夫貉，五穀不生，惟黍生之。」盡心篇：「豈惟口腹有饑渴之害，人心亦皆有害。」「豈惟」與「亦皆」相應，都是修飾謂語裏的動詞，表示動作範圍的限制詞。此類「惟」字並與「唯」通用，皆爲「但」詞，表僅有、獨有之意。當白話「祇是」「祇有」的語氣。「豈惟」猶「不但」「不僅」，是「不祇是」的意思。「惟恐」猶「但恐」，是「祇怕」的意思。這個惟字的用法，有位於句首和句中兩式。一般說來，「惟」上必有敍事語句，「惟」下文字的語氣，總是和上文略有轉變的。它和「但、獨、徒、特」等字，是可以通用的。亦多有「祇有」「祇是」或「不過」之意。祇是它們的語氣跟語意略有輕重之分。它們在複句中表轉折關係，有時也相當於「但是」或「可是」，這跟「然」和「然而」表文義轉折的情形，有些相似，所不同的，然字相當於白話的「卻是」，而沒有「但是」「祇是」或「不過」之義。

⑤唯：猶是。「是」和「乃是」「是乃」的意思相同。同時也都是修飾下面的動詞，表示行動的範圍，是「正是」「卻是」的意思。如：

論語述而篇：「公西華曰：『正唯弟子不能學也。』」「正唯」猶「正是」。意思就是「這卻是。」孟子梁惠王篇：「此惟救死而恐不贍，奚暇治禮義哉！」「惟」是修飾動詞「恐」字的。「惟」猶「乃是」，「此惟」猶言「此乃是」相當於白話這卻是、這祇是、這就是的意思。滕文公篇引詩大雅文王之詩云：「周雖舊邦，其命惟新」裏的「惟」字，亦卻是之意，是修飾動詞「新」字的。閩、監、毛三家本，並作「維」，這乃是孟子引詩文改用今字之例證。這些例句中的「惟」，既承擔了繫詞的任務，同時又是修飾動詞的限制詞。

⑥惟：猶皆。爲俱全之意，是表範圍的限制詞。這個惟，有「都是」和「祇有」二義。如：

孟子梁惠王篇引尚書泰誓之文曰：「四方有罪無罪惟我在。」「惟我在」猶言「皆在我」，是說「都是由我獨自承當」「都是」的反面，是「祇有」。也可說做「祇有由我獨自承當」。又如滕文公篇：「是故孔子曰：知我者，其惟春秋乎？罪我者，其惟春秋乎？」「惟」猶皆，可翻「都是」，亦可翻「祇有」。這祇有之意，隱由「獨」字之義引申而來。「獨」和「皆」，詞義相反而實相成，這就是古文遺詞微妙之處，一字而兼正反相對的兩種意義。

⑦惟：猶若。是表示承轉關係的關係詞。有至若、若或二義。字或作雖。如：

論語先進篇：「唯求則非邦也與？……唯赤則非邦也與？」這裏的「唯」，雖可作「獨」講，已在上文說過。若是把它當做連類相推而別言他事之關係詞，爲至若之義，也是可以的。如孟子告子篇：「惟耳亦然……惟目亦然」之屬的「惟」字，亦得訓若，相當於「若至於」。亦是撇開前事而談別事的關係詞。滕文公篇：「衣服不備，不敢以祭；惟士無田，則亦不祭。」這個惟字，乃是「若或」之義。爲假設相連的承接關係詞。「唯」字或作雖。如告子篇：「雖存乎人者，豈無仁義之心哉！」「雖」爲惟之借字，故得訓若，亦是設詞，爲若至之義。

⑧唯：猶尚。猶猶。當白話還字。如：

論語公冶長篇：「子路有聞，未之能行，唯恐有聞。」下「有聞」之「有」，是「又」之借字。「唯」爲「尚、猶」之義。「唯恐」就是「尚怕、猶怕、還怕」的意思。「唯」本是表範圍的限制詞，用在這裏，有繼續前事之關連作用，當是由限制詞轉變作承接關係詞用的。

⑨唯、惟、維三字，並可作語氣助詞，有位於句中或句首兩式。表祈使語氣。如：

論語爲政篇引書君陳篇之文曰：「孝乎惟孝。」包曰：「美大孝之辭。」「乎」「惟」皆句中語助，「惟」字可省。如禮記的「禮乎禮」。公羊傳的「賤乎賤。」爾雅的「微乎微。」句中皆省惟字。古語中多有此種語法。（說見劉氏正義和竹氏會箋。）八佾篇引詩周頌雍詩云：「相維辟公。」「相」訓助。「維」爲語中助詞，無義。述而篇：「子曰：與其進也，不與其退也。唯何甚！」「唯」爲句首發語詞。

劉氏正義：「唯，語辭，夫子不爲已甚，故云唯何甚也。」近人蔣伯潛廣解云：「唯，更端語詞，猶今語之『唉』，孔子因門人疑其不當見此童子，故歎道，唉！何其絕人之太甚也。」此說亦允當可從。孟子梁惠王篇引周書泰誓之文曰：「天降下民，作之師，作之君，惟曰：『其助上帝，寵之。』」「唯曰」爲更端語詞。滕文公篇引周書泰誓之文曰：「我武惟揚，侵于之疆。」謂武王威武奮揚，侵彼紂之疆界。「惟」爲語中助詞，是不用翻的。

⑩唯：爲應聲詞。說文：「唯，諾也。」表應諾語氣。「唯」猶諾、猶然。都是大同小異的應聲詞。

如：

論語里仁篇：「子曰：『參乎！吾道一以貫之。』曾子曰：『唯！』孔曰：「直曉不問，故答曰唯。」朱注：「唯者，應之速而無疑者也。」語別而義同。都是表應諾之詞。段注說文，謂「父命呼，唯而不諾。」這已說明「唯」是恭於「諾」的。曲禮有「父召無諾，先生召無諾」，與「唯而不諾」之語。但有時「唯」「然」連用，以表重應之語氣，並無恭於諾之義。如宋玉對楚王問：「唯、然、有之。」此乃既「唯」且「然」，而復贅以「有之」。都是表應允之語氣詞。按作應聲詞的「唯」，用意頗參差。如「曾子曰：唯。」是心契夫子之言而更無疑惑之詞，寓心悅誠服之意於其中。「宋玉曰：唯」，則是尚未以爲然，姑且答之，然後徐理其說，並非衷心悅繹而允許之詞。「諾」祇是應聲詞，以承順他人之吩咐，兒其煩擾不休而已。（說見劉氏辨略。）

既

「既」本作「小食」解，此義久廢，今行別義。

①既：猶已。猶盡。爲已然之詞，是表動作程度在時間上已經過去的關係詞。如：

論語八佾篇：「成事不說，遂事不諫，既往不咎。」「既往」猶言事情已成過去。這是表動作在時間上已經完成的意思。子罕篇：「既竭吾才，如有所立，卓爾！」「既」猶已、猶盡。「既竭吾才」，是說「既已用盡了我的才力。」這個既字，不表時間，而是表程度的關係詞。顏淵篇：「既欲其生，又欲其死，是惑也。」「既」與「又」，用在時間先後相承的複句中，表示承轉的聯合關係。這個又字，在文言裏可以換用「終、且、復」等字，白話仍用又字，這是表前一動作已完成，後一動作又開始。「既」字可翻成「既已」或「既然」，「又」字可翻成「又且」或「又復」。子路篇：「冉有曰：『既庶矣，又何加焉？』曰：『富之。』曰：『既富矣，又何加焉？』曰：『敎之。』」這兩個既字，亦是表已然之詞。當白話「等到……以後」的句型。「又」亦是表承轉的聯合關係，是再進一步的意思。季氏篇：「及其老也，血氣既衰，戒之在得。」「既」猶已，爲表時間之已然，言血氣已經衰敗。陽貨篇：「舊穀既沒，新穀既升。」「既沒」之「既」猶已，「既升」之「既」猶又，以表示前往後繼之義。同篇：「既得之，患失之。」「患」上省又字。是說「既然得到後，又恐怕失掉。」孟子公孫丑篇：「既曰：『志至焉，氣次焉。』又曰：『持其志，無暴其氣』者，何也？」離婁篇：「既不能令，又不受命，是絕物也。」此類「既」和「又」，都是表示事情在時間的過程前後相繼的關係詞。於一事已過，又生一事時用之。萬章篇：「舜往于田，則吾既得聞命矣。」同篇：「舜既爲天子矣，又率天下諸侯以爲堯三喪，是二天子矣。」告子篇：「既得人爵，而棄其天爵，則惑之甚者也。」「而」猶又，何上句既字相應。以表示兩個行動前後接連發生。同篇：「予既已知之矣。」「既已」爲同義詞。此類既字，並表時間過去，在推論關係構成的複句中，首句爲前提，用「既」、或「既然」「既已」領起，次句爲結論，常用「又」「則」相應。這是從限制詞轉變成的連絡關係詞。這種「既……又……」句型已形成一種格式。不惟使上下文意蟬聯而下，且又有扭轉辭氣之功效也。

②既：猶旋、猶已。「既而」猶旋而、已而。也是個表時間的關係詞。在一事過去不久，復有一事承之，則用「既而」以表進層連接。在通常語法上，「既而」連用者較多，也可以換用「俄而」，祇是俄而表示的時間迅速。「既而」猶已而，當白話「過後」「後來」「然後纔」的語意，表示的時間緩慢。在表時間繼承的關係詞，還有「尋」「旋」等字，其功用亦是相同的，不過，這要到魏晉時代的文言裏纔用到。如：

論語憲問篇：「曰：『有心哉！擊磬乎！』既而曰：『鄙哉！硜硜乎！莫己知也。斯已而已矣。』」孟子萬章篇：「湯三使往聘之，既而幡然改曰：『與我處畎畝之中，由是以樂堯、舜之道，吾豈若使是君爲堯舜之君哉？』」這兩個「既而」，前一個猶「已而」，是「過後」或「後來」的意思；後一個猶「俄而」是「然後纔」的語意。都是表示推論關係，位於複句的次句之首，下面便是推斷語。

焉

「焉」表示陳述語氣，不像「也」和「矣」有强化語勢的作用，但它卻能鎮住語勢，故煞句往往需要用「焉」。表示陳述的語氣詞，除了「也」和「矣」，其次就是「焉」和「耳」了。這兩個詞的用法，亦顯有不同，用耳的，總有把陳述的事物看輕的意思。「焉」本是指代詞，用做語氣詞時，仍然帶有指示的語氣。「焉」用作指代詞，有時亦可代替補詞「於是」或「於之」，可能形成一種格式，這樣的句中，用了「焉」，賓語和補詞可省說了。不論「焉」做純粹的語氣詞或是代詞兼語氣詞，所表示的都是指示語氣。它可用於各種句式，而最常見的，是用在有無句和並列句裏。

①焉：猶之。讀（ㄧㄢ）。用作指代詞，有指人和指事物的分別，當白話「他」或「它」「牠」等。通常用在外動詞後，位於句末或句中，它和作指稱詞的「其」不同，不能用「其」來代替。「其」總是位句首或句中，它和指稱詞的「之」也不同，亦不宜用「之」來代替。它們在文言裏作指代詞的用法，各有部位之所宜，而是不能通用的。（參閱「之」猶「焉」條）如：

論語雍也篇：「季氏使閔子騫爲費宰。閔子騫曰：『善爲我辭焉。』」「焉」猶之，是動詞「辭」的止詞，指代費宰。先進篇：「非曰能之，願學焉。」「焉」與「之」互文同義，「願學焉」就是願學之。「焉」是「學」的止詞，指代下文的小相。述而篇：「自行束脩以上，吾未嘗無誨焉。」「焉」猶之，是「誨」的止詞，泛指自行束脩以上的人。憲問篇：「愛之能勿勞乎？忠焉能勿誨乎？」「焉」與「之」亦互文同義。「愛之」，謂愛其子；「忠焉」，謂忠於君。忠與愛，詞性相近，故忠可訓愛，亦可以忠愛連言，然而卻不盡相同。「之」的文義直，意味浮淺；「焉」的語氣重，意味深長。它們的功用雖同，卻不能互換位置。馬氏文通訓此文的「焉」爲「於是」，於文義未洽。衞靈公篇：「衆惡之，必察焉；衆好之，必察焉。」「焉」與「之」，同是指代人民，卽是換位也無妨。風俗通義正失篇作「衆善焉，必察之；衆惡焉，必察之。」可證「焉」與「之」爲變文同義，可以通用。不過在行文的語氣着眼，煞句總是以用焉爲得，故焉和之不宜易位。陽貨篇：「信則人任焉。」「焉」猶之，指代守信的人。微子篇：「殺雞爲黍而食之，見其二子焉。」「之」與「焉」，同是指代子路。「見其二子焉」，可以說做「使其二子見焉。」「焉」有指代子路而兼語氣詞的雙重任務，不能用「之」來代替。孟子梁惠王篇：「晉國天下莫强焉。」「焉」爲指代詞，等於「之」，是代詞作補詞，指代晉國。是說「天下莫强於晉國」。同篇：「仲尼之徒，無道桓文之事者，是以後世無傳焉。」「焉」猶之，指代桓文之事。公孫丑篇：「故湯之於伊尹，學焉而後臣之，故不勞而王；桓公之於管仲，學焉而後臣之，故不勞而霸。」「焉」與「之」同義，並爲指代詞，前者指伊尹，後者指管仲。滕文公篇：「上有好者，下必有甚焉者矣。」「焉」猶「之」，指代上文奉行喪禮之事。同篇：「陳相見許行而大悅，盡棄其學而學焉。」「焉」猶「之」，指代許行的農家學說。萬章篇：「堯之於舜也，使其子九男事之，二女女焉。」「女焉」的「女」，讀（ㄋㄩˋ），作「嫁」講。「焉」指舜，與「事之」的「之」同義。此類指代詞「焉」，所表示的都是指示的語氣。

②焉：猶於是，或於之。是表示語氣兼指代用的詞，用在句末，大都表示鄭重的敷陳，若是看輕的敘述，就得用「耳」來表示了。因於是或於之的語勢軟弱，鎮壓不住陣角，就必須用焉來收煞纔行。當白話「在這裏」或「在那裏」的意思。「焉」用於句末，有代替「於是」(指地方)或「於之」(指人物)之別。

論語雍也篇：「井有仁焉，其從之也？」「焉」由於是。這個「於是」，是介詞「於」跟指代詞「是」合成的。「於」是介紹處所補詞「是」的。「井有仁焉」，是說：「有人掉在井裏。」先進篇：「有民人焉，有社稷焉，何必讀書，然後爲學。」這是個並列句式而兼有無的句子，兩焉字，並猶於是。

孔注：「言治民事神於是而習之，亦學也。」子路篇：「冉有曰：『既庶矣，又何加焉？』曰：『富之。』曰：『既富矣，又何加焉？』曰：『教之。』」兩「矣」字，並表已然之語氣，兩「焉」字，並非純然的語氣詞，而有兼代「於是」的功能。指代「庶」與「富」。表出疑問的作用，用在疑問代詞「何」字下。衞靈公篇：「君子病無能焉。」「焉」指代君子自身。是說：「君子所憾恨的，在於自身沒有才德。」孟子梁惠王篇：「寡人之於國也，盡心焉耳矣。」「焉」猶於是，指代晉國政事。同篇：「文王之囿，方七十里，芻蕘者往焉；雉兔者往焉。」在這並列句後面的兩個「焉」字，是指代民衆芻蕘與雉兔的園囿。同篇：「君無尤焉。」「焉」指代人民。是說：「君無歸罪於人民。」同篇：「無已，則有一焉。」「焉」猶於是，謂施德於是民。滕文公篇：「夫滕壤地褊小，將爲君子焉，將爲野人焉。」「爲」猶有。兩「焉」字亦是用在有無的並列句裏，相當於「於之」，前者指在朝的政務官，後者指在野的民衆。離婁篇：「聖人既竭目力焉，繼之以規矩準繩，以爲方圓平正，不可勝用也；既竭耳力焉，繼之以六律，正五音，不可勝用也；既竭心思焉，繼之以不忍人之政，而仁覆天下矣。」在這三個排列句裏的「焉」，各指下文繼述之事。按俞氏古書疑義舉例：「此三焉字，當屬下讀，焉，猶於是也。」句讀雖異，意思仍是相同的。以不改讀爲宜。萬章篇：「仁人之於弟也，不藏怒焉，不蓄怨焉。」這個並列句中兩個「焉」字，並是指代詞，相當「於其弟」。盡心篇：「反身而誠，樂莫大焉。」言樂莫大於誠身。同篇：「君子有三樂，而王天下不與存焉。」「不與存焉」，言王天下不在三樂之內。同篇：「廣土衆民，君子欲之，所樂不存焉。」「焉」指代廣土衆民。言君子所樂不在於是。此類「焉」字，通常用在句末，對上文各有所指，亦有用在領句之末，指代下文陳述之事實。更有用在句中，以指下文之事實的。如盡心篇：「人莫大焉亡親戚、君臣、上下。」「焉」猶「於」，是表形容之差比的關係詞，已很顯明。上列各句末的「焉」的下面，因省了處所補詞，所以這類「焉」字，實兼繫詞「於」和指代處所補詞「是」的雙重任務。

③焉：猶何。讀（ㄧㄢ）。用作疑問代詞。和「安、惡、豈」等字同義。常和「得」「能」等字合用，來修飾下面的動詞。常用於句首或句中，以表疑問語氣，當白話「怎麼、那裏」的意思。如：

論語爲政篇：「人焉廋哉！人焉廋哉！」八佾篇：「焉得仁？」里仁篇：「焉得知」公冶長篇：「斯焉取斯？」「焉」並爲疑問代詞，與「何」同義。相當於「那裏」。先進篇：「未能事人，焉能事鬼？……未知生，焉知死？」「焉」並爲何況之義，有增進文義的功能，當白話怎麼或那裏的意思。子路篇：「曰：『焉知賢才而舉之？』」季氏篇：「則將焉用彼相矣？」子張篇：「焉能爲有？焉能爲亡？」同篇：「夫子焉不學，而亦何常師之有？」孟子梁惠王篇：「焉有仁人在位，罔民而可爲也？」同篇：「臧氏之子，焉能使予不遇哉？」公孫丑篇：「焉有君子而可以貨取乎？」滕文公篇：「是焉得爲大丈夫乎？」離婁篇：「天下之父歸之，其子焉往？」同篇：「焉得人人而濟之？」萬章篇：「爾焉能浼我哉？」此類「焉」字，並爲「安、何」之義。這在論孟中爲常語，用在句首或句中，均位於動詞前，以表疑問，並有指代「人地事物或方所」，和一般情況的功能。它雖是疑問代詞，並略帶反詰語氣。

④焉：猶爾。通常和「爾」或「耳」及「而已矣」合用，連成三合或四合的語氣詞，以表不同的語氣。如：

論語雍也篇：「子曰：回也，其心三月不違仁，其餘日月至焉而已矣。」「焉」猶爾，「而已」之合音為「耳」，「焉爾」與「焉耳」同義，為語已之決定詞。「焉而已矣」，乃是表意有未盡之語助詞。同篇：「子游為武城宰。子曰：女得人焉爾乎？」「焉爾乎」三字，當為複式疑問助詞。皇本、正平本，作「耳乎哉」。

⑤焉：猶乎。是個表疑問的語氣詞，大都可翻「呢」，也有可翻「嗎」的。如：

論語陽貨篇：「子貢曰：『子如不言，則小子何述焉？』」孟子梁惠王篇：「王若隱其無罪而就死地，則牛羊何擇焉？」「焉」並猶乎，都是疑問助詞，當白話「呢」字。公孫丑篇：「自反而不縮，雖褐寬博，吾不惴焉？」「吾不」為「吾豈不」之省文。王氏釋詞，以「不」為語助，失之允當。「焉」亦猶乎。「吾不惴焉」可翻做「我難道不怕他嗎？」也可翻做「我那能不怕他呢？」凡是白話的反詰語，上面用「難道」字樣，下面一定用「嗎」作語助，若是上面用「那能」或「怎麼」，句末一定用「呢」作語助，這已成為不能改換的定則。滕文公篇：「齊楚雖大，何畏焉？」離婁篇：「於禽獸，又何難焉？」萬章篇：「故誠信而喜之，奚偽焉？」這三個「焉」，並猶乎，同可翻成呢。「焉」的功用大致與乎相同，用在句中，則助語氣；用在句末，則表疑問；用作反詰語詞，則表決意於疑問語氣之中。所不同的，祇是乎的語氣較直率，焉的語氣較沈重而已。

⑥焉：用作停頓語氣詞。在複句的領起小句之末，常用「焉」，略作停頓，以引起下文，其語氣在「也」和「矣」之間，約當白話「呢、哩、啦」等語氣。如：

論語公冶長篇：「子謂：『子產有君子之道四焉：其行己也恭，其事上也敬，其養民也惠，其使民也義。』」述而篇：「三人行，必有我師焉；擇其善者而從之，其不善者而改之。」憲問篇：「君子之道者三，我無能焉；仁者不憂，知者不惑，勇者不懼。」子張篇：「雖小道，必有可觀者焉；致遠恐泥，是以君子不爲也。」孟子梁惠王篇：「萬取千焉，千取百焉，不爲不多矣。」離婁篇：「胸中正，則眸子瞭焉；胸中不正，則眸子眊焉。聽其言也，觀其眸子，人焉廋哉！」萬章篇：「伊尹耕於有莘之野，而樂堯舜之道焉；非其義也，非其道也，祿之以天下弗顧也。」告子篇：「非無萌櫱之生焉；牛羊又從牧之，是以若彼濯濯也。」此類焉字，都是表決定性的確認語氣，表當前之情況和將然之事實。「焉」有指示兼舖張作用。既助語氣之停頓，又兼領起下文之功能，其下必有申論前事的語句。其語氣近於「也」或「矣」，但不能用「也」「矣」來替換。因「也」和「矣」的語氣比「焉」更堅確，其下便用不著申論文字了。

⑦焉：用作助詞，表命令或感歎語氣。當白話啊或呵字。如：

論語里仁篇：「見賢思齊焉！見不賢而內自省也。」孟子梁惠王篇：「君無尤焉！君行仁政，斯民親其上，死其長矣。」同篇：「而孟子之後喪踰前喪，君無見焉！」這三個「焉」，都是表命令的語氣詞，並帶有指稱詞的意味。詞氣有力，要重讀。滕文公篇：「君哉！舜也，巍巍乎，有天下而不與焉！」「焉」表感歎語氣。此類焉字，都可翻成「啊」或「呵」的語氣。

⑧焉：猶然。作形容詞或副詞的詞尾。用「焉」和用「然」相似，但各有所宜，不一定能互換。在文言裏常用「貌」來解釋。當白話「的樣子」。多般是描摹聲音容貌或情態色相的，這是個純粹的語氣詞。如：

論語子罕篇：「瞻之在前，忽焉在後。」「忽焉」猶忽然。可以換用「然」字。北監本毛本，「焉」

作然。孟子梁惠王篇：「夫子言之，於我心有戚戚焉。」「戚戚」心動貌。「戚戚焉」，是帶詞尾的擬情複詞，用來描繪齊王心曲的。是說：「現在夫子講出這個道理，在我卻是怦然心動的樣子。」公孫丑篇：「其冠不正，望望然去之，若將浼焉。」「浼」就是染。「若將浼焉」，是說「好像要被染污了似的。」萬章篇：「始舍之圉圉焉，少則洋洋焉」，攸然而逝。」這兩個焉，並是副詞的詞尾，當白話「的樣子。」這類帶「焉」的詞，都是用來修飾動詞的，是摹擬情態的詞，有的是以重疊形容詞帶焉來修飾動詞的。「焉」通常用作表停頓的語氣詞，不含甚麼意思。但用在情態詞後，情形是跟「然」「爾」有些相似。卽是用在句末，也不算是句末助詞，它是形容詞或副詞的詞尾，以表語意之微妙情況，其功用在傳神，是沒有適當的語詞好翻的。

欲

①欲：猶將。猶願。凡言欲者，皆願之而未得之詞，故得訓爲將。如：

論語里仁篇：「富與貴，是人之所欲也。」子罕篇：「欲罷不能。」同章：「雖欲從之，末由也已。」季氏篇：「夫子欲之，吾二臣者，皆不欲也。」陽貨篇：「陽貨欲見孔子。」「欲」皆願詞，是表「將要」之意。

略

①略：爲約略之詞。是大率、粗略之意。如：

孟子滕文公篇：「此其大略也，若夫潤澤之，則在君與子矣。」「大略」即大概、大要之意。萬章篇：「然而軻也，嘗聞其略也。」「略」即概略、要略、粗略之意。「略」與精詳爲對文。凡舉其要，而不精密不詳盡者，皆謂之略。

將

①將：猶之。與「其」同義，可以互訓。爲探下而有所指的指示詞。（參閱「之」猶「將」與「其」猶「將」各條。）如：

孟子公孫丑篇：「故將大有爲之君，必有所不召之臣。」「將」猶「之」，「故將」猶「古之」。（按「故」與古同聲，本有古意，謂舊事陳跡。）「所」猶其，與「將」同爲指示詞，前後相應，並指下文「湯之於伊尹，學焉而後臣之，故不勞而王，桓公之於管仲，學焉而後臣之，故不勞而霸」之事跡。

②將：猶欲。爲願欲之意，是欲然尚未然之詞。即表示事情要發生而還未發生時的意志活動。雖同是欲要如何的助動詞，而在心理上則有虛實緩急之分。當白話就要、快要、或打算之意。如：

論語述而篇：「子貢曰：『諾！吾將問之。』」「將」爲就要之意。是說：「我即欲問夫子。」同篇：「不知老之將至云爾！」「將至」猶言「快要到來。」子罕篇：「天之將喪斯文也，後死者不得與於斯文也。」「將」爲虛構的設使之詞，是「如果要」的意思。子路篇：「子路曰：『衛君待子而爲政，子將奚先？』」「將」是將要，爲未來作打算之意。陽貨篇：「孔子曰：『諾！吾將仕矣。』」「將」

祇是姑應其欲然之詞，實際上並無此打算。和上文子貢說的「吾將問之」，則有虛實之分。孟子梁惠王篇：「將以求吾所大欲也。」「將」爲願欲之意。同篇：「諸侯將謀救燕。」滕文公篇：「滕文公爲世子，將之楚。」離婁篇：「天下大悅，而將歸己」之屬的「將」，並爲欲要之意，雖是欲如此而尚未如此，但其勢已決定如此而有不能制止之意。此爲將之通常用法，都是位動詞前表助動的限制詞。

③將：猶行。「行」爲欲之引申義。因凡有所行，必皆是欲如此的。由欲而見之於行，祇是文意引進一層。如：

孟子離婁篇引詩大雅文王之詩云：「殷士膚敏，裸將于京。」正義云：「將，行也。」爲將事、奉行之意。萬章篇：「以君命將之，再拜稽首而受。」趙注：「將，行也。」「以君命將之」，猶言「用君命行之。」盡心篇：「恭敬者，幣之未將者也。」「將」卽奉行之意。謂恭敬之心，在禮物未奉行之前就存在的。

④將：猶殆。爲近詞，與庶幾同義，是幾及之詞，相當於快要、差不多的意思。如：

孟子公孫丑篇：「今人乍見孺子，將入於井。」「將」爲幾及之意。「將入於井」猶言「快要落井。」滕文公篇：「今滕絕長補短，將五十里。」「將五十里」猶言幾近五十里，意思是就要到五十里。這兩個「將」字，前者是表時間和距離的接近，後者是表數量的接近，都是快要、差不多的意思。

⑤將：爲至大之義。表聖德之至。如：

論語子罕篇：「固天縱之將聖，又多能也。」孔注與邢疏，並訓將爲大。唯論衡實知篇：「將，且也。不言已聖，言且聖者，以爲孔子聖德未就也」按且之爲義猶殆，爲幾及之詞。故朱注訓將爲殆，義皆未洽。劉氏正義，申斥論衡之謬，仍依古義，訓將爲「大」得之。而裴氏集釋，則以「將」爲語中助詞，言孔子乃天縱之聖。說亦可行。

⑥將：猶當。爲表動向的限制詞。是該當之意。如：

論語八佾篇：「天下之無道也久矣，天將以夫子爲木鐸。」「將」猶當。表必然之義。朱注：「天必將使夫子得位設教，不久失位也。」「必將」就是必當之意。孟子梁惠王篇：「王曰：『叟！不遠千里而來，亦將有以利吾國乎？』」「將」猶當。爲推測之詞，表該當之意。告子篇：「孟子曰：『敬叔父乎？敬弟乎？』彼將曰：『敬叔父。』曰：『弟爲尸，則誰敬？』彼將曰：『敬弟。』子曰：『惡在其敬叔父也？』彼將曰：『在位故也。』」這三個「彼將曰」，都是虛設之詞。「將」爲該當如何之意。同篇：「宋牼將之楚，孟子遇於石丘。曰：『先生將何之？』曰：『吾聞秦楚構兵，我將見楚王說而罷之；楚王不悅，我將見秦王說而罷之。二王我將有所遇焉。』」這裏連用五個「將」字，前四個皆欲要之意。祇是最後一個是「該當」或「必當」之意。盡心篇：「舜之飯糗茹草也，若將終身焉。」「將」亦該當之意。言舜有順應自然，隨遇而安的氣象。

⑦將：猶或。爲計度未定之詞。是「亦必有」的意思。如：

孟子滕文公篇：「夫滕壤地褊小，將爲君子焉，將爲野人焉。」「爲」義同有。趙注訓「將爲」爲「亦有」，朱注訓「將爲」爲「亦必有」。言滕地雖小，亦必有君子而仕者，亦必有野人而耕者。下文有「無君子莫治野人，無野人莫養君子」之語。謂上下各盡其職，始能互得其利。劉氏辨略：「此將字，猶云或也。且計度而未定，故訓爲亦必有，必有則已定矣，亦必有則未必定也」辨析精微愜洽。

⑧將：猶且。猶而。「且」與「而」同義互訓。故「將」得訓且，亦得訓而。用作承接詞。如：

孟子滕文公篇：「使民盻盻然，將終歲勤動，不得以養其父母。」「將」猶「而」，爲就是之意。同篇：「匍匐往將食之。」這個「將」，是連接兩個動詞的，訓且訓而皆可。管同訓「將」爲取，「將食」爲拿來吃的意思。似有些牽强，不若訓且訓而之爲確切。

⑨將：猶抑。爲轉語詞，用在複式的抉擇句中的次句之首，以表語氣之轉折。與或字同義，當白話還要二字。如：

孟子告子篇：「子能順杞柳之性而以爲桮棬乎？將戕賊杞柳，而後以爲桮棬也？如將戕賊杞柳而以爲桮棬，則亦將戕賊人以爲仁義與？」這裏前一個「將」，是轉語詞，猶抑。和「還是」相當。後兩個「將」爲欲然之詞，是欲要之意。又論語季氏篇：「危而不持，顛而不扶。則將焉用彼相矣？」這個「將」，也是表轉語的繫詞，當白話還要二字。

⑩將：猶則。「將」與「則」，聲近義通，故可互訓，同是表時間先後相承的關係詞。當白話就要之意。（參閱「則」猶「將」條。）如：

孟子梁惠王篇：「國君進賢，如不得已，將使卑踰尊，疏踰戚，可不愼與？」公孫丑篇：「朝，將視朝。」盡心篇：「古之爲關也，將以禦暴；今之關也，將以爲暴。」「將」，並猶則，都是表承接的關係詞，意思相當於「就要」。

⑪將：猶乃。爲方始之詞。「方將」爲同義複語，表示「正要」的意思。如：

孟子滕文公篇：「宋，小國也，今將行王政，齊楚惡而伐之。」「將」爲方纔、正要的意思。「今將行王政」，是說「現在方纔施行王政。」（參閱「乃」猶「方」條）。

終

①終：猶盡。爲全盡之詞。廣雅云：「終、極也，窮也，竟也。」其義並爲盡。是表時間極盡的限制詞。如：

論語爲政篇：「吾與回言終日。」衞靈公篇：「群居終日」同篇：「吾嘗終日不食，終夜不寢。」陽貨篇：「飽食終日」之屬的「終」，並爲全盡之意。終日終夜，猶言全日全夜，或盡日盡夜，都是表時間之長久。又衞靈公篇：「有一言而可以終身行之者乎？」孟子離婁篇：「良人者，所仰望而終身也。」萬章篇：「大孝終身慕父母」之屬的「終身」，亦全盡之意。「終身」猶言畢身，卽窮盡其一生，直到老死爲止之意。

②終：猶長。猶久。但也可以表時間之短暫。如：

孟子梁惠王篇：「樂歲終身飽，……樂歲終身苦。」這裏的終身，爲長久之意。猶言經常，一年到頭。和上文終其一生的「終身」意思不同。滕文公篇：「昔者孟子嘗與我言於宋，於心終不忘。」「終」猶竟，亦長久之意。「終不忘」卽永久不忘。至於堯曰篇：「天祿永終」裏「永終」，那便是永遠結束了。但「終」也可以表時間之短暫。如論語里仁篇：「君子無終食之間違仁。」這個「終食」，是片刻須臾之意。竹氏會箋：「終食，猶須臾意，不必泥食上說。」同是一個終字，因文設詞，是義各有當的，不可執一義以求之。

莫

①莫：猶無。爲表無定的指稱詞。限於指人，當白話沒有的意思。如：論語憲問篇：「豈若匹夫匹婦之爲諒也，自經於溝瀆，而莫之知也。」「莫」相當於「沒有人」。「而莫之知也」是說「還沒有人知道他哩」。同篇：「子曰：『莫我知也夫！』」是說「孔子說：『如今是沒有人知道我了吧！』」衞靈公篇：「從者病，莫能興。」孟子梁惠王篇：「吾有司死者三十三人而民莫之死也。」滕文公篇：「雖使五尺之童適市，莫之或欺。」離婁篇：「君仁莫不仁，君義莫不義。」萬章篇：「莫之爲而爲者，天也；莫之致而致者，命也。」此類「莫」字，並爲無定之詞，泛指無人，是沒有人的意思。「莫」是否定句裏的否定詞，是要把做賓語的代名詞提置在動詞前的。如「莫之知」、「莫我知」「莫之死」之屬都是。在翻譯白話，都要把賓語的代詞「之」字，改在動詞之後。這是古文語法和現代語法之差別。

②莫：猶不。猶無。「莫若」猶言不如或無如。其功用在表事物之比較。相當於沒有、或沒有比得上的意思。如：

孟子梁惠王篇：「晉國天下莫强焉。」是說：「天下沒有比晉國更强大的了。」公孫丑篇：「故君子莫大乎與人爲善。」這說：「所以君子之美德，沒有比得過幫助別人爲善更偉大了。」同篇：「朝廷莫如爵，鄉黨莫如齒，輔世長民莫如德。」「莫如」都是沒有比得過的意思。同篇：「則不敬莫大乎是

「故齊人莫如我敬王也。」「如惡之，莫如為仁。」「如耻之，莫如貴德而尊士。」「莫如」和「莫若」同義，都是不如或不及之意。也是沒有比得上、或沒有比得過的意思。這是在廣泛的事項中，選擇其最佳者的句式。所以莫如以下文字，是舉出最正確、最美好、最可取的一事，用來糾正上文所敷陳的偏差觀念。又如滕文公篇：「治地莫善於助，莫不善於貢。」離婁篇：「如耻之，莫若師文王。」同篇：「父子之間，不責善，責善則離，離則不祥莫大焉。」萬章篇：「孝子之至，莫大乎尊親；尊親之至，莫大乎以天下養。」盡心篇：「反身而誠，樂莫大焉；强恕而行，求仁莫近焉。」這類莫字，都是用在前後事情有高下、優劣、得失、差別的文句中。不是用在比擬詞「如」或「若」之上，就是用在形容詞之上，舉出最好的或最不好的，作相對的比較，以顯示其差別。都可翻成「沒有……比得過……」的句式。

③莫：猶不。為表否決的限制詞。和「不、勿、弗、毋」等字功用相同，都是放在動詞之上，去否定動詞的。當白話「沒有」二字。如：

論語里仁篇：「不患莫己知，求為可知也。」「莫己知」猶言「不知己」，是把代詞作賓語的「己」，倒裝在動詞前的句式。雍也篇：「誰能出不由戶，何莫由斯道也？」「莫」猶不，「言何故不由此道邪？」孟子滕文公篇：「吾宗國魯先君莫之行，吾先君亦莫之行也。」「莫之行」亦是莫行之的倒裝。凡是句中有否定詞「未、莫」等字，皆要把賓位的指代詞移置在動詞前的，這是古文的通常語法，在譯作現代語時，就必須順說纔行。

④莫：猶言「或者」。表疑問，為無定之指稱詞。又莫猶無，常和「非」「不」連用來表否定的否定。限於指人，又限於作主語。如：

論語述而篇：「子曰：文莫吾猶人也。」朱子語類：「莫、疑辭，猶今人云，莫是如此否？」「莫是」猶言恐是、得無是、或者是等語意。都是疑而有定之詞。還有如「莫非」、「莫不」，都是用「莫」來表否定的否定，而轉成肯定語氣，則含有「皆是」之義。如孟子萬章篇引詩小雅北山之詩云：「普天之下，莫非王土；率土之濱，莫非王臣。」盡心篇：「莫非命也，順受其正。」「莫非」猶言沒有不是，也就是皆是之意。祇是白話文裏，常用莫非表猜測語氣，那就不是表否定的否定詞了。

逝

①逝：猶而。爲承上文之轉語詞。如：

孟子離婁篇引詩大雅桑柔之詩云：「誰能執熱，逝不以濯？」「逝」猶而，爲承轉關係詞。孟子在引詩文之上句有「今也欲無敵於天下而不以仁，是猶執熱而不以濯也。」就是釋詩文之義。孟子精於訓詁之學，以「而」釋「逝」，至無疑問。箋注或訓爲速，或訓爲往，誤解以實義，皆於文義未愜。

通

①通：猶皆。是總舉之詞，爲「周、遍、全、盡」之義。如：

孟子離婁篇：「匡章，通國皆稱不孝焉。」告子篇：「弈秋，通國之善弈者也。」「通國」猶言舉國、全國，是指國中所有的人。這是個表範圍的限制詞。

十二畫

勝

①勝：讀（ㄕㄥ），爲「竭、盡」之義。用之不盡、不竭，統曰不勝。因「勝」原爲「負」之對，本有優過尋常之義。如：

孟子梁惠王篇：「不違農時，穀不可勝食也。」「不可勝食」謂食用不盡。同篇：「誅之則不可勝誅」「不可勝誅」，謂誅殺不盡。這個勝字，是個表示程度的限制詞。

②勝：猶任：猶當。「勝任」猶言能承當，且能優過之。「勝」本訓堪。「勝任」即堪當重任的意思。如：

孟子梁惠王篇：「工師得大木，則王喜，以爲能勝其任也；匠人斲而小之，則王怒，以爲不勝其任也。」「勝其任」卽堪當其任。「不勝其任」卽不堪當其任。告子篇：「夫人豈以不勝爲患者，弗爲耳。」「勝」猶任，「不勝」猶言不能任重。

③勝：讀（ㄕㄥ）。爲承當之詞，並有超過之意。又讀（ㄕㄥ），爲克制化除之意。如：

論語鄉黨篇：「肉雖多，不使勝食餼。」「勝」爲超過之意。子路篇：「善人爲邦百年，亦可以勝殘去殺矣。」「勝」朱注讀（ㄕㄥ），「勝殘」，言化除殘暴之人，使不爲惡也。

備

①備：猶皆。猶盡。與俱字同義，是俱備、完全的意思。如孟子萬章篇：「帝使其九男二女，百官牛羊倉廩備，以事舜於畎畝之中。」同篇：「萬物皆備於我矣。」「備」與「皆備」同義，卽俱全完備之意。

厥

①厥：猶其。爾雅：「厥、其也。」爲不定之代稱詞。猶言「彼之」。當「他的」或「那些」講。如：孟子梁惠王篇：「昔者太王好色，愛厥妃。」同篇引書泰誓之文曰：「天下曷敢有越厥志。」滕文公篇引書說命之文曰：「若藥不瞑眩，厥疾不瘳。」「厥」並訓其，爲指稱詞，作他的講。又同篇：「綏厥士女，匪厥玄黃。」兩厥字，並訓其，前者指代士女，後者指代幣帛，作那些講。盡心篇引詩大雅緜之詩云：「肆不殄厥慍，亦不隕厥聞。」兩厥字，同訓其，並爲指代詞，前者指昆夷，後者指文王自己。

啻（翅）（適）

①啻：猶但。爲表轉折的關係詞，在孟子中借「翅」或「適」爲之。有更甚之意。如：孟子告子篇：「取食之重者，與禮之輕者比之，奚翅食重？」「翅」爲「啻」之借字。「奚翅」卽「何啻」，猶言不但。同篇：「飲食之人，無有失也，則口腹豈適爲尺寸之膚哉？」「適」與「啻」，聲近義通。「豈適」猶豈啻，作不但講。趙注：「口腹豈但爲肥長尺寸之膚邪？」「但」字正是解釋「適」

字。「適」正爲「啻」之借字。「啻」字在四書中僅見於大學第十章「不啻若自其口出」一語。

復

①復：猶又。與「更、再、重」等字，同是表次數的限制詞，義並相通。在文言裏，表行動重複，以用「復」爲常，很少用「再」。若是表物量，就要用「兩」。這是表時間的，用在動詞前，作前後關聯。是表動態的限制詞。如：

論語雍也篇：「如有復我者，則吾必在汶上矣。」「復」猶重。猶再。「如有復我者」，是說「如果有人再來召我。」述而篇：「久矣！吾不復夢見周公。」「不復」猶言不再。孟子公孫丑篇：「管仲晏子之功，可復許乎？」同篇：「聖人復起，不易吾言矣。」「復」並猶再。滕文公篇：「世子自楚反，復見孟子。」同篇：「或以告王良，良不可，請復之，强而後可。」離婁篇：「問有餘。曰：『亡矣，將以復進也。』」盡心篇：「國人皆以夫子將復爲發棠，殆不可復。」此類復字，並爲重、再之義。凡行事曾見於前，而又重出於後，則用復字，以表再次之義。這是表動量的限制詞。

②復：猶反復，爲週而復始之義。如：

論語先進篇：「南容三復白圭。」「復」卽反復。「三復白圭」，卽一日反復咏誦白圭詩三遍。是用它表次數的限制詞。

③復：猶反、猶還。「復」爲復其舊，卽歸本還原之義。如：

論語鄉黨篇：「賓退，必復命曰：『賓不顧矣。』」「復命」卽反命。謂受命行事，事畢，反告其授命之主人。顏淵篇：「克己復禮爲仁。」孔曰：「復，反也。」「反」猶歸。「復禮」謂回歸於禮的實踐。孟子萬章篇：「復歸於亳。」「復」猶還、猶仍。「復歸於亳」，猶言「還歸於亳」或「仍歸於亳」。

徧

①徧：猶盡、猶悉、猶舉。爲周匝之詞，是普徧全體的意思。如：

孟子離婁篇：「徧國中無與立談者。」「徧國」猶言舉國，卽全國之意。盡心篇：「堯舜之知，而不徧物，急先務也；堯舜之仁，不徧愛人，急親賢也。」「徧」猶盡，「徧物」卽盡知天下百工之事。「徧愛」卽盡愛天下所有的人。亦是普徧周全之義。

幾

①幾：爲近詞。與「庶」字同義互訓，表將然尙未然之義。意思和「差不多」相當。如：

論語子路篇：「如知其爲君之難也，不幾乎一言而興邦乎？」「幾」猶近，「乎」語中助詞。意謂一言而近於興國。孟子梁惠王篇：「王之好樂甚，則齊國其庶幾乎？」同章：「吾王庶幾無疾病與！何以能鼓樂也？」「庶幾」爲同義複語，亦近詞。單用「庶」，或複用「庶幾」，都是大概、差不多的意思。

②幾：猶將。同「幾乎」之義，亦爲近詞，表接近之意，不相當於大概、差不多。如：

孟子盡心篇：「何不使彼爲可幾及，而日孳孳也。」「幾」猶將。「幾及」是將及而未及之意。就是以最接近之距離而誘導之，使其樂於從之前進。

③幾：猶微。爲隱微婉約之詞，猶今人所謂隱語。如：

論語里仁篇：「事父母幾諫。」「幾諫」卽微諫，而是怡聲悅色，以婉言諷喻之，不是公然責善。是個表性態的限制詞。

④幾：猶豈。爲反詰語詞。「幾希」猶言豈遠，亦卽不遠之意。如：

孟子離婁篇：「人之所以異於禽獸者，幾希。」趙注：「幾希，無幾也。」按「幾」猶微，「希」猶少。「幾希」猶微少，亦卽相去無多之意。告子篇：「其日夜之所息，平旦之氣，其好惡與人相近也者，幾希。」趙注：「幾、豈也，豈希，言不遠也。」趙氏解釋幾希，前後用語雖異，而意思仍是相同的。盡心篇：「舜之居於深山之中，與木石居，與鹿豕遊，其所以異於深山之野人者幾希。」「幾希」亦是不遠之意。「不遠」是由接近之意引申而來，和一般「幾希」或「無幾」之詞義有別。

⑤幾：讀（ㄐㄧˇ）。爲表數量不定的限制詞。如：

孟子梁惠王篇：「凶年饑歲，子之民，老弱轉於溝壑，壯者散而之四方者，幾千矣。」「幾」爲未定之詞，表人數之多。離婁篇：「曰：『子來幾日矣？』」「幾」爲未定之詞。「幾日」猶言幾多時日。同篇：「由君子觀之，則人之所以求富貴利達者，其妻妾不羞也，而不相泣者，幾希矣！」「幾」讀（ㄐㄧ）。「幾希」猶言豈少，也就是很多的意思。

⑥幾：猶期。卽希冀盼望之意。如：

論語子路篇：「言不可若是其幾也。」「幾」爲期待盼望之意。謂一言難望其有這樣大的功效。

敢

①敢：爲敬詞，以卑承尊，而有冒昧之意。如：

論語先進篇：「赤也惑，敢問？」子路篇：「曰：『敢問其次？』」堯曰篇：「敢用玄牡，敢召告于皇皇后帝。」孟子公孫丑篇：「敢問夫子之不動心。」「敢問惡乎長？」萬章篇：「敢問交際，何心也？」「敢問」卽膽敢的請問。凡言敢問者，都是以卑承尊而有冒昧之意。這和以卑觸尊的「竊問」一詞，雖同是修飾動詞的限制詞，而情態恰好相反，一爲膽敢冒昧之意，一爲自謙不敢之意。

②敢：猶可。爲認定之詞。作該當講。「敢」與「可」，同義互訓，可以通用。如：

孟子公孫丑篇：「桓公之於管仲，則不敢召；管仲且猶不可召，而況不爲管仲者乎？」「不敢」與「不可」，爲變文同義。同篇下文有「繼而有師命，不可以請」之語。「不可」猶不敢。孫疏：「遂不敢請去。」這分明是以「敢」訓「可」的。

③「非敢」與「何敢」：並猶豈敢。表反詰而兼感歎語氣。如：

論語雍也篇：「非敢後也，馬不進也。」先進篇：「曰：『子在，回何敢死？』」憲問篇：「非敢爲佞也，疾固也。」「非敢」與「何敢」並與豈敢同義。也是不敢之意。

爲

①爲：猶其。「爲」古通惟。「惟」可訓其，故「爲」亦得訓其。用作指代詞，作「他」或「他的」講。如：

論語里仁篇：「不患人之莫己知，求爲可知也。」朱注引程子曰：「君子求其在己而已矣。」「求其在己」的「其」，分明是解釋「爲」字的。這句文字，和憲問篇：「不患人之不己知，患其不能也。」義法相同，一用爲，一用其，足證「爲」與「其」同義，都是泛指自己的代稱詞。孟子公孫丑篇：「蚳鼃諫於王而不用，致爲臣而去。」句中「諫於王」的「於」訓「其」，指代齊王。「致爲臣」的「爲」亦訓「其」，指代齊卿之職位。並當「他的」講。

②爲：猶之。「以爲」猶謂之。用作指示詞。當白話「他」字。如：

論語八佾篇：「事君盡禮，人以爲諂也。」「以」訓謂，「爲」訓之。「以爲」猶謂之。可譯做「說他」二字。是說：「事君能盡臣節，世人反而說他諂媚呢。」孟子公孫丑篇：「人皆以爲賤。」「以爲」猶謂之。是說「人們都說他卑賤。」盡心篇：「孔子以爲德之賊，何哉？」「以爲」猶謂之，是說「孔子說他是道德的蟊賊，是甚麼原因呢？」

③爲：猶是。「爲」通惟。「惟」可訓是，故「爲」亦得訓是。（說見劉氏辨略。）不過，「是」常做現代語的判斷詞，亦叫繫詞。在文言裏判斷詞「爲」的性質，跟白話判斷詞「是」，不完全相同。但「是」在文言裏是代詞，用它作主語，含有「這是」二字之意。卻不能把它看做判斷詞。而文言裏的「爲、乃、則」等詞，有時作「是」解，卻有判斷的作用。但「爲」有「算是」意，「乃」有「卻是」意，「則」有「就是」意，它們的含義亦不完全跟「是」相同，但在這種句裏的判斷作用，

都是相同的。這個猶「是」的「爲」，是由動詞轉成的關係詞，如：

論語里仁篇：「里仁爲美。」邢疏：「居仁者之里，是爲美也。」「是」是解釋「爲」的。述而篇：「君取於吳爲同姓。」「爲同姓」猶言是同姓。顏淵篇：「克己復禮爲仁。」「爲仁」，猶言「算是仁。」微子篇：「長沮曰：『夫執輿者爲誰？』子路曰：『爲孔丘。』曰：『是魯孔丘與？』曰：『是也。』曰：『是知津矣。』問於桀溺，桀溺曰：『子爲誰？』曰：『爲仲由。』曰：『是魯孔丘之徒與？』對曰：『然』」。這是敍述性的判斷句子，連用四個「爲」，並猶「是」。都是繫詞。用在句首的三個「是」，有指示詞而兼繫詞的作用。「是也」的「是」，猶「然」，爲應聲詞。「爲」雖相當於「是」，但不同於「是」。因「爲仲由」的反面，可說做「不是仲由」，但文言卻不能說「不爲仲由」，足可證明「爲」和「是」不盡相同。（說見許氏國文法）又同篇：「孰爲夫子？」「孰爲」猶「誰是」。陽貨篇：「唯女子與小人，爲難養也。」子張篇：「子爲恭也。」同篇：「吾友張也，爲難能也」裏的「爲」，都是位於判斷句的主語和謂語之間，並猶「是」，同是繫詞。又如孟子公孫丑篇：「爾爲爾，我爲我。」是個相對的並列句，「爲」並猶「是」。滕文公篇：「以兄之祿，爲不義之祿。」告子篇：「養其一指，而失其肩背而不知也，則爲狼疾人也」裏的「爲」，並相當於「是」。「爲」和「是」，本是同動詞，可以互訓，也都是位於判斷句主語和謂語之間作繫詞，乃是習見之常語。還有把「爲」放在形容詞做表語的前面，以作決定性的判斷詞，如論語泰伯篇：「唯天爲大，唯堯則之。」孟子盡心篇：「民爲貴，社稷次之，君爲輕」裏的「爲」，雖可譯作「是」，但多少含有「算是」的意味。還有把「爲」用在否定式的判斷句裏，下面也多是形容詞做表語，如梁惠王篇：「萬取千焉，千取百焉，不爲不多矣。」公孫丑篇：「齊卿之位，不爲小矣；齊滕之路，不爲近矣。」在這類否定式的判斷句裏「不爲」猶言不是。「爲」上加「不」或「非」，以表否定，「爲」下也是形容詞做表語。「爲」不僅僅相當於「是」，亦是「算是」的意思。更有把「爲」放在句末「然」的上面作判斷詞而兼繫詞的。如公孫丑篇：「惟此時爲然。」萬章篇：「非惟百乘之家爲然也。」「爲」也作「是」講，「爲然」猶言是如此。

④爲：讀（ㄨㄟˊ）。猶謂。爲與謂聲同義轉，故「爲」得訓謂，「謂」亦得訓爲。是謂之之義。（說見王氏釋詞）如：

論語爲政篇：「子曰：『由！誨女知之乎！知之爲知之，不知爲不知，是知也。』」劉氏辨略訓「爲」爲「是」，未允。此兩爲字，應讀如謂。「謂」與「曰」，古同音，義亦相通。劉氏正義引荀子云：「故君子知之曰知之，不知曰不知，言之要也。」義法與此相同，足以證明「爲」猶「謂」，與「曰」同義。是「謂之」之義。可翻成「說」或「叫做」。同篇：「是亦爲政，奚其爲爲政？」「爲爲政」的上「爲」字，與「謂」同義。亦可作算是講。劉氏辨略謂「爲」字，乃語聲無義，失之。（說見裴氏集釋）凡「爲」可以訓「謂」者，其讀音必與謂同，此乃訓詁學上同聲通假之常理。如憲問篇：「克、伐、怨、欲，不行焉，可以爲仁矣？子曰：『可以爲難矣，仁則吾不知也。』」「爲仁」「爲難」，猶言「謂之」仁、「謂之」難。「爲」亦是「算是」的意思。同篇：「子貢曰：『何爲其莫知子也？』」「何爲」與「何謂」同義。竹氏會箋：「當時天下之人，皆知孔子爲大聖人，故云何謂其莫知子也。」同篇：「幼而不孫弟，長而無述焉，老而不死，是爲賊。」「爲」亦「謂之」之義，作「叫做」講。這是聯合三個偏正結構的敘事句在前面作主語，後面用「是爲賊」三字作判斷句。簡而有力。「是」指代主語，當「這」。「爲」是判斷詞，當「叫做」講。「賊」是結語。孟子萬章篇：「卻之、卻之爲不恭，何哉？」趙氏訓「爲」爲「謂之」。「言卻不受尊者禮，謂之不恭。」同篇：「有人於此，力不勝一匹雛，則爲無力人矣；今曰舉百鈞，則爲有力人矣。」兩「爲」字，皆「謂之」之義。當「叫做」講，是述詞，是據實而定其名之詞。「爲」以前是陳述事實，「爲」以後爲結語。

⑤爲：猶將。用作限制詞，表時間的將然。當白話「就要」或「打算」講。如：

孟子梁惠王篇：「克告於君，君爲來見也。」「爲」猶將，因上文有「將見孟子」一語。故知「君爲來見也」，卽「君將來見也。」意思是說「君王準備來見你。」

⑥爲：讀（ㄨㄟˋ）猶助，作幫助講。這是把外動詞用作關係詞。用「爲」來介進補詞或止詞。「爲」下常用「之」做關切補詞或受事補詞。如：

論語述而篇：「冉有曰：『夫子爲衞君乎？』……出，曰：『夫子不爲也。』」鄭注：「爲，猶助也。」按「助」亦「與」義。這兩個「爲」，並是幫助之意。先進篇：「季氏富於周公，而求也爲之聚斂。」「爲」猶助，「之」指代主語季氏，是個受事補詞。是說：「季氏比周公還要富裕，而冉求卻還幫助他搜括。」

⑦爲：讀（ㄨㄟˋ），猶代。作「替」或「給」講。這是由作「助」講的外動詞「爲」，引申出來的關係詞。因爲它肩負的任務不同，而爲用有別，也在這裏加以說明。如：

論語學而篇：「爲人謀而不忠乎？」雍也篇：「善爲我辭焉。」這兩個「爲」，同是關係詞，用它來連繫關切補詞「人」和「我」的。子路篇：「父爲子隱，子爲父隱，直在其中矣。」這句的主語，是相對待的並列句，中間各用「爲」作表所代的關係詞，作代替講，亦略含幫助的意味。又如孟子梁惠王篇：「爲長者折枝。」同篇：「爲我作君臣相悅之樂。」公孫丑篇：「今有受人之牛羊，而爲之牧者。」「爲之」的「爲」猶「代」，「之」爲受事補詞，指代人，作他講。凡言「爲之」者放此。同篇：「子盍爲我言之？」」滕文公篇：「子爲我問孟子。」同篇：「湯使亳衆往爲之耕。」離婁篇：「故爲淵敺魚者獺也，爲叢敺爵者鸇也，爲湯武敺民者桀與紂也。」萬章篇：「舜既爲天子矣，又率天下諸侯以爲堯三年喪，是二天子矣。」這類各例句中的「爲」，並讀（ㄨㄟˋ）用作介繫詞，作「替代」講。文言是用它來引進下面關切補詞，上面大都有起詞，但有的也可省略。起詞對於關切補詞，總是有服務的關係。也就是說，起詞總是負責幫助補詞完成一個動作。這個關係詞，是用作「助」解的動詞「爲」來擔任表所代的關係，其功用在表行爲的動機，是爲誰而動的。這是論孟中習見的常語。

⑧爲：猶立。當建立、設置講。這也是由動詞變來的關係詞。如：

論語憲問篇：「臧武仲以防，求爲後於魯。」孟子梁惠王篇：「則是方四十里，爲阱於國中。」這兩例，都是主動的複式敘事句子，下句都是用介詞「爲」和「於」前後相應，形成一種「爲……於……」格式。這「爲」猶「立」的意思。是由代替之意引申而來的。「爲後」是代他立後代。「爲阱」是替民設陷阱。「於」爲表所在的介詞，下面的「魯」和「國中」，都是介詞「於」引出的受事補詞。

⑨爲：猶被。「被」與「爲」聲類相通，故「爲」得訓「被」，是個表被動的關係詞。在文言裏常有「爲……所……」被動式句子，這個格式，也被現代語採用著，而且「爲」和「被」的下面，都可以用「所」相關連。如：

論語子罕篇：「不爲酒困。」這是被動句形，「酒」是主詞，用「爲」來引進，下面可接上一個「所」字，說做「不爲酒所困。」「所」字可省，必須在動詞前加個「見」字，說做「不見困於酒。」「見」亦是表被動的，與「爲」同義。不過在先秦的早期文言裏，祇用「爲」表被動。自從後來「爲……所……」式通行以後，施動者若不出現，「爲」和「所」又可合成一個被動詞。如微子篇：「箕子爲之奴。」「之」指代紂王。「爲之奴」，是「爲紂王所奴。」注疏並云：「箕子佯狂爲奴。」箕子是自囚爲奴呢？抑亦被囚爲奴呢？語意含混莫明。朱注：「囚箕子以爲奴。」這已隱然指出箕子是被囚爲奴了。竹氏會箋則明言「且其囚奴，紂爲之也，非箕子自爲之。」這已確指箕子是被商紂所囚奴。這兩個例句中的「爲」，都是表所受的關係詞，用在主語和謂語之間，成爲被動式的敍事句子。可是文言裏有「爲……所……」和「見……於……」兩個表被動句式，在秦漢時代纔有的，直到現代語裏，仍舊被沿用著。不過，「爲……所……」和「見……於……」的句式不同。用「爲……所……」的「爲」，引出施動者要加在動詞前。用「見……於……」的「見」不能引出施動者，而「於」引出的施動者，卻要放在動詞後。（參閱「見」猶「被」條。）

⑩爲：讀（ㄨㄟˋ）。猶以、猶因。用「爲」以表原因，來引進原因補詞或原因小句。文言通常用「以」字，把止詞提到述詞之上，但用「爲」字，也可把止詞提前的。祇是用「以」連繫止詞，固然可以放在述詞前，也可放在述詞後。但用「爲」連繫止詞，祇能放在述詞前，卻不能放在述詞後。這個「爲」字，相當於「因爲」、「爲了」。可以兼做連繫原因補詞和目的補詞的關係詞。如：

論語八佾篇：「射不主皮，爲力不同科。」馬注：「爲力，力役之事。」邢疏同馬注。朱注：「爲去聲。……蓋以人力有强弱不同等也。」這分明訓「爲」爲「以」。按「以」猶因，卽因爲之意。朱注爲勝。「爲」是介進原因小句的。雍也篇：「仁者，雖告之曰：『井有仁焉。』其從之也？子曰：『何爲其然也？』」「何爲其然」，猶言「何以如此」。「何以」卽因何意。「其然」是原因補詞，指從井救人之事。先進篇：「由之瑟，奚爲於丘之門？」「奚爲」猶「何以」，亦卽因何之意。凡言何爲、奚爲者，放此。孟子梁惠王篇：「仲尼曰：『始作俑者，其無後乎？』爲其象人而用之也。」用「爲」引進原因小句，是因爲、爲了的意思。同篇：「君所爲輕身以先於匹夫者，以爲賢乎？」「所爲」的「爲」，應訓以。風俗通義引此文，「所爲」作「所謂」，按「謂」亦猶「以」，和下句的「以爲」，同是因爲之意。公孫丑篇：「子之辭靈邱而請士師，似也；爲其可以言也。」離婁篇：「舜不告而娶，爲無後也。」這兩個複句，都把原因小句後置，並用兩個「也」作結，以表判斷語氣。兩個表原因的關係詞「爲」，雖用作繫詞，卻仍含有動詞性，擔負述詞的任務。同篇：「爲得罪於父，不得近，出妻屏子。」「爲」卽因爲，這是把原因小句前置的。萬章篇：「仕非爲貧也，而有時乎爲貧；娶妻非爲養也，而有時乎爲養。」這是相對的兩個並列複句，四個「爲」，都是表原因的關係詞。同篇：「且君之欲見之也，何爲也哉？曰：『爲其多聞也，爲其賢也。』」告子篇：「夫子之任見季子，之齊不見儲子，爲其爲相與？」同篇：「惟不役志於享，爲其不成享也。」盡心篇：「所惡執一者，爲其賊道也。」此類「爲其」的「爲」，並猶以、猶因，都是表原因的關係詞。也都是放在原因小句頭上，我們叫它前置介詞。

⑪爲：猶於。當白話在字。「於」是通常用來介進處所補詞的，有時也用「爲」來介進，和用「於」的功用相同，都是表動作之所在的關係詞。如：

孟子公孫丑篇：「飢者易爲食，渴者易爲飲。」同篇：「宰我、子貢，善爲說辭。」盡心篇：「孳孳爲善者，舜之徒也；孳孳爲利者，蹠之徒也。」「爲」並猶「於」，都是用在形容詞後，略帶動詞性，可見它是由動詞變成連繫補詞的關係詞，是表動作之所在的定著關係。

⑫爲：讀（ㄨㄟˊ），猶與。用它來介進交與補詞。和白話「同」跟「和」的意思相當。如：

論語衞靈公篇：「道不同，不相爲謀。」鹽鐵論憂邊篇作「道不同者，不相與謀。」可證「不相爲謀」就是「不相與謀」，亦卽「不相同謀」之意。孟子梁惠王篇：「臣請爲王言樂。」「爲」猶與。和白話的「同、跟、和、向」等字同義。公孫丑篇：「不得不可以爲悅，無財不可以爲悅，得之爲有財，古之人皆用之，吾何爲獨不然？」「得之爲有財」之「爲」，跟「與」字同義。（說見王氏釋詞）朱注：「或曰：『爲當作而。』」按爲字在這句裏，作連繫詞，其功用和「與」或「而」是相同的。盡心篇：「故觀於海者難爲水，遊於聖人之門者難爲言。」兩「爲」字，都相當於「與」。是說：「看慣海洋的人，就難和他講江河裏的水；曾經遊學聖門的人，也就難和他講甚麼大道理了。

⑬爲：讀（ㄨㄟˋ）。猶使。用作連絡關係詞。有令使、設使二義。如：

論語先進篇：「非夫人之爲慟，而誰爲？」「夫」猶此，「爲」猶使，「而」猶其。言「非此人之使我慟，其誰使我慟呢？」朱注，「爲」讀去聲（ㄨㄟˋ），當是「爲了」的意思。竹氏會箋：「爲讀平聲（ㄨㄟ），是「令使」之意。」當以後說爲勝。孟子離婁篇：「從耳目之欲，以爲父母戮。」「爲」猶使，謂致使父母受到羞辱。上兩例句中的「爲」、「皆使令」之「使」的意思。又梁惠王篇：「苟爲後義而先利，不奪不饜。」離婁篇：「苟爲無本，七八月之間，雨集，溝澮皆盈。」同篇：「苟爲不畜，終身不得。」告子篇：「苟爲不熟，不如荑稗。」此類「苟爲」之「爲」，並是設詞「假使」之「使」之意。此「苟爲」之「爲」，亦相當於「如」或「若」，「苟爲」就是假如假若之意。

⑭爲：猶如。當白話如此、如同之意。如：

論語憲問篇：「丘何爲栖栖者與？」「何爲」猶言何如是。子張篇：「叔孫武叔毀仲尼。子貢曰：『無以爲也，仲尼不可毀也。』」「以」同已，訓「太」。「爲」訓如此。「無以爲也。」是說：「無太如此也。」王氏釋詞訓「以」爲用，「爲」爲語助，「言無用毀也。」說亦可行。孟子盡心篇：「齊饑，陳臻曰：『國人皆以夫子將復爲發棠，殆不可復？』孟子曰：『是爲馮婦也。』」「是爲」猶言是如。是說：「再這樣做，就如同馮婦了。」

⑮爲：猶比。爲表差比的關係詞。相當於較、比較、或過於的意思。如：

論語陽貨篇：「子曰：『飽食終日，無所用心，難矣哉！不有博弈者乎？爲之猶賢乎已！』」「爲」猶比。言博弈的人，比較那些終日不用心的人還要好些。

⑯爲：猶惟。玉篇：「爲，猶惟也。」按惟、爲聲轉義通，故「爲」有思惟與惟獨二義。如：

孟子梁惠王篇：「君子創業垂統，爲可繼也。」「爲」同惟，訓思。言思可傳，思可繼。（說見吳氏衍釋。）趙注訓「爲」爲令，言君子創業垂統，貴令後世繼續而行耳。」似不若訓思爲得。滕文公篇：「有攸不爲臣。」趙注：「言不惟念臣子之節。」阮元校勘記：「按各舊經注，及各本注疏，皆作惟。疏云：『惟念臣子之節』固不誤也。朱子集註本譌作爲臣，不可不正。」按「爲臣」之「爲」，本爲「思惟」之「惟」的借字，倒也不必正集註本之訛。上例兩「爲」字，並爲思念之意。又公孫丑篇：「爲天吏，則可以伐之。……爲士師，則可以殺之。」告子篇：「周公之封於魯，爲方百里也，地非不足，而儉於百里；太公之封於齊也，亦爲方百里也，地非不足也，而儉於百里。」上兩例中，四個爲字，並與「惟獨」之「惟」同義。和白話「祇有」或「祇是」相當。

⑰爲：猶乃。「爲」通惟，「惟」可訓乃，故「爲」亦得訓乃。「乃」原是個限制詞，有「就是」和「方纔」之意。把它用在判斷句裏，並有連繫作用，當然可以說它是關係詞。如：

論語述而篇：「君娶於吳爲同姓，謂之吳孟子。」「爲」猶乃是。「爲同姓」即「乃是同姓」。孟子梁惠王篇：「無恆產而有恆心者，惟士爲能。」「爲能」猶乃能，意思就是纔能。同篇：「惟仁者爲能以大事小，是故湯事葛，文王事昆夷。惟智者爲能以小事大，故太王事獯鬻，句踐事吳。」孫疏訓「爲」爲「乃」，「爲能」亦是「纔能」之意。

⑱爲：猶則。「則」和「乃」，可以通用。「乃」可用作繫詞，故「則」亦可作繫詞用。表順序連接，當就要或就是講。如：

論語陽貨篇：「君子有勇而無義爲亂，（與泰伯篇：「勇而無禮則亂」。文例相同。）小人有勇而無義爲盜。」史記仲尼弟子列傳作「君子好勇而無義則亂，小人好勇而無義則盜。」可證「爲」與「則」是同義通用的。孟子公孫丑篇：「故事半古之人，功必倍之，惟此時爲然。」「爲」猶則，「爲然」猶言則然，意思是「就是如此。」告子篇：「鄉爲身死而不受，今爲宮室之美爲之。」「鄉爲」之「爲」猶「則」，作「就是」講。「今爲」之「爲」猶「以」，作「爲了」講。是說：「從前就是餓死也不肯接受，現在爲了屋宇的華麗，就肯做了。」

⑲爲：猶僞。卽僞裝之意。這個「爲」，是帶動詞性的繫詞。如：

論語子罕篇：「無臣而爲（ㄨㄟˊ）有臣。」「爲」和僞同義。劉氏正義：「無臣而爲有臣。爲、卽是僞，謂無臣而僞有臣也。」這個爲字，是「裝作」的意思。

⑳爲：和以爲同義，當白話「當做」或「變成」講，這也不是純粹的繫詞，多少帶有動詞性，跟上面所講的作判斷詞的「爲」不同。這是用在準判斷句和敘述句中，可叫它準繫詞。如：

論語述而篇：「亡而爲有，虛而爲盈，約而爲泰。」「爲」皆以爲之義。作「當做」或「裝成」講，這三句是準判斷句，祇是把主語當做甚麼。孟子公孫丑篇：「管仲，曾西之所不爲也，而子爲我願之乎？」「爲我」卽是「以爲我」。王氏釋詞訓「爲我」之「爲」爲「謂」，亦通。按「以爲」可訓「意謂」「謂爲」「認爲」。（說見「以」猶「謂」條。）同篇：「辭十萬而受萬，是爲欲富乎？」孫疏：「是以爲欲富乎？」盡心篇：「人能無以飢渴之害爲心害，則不及人，不爲憂矣。」「不爲憂矣」猶言「不以爲憂了。」

㉑爲：用作語氣詞，它本是介詞，因其位於句末，遂爲語末助詞。與「乎、哉」等字，功用相同，當白話「呢、嗎、啊」等語氣，其前必用「奚、何」等疑問詞，「爲」爲疑問助詞。有時「爲」下連用「乎、哉」等字，或表疑問，或表感歎。但有時祇是爲了加重語氣，是不表任何意思的。如：

論語顏淵篇：「何以文爲？」「爲」爲語末助詞，表疑問語氣。皇疏：「何必用文章乎？」「乎」是解釋「爲」的。子路篇：「雖多，亦奚以爲？」言誦詩雖多，亦有何用啊？季氏篇：「夫顓臾，昔者先王以爲東蒙主，且在邦域之中矣，是社稷之臣也，何以伐爲？」言何用伐啊？子張篇：「無以爲也！」

是說「不用這樣啊！」此類「奚以」「何以」「無以」之「以」，並訓用，「爲」是表疑問和禁止語氣的語末助詞。孟子滕文公篇：「惡用是鶃鶃者爲哉！」是說「要這鶃鶃叫的東西幹啥啊！」萬章篇：「我何以湯之聘幣爲哉！」是說「我要湯之聘幣有啥用啊！」「爲哉」二字，相當於「哉」，用以表感歎語氣，祇是比單用「哉」的語氣要加強些。又告子篇：「惟弈秋之爲聽。」這是把賓語提前的句法，說做「祇有弈秋的話是聽」，若是順說「祇有聽弈秋的話。」這個語氣詞「爲」，在上面加了「之」，合成複式語氣詞。這個複式語氣詞，既不表疑問，亦不表感歎，在白話裏也沒有適當的詞來翻它。

猶

①猶：猶尙。猶且。是個限制詞，用在複句的後句裏，表示某種情狀，繼續不斷的進展，前後連成一氣，以表未盡之餘意。當白話尙且或還字。（參閱「且」猶「猶」和「尙」猶「猶」各條。）如：

論語雍也篇：「必也聖乎！堯舜其猶病諸！」「猶」訓尙，謂堯舜尙且以博施濟衆爲病。泰伯篇：「學如不及，猶恐失之。」「猶」訓尙，當白話還字。兩句呵成一氣，說明爲學之情態，一面如恐不及，一面又怕把所學的失掉。顏淵篇：「曰：『二，吾猶不足，如之何其徹也？』」陽貨篇：「不有博弈者乎？爲之猶賢乎已？」微子篇：「往者不可諫，來者猶可追。」子張篇：「他人之賢者，丘陵也，猶可踰也。」此類「猶」字，並訓「尙」或「尙且」，都相當於還字。孟子梁惠王篇：「置君而後去之，則猶可及止也。」公孫丑篇：「管仲晏子，猶不足爲與？」兩猶字，並爲可止之詞。可止而不止，意思相當於還字。同篇：「且以文王之德，百年而後崩，猶未洽於天下，武王周公繼之，然後大行。」這「猶未洽」的「

猶」，雖亦訓尚，然與前義略別。這個「猶」字，與上句「且」字相應，乃是表進層連接的繫詞。同篇：「管仲且猶不可召，而況不為管仲者乎？」「且猶」和「而況」相應，構成「且猶……而況……」逼進式的複句。「且猶」猶「猶且」，和「尚且」均為同義複詞。同篇：「予三宿而出晝，於予猶以為速。」此猶字，亦尚且義。滕文公篇：「今滕絕長補短，將五十里，猶可以為善國。」同篇：「當堯之時，天下猶未平。」這兩個猶字，並為「尚」義，可翻作「還」，但不能翻做「尚且」。萬章篇：「獵較猶可，而況受其賜乎？」盡心篇：「待文王而後興者，凡民也；若夫豪傑之士，雖無文王猶興。」這兩個猶字，亦尚且之義，表進層連接，和還字的意思相當。不過有些猶字，祇能用「尚且」，或祇能用「還」來翻，是不能隨便的。但有時單用「且」或「尚」，意思跟「猶且」或「尚且」相同，都可以用「還」來解釋。「猶」與「尚」，均為庶幾之義，同是表性態的限制詞。「猶」得為「尚」，「尚」亦得為「猶」。如滕文公篇：「今吾尚病」之「尚」，卽訓「猶且」之「猶」。這類用「猶」和「況」相互較量而構成的偏正複句，前部分是偏句，後部分是正句，意思都側重在正句。

②猶：猶及。作「同等」講。相當於「相同」或「趕得上」的意思。看起來很像是個形容詞，我們不妨把它當做準繫詞。如：

論語述而篇：「子曰：『文莫吾猶人也。』」朱注：「猶人，言不能過人，而尚可以及人。」這是明訓「猶」為「及」，所謂不能過，可以及，亦卽相當、相等之義。這個猶字，用在主語和謂語之間，自然是個準繫詞。顏淵篇：「子曰：『聽訟，吾猶人也。』」包曰：「與人等」。邢疏：「吾亦猶如常人，無以異也，言與常人同。」都是訓「猶」為與人同等之義。孟子離婁篇：「舜之不告而娶，為無後也，君子以爲猶告也。」朱注：「猶告，言與告同也。」所謂「與告同」，卽不告等於告之意。

③猶：猶若、猶如。爲譬況之詞。和好像、好比、等於、若似之意相同。也是用在準判斷句中作準繫詞。如：

論語公冶長篇：「陳文子有馬十乘，棄而違之，至於他邦，則曰猶吾大夫崔子也。」先進篇：「子曰：『回也，視予猶父也，予不得視猶子也。』」這都是用「猶」來設人事以譬其同。同篇：「過猶不及。」此乃設行事相比，謂太過等於不及。顏淵篇：「虎豹之鞟，猶犬羊之鞟。」此乃設物質以比其同。陽貨篇：「譬諸小人，其猶穿窬之盜也與？」同篇：「人而不爲周南召南，其猶正牆面而立也與？」子張篇：「夫子之不可及也，猶天之不可階而升也。」這都是設事物之理以譬況人事之同然。亦皆「如同」「好比」之義。孟子梁惠王篇：「以若所爲，求若所欲，猶緣木而求魚也。」「若」爲如此之意，與猶字相應，此乃設事物之理，以譬況其不可能。同篇：「今之樂，猶古之樂也。」這個猶字，乃是以今況古之設詞。公孫丑篇：「武丁朝諸侯，有天下，猶運之掌也。」此乃引證事理以譬其易。同篇：「民之悅之，猶解倒懸也。」此乃設事理之解放，以比民悅之心情。同篇：「今惡辱而居不仁，是猶惡濕而居下也。」此乃反設事理以譬況其行爲之乖謬。同篇：「人之有四端也，猶其有四體也。」此乃設具體之事實，以喻抽象之名理。滕文公篇：「士之失位也，猶諸侯之失國也。」同篇：「士之仕也，猶農夫之耕也。」此乃藉顯著以喻隱微。離婁篇：「今惡死亡而樂不仁，是猶惡醉而强酒。」同篇：「今也欲無敵於天下，而不以仁，是猶執熱而不以濯也。」這亦是反設事理以況其行爲之謬誤。同篇：「民之歸仁也，猶水之就下，獸之走壙也。」這乃是以自然之物理，喻人性之向善。同篇：「視天下悅而歸己，猶草芥也。」這是以草芥之微，比君位之輕。萬章篇：「周公之不有天下，猶益之於夏，伊尹之於殷也。」這是以古況今。告子篇：「性，猶杞柳也；義，猶桮棬也；以人性爲仁義，猶以杞柳爲桮棬也。」這是以物性比人性。同時亦是以具體喻抽象。盡心篇：「舜視棄天下，猶棄敝屣也。」這是以敝屣之賤，喻君位之不足貴。這類例句中的「猶」，並當白話「像」或「好比」，但翻像或好比，須視各句之所宜，不能隨意亂用，是要經過選擇的。凡是用「猶」作譬況詞，造成的複式句型，「猶」總是用在次句之首，構成判斷句，用來比擬兩件事物之相似處，這相似處，不易用文字直接把它和盤托出，祇好用「猶」作譬況以出之。「猶」以下之文義，總是以淺易尋常之事，而喻上文要說的難言之理。此類複句，謂語的主要詞的賓語，也都是偏重表明主語的，同是判斷句。這在論孟中爲常語，尤其孟子裏用的最爲普偏。或以譬人事，或以比物態，或以具體表抽象，或以自然喻人情，或喻其難，或比其易，或反正相比，或成敗相況。都是以淺喻深，以常見喻不常見，以尋常喻不尋常。其造語平易而新奇，足以表達難顯之情和難明之理，使人了然於懷，而相悅以解。此乃孟子善爲說解的主要語法之一。

④猶：猶仍。猶因。作依舊、照舊講。和還字的意思相當，亦是限制詞，用在準判斷句裏，可以把它看做準繫詞。如：

孟子公孫丑篇：「其故家遺俗，流風善政，猶有存者。」「猶」爲仍義，謂故舊的家俗風政，仍遺流人間。「仍」又可轉爲因，「因仍」即「守故」之義。如盡心篇：「掘井九軔，而不及泉，猶爲棄井也。」「猶」與「而」相應，爲同義變文，是可止而仍未絕之詞，亦相當於還字，是仍然、依舊之意。

⑤猶：猶均、猶等。用作限制詞，當白話「都」或「同」字。如：

論語堯曰篇：「猶之與人也，出納之吝，謂之有司。」孔注：「猶之與人，言財物皆當與人。」朱注：「猶之，猶言均之也。」王氏釋詞：「物相若則均，故猶又有均義。」吳氏衍釋：「猶，猶均也。」措詞小異，而用意則同。這「猶之」當白話「總是」或「同樣」的意思。

⑥猶：通由，為自、從之義，用作準繫詞。（參閱「由」通「猶」條。）如：

孟子公孫丑篇：「然而文王猶方百里起，是以難也。」「猶」為「由」之借字。作「自、從」解。在論孟中假「由」為「猶」的不少，而假「猶」作「由」的，卻僅見於此。

斯

「斯」和「茲、此、是」等字同義，用作指稱詞，作這、這個、或這些講。在尚書中多用茲，論語中多用斯，大學以後多用此。此類字異義同的語詞，亦因世代與地域之別，語音自有輕重之分，隨時地有所轉變，而為用是各有所宜的。

①斯：猶此。為指稱詞。可以指人或事物。並非泛指，都是隨文而確有所指的。如：

論語學而篇：「禮之用，和為貴，先王之道，斯為美。」「斯」猶此，指上文的「禮」，亦指「和」。同篇：「子貢曰：詩云：『如切如磋，如琢如磨。』其斯之謂與？」「斯」猶此，指子貢所領悟的詩教中的道理。凡引成語而結之以斯之謂者，都是緊結上文之事與理而言，並非泛無所指者，餘放此。八佾篇：「其如示諸斯乎？指其掌。」「斯」指代手掌，相當於「這個」。公冶長篇：「魯無君子者，斯焉取斯？」兩斯字義別。「斯焉」的「斯」，指代子賤。「取斯」的「斯」，指尊賢取友以成其德的君子。

同篇：「子使漆雕開仕。對曰：『吾斯之未能信。』」「斯」指從政之政務官。雍也篇：「斯人也，而有斯疾也！」「而」猶當。「斯」爲有所指的形容詞。「斯人」指代冉伯牛，相當於這個人。「斯疾」指冉伯牛的病情，相當於這種病。是說：「像冉伯牛這個好人，居然生了這種惡病。」子罕篇：「有美玉於斯。」「於斯」猶言在此。「斯」作「這裏」解。憲問篇：「子曰：『修己以敬。』曰：『如斯而已乎？』」「如斯」猶言如此。指問「修己以敬」的情況。微子篇：「吾非斯人之徒與而誰與？」「斯」猶此，指複數，相當於「這些」，指長沮桀溺等隱士。孟子梁惠王篇：「言擧斯心加諸彼而已。」「斯」猶此，與「彼」相對。指代個人的心想。萬章篇：「予將以斯道覺斯民也。」兩斯字各居名詞前，都是近有所指的容形詞。前者指堯舜的聖德，後者指當今的民衆。盡心篇：「生斯世也，爲斯世也，善斯可矣。」前兩個「斯」猶此，指稱當時的時代，相當於「這個」。「善斯可矣」的「斯」猶乃，爲繫詞，相當於「就」字。此類作指代詞的「斯」，和「玆」的用法相類似。也同作「此」解，當白話這個、或這些、這種，但其詞性並不全同。一是用在動詞後的賓位作代詞，一是用在名詞前作形容指示詞，須分別觀之。

②斯須：猶須臾。爲暫時俄頃之意。如：

孟子告子篇：「庸敬在兄，斯須之敬在鄉人。」「斯須」是表時間的限制詞，爲暫時頃刻之意。

③斯：猶則。在早期文言裏，「斯」與「則」通用，是個繫詞，跟「卽」字功用相同，當白話「就」或「便」字。如：

論語里仁篇：「觀過，斯知仁矣。」述而篇：「我欲仁，斯仁至矣。」泰伯篇：「君子所貴乎道者三：動容貌，斯遠暴慢矣；正顏色，斯近信矣；出辭氣，斯遠鄙倍矣。」子張篇：「所謂立之斯立，道之斯行，綏之斯來，動之斯和。」孟子梁惠王篇：「王無罪歲，斯天下之民至矣。」滕文公篇：「如知其非義，斯速已矣；何待年來？」離婁篇：「清斯濯纓，濁斯濯足矣。」同篇：「得其民，斯得天下矣。得其心，斯得民矣。」盡心篇：「經正，則庶民興，庶民興，斯無邪慝矣。」這個複句，前用「則」，後用「斯」，其義相同，並爲緊接上文的繫詞。在上面各例句中，大都把「斯」用在複句的次句之首，以表承接關係。亦有用在並列的敍事句中以表承接。都是用它來表示前後、因果、對待等關係的連詞。

④斯：猶卽。「則」與「卽」通用，「斯」得爲「則」，故亦得爲「卽」。當白話「就」或「就是」。

如：

論語述而篇：「子曰：『聖人吾不得而見之矣，得見君子者斯可矣；善人吾不得而見之矣，得見有恆者斯可矣。」子罕篇：「四十五十而無聞焉，斯亦不足畏也矣。」「亦」爲語助。先進篇：「子路問：『聞斯行諸？』子曰：『有父兄在，如之何其聞斯行之！』冉有問：『聞斯行諸？』子曰：『聞斯行之！』……」這節文字，連用七個斯字，俱爲卽、就之義。顏淵篇：「曰：『不憂不懼，斯謂之君子已乎？』」孟子萬章篇：「其交也以道，其接也以禮，斯孔子受之矣。」同章：「苟善其禮際矣，斯君子受之。」盡心篇：「逃墨必歸於楊，逃楊必歸於儒，歸，斯受之而已矣。」上例諸斯字，並爲承接詞「卽就」之義。「則」與「卽」，雖俱爲語氣之急詞，但「卽」的辭氣，較緩於「則」，故連類分別言之於此。

⑤斯：猶乃。猶於是。爲緩詞，是方始、方纔之意。「則」與「卽」和「乃」，同是詞意相近的連詞，

祇是「卽」的語氣輕於「則」，「乃」的語氣又較「則」、「卽」爲輕爲緩而已。如：

論語鄉黨篇：「鄉人飲酒，杖者出，斯出矣。」「斯」猶乃，緩詞。顏淵篇：「其言也訒，斯謂之仁已乎？」子路篇：「何如斯可謂之士矣？」孟子公孫丑篇：「先王有不忍人之心，斯有不忍人之政。」萬章篇：「一鄉之善士，斯友一鄉之善士；一國之善士，斯友一國之善士；天下之善士，斯友天下之善士。」盡心篇：「曰：『何如斯可以囂囂矣？』曰：『尊德樂義，則可以囂囂矣。』」此類斯字，用作承接詞，並爲乃義，它的辭氣，都比則、卽闡緩多了。讀起來聲音要延長些。

⑥斯：猶唯。和「徒、但」等字同義。當白話「祇是」二字。如：

論語憲問篇：「既而曰：『鄙哉！硜硜乎！莫己知也，斯已而已矣。』」「斯已而已矣。」趙注：「徒信己而已。」朱注本改「斯已」之「已」作「己」，訓讀並非。竹氏會箋：「斯已者，言但當爲己，不必爲人，卽孟子所云：『獨善其身者也。』」劉氏正義：「徒信己，卽釋斯已二字，言夫子止可自信諸己。」綜上所說，「己」「已」之辨正已明，而訓「斯」爲唯、爲徒、爲但、爲獨，則是無疑的。

⑦斯：猶然。位於形容詞或副詞之後，用作語助詞。當白話「的樣子」。如：

論語鄉黨篇：「色斯舉矣，翔而後集。」「色斯」猶言色然，表驚懼的狀態。孟子梁惠王篇引詩大雅皇矣之詩言：「王赫斯怒，爰整其旅。」謂「王赫然震怒，於是整頓兵馬。」上兩斯字，並是表動態的狀語，王氏釋詞，謂「斯」與「其」同義，似於文義未洽。

惡（烏）

①惡：讀（ㄨ），猶安，作何解。通常用「惡」指代疑問之處所。惡通烏，烏得訓安，故惡亦得訓安。「惡在」猶言何處，相當於那裏。論孟中多用惡爲之，不用烏。如：

孟子梁惠王篇：「爲民父母行政，不免於率獸而食人，惡在其爲民父母也？」趙注：「安在其爲民父母之道？」「安在」猶言何在，是何以的意思。和白話「在那兒」相當。指代疑問之方所。同篇：「夫撫劍疾視，曰：『彼惡敢當我哉？』」公孫丑篇：「惡得有其一，以慢其二哉？」同篇：「夫子惡知其不可也？」「惡」並猶安，皆作何講。「惡敢」「惡得」「惡知」之「惡」，卽是換用「安」字，也是可以的。同篇：「夫尹氏惡知予哉？」風俗通窮通篇作「夫尹氏烏知予哉？」可證「烏」與「惡」是同義字。滕文公篇：「仲子惡能廉？」同章：「己頻顣曰：『惡用是鶃鶃者爲哉？』」離婁篇：「惡得爲恭儉？」同篇：「薄乎云爾，惡得無罪？」「惡得」猶言何能。告子篇：「惡在其敬叔父也？」盡心篇：「居惡在？仁是也；路惡在？義是也。」此類惡字，都是用作疑問指稱詞的處所補詞，常和「得、能、在」等動詞連用，「惡在」猶言何處，相當於「那裏」、或「在那兒」的意思。

②惡：猶何。「何」卽何處，這本是疑問代詞構成的處所補詞。和白話「怎樣」或「從那裏」相當。如：

論語里仁篇：「君子去仁，惡乎成名？」邢疏：「惡乎，於何也。」朱注訓爲「何所」。當白話「從那裏」，指代疑問之事。「惡」下大都用介詞「乎」做疑問關係詞。如孟子梁惠王篇：「天下惡乎定？」趙注：「天下安所定？」「安所」卽何所，相當於「怎樣」，指代疑問之事態。同篇：「以小易大，彼惡知之？」「惡知」猶言何知，指代疑問之人，說他怎麼知道呢。公孫丑篇：「敢問夫子惡乎長？」「惡乎長」猶言何所長，是說「長處在那裏呢？」離婁篇：「生則惡可已？」「惡可已」猶言那裏可以停止呢？萬章篇：「惡乎宜乎？抱關擊柝。」「惡乎」並猶何所，同是指代疑問之事。上例各惡字，俱訓何，用作疑問代詞，位居動詞或限制詞前，去修飾動詞和限制詞。「惡乎」之義，不必泥邢疏訓爲「於何」，應依朱注訓「何所」爲得。因「於何」雖可翻「在那裏」，似不及「何所」之爲簡確明淨。

③惡：猶焉。按「惡、安、焉」等字，皆聲近而義轉，可以相互換用，也都是疑問代詞何字之義。常和能願詞「得」字連用。如：

孟子滕文公篇：「則是厲民而以自養也，惡得賢？」「惡得賢」猶言何得賢。與論語里仁篇：「焉得知？」八佾篇：「焉得儉？」公冶長篇：「焉得剛？」「焉得仁？」同一語法，足以證明「惡」和「焉」是同義通用的。又俱爲「何」義。祇是「惡」常和「乎」結成「惡乎」，「安」常和「所」結成「安所」，「焉」常和「得」結成「焉得」。多成爲反語詞，在文言裏，它們經常和「得、能、在、可、足」等詞結合成「惡得、惡能、惡在、惡可、惡足」，「安得……」，「焉得……」等詞。已成文言裏的熟語，意思也都是相同的。

④惡：歎詞。是表感情的獨立的語氣詞，不和其他詞發生組合關係，多般單獨的用在句首，相當於句子的用途。「惡」表驚訝而不以爲然的語氣。「惡」同烏或嗚，又同讀（ㄨ），當白話哦、唉等語氣。如：

孟子公孫丑篇：「曰：『然則夫子既聖矣乎？』曰：『惡！是何言也！』」趙注：「惡者，不安事之歎辭也。」這是公孫丑欲以孟子比孔子之聖，孟子感到不安，謂孔子尚不敢安居於聖，而我則又何敢當呢？同篇：「王自以爲與周公孰仁且智？王曰：『惡！是何言也！』」又同篇：「丑見王之敬子也，未見所以敬王也。曰：『惡！是何言也！』」此類同一語法中的「惡」，並爲不安事之歎詞。也都帶有不以爲然的語氣，並兼怒斥的意味。

無

「無」之本義作「廡、蕪」解，此義爲廡蕪所專，「無」今所行者爲別義。

①無：有之反，指代空無之事物。表否定，相當於沒有，是普通的常語。如：

論語爲政篇：「大車無輗，小車無軏。」「無」就是沒有。爲同動詞。泰伯篇：「有若無，實若虛。」衞靈公篇：「志士仁人，無求生以害仁，有殺身以成仁。」同篇：「人無遠慮，必有近憂。」這類例句，並以有無相對成文，「無」皆有之反，爲沒有之意。跟「不、勿、非、莫」等否定詞的性質相類，都是半虛半實的字，也都是作否定動詞用的常語。

②無：猶不。爲表否定的限制詞，亦常語。如：

論語學而篇：「三年無改於父之道，可謂孝矣。」同篇：「君子食無求飽，居無求安。」同篇：「貧而無諂，富而無驕。」孟子公孫丑篇：「舍豈能爲必勝者，能無懼而已矣。」離婁篇：「可以取，可以無取，取傷廉；可以與，可以無與，與傷惠；可以死，可以無死，死傷勇。」此類無字，都是用在動詞前，表否定的限制詞，和不字同義。

③無：爲未有之詞，表示未曾有之意，亦是表否定的限制詞。如：

孟子梁惠王篇：「察鄰國之民，無如寡人之用心者。」同篇：「仲尼之徒，無道桓文之事者。」盡心篇：「孩提之童，無不知愛其親也；及其長也，無不知敬其兄也。」此類無字，均爲表否定的限制詞，是未曾有的意思。

④無：通毋。作莫解。是表警戒的限制詞，爲不可、不要之意。如：

論語學而篇：「無友不如己者。」「無」通毋，禁止之詞。宋刊九經本，「無」作毋。雍也篇：「子謂子夏曰：『女爲君子儒，無爲小人儒。』」「無」通毋，亦禁止之詞。高麗本，「無」作毋。孟子梁惠王篇：「雞豚狗彘之畜，無失其時，七十者可以食肉矣。」同篇：「禮義由賢者出，而孟子之後喪踰前喪，君無見焉。」公孫丑篇：「無若宋人然。」同篇：「請必無歸，而造於朝。」滕文公篇：「必敬必戒，無違夫子。」告子篇：「初命曰：『誅不孝，無易樹子，無以妾爲妻。』……五命曰：『無曲防，無遏糴，無有封而不告。』」這章連用九個無字，均與毋字同義，並爲告戒禁止之詞。皆不可、不要之意。

⑤無：猶何，「無何」卽沒有甚麼的意思。如：

論語八佾篇：「君子無所爭，必也射乎！」「無」猶何，「無所」猶何所。相當於沒有甚麼。是說：「君子沒有甚麼爭勝的事，若說有，一定是在比射的時候罷！」子路篇：「予無樂乎爲君，唯其言而莫予違也。」是說：「做國君沒有甚麼可快樂的，祇是我的話沒人敢違抗呀！」述而篇：「吾無行而不與二三子者，是丘也。」是說：「我平常的行動，沒有甚麼不是明示給你們的，我就是這樣呀！」孟子離婁篇：「言無實，不祥。」「無實」卽沒有甚麼眞憑實據。是說：「說話沒有甚麼眞憑實據，是不吉祥的。」

⑥無：猶無有，爲不論之意，也就是不分別的意思。如：

論語堯曰篇：「君子無衆寡，無小大，無敢慢。」前兩無字，爲不論之意，後一無字，爲皆詞，是皆不之意。是說：「在位的人，不論人多或少，不論事小或大，都不敢怠慢。」

⑦無以：是文言裏常用的熟語。它有表否定的「不能」和「沒有」及作轉語詞的三種不同用法：

㈠無以：作表否定的限制詞。相當於「不能」或「不用」。如：

論語子張篇：「子貢曰：『無以爲也！仲尼不可毀也。』」「無以爲也」，猶言「不能如此」。意思是說「不用這樣啊！」堯曰篇：「朕躬有罪，無以萬方。」「無以萬方」猶言「不能牽累老百姓。」同篇：「不知命，無以爲君子也；不知禮，無以立也；不知言，無以知人也。」「無以」並作不能講。集註訓「無以」爲「何以」，則是以「何」訓「無」，「無以」相當於「拿甚麼」。意思大致相同，祗是語氣變了。孟子梁惠王篇：「故推恩，足以保四海；不推恩，無以保妻子。」「足以」就是能，「無以」就是不能，前後對照爲文，相映成趣。不過，這個「無以」也可翻做「拿甚麼」。又公孫丑篇：「齊人無以仁義與王言者」「無以」猶言不用。是說：「齊國沒有人肯拿仁義的道理跟王談論的。」

㈡無以：「無」作表否定的限制詞。相當於「沒有」。「以」猶所，爲表虛指的疑問代詞，相當於「甚麼」。「無以」猶言無所，卽是沒有甚麼的意思。如：

孟子梁惠王篇：「孟子對曰：『殺人以梃與刃，有以異乎？』曰：『無以異也。』『以刃與政，有以異乎？』曰：『無以異也。』」「以梃」「以刃」的「以」，是表憑藉關係的介詞，猶「用」，當白話「拿」字。「有以」「無以」對舉，已構成結合式的限制詞。「有以異」就是「有異」，「無以異」就是「沒有異」。「以」字可以省去不翻。但亦可把「以」看做表疑問的方所補詞，有以、無以，猶言有所、無所。「有以異」猶言「有所異」，就是有甚麼不同；「無以異」猶言「無所異」，就是沒有甚麼不同。

㈢無以：爲表選擇的繫詞，近似轉語詞「抑」字。猶「然而、不然」，相當於「別說這個、說那個」的語氣，是表兩者選擇其一的關係詞。如：

孟子梁惠王篇：「仲尼之徒，無道桓文之事者，是以後世無傳焉，臣未之聞也；無以，則王乎！」朱注：「以已通用，必欲言之而不止也。」同篇：「滕文公問曰：『滕、小國也，閒於齊楚。事齊乎？事楚乎？』孟子對曰：『是謀非吾所能及也。無已，則有一焉。鑿斯池也，築斯城也，與民守之，效死而民弗去，則是可爲也。』」「無已」和「無以」同義，亦是不得已的意思。它們位居於複句中的轉捩點，是個關鍵語，有撇開前說，提出正論的功能。和「然而、不然」的關係詞，大略相同。當白話「別說這個，說那個」的意思。這是比較複雜的偏正複句，中間以「無以」爲樞紐，其前爲偏句，其後是正句，語意側重在正句。

⑧無：猶莫。無非，無不，猶言莫非莫不。用「無」或「莫」來否定「非」和「不」，意思就是「莫不是」，同是表肯定的複式限制詞。並具有「咸、皆」之義，當白話都是、沒有不是的意思。如：

孟子梁惠王篇：「無非事者。春省耕而補不足，秋省斂而助不給」「無非」是用「無」來否定「非」，構成否定否的複詞。「無非」猶言莫非。「無非事者」，朱注：「皆無有無事而空行者。」意思是說「

皆是爲了正經大事。」或說做「沒有不是爲了正經大事。」公孫丑篇：「自耕稼陶漁，以至爲帝，無非取於人者。」「無非」是用「無」來否定「非」的，猶言「莫不是」或「何不是」，也就是「皆是」「沒有不是」的意思。又同篇：「禍福無不自己求之者。」這「無不」是以「無」來否定「不」，亦是否定否的限制詞，變成肯定語詞，以表全範圍，爲皆是之意。「非」又可否定「無」，等於不是沒有。告子篇：「非無萌蘖之生焉。」文言裏的否定副詞，多可互相否定，來表示肯定。又同篇：「故苟得其養，無物不長；苟失其養，無物不消。」這「無……不……」否定否的句式，亦是表全範圍的。是說「沒有一物不長」「沒有一物不消」。

⑨無乃：與毋乃同義。猶言將無、特毋、或莫非。通常用在推測性的問句之首，以表疑問，爲疑而有定之詞。相當於恐怕、祇怕、或未免、近乎、莫不是等語氣。如：

論語雍也篇：「居簡而行簡，無乃太簡乎？」子罕篇：「子曰：『求！無乃爾是過與？』」憲問篇：「無乃爲佞乎？」此類「無乃」，都是表語意之推測，懸疑的成分，少於認定的成分，同時並含有否定的意味。

⑩能無：和得無同義。因「能」與「得」可以互訓。「能無」猶言「豈能不」，「得無」猶言「豈得不」，都相當於「怎能不」，亦是疑而有定之詞。如：

論語子罕篇：「法語之言，能無從乎？改之爲貴；巽與之言，能無說乎，繹之爲貴。」顏淵篇：「爲之難，言之得無訒乎？」上面句中的「能無」與「得無」同義，都是表推測其或然如此。雖是用疑問句式，但認定的成分多，並不希望對方有所回答。

⑪無寧：猶言寧。「寧」爲願詞，「無」爲表詢問語氣的發聲詞。如：

論語子罕篇：「且予與其死於臣之手也，無寧死於二三子之手乎？」馬注朱注並云：「無寧，寧也。」「無寧」當白話寧可、情願、不如等語氣，上與「與其」相應，下與「乎」字相應，以比較兩事的輕重得失。若去「無」單用「寧」，意思不變。因「無」本是表詢問的發語詞，可省。如八佾篇：「與其媚於奧，寧媚於竈。」同篇：「禮、與其奢也，寧儉。」「寧」上皆省「無」字。此等語詞，專靠辭氣與句調來表示語意。稍一不慎，很容易被人誤解。

曾

①曾：猶乃。又訓乃是。曾讀「ㄘㄥˊ」。說文：「曾，詞之舒也。」段注：「曾之言乃也。」「舒」謂語時詞氣舒緩。「乃」爲語氣舒緩之詞，正是解釋舒字的。如：

論語爲政篇：「有事弟子服其勞，有酒食，先生饌，曾是以爲孝乎？」馬曰：「乃爲孝也。」邢疏：「曾，猶則也，言汝則謂是以爲孝乎？」「則」和「乃」雖同爲承接連詞，按這個「曾」字，訓「則」不如訓「乃」之爲愜洽。因「乃」有不足僅此之義，而「則」字卻無此義。朱子訓「曾」爲「嘗」。若訓「嘗」，則爲「曾經」之義。於文義未洽。八佾篇：「曾謂泰山，不如林放乎？」皇疏訓「曾」爲「嘗」，非是。「曾」猶乃，爲轉語詞。當白話簡直或難道之意。先進篇：「吾以子爲異之問，曾由與求之問。」集注與皇疏，並訓「曾」爲「乃」，有僅此，不過之義。相當於祇是語氣。孟子公孫丑篇：「曾西艴然不悅曰：『爾何曾比予於管仲？』」趙注：「何曾，猶何乃也。」朱注：「曾之爲言則也。」

「則」字雖有「乃」義，但不如直接訓「乃」爲宜。

②曾：猶嘗。應讀爲層（ㄘㄥˊ）。「曾」與「嘗」同義，「何曾」猶言何嘗，「未曾」猶言未嘗。此「曾經」之「曾」，是表時間過去的限制詞，爲已經之意。論孟中多以嘗爲之。（參閱「嘗」猶「曾」條。）

③曾：猶而。猶尙。讀（ㄘㄥˊ）。帶有爲難之語意，和竟然、居然之意，略相類似。如：

孟子萬章篇：「知虞公之不可諫而去之秦，年已七十矣。曾不知以食牛干秦穆公之爲汚也，可謂智乎？」趙注與正義，俱訓「曾」爲而，孫疏訓「曾」爲豈。「豈」與寧義近。按「而」亦可訓豈，都作轉語詞用。（參閱「而」猶「尙」猶「豈」條。）「曾不知」猶言「豈不知」相當於那裏不知或難道不知的語意。若訓爲尙，作還字解，於文義更爲愜洽。

然

①然：本作「燒」解，與後起的「燃」同義。如孟子「若火之始然」便是。今轉借作他用，猶言如此或如是。爲肯定語詞，表情形相同之意。凡經傳言不然、雖然、然則、無然、夫然等「然」字，都有如此或如是之意。它不但可以指代事物的名詞，連動詞也能指代。如：

論語憲問篇：「曰：『今之成人者，何必然？』」「何必然」猶言不必如此。「然」指代成人的條件。同篇：「子曰：『其然？豈其然乎？』」這是設爲反詰語，以表推度語氣。兩「其然」的然，皆如此之意，並指代公叔文子「言、笑、取」，三項動作。孟子梁惠王篇：「河內凶，則移其民於河東，移其粟於河內，河東凶亦然。」「亦然」猶言也是如此。「然」指代移民移粟之行爲。同篇：「物皆然，心爲甚，王請度之。」「物皆然」，謂事物皆是如此。「然」指代事物輕重長短之理。公孫丑篇：「故事半古之人，功必倍之，惟此時爲然。」「爲然」猶言是如此。「然」指代事半功倍之時機，不可放過。同篇：「予雖然，豈舍王哉！」「雖然」猶言雖是如此。「然」指代浩然之歸志。離婁篇：「國之所以廢興存亡者亦然。」同篇：「視天下悅而歸己，猶草芥也，惟舜爲然。」同篇：「禹稷、顏子，易地則皆然。」告子篇：「夫物則亦有然者也」裏的亦然、爲然、皆然、有然，並表情形相同之意。「然」猶如此，爲推本窮原之指代詞。又所以然一詞，亦是推本窮原之詞，爲欲發明前事，用「所以然」以推之，語氣與上例微有不同。

②不然：猶言不如此，或不如是。是表否決的反詰語氣詞，表情形不相同之意。相當於不像這樣，或不是這樣。如：

論語八佾篇：「王孫賈問曰：『與其媚於奧，寧媚於竈，何謂也？』子曰：『不然，獲罪於天，無所禱也。』」此不然，乃拒絕他人問話之詞，帶有深斥之義。不然的後面，提出正義，以糾正問話之偏差觀念。孟子梁惠王篇：「一遊一豫，爲諸度。今也不然，師行而糧食，飢者弗食，勞者弗息。」此不然，就是不如此，其下文語意，卻與上文相反。前後所陳述的行爲，前者爲正，後者爲誤。公孫丑篇：「古之人皆用之。吾何爲獨不然？」此何獨不然，乃是反詰語，非否決之詞，而是承認上文之陳述，從而行之之意。萬章篇：「萬章問曰：『伊尹以割烹要湯，有諸？』孟子曰：『否，不然。』」「否」和「不然」，爲同意語，並是否定之詞。既否而又不然，是爲了加强否定語氣，以深斥問話者「割烹要湯」

之錯誤觀念。

③然：猶是。爲有意義的應聲詞，非純粹的語氣詞。先答應問者曰是，然後徐理其事，剖析是非得失，以申言其理之所在。如：

論語衛靈公篇：「子曰：『賜也！女以予爲多學而識之者與？』對曰：『然！非與？』曰：『非也予一以貫之。』」這是對問者所說之事，初以爲然，復又疑其爲非，用表將信將疑的相對待的兩種語氣詞「然」與「非」，一表肯定，一表否定，「然」是「是的」，「非與？」是「不是的吧？」陽貨篇：「子路曰：昔者由也，聞諸夫子曰：『親於其身爲不善者，君子不入也。』佛肸以中牟畔，子之往也，如之何？」子曰：『然！有是言也，不曰堅乎？磨而不磷；不曰白乎？涅而不緇。』」「然」爲應聲詞，猶「是」。「有是言也」，爲重應之詞，以加强答應之語氣。其下之文，乃申明事理，與上文有情事上之不同。微子篇：「曰：『是魯孔丘與？』曰：『是也。』……曰：『是魯孔丘之徒與？』對曰：『然。』」「是」與「然」皆應聲詞，語義相同。又孟子公孫丑篇：「曰：『使管叔監殷，管叔以殷畔也，有諸？』曰：『然。』」同篇：「陳子以時子之言孟子，孟子曰：然。夫時子惡知其不可也？」滕文公篇：「然友反命。世子曰：『然，事誠在我。』」同篇：「曰：『許子必種粟而後食乎？』曰：『然。』此類「然」字，並爲應聲之詞，都是順承上文所說之事實而應承之，然後再加以申明。「然」都相當於「是」或「是的」。它雖是有意義的應聲詞，但非全然認以爲是的肯定語詞，不能看做「是非」之「是」。

④然：猶是。爲認可之詞，作表態的謂語，是認以爲是之意。當白話「是的」「對的」或「不錯」。如：

論語雍也篇：「仲弓曰：『居敬而行簡，以臨其民，不亦可乎？居簡而行簡，無乃太簡乎？』子曰：『雍之言然。』」「然」猶是，爲認可之詞，是將上文所言之事理，認以爲是之意。同篇：「仁者，雖告之曰：『井有仁焉。』其從之也？子曰：『何爲其然也？』」「然」猶是，猶如此。相當於這樣。「何爲其然也？」是表疑問的反詰語，「然」乃是不以爲然之詞，是說「爲甚麼要這樣呢？」泰伯篇：「孔子曰：『才難，不其然乎？』」「不其然乎？」猶言「豈不然乎？」亦是反詰語，「然」乃是深以爲然之意。孟子公孫丑篇：「沈同問燕可伐與？吾應之曰：『可』。彼然而伐之也。」「彼然」猶言「彼認以爲是」，並非應者眞正許其伐燕。

⑤然：猶而、猶尙、猶猶。「而、尙、猶」三字，同義通用。「然且」猶而且、尙且、猶且、或且猶。同是用作轉語詞，當白話還字，和仍然、依舊的意思相當。（參閱「且」猶「猶」，猶「尙」。「而」猶「猶」、猶「尙」。「猶」猶「尙」，猶「且」。各條。）如：

孟子公孫丑篇：「識其不可，然且至，則是干澤也。」告子篇：「一戰勝齊，遂有南陽，然且不可。」同章：「徒取諸彼以與此，然且仁者不爲，況於殺人以求之乎？」此類「然且」的「然」，即是換用「而、尙、猶」等字，意思還是一樣。這個「然且」，和「是尙」「而又」「猶且」的意思相同。「然且」是仍然、依舊的意思，讀時「然」字略頓，「且」字纔能轉下。

⑥然而：用作承接關係詞，因行文語法之差異，而有三種不同的意義。

㈠然而：猶然且或且而，爲增進文義的關係詞。用在複句的次句之首，下面的文義，是進層的，並略帶相反的意味。「然」和「而」連用，當白話「照這樣尙且」的語氣。如：

論語子張篇：「吾友張也，爲難能也，然而未仁。」「然而」猶言「然且」，「然」得訓是，「且」得訓尙，「然且」猶言「是尙」「然而未仁」，可說做「然且未仁」或「是尙未仁」。孟子公孫丑篇：「夫二子之勇，未知其孰賢？然而孟施舍守約也。」同篇：「尺地莫非其有也，民莫非其臣也，然而文王猶方百里起，是以難也。」「猶」爲「由」之借字。萬章篇：「諸侯惡其害己也，而皆去其籍，然而軻也，嘗聞其略也。」此類「然而」，並爲而且、尙且之義，都是表進層連接，並略帶轉折意味。

㈡然而：爲承上轉下而言他事的關係詞，猶言「如是而」。相當於可是、卻是、但是，有「照這樣那麼」的語氣。用在複句之中，作轉捩語，其上下文義是完全相反的。如：

孟子公孫丑篇：「夫環而攻之，必有得天時者矣；然而不勝者，是天時不如地利也。」盡心篇：「犧牲既成，粢盛既潔，祭祀以時；然而旱乾水溢，則變置社稷。」這類然而，並猶如是而。「然」字承上，故訓如是，爲指示性的繫詞；「而」字轉下，含有反而之義。合用「然而」，有既承且轉的雙重任務。

㈢然而：猶言於是而，不爲轉語，祇作承上之詞，相當於「這樣還」的語氣。如：

孟子梁惠王篇：「老者衣帛食肉，黎民不飢不寒；然而不王者，未之有也。」同篇：「樂以天下，憂以天下；然而不王者，未之有也。」公孫丑篇：「無敵於天下者，天吏也；然而不王者，未之有也。」這類的語法，大致相同。「然而」並猶於是而，都是承上之詞。因「然」得訓乃，「乃」得訓於是，故「然」亦得訓於是。「然」又得訓焉，「焉」得訓於是，故「然」亦得訓於是。有此展轉通訓之淵源，故「然」始有「於是」之訓。盡心篇：「去聖人之世，若此其未遠也；近聖人之居，若此其甚也！然而無有乎爾！則亦無有乎爾！」「然而」亦猶於是而。是說：「於是而無有親見而知聖道的人，即終於無有耳聞而知聖道的人了吧！」這些「然而」，是承上而兼有指示功能的。

綜上所說，這「然而」一詞，或猶然且，或猶如是而，或猶於是而。凡此之訓，不能執守一義，當探尋古人行文之語意，定出義界，分別以求之，纔能隨文給與適當的解釋。這可說是望文生義的辦法。

⑦然後：爲方纔之意。「然」猶於此，「後」猶之後。劉氏辨略：「然後，乃也，繼事之詞。」按「乃」本有方纔之意，是表有待而然的關係詞。這個然後，可以化成「然後、纔」，「之後、纔」，或「以後、纔」的句式。當白話纔、這纔、於是纔之意。如：

論語雍也篇：「文質彬彬，然後君子。」是說「文質調和適當，然後纔稱得上是個君子。」子罕篇：「歲寒然後知松柏之後凋也。」是說「天氣寒冷之後，纔知道松柏最後凋謝。」陽貨篇：「子生三年，然後免於父母之懷。」是說「兒女生下來三年以後，纔能免離父母的懷抱。」孟子梁惠王篇：「臣始至於境，問國之大禁，然後敢入。」同篇：「權然後知輕重，度然後知長短。」「然後」並爲纔義。同篇：「國人皆曰賢，然後察之；見賢焉，然後用之。……國人皆曰不可，然後察之；見不可焉，然後去之。……國人皆曰可殺，然後察之；見可殺焉，然後殺之。故曰：『國人殺之也。』如此，然後可以爲民父母。」這裏連用七個然後，同爲繼事之詞，但是它們的意思，並不全然相同。三個「然後察之」的「然後」，是「如此還要」或「接著還要」的意思。其他四個「然後」，纔是「這纔」或「以後、纔」的意思。公孫丑篇：「且以文王之德，百年而後崩，猶未洽於天下，武王周公繼之，然後大行。」「而後」與「然後」，同是繼事之詞，並爲纔義。同篇：「夫出晝而王不予追也，予然後浩然有歸志。予雖然，豈舍王哉！」

這裏的「然後」爲纔義。「浩然」的「然」，爲形容詞詞尾。相當於「之貌」。「予雖然」的「然」，爲如是之義。滕文公篇：「吾欲使子問於孟子，然後行事。」同篇：「公事畢，然後敢治私事。」「然後」並爲「然後纔」、「之後、纔」的意思。同篇：「鳥獸之害人者消，然後人得平土而居之。」「然後」卽「於此之後」，也就是「這纔」「然後、纔」，「以後、纔」的意思。

⑧然則：猶是則，爲承上起下之關係詞。正義：「然者，然上文，則者，則下事，因前起後之勢也。」「然」爲若此，是承接上文之意。「則」爲那麼之意，以引起下文。是接著前文的意思，而申說應有之後果。當白話「照這樣說那麼」或「既然如此那麼」的語氣，從上而下，語氣迫促，有急轉直下之勢。如：

孟子梁惠王篇：「王曰：『舍之！吾不忍其觳觫，若無罪而就死地。』對曰：『然則廢釁鐘與？』」同章：「今恩足以及禽獸，而功不至於百姓，獨何與？然則一羽之不舉，爲不用力焉；輿薪之不見，爲不用明焉；百姓之不見保，爲不用恩焉。」同篇：「鄒人與楚人戰，則王以爲孰勝？曰：『楚人勝。』曰：『然則小固不可以敵大，寡固不可以敵衆，弱固不可以敵强。』」公孫丑篇：「孟子之平陸，謂其大夫曰：『子之持戟之士，一日而三失伍，則去之否乎？』曰：『不待三。』□：『然則子之失伍也，亦多矣。』」「然則」上面省「曰」字。滕文公篇：「曰：『百工之事，固不可耕且爲也。』□：『然則治天下，獨可耕且爲與？』」「然則」上省「曰」字。同篇：「有人於此，毁瓦畫墁，其志將以求食也，則子食之乎？曰：『否。』曰：『然則非食志也，食功也。』」萬章篇：「父母惡之，勞而不怨；然則舜怨乎？」同篇：「萬章曰：『孔子以君命召，不俟駕而行；然則孔子非與？』」告子篇：「夫物則亦有然者也，然則耆炙亦有外與？」上面所擧諸例句中的「然則」，都是承上語，以下己意，「然」爲承上之詞，猶言如是；「則」爲則下之詞，是提出己見，以爲上文之論證。能使文意顯豁生動，語勢轉換自如，強勁有力，這是申論文中最常用的語法之一。

⑨然：作形容詞詞尾，含有如是的意思。和作形容詞詞尾的「爾、焉」等字作用相似，都是摹繪事象的擬象之詞。這個「然」，常和比擬詞「如、若」等字連用，來描摹事物之情態，並帶有指代作用，代替「的樣兒」，相當於「一般」「似的」「的樣子」「像……樣兒」等語氣。所以任何實詞在「然、爾」等詞前面，大都是帶有修飾性的。如：

孟子公孫丑篇：「或問乎曾西曰：『吾子與子路孰賢？』曾西蹴然曰：『吾先子之所畏也。』曰：『然則吾子與管仲孰賢？』曾西艴然不悅曰：『爾何曾比予於管仲！』」「蹴然」「艴然」的「然」，都用在形容詞後作詞尾，並是擬象的情態詞，表不安與發怒的樣子。同章：「今言王若易然，則文王不足法與？」「然」與「若」相應，表容易的事象，謂王天下像是很容易似的。同篇：「今時則易然也。」「然」亦是表容易的事象。同篇：「無若宋人然！」「然」表無然之事象，是說「不要像宋人一般。」同篇：「木若以美然！」「以」通「已」，訓「太」。是說「棺木像是太美的樣子。」「然」表棺木美好之事象，並略帶懷疑語氣。同篇：「夫子若有不豫色然？」「然」表不愉快之事象，並帶有懷疑和推測語氣。同篇：「予豈若是小丈夫然哉！」「然」表不同意之事象，兼帶反詰語氣。滕文公篇：「爲民父母，使民盻盻然。」「然」表忿怒之事象。同篇：「何爲紛紛然與百工交易？」「然」表雜亂之事象。盡心篇：「其志嘐嘐然。」「閹然媚於世也者」裏的「然」，並是形容詞尾，且兼指代作用，含有如是、這樣的意思。相當於「之貌」或「的樣子」。

⑩然：爲助聲詞，多作修飾詞的詞尾，古人多用「貌」字來解釋，現代語可用「地」字來翻它。如：

論語公冶長篇：「斐然成章。」陽貨篇：「夫子循循然善誘人。」微子篇：「夫子憮然曰。」子張篇：「望之儼然。」堯曰篇：「儼然人望而畏之。」孟子梁惠王篇：「塡然鼓之。」同篇：「天油然作雲，沛然下雨，則苗勃然興之矣。」同篇：「擧欣欣然有喜色而相告曰。」公孫丑篇：「宋人有閔其苗之不長而揠之者，芒芒然歸。」同篇：「豈不綽綽然有餘裕者！」同篇：「諫而不聽，則怒，悻悻然見於其面。」滕文公篇：「夷子憮然。」萬章篇：「王勃然變乎色。」盡心篇：「遵海濱而處，終身訢然樂而忘天下。」同篇：「山徑之蹊間，介然用之而成路。」此類例句中的「然」，亦是表事象之詞，大都用在或單或重疊的修飾性的副詞後面，作衍聲的詞尾，並帶描繪聲音和摹擬情態以及表示事象各種作用。尤其重疊修飾詞，它本身已具備表態作用，再加上詞尾「然」字，表態更爲明顯。這個然字，雖和作詞尾的「焉」相似，但不盡相同，不能用「焉」來代替。（參閱「焉」猶「然」條）

⑪然：爲語助，或同焉，或同乎，或同也。隨文生義，各有所協，本無定解。也大都是表事象的語氣詞。如：

論語泰伯篇：「禹，吾無間然矣！」「然」猶焉。「焉」可作指稱詞，與「之」相通。（參閱「焉」猶「之」條。）故這個「然」字的語氣跟語意，在「焉、之」之間，有表贊歎和指稱的雙重作用。是半虛半實的文字。先進篇：「若由也，不得其死然。」此然字，猶焉又猶乎，表推度兼含警戒之語意。與憲問篇：「羿善射，奡盪舟，俱不得其死然。」語法雖同，而文義則異。此然字，與「焉」和「也」相當，表判斷語氣，決定其必然。又孟子公孫丑篇：「不見諸侯，宜若小然。」「然」並猶焉，上與「若」相應，都是表擬象的助語詞。古書中語詞的意義，本無定解，故同一文例，同用一字，而其意則或不同。如論語爲政篇：「子張問：『十世可知也？』子曰：『殷因於夏禮，所損益可知也。周因於殷禮，所損益可知也。其或繼周者，雖百世可知也。』」同一「也」字，上「也」字，爲疑問助詞，同「邪」或「乎」，當白話「嗎」字。後三「也」字，並爲決定性的語氣助詞，當白話「的」字。又如憲問篇：「克、伐、怨、欲不行焉，可以爲仁矣？子曰：『可以爲難矣，仁則吾不知也。』」同一「矣」字，上「矣」字，爲疑問助詞，同「乎」，當白話「嗎」字。下「矣」字爲決定性的語氣助詞，同「也」，當白話「了」字。此中微妙之處，必須從全文句的語意中去心領神會，以求默契，自不難得到正解。藉此可以證明虛字本身是無意義的，必須配合實字，運用在文句中，纔能產生多種不同的語意。

視

①視：猶比。爲比同之詞。和比較之意相近。是連繫比較補詞的關係詞。跟白話「一般」相當。如：孟子離婁篇：「君之視臣如手足，則臣視君如腹心。」「視」與「如」相應，「如」本有「同」義，「視……如……」卽「比……同……」的意思。這是以手足和腹心的關係來比同君臣相處之道。萬章篇：「天子之卿，受地視侯；大夫受地視伯。」「視」皆比而同之之意。這是以侯伯之受地，來比同天子之卿大夫。文言用「視」或「比」，白話祇用「比」字，還可用「於」字連繫比較補詞的。（參閱「於」

猶「過」條）。

虛

①虛：爲空白之詞，卽無所有之稱。如：

孟子盡心篇：「不信仁賢，則國空虛。」「空虛」猶言無人，卽空無所有之意。謂國中沒有仁賢的人，也就等於沒有人。

②虛：猶空。猶徒。用作限制詞，當白話「白白地」。如：

孟子盡心篇：「恭敬而無實，君子不可虛居。」「虛居」卽空留、徒留的意思。

越

①越：猶其。爲指稱詞。當白話「他」「他的」。如：

孟子萬章篇引書康誥之文曰：「殺越人于貨，閔不畏死。」「越」和「于」皆爲「其」義，謂殺其人而取其貨。也就是殺了他，又取了他的貨物。趙注訓越爲於，於文義亦洽。因「於」和「其」同義通用，都可用作指稱詞，當白話他的。（參閱「於」猶「其」條）

逮

①逮：猶及。爲後人及前人之稱。與迨字同義。（參閱釋迨條）如：

論語里仁篇：「古者言之不出，耻躬之不逮也。」邢疏：「逮，及也。」是趕得上的意思。「不逮」就是趕不上。

②逮：猶及。猶至。爲到達之意，是介所到的關係詞。如：

論語季氏篇：「政逮於大夫，四世矣。」邢疏：「逮，及也。」謂政權降及到大夫手裏，到現在已經四世了。

都

①都：猶於。「都」與「諸」聲音相近，「諸」得訓於，故「都」亦得爲於。如：

孟子萬章篇：「謨蓋都君，咸我績。」趙注：「都，於也。」是個表動作之所在的關係詞。而孫疏：「謂舜所居三年成都，故稱都君。」朱注與此同。是爲首府、都市之意，「都」字便是形容詞，此說亦可行。

②都：盛美之稱。如：

孟子告子篇：「至於子都，天下莫不知其姣也。」自來注家皆以子都爲美人之專稱。焦氏正義：「乃孟子深於詩，其稱子都，正本於詩，而與易牙、師曠並舉，則子都實有其人矣。趙氏引詩以證之是也。閻氏若璩釋地續云：『子都，古之美人也，亦未詳爲男爲女，杜氏注左有之。於隱公十一年傳云，子都鄭大夫公孫閼，故鄭風當昭公時，遂以爲國中美男之通稱。』」則焦氏亦以子都爲實有其人，並引左傳杜預注，以證明子都卽鄭大夫公孫閼。其實大可不必如此加以證實。竊以詩人之辭，以空靈爲尚，不以詳實爲貴。按詩鄭風山有扶蘇篇：「不見子都，乃見狂且」與下章「不見子充，乃見狡童」，皆是相對爲文的譬況語，以比昭公之朝，都是狂狡醜惡之人，而無美好忠良之士。詩傳與箋，乃以子都與子充，爲實有其人，失之拘牽。唯孔疏深得詩旨。他說：「忽之所愛，皆是小人，我適忽之朝上，視其君臣，不見美好之子，閑習禮法者，乃唯見狂醜之昭公耳，故以刺之。」孔氏明訓子都、子充爲美好之子，閑習禮法者。而孟子深於詩學，從孟子引此文之語意探尋，並未顯示子都爲實有其人。他說：「至於味，天下期於易牙」「至於聲，天下期師曠。」下面不連類排比地說：「至於色，天下期於子都，」而卻轉換語調說：「至於子都，天下莫不知其姣也。」此中大可玩味。「子」本爲古代男子之通稱，「都」在經傳中，有盛、美、姣、好諸義。這句文字，可翻做「對於一個盛美的男子，天下沒有人不知道他是美好的。」故「子都」之「都」。可以認爲它是盛美之稱。

鄉

①鄉：猶方，爲方纔之意。與向同義。字或作嚮。表時間過去不久。和昔字曩字同義，當白話「從前」二字。如：

論語顏淵篇：「鄉也，吾見於夫子而問知。」阮氏校勘記：「曩正字，嚮俗字，鄉借字。」「鄉」讀（ㄒㄧㄤˋ）爲「曏」之借字。皇本作「曏」，卽今日通行的「向日」「向時」之「向」，現在用「向」而不用「鄉」或「曏」了。「鄉也」就是往日。孟子告子篇：「鄉爲身死而不受，今爲宮室之美爲之。」「鄉」同向，有方纔之意，當以前或從前講。和今字相對成文，皆係表時間之詞。

②鄉：同向，爲趨向之意。和白話「往」字「朝」字相當。如：

孟子告子篇：「出入無時，莫知其鄉，惟心之謂與？」「鄉」同嚮，爲方向、處所之意。是說「出入沒有定時，也不知道他的方向。」同篇：「君不鄉道，不志於仁。」「鄉」與向同，爲歸向、嚮望的意思。是表所向的關係詞，現在都以向爲之。

十三畫

屢

①屢：猶亟。爲累次、頻數（ㄕㄨㄛˋ）之義。用作限制詞，當白話往往、常常之意。如：

論語公冶長篇：「屢憎於人。」「屢」謂多次。是說：「往往惹人憎惡。」或說做「常常被人討厭。」先進篇：「子曰：『回也，其庶乎！屢空。賜不受命，而貨殖焉，億則屢中。』」「屢空」就是經常窮乏。「屢中」就是多次猜中。

微

①微：本作「隱行」解。今仍行其本義或引申義與借義。「微」爲改變隱藏之意。如：

孟子萬章篇：「微服而過宋。」「微服」是變換平常服飾，隱蔽身分的意思。謂易容化裝，潛行而過宋。

②微：與「無、非」等字同義，用它作否定詞，相當於沒有或不是之意。如：

論語憲問篇：「微管仲，吾其被髮左衽矣。」馬注：「微，無也。」集釋訓「微」爲「非」亦通。「無」與「非」義本相通，「得無」猶「得非」。「無」當沒有，「非」當不是。「微管仲」說做「假如沒有管仲」或說做「如果不是管仲」皆可。馬氏文通謂「馬注訓微爲無，未確」似失之拘謹。

愈

①愈：猶益。「愈益」爲同義複語，是表程度的限制詞。爲更甚之意。以表比較關係，當白話越字。如：

孟子告子篇：「親之過大而不怨，是愈疏也；親之過小而怨，是不可磯也。」趙注：「愈，益也。」「愈疏」即更加疏遠之意。

②愈：猶勝，是超越、勝過之意。亦是表程度的比較關係詞。如：

論語公冶長篇：「子謂子貢曰：『女與回也孰愈？』」是說：「你跟顏回相比，是誰勝過誰呢？」

孟子離婁篇：「思天下惟羿爲愈己，於是殺羿。」告子篇：「白圭曰：『丹之治水也，愈於禹。』」盡心篇：「爲朞之喪，不猶愈於已乎？」「於」猶過，「愈於」爲超過、勝過之意，都是用它作比較，在某方面表示高下優劣的關係詞。

意

①意：猶度。是「億」和「臆」的字根。「意」爲原始字，義本相通，爲表動念未定之詞，是料想、猜

度的意思。如：

孟子離婁篇：「我不意子學古之道，而以餔啜也。」「不意」猶言不料，卽料想不到之意。

極

①極：猶頂，本指屋棟言，轉爲至甚之意，是表示程度最高的限制詞，當白話「極頂」二字。如：

孟子梁惠王篇：「夫何使我至於此極也？」「極」謂窮困至甚。到了無以復加的限度。離婁篇：「有故而去，則君搏執之，又極之於其所往。」「極」猶困。趙注：「極者，惡而困之也。」「又極之於其所往。」意思是說：「先派人到他所要去的地方，破壞他的名譽，使他走頭無路，窮困潦倒，至於極處。」這個極字，又轉爲動詞了。

滋

①滋：猶益。用作限制詞，爲更加之意。如：

孟子公孫丑篇：「曰：『若是則弟子之惑滋甚！』」告子篇：「魯繆公之時，公儀子爲政，子柳、子思爲臣；魯之削也滋甚。」「滋」猶益、猶更，「滋甚」就是益甚、更甚之意。

當

①當：猶值。猶遇。按「當」字從田尙聲，本作田相值講。（見說文）引申爲相逢、相合、相持、相抵

諸義。如：

孟子離婁篇：「不祥之實，蔽賢者當之。」趙注：「當，直也，言蔽賢之人，直於不祥之實也。」「直」今作值，是遇到的意思。同篇：「禹稷當平世，三過其門而不入。……顏子當亂世，居陋巷，孔子賢之。」「當」卽遭逢之意，作「遇著」講。萬章篇：「是時孔子當阨，主司城貞子。」趙注：「是時孔子遭阨難。」以「遭」訓當，則遭逢、遭遇，亦是相當、相值之引申義。這都是表時間的限制詞。

②當：猶等。「相當」猶言相等，為比而同之之義。如：

孟子梁惠王篇：「夫撫劍疾視，曰：『彼惡敢當我哉！』」「當」爲抵敵之義。孫疏：「彼安敢敵我哉！」公孫丑篇：「曰：『文王何可當也？』」「當」猶比、猶同。是相等比、相匹敵的意思。「惡敢當」「何可當」卽承受不了，擔當不起的意思。

③當：讀（ㄉㄤˋ），猶宜。爲適合、相宜之意。如：

孟子萬章篇：「會計當而已矣。」「當」爲適宜之稱，卽稱職之意。「當」猶宜，謂行事得其宜。凡言適當、得當，皆適宜、合宜之意。

④當：猶其、猶將。爲該當之意，是推測行事之將如何，爲疑而有定之關係詞。如：

孟子離婁篇：「言人之不善，當如後患何？」「當」猶其，爲推設之詞。王氏釋詞訓當爲將，爲推設其將然之詞，深得文理。惟孫疏：「謂人有談人之不善，必有後患及之矣。」孫氏訓當爲必，則嫌過於肯定沾滯，似不若訓其訓將之語意婉曲靈活。

⑤當：猶如。爲比如、設如之意。如：

論語子張篇：「子夏之門人小子，當灑掃應對進退，則可矣，抑末也；本之則無，如之何？」朱注：「子游譏子夏弟子，於威儀容節之間，則可矣。」朱子訓「當」爲「於」，是對於之意。吳氏衍釋，則訓「當」爲「如」「言如灑掃等容節，卽可也。」似比朱注爲勝。

⑥當：猶方。爲正值其時之意。如：

論語鄉黨篇：「當暑袗絺綌，必表而出之。」「當」猶方，「當暑」猶言方暑。「方」得轉訓爲正。「當暑」謂正當盛暑之時。孟子梁惠王篇：「當是時也。」猶言正值是時。滕文公篇：「當在宋也」「當堯之時」「當是時，陽貨先，豈得不見」裏的「當」字，並訓方，都是正值其時的意思。按史記敍正事既畢，欲更敍同時他事，每用當是時、或當此時、當……時的插敍法，來補敍正事以外的別事。這都是表時間所在的關係詞。

肆

①肆：猶故，爲發端語詞。如：

孟子盡心篇引詩大雅緜之詩云：「肆不殄厥慍，亦不隕厥聞。」詩傳與詩箋並訓「肆，故今也。」

按「故」與「今」在古文中，並可作發端詞。（參閱「故」猶「夫」、「今」猶「夫」各條）。

②肆：猶陳。爲陳列之詞。如：

論語憲問篇：「吾力猶能肆諸市朝。」「肆」猶陳，「肆諸市朝」謂陳屍於市朝。

③肆：爲極甚之詞，當放縱講。如：

論語陽貨篇：「古之狂也肆。」「肆」爲極意敢言，放縱不受覊縻之意。

試

①試：猶嘗。嘗試重言，是於事求徵實，而豫爲試探之義。如：

論語衞靈公篇：「如有所譽者，其有所試矣。」「試」爲試探，卽驗證之意。孟子梁惠王篇：「我雖不敏，請嘗試之。」「嘗試」爲同義語，就是試探著去行。

②試：猶用。是爲用於世的意思。如：

論語子罕篇：「吾不試，故藝。」「試」卽受試用，表被動。「不試」卽不爲世所用。「試」爲他動詞，這是他動詞後沒有賓語的句式。

號

①號：讀（ㄏㄠˊ），猶呼。摹繪哭泣之聲。如呼號、號咷都是。如：

孟子萬章篇：「舜往于田，號泣於旻天。」「號」猶呼。「號泣於旻天」，謂呼天而泣。是表性態的副詞。王氏釋詞訓「號」爲「何」，謂何爲對旻天而號泣。於義亦洽。

誠

①誠：猶審。猶信。爲果然、實然之詞，卽眞實無妄之義。是個表肯定的限制詞。相當於實在是、眞正

是的意思。如：

論語子路篇：「誠哉是言也！」「誠」猶信，爲確實果眞之意。孟子梁惠王篇：「是誠何心哉！」公孫丑篇：「孟子曰：『子誠齊人也，知管仲、晏子而已矣！』」同篇：「以德服人者，中心悅而誠服也。」滕文公篇：「滕君則誠賢君也。」同篇：「陳仲子豈不誠廉士哉！」同篇：「公孫衍、張儀，豈不誠大丈夫哉！」此類誠字，都是自認以爲眞，相當於「眞是」的意思。大都用在名詞或形容詞及動詞之前，都帶有判斷作用。祇是用在反詰語中的誠字，虛而不實，都略帶有推測之意。

②誠：爲未定之詞，和苟字義近。表假設以起下文。如：

孟子梁惠王篇：「誠如是也，民歸之，猶水之就下，沛然誰能禦之？」「誠」爲設詞，是如果之意。萬章篇：「不識此語誠然乎哉？」「誠」亦表詞之未定，不能翻做如果，因爲這是未決之詞。要說做「不知道這話確實麼？」

較

①較：讀（ㄐㄩㄝˊ）。通覺，爲比量之詞，又通角，爲相競之詞。是互相競爭，比量多寡之意。如：

孟子萬章篇：「魯人獵較，孔子亦獵較。」趙注：「獵較者，田獵相較，奪禽獸得之以祭。」這較字，應讀如角，是互相競爭，比較多寡之意。

載

①載：猶始。與初同義，是開始、起初之意。用作限制詞，如：

孟子滕文公篇引周書武成之文曰：「湯始征，自葛載。」朱注：「載，亦始也。」載與始同義。謂湯初次征伐，卽自葛開始。萬章篇引商書伊訓之文曰：「天誅造攻自牧宮，朕載自亳。」「造」與「載」皆爲始義。朱注：「伊尹言始攻桀無道，由我始其事於亳也。」可證「造」與「載」皆始事之義。

②載：猶則。「則」訓乃，爲於是之義。這個載字，用作繫詞。如：

孟子離婁篇引詩大雅桑柔之詩云：「其何能淑？載胥及溺。」「載」爲承上之繫詞。朱注：「載，則也。言今之所爲，其何能善？則相引以陷於亂亡而已。」

道

①道：爲事物之總名，爲指代詞，用以指人事之法術和方所之代稱詞。如：

論語八佾篇：「射不主皮，爲力不同科，古之道也。」「道」指上文所說的射者之禮容，也就是射術或方法。里仁篇：「子曰：『富與貴，是人之所欲也，不以其道得之，不處也；貧與賤，是人之所惡也，不以其道得之，不去也。』」「道」指代處富貴貧賤之方。公冶長篇：「道不行，乘桴浮於海。」「道」指代孔子救世之治術。衞靈公篇：「道不同，不相爲謀。」「道」泛指一般學者治事之治術言。子張篇：「雖小道，必有可觀者焉。」「道」指代農圃醫卜之術。同篇：「君子學以致其道。」「道」指古訓，言學古訓，以明是非得失之術。孟子公孫丑篇：「得道者多助，失道者寡助。」「道」指代上文所說的人和。滕文公篇：「雖然，未聞道也。」「道」指代下文所說的許行的養民治民之術。同篇：「

「以順爲正者，妾婦之道也。」「道」指代妾婦事人之方。同篇：「楊墨之道不息，孔子之道不著」兩道字，前者指楊子爲我和墨子兼愛之治術，後者指孔子親親、仁民、愛物之仁術。離婁篇：「君子深造之以道」「道」指君子修爲之方。同篇：「逢蒙學射於羿，盡羿之道」「道」指羿之射術。卽此可知「道」是一切事物之總名，是無所不包的。用之者，皆隨文各有所指目。祇以各人應事之途徑不同，則所指亦異。

②道：與導通，作「治理」解。爲表動向的代稱詞。如：

論語學而篇：「道千乘之國。」包注：「道，治也。」「道」指政教兼治術而言。爲政篇：「道之以政，齊之以刑，民免而無恥；道之以德，齊之以禮，有恥且格」裏的「道」，皆引導之義。指政教德化，亦兼治術而言。顏淵篇：「忠告而善道之」裏的「道」，謂導之相從，卽誘掖敎導之義。

③道：猶說。爲稱說之詞。如：

論語憲問篇：「夫子自道也。」「自道」猶言自稱。季氏篇：「樂道人之善。」「道」就是稱許。孟子梁惠王篇：「仲尼之徒，無道桓文之事者。」滕文公篇：「孟子道性善，言必稱堯舜。」同篇：「道許行之言曰。」告子篇：「則已談笑而道之」裏的「道」，並作言說稱道講，是名詞用做動詞，這是最普通的用法。

④道：猶禮。猶樂。並爲追探道理的根由之詞。相當於「原因」二字。如：

論語衞靈公篇：「與師言之道與？」皇疏：「道，猶禮也。」陽貨篇：「君子學道則愛人。」孔注：「道，禮樂也。」孟子公孫丑篇：「曰：『不動心有道乎？』」「道」卽公孫丑問孟子不動心之根由。

這根由，卽下文所說的知言養氣。離婁篇：「得天下有道，得其民，斯得天下矣；得其民有道，得其心，斯得民矣；得其心有道，所欲與之聚之，所惡勿施爾也。」連用三個「道」，層層追根，如剝繭抽絲，一層逼進一層，探究到底。得天下最後的原因，在於民之所欲，皆爲致之；民之所惡，則勿施於民。這確是治平天下千古不易之定理。也是以民爲主的眞正民主政治的眞諦。同篇：「獲於上有道，不信於友，弗獲於上矣；信於友有道，事親弗悅，弗信於友矣；悅親有道，反身不誠，不悅於親矣；誠身有道，不明乎善，不誠其身矣。」這裏連用四個道字，也是層層追根究底，以探尋其獲上的根由。是說獲上的因由，在於信友；信友的因由，在於悅親；悅親的因由，在於誠身；誠身的因由，在於明善。這也是層層逼進，步步扣緊的語法。「明善」乃是人生修養的最高境界，也是獲上的最後根由。就此可知同一道字，原本是實名，後來分化爲多種不同的抽象概念。論語中用了八十多個道字，就有好多種意思。

遂

「遂」本作隧道講，卽地下通行之道路。惟此本義爲隧所專，今行別義。

①遂：猶因。爲因事相及之詞。義與「卽、就」相同。如：

論語衞靈公篇：「衞靈公問陳於孔子。孔子對曰：『俎豆之事，則嘗聞之矣；軍旅之事，未之學也。』明日遂行。」「明日」卽答靈公問陣之次日。「遂行」猶言輒卽離去。孟子公孫丑篇：「聞王命而遂不果。」滕文公篇：「師死而遂倍之。」「倍」同背。「而遂」是同義複詞，並相當於「卽」。離婁篇：「去之日，遂收其田里。」告子篇：「一戰勝齊，遂有南陽。」此類「遂」字，並與「卽、就」同義。

表前後兩事相承，為因事相及的關係詞。

②遂：為繼事之詞，猶終。猶竟。表先後相繼的關係，當白話隨後、其次之意。如：

孟子滕文公篇引詩小雅大田之詩云：「雨我公田，遂及我私。」「遂」為隨後之意，和然後之詞義相當。是說：「希望雨先下到我的公田裏，然後再下到我的私田裏。」

③遂：猶行。為行事將成之詞。凡行事，雖未抵於成，而其勢已不能制止者叫遂。如：

論語八佾篇：「成事不說，遂事不諫。」「遂」猶行。「遂事不諫」，是說：「事已行，而不能制止，就不必再去諫阻。」

十四畫

嘗

「嘗」說文：「嘗，口味之也。」段注：「引伸凡經過者為嘗，未經過者為未嘗。」「嘗」字的用法，已略盡於此。

①嘗：猶曾、猶已、猶既，亦轉相為訓。如嘗已、已曾、或既已，均為同義複詞，都是表時間之過去，也都是表事實之已然。當白話「曾」或「曾經」講。（參閱上文「曾」猶「嘗」條）。如：

論語泰伯篇：「昔者吾友，嘗從事於斯矣。」「嘗」猶曾，作曾經講。是說「從前我的朋友顏淵，曾經在這方面下過功夫。」衞靈公篇：「俎豆之事，則嘗聞之矣。」季氏篇：「嘗獨立。」「嘗」並作曾經講。又孟子梁惠王篇：「王嘗語莊子以好樂。」公孫丑篇：「吾嘗聞大勇於夫子矣。」滕文公篇：「昔者孟子嘗與我言於宋。」同篇：「諸侯之禮，吾未之學也，雖然，吾嘗聞之矣。」同篇：「蓋上世嘗有不葬其親者。」萬章篇：「然而軻也，嘗聞其略也。」(「略也」的「也」應爲「矣」。)同篇：「孔子嘗爲委吏矣。」告子篇：「牛山之木嘗美矣。」此類嘗字，並猶曾，作曾經講，表時間之過去，常用在動詞前，作限制詞，句末多用矣字作語助，以表已然之事實，上面有時用時間詞「昔者」與之相應。

②未嘗：猶言未曾。「未」爲不義，表否定。「未嘗」表示不曾有過的意思。若是「未嘗」下面再加「無」或「不」作否定詞，那就是否定的否定，就要變做肯定語氣，成爲不曾不，也就是一定怎樣的意思。如：

論語八佾篇：「君子之至於斯也，吾未嘗不得見也。」雍也篇：「非公事未嘗至於偃之室也。」述而篇：「自行束脩以上，吾未嘗無誨焉。」同篇：「子食於有喪者之側，未嘗飽也。」孟子公孫丑篇：「告子未嘗知義，以其外之也。」同篇：「王驩朝暮見，反齊滕之路，未嘗與之言行事也。」離婁篇：「問其與飲食者，盡富貴也；而未嘗有顯者來。」萬章篇：「雖疏食菜羹，未嘗不飽，蓋不敢不飽也。」同篇：「未嘗有所終三年淹也。」告子篇：「以爲未嘗有才焉。」「未嘗」皆未曾、未始之義，表事實之未然。至於「未嘗不」和「未嘗無」就是不曾不、和沒有不的意思。是由否定轉爲肯定的語氣詞，與「未嘗」之義恰好相反。辭氣委婉而不直率。

寧

①寧：爲願詞。寧願連言，乃是常語。當白話寧可、情願或不如講。比較兩件事情的利害得失。如：

論語八佾篇：「禮、與其奢也，寧儉；喪、與其易也，寧戚。」這兩個複句，連用兩個寧字在複句的次句頭上，和上句的與其相應，構成比較關係。同篇：「與其媚於奧，寧媚於竈。」述而篇：「與其不孫也，寧固。」「孫」同遜。「寧」皆願詞。此類複句，都是下句用「寧」，和上句「與其」相應，構成偏正句子。「與其」的「其」，該是詞尾。猶言「與其那樣，寧可這樣。」是比較二事之輕重得失，而抉擇其一的關係詞。上句用「與其」領起，下句用「寧」字轉結，以表示領起的語意，爲偏句，是要揚棄的。寧下結句的語意，爲正句，是可採取的。

②無寧：亦爲願詞，而有未定之意，與何如、無乃之義相近。如：

論語子罕篇：「且予與其死於臣之手也，無寧死於二三子之手乎？」這個寧字，亦是願詞，用在下句之首，和上句的與其相應，構成偏正複句的形式。所不同的，祇是寧上加「無」以領之，便是願而未定之詞。義同何如、無乃，以表詢商語氣。舊注多訓「無寧，寧也。」以「無」爲語助詞。似於文義未備。

爾

「爾」可借用作第二人稱代詞，與汝同義，春秋時對晚輩稱爾汝，到戰國時，爾汝相稱，便是不恭。對人謙稱，多用子或君。此外都是轉化爲語已詞。

①爾：猶如此。因「爾」爲如此之合音，故得訓如此。當白話這樣。如：

孟子告子篇：「非天之降才爾殊也，其所以陷溺其心者然也。」「爾」爲如此之意，和下句的「然」字相應。相當於這樣。如不爾、果爾、聊復爾爾之「爾」，並爲如此之意。裴氏集釋訓此「爾」爲「而」，也是可以的。因「爾」與「而」可以互訓。

②云爾：「云爾」二字，用在組織不同的文句裏，所表達之語意，也不完全相同。如：

㈠云爾：猶已矣。爲表決定語氣的語已詞。說文：「爾，詞之必然者也。」詞之必然，卽語無可疑之意，當白話就是了。如：

孟子公孫丑篇：「其心曰：『是何足與言仁義也』云爾！」趙注：「云爾者，絕語之詞也。」這個云爾，是表肯定的語氣詞。是說：「祇是他們心裏想『那裏值得和他談論仁義』的道理呢？」滕文公篇：「不行王政云爾。」此云爾，亦是表肯定的語已詞，相當於就是了的語氣。但它並帶有指示上文「齊楚惡而伐之」之意。

㈡云爾：猶云然。是「如此云云」之意。「云爾已矣」，猶言如此而已。當白話這樣罷了。如：

論語述而篇：「發憤忘食，樂以忘憂，不知老之將至云爾！」這裏的云爾，和上文所說的云爾義別。「云」猶如，「爾」猶此。「云爾」猶如此，是略自承當之詞，有竊比之意，非公然自認語氣。當白話「像這樣罷了。」同篇：「抑爲之不厭，誨人不倦，則可謂云爾已矣。」「云爾」猶言如此。指「爲之不厭，誨人不倦」之事。「云爾已矣」卽「如此罷了」之意。也是略自承當之詞。孟子離婁篇：「公明儀曰：『宜若無罪焉。』曰：『薄乎云爾，惡得無罪？』」「薄乎云爾」。是說「羿的過失，祇是略輕微些罷了。」謂其應該擔當一點過失。這個云爾，亦是略自承當之意。

③焉爾乎：皆語助詞。分別言之，「焉爾」語已詞。「乎」疑詞。如：

論語雍也篇：「子游爲武城宰。子曰：『女得人焉爾乎？』」竹氏會箋：「焉爾乎猶矣乎，皆意以爲然而未決之辭，但矣乎差重於焉爾乎，此其別也。朱子語類曰：『焉爾乎三字是語助，聖人之言，寬緩不急迫。』得之。是輕提虛問之辭，蓋經中用助字處，必有含蓄不盡之意。」解說最爲精審。近人劉師培云：「爾，卽否字之義，猶言得人焉否也。」這雖是別解，亦愜洽可從。

④乎爾：亦語助詞，並略帶疑問語氣。如：

論語述而篇：「子曰：『二三子以我爲隱乎？吾無隱乎爾！』」「乎爾」爲語末助詞，寓疑問於決定語氣之中。表疑問之程度，較單用「乎」字爲輕。孟子盡心篇：「然而無有乎爾！則亦無有乎爾！」趙注：「乎爾者，歎而不怨之辭也。」焦氏正義：「爾者，辭之終也；乎爾者，決絕之中，尚有餘望也。」兩說以焦氏爲詳密。「焉乎爾」和「乎爾」或「爾乎」同是送句的複合語助詞，詞氣委婉曲折，亦是寓疑問於決定語氣之中。若是單用「乎」或「爾」，語氣便覺急迫而直率了。這個乎爾，勉强可譯「呀」字。

⑤爾：與耳古通用。「耳」訓而已，故「爾」亦得訓而已。並用作語末助詞，其作用略同於「焉」。當白話「就是了」。如：

論語鄉黨篇：「其在宗廟朝廷，便便言，唯謹爾！」「爾」同耳，爲表已然之助詞，相當於而已。當白話「罷了」。孟子滕文公篇：「彼有取爾也。」離婁篇：「所欲與之聚之，所惡勿施爾也。」「爾」並與焉同義。「爾」猶而已，「也」猶矣。「爾也」猶而已矣，相當於就是了。萬章篇：「象曰：『鬱陶，思君爾！」「爾」同耳，亦是語末助詞，卻不相當於而已。不能翻罷了、或就是了。祇能翻成啊字。說做「象說『我心裏好煩悶，就是爲了想你啊！』」（參閱「焉」猶「爾」條）。

⑥爾：猶然。用作形容詞或副詞詞尾，近似白話「的」或「地」字，但「爾」和「然」仍含有如此之意。文言多用「貌」來解釋，白話可翻「似的」或「的樣子」，不宜單用「的」或「地」字。（參閱「然」猶「爾」條）。如：

論語子罕篇：「如有所立，卓爾！雖欲從之，末由也已。」先進篇：「子路率爾而對曰。」同章：「鼓瑟希，鏗爾！舍瑟而作。」陽貨篇：「夫子莞爾而笑曰。」這其間祇有「鏗爾」的「爾」，是形容詞所帶的詞尾。不能用「之貌」或「的樣子」來解釋，祇能用「的」字，說做「鏗的一聲」。其餘「卓爾」「率爾」「莞爾」的「爾」，並是副詞所帶的詞尾，都相當於「然」，可用「甚麼貌」或「似的」「的樣子」來解釋。這類帶詞尾的衍聲複詞，是用來修飾下面動詞的，中間必用「而」字連結，是常見的語法。又孟子萬章篇：「子思以爲鼎肉，使己僕僕爾，亟拜也。」「爾」作重疊形容詞詞尾，亦猶「然」「僕僕」煩猥貌。告子篇：「嘑爾而與之，行道之人勿受；蹴爾而與之，乞人不屑也。」「嘑」同呼，「嘑爾」爲咄啐之貌，是形容呵叱聲音的。「蹴爾」爲踐踏之貌，是形容踐踏行動的。「爾」皆猶然，並爲詞尾，舊注當「貌」字，白話當「的樣子」。這類狀語和中心詞間，一般加「而」來連結，但因語法之變化，有時連「而」字也不用。

盡

①盡：猶皆。猶悉。爲完全之意。當白話「都」字。是表範圍的極態和全數的限制詞。如：

論語八佾篇：「子謂韶，盡美矣，又盡善也；謂武，盡美矣，未盡善也。」「盡」並爲完全之意。孟子滕文公篇：「陳相見許行而大悅，盡棄其學而學焉。」離婁篇：「問所與飲食者，盡富貴也。」盡心篇：「夫非盡人之子與？」同篇：「盡信書，則不如無書。」此類盡字，都是表範圍全盡的限制詞，亦都是完全之意。

②盡：猶訖、猶竟、猶竭。是表範圍完竭的限制詞，爲完畢之意。和前條義近而有別。可知詞在句中，是因文意而有所演變的。如：

論語八佾篇：「事君盡禮，人以爲諂也。」「盡」爲無以復加之詞。「盡禮」謂竭盡禮節。孟子公孫丑篇：「仁智，周公未之盡也。」「盡」有完盡、全備、盈滿諸義。滕文公篇：「親喪，固所自盡也。」「盡」猶竭，言親喪，人子所當竭其孝心的。同篇：「恐其不能盡於大事。」「盡」爲完成之意。離婁篇：「欲爲君，盡君道；欲爲臣，盡臣道。」「盡」並爲極盡之意。盡心篇：「盡其心者，知其性也。」同篇：「盡其道而死者，正命也。」「盡」皆竭盡之意，又爲充其量之詞。今人多以「儘」爲之。如儘前、儘後、儘可能，與此義近。按說文：「盡，器中空也。」引申爲對某事表現到極態，是空無殘存的意思。

與

「與」原作「黨與」解。後轉化爲虛字，作連詞跟介詞用。「與」並通歟，用作語末助詞，表疑問和感歎語氣。

①與：猶以。用作連絡關係詞。當白話「和」字「跟」字。（參閱「以」猶「與」條）如：

論語八佾篇：「子曰：『起予者商也，始可與言詩已矣。』」「可與」猶可以，謂可以跟你談詩了。子罕篇：「可與共學，未可與適道；可與適道，未可與立；可與立，未可與權。」吳氏衍釋謂：「淮南子作可以共學矣，而未可以適道也；可與適道，未可以立也；可以立，未可與權。」其間多變「與」爲「以」者。按何晏集解與邢疏，並訓與爲能。按「與」「以」可以互訓，「能」「以」亦可相通，故「與」亦得訓「能」。衞靈公篇：「可與言而不與之言，失人；不可與言而與之言，失言。」「可與」「不可與」之「與」，皆猶「以」，作「跟」字「同」字講。兩「與之」之「與」，皆爲給予之意。相當於「給」。季氏篇：「鄙夫可與事君也與哉？」「與」猶以，謂鄙夫不可以事君。下文患得患失的心理形態，皆在表明鄙夫不可以事君之故。孔傳：「言不可與事君。」皇疏：「言凡鄙之人，不可與之事君。」孔傳於「與」未加訓釋，皇疏訓「與」爲「與之」，對文義未洽。（說見王氏精義述聞）孟子公孫丑篇：「不如是，不足與有爲也。」離婁篇：「自暴者，不可與有言也；自棄者，不可與有爲也。」同篇：「人不足與適也，政不足間也。」萬章篇：「知穆公之可與有行也而相之。」上例「可與」「足與」之「與」，並與「以」同義。可以換用「以」字。按「可」卽認可，「足」卽足夠之意。「可與」「足與」之「與」，並爲介繫詞，是「可以與之」「足以與之」之省文。在「可、足、能」等輔助動詞後，常和介詞「與、以、爲」等連用，其下必爲動詞和賓語。

②與：猶爲（ㄨㄟˋ）。王氏釋詞：「與，猶爲也。」按「與」猶爲，亦猶是。用作介繫詞。如：

論語里仁篇：「君子之於天下也，無適也，無莫也，義之與比。」「比」訓從。「與」訓爲，又訓是。「義之與比」，猶言「唯義是從」。「與」爲表所從的介繫詞。顏淵篇：「百姓足，君孰與不足？百姓不足，君孰與足？」「孰與」爲「與孰」之倒置。這是疑問代詞做賓語，一定倒置在介詞前的句式。「與」並訓爲，言何爲不足？何爲足呢？是說：「百姓富足了，君怎麼會不足呢？如果百姓不富足，君怎麼會富足呢？」孟子滕文公篇：「不由其道而往者，與鑽穴隙之類也。」「與」猶爲，亦猶是，爲表所比的介繫詞。王氏釋詞謂「與鑽穴隙」的「與」爲語助無義，於文義未洽。按此句語法，「與」正同梁惠王篇：「王之不王，是折枝之類也」裏的「是」字同義，改用「爲」字亦可，是個介繫詞。或謂「與」通擧，作「皆」講，謂皆鑽穴隙之類也，說亦可行。

③與：猶爲（ㄨㄟˋ）。王氏釋詞：「與，猶爲也。」是幫助之意。當白話「替」字。如：

孟子公孫丑篇：「取諸人以爲善，是與人爲善者也，故君子莫大乎與人爲善。」朱注：「與，猶許也，助也。」滕文公篇：「昔者趙簡子使王良與嬖奚乘，終日而不獲一禽。……簡子曰：『我使掌與女乘。』謂王良，良不可。』曰：『吾爲之範我馳驅，終日不獲一；爲之詭遇，一朝而獲十。』」前面兩個「與」字，和後面兩個「爲之」的「爲」同義，都是替代的意思。離婁篇：「所欲與之聚之。」「與」猶爲，也是替代的意思。謂民情之所欲，則爲衆民聚之。（說見王氏釋詞）同篇：「如伋去，君誰與守？」「與」猶爲，亦當白話替字。是說：「如果我孔伋離去，那個替君王守國呢？」

④與：猶同，通常作聯合關係的連詞，但也有用作表所比和表所共的介繫詞，都相當於「和」字。如：

論語學而篇：「吾日三省吾身，爲人謀，而不忠乎？與朋友交，而不信乎？……」「與」訓同。這句的起詞「吾」，承上省略，是把補詞放在述詞之前的句法。公冶長篇：「子謂子貢曰：『女與回也孰愈？』」同篇：「子路曰：『願車馬，衣輕裘，與朋友共，敝之而無憾。』」這兩個「與」字，都相當於「同」。但前者是表所比的介繫詞，連接代詞與名詞；後者是表所共的繫詞，連接兩個句子。子罕篇：「衣敝縕袍，與衣狐貉者立，而不恥者，其由也與？」這個與字，亦是表所比的介繫詞，連接兩個對立的句子。衞靈公篇：「與師言之道與？」句首承上省起詞「夫子」，等於是連接兩個名詞。陽貨篇：「來！予與爾言。」「與」連接兩個代名詞。這兩個與字，並猶同，都是表所同的繫詞。同篇：「孔子下欲與之言，趨而避之，不得與之言。」這是由兩個「與」字引進兩個補詞「之」字。「與」是表所共的介詞，「之」是指楚狂的代詞。孟子離婁篇：「諸君子皆與驩言，孟子獨不與驩言，是簡驩也。」「與」並猶同，都是聯合關係的關係詞。同篇：「與其妾訕其良人，而相泣於中庭。」此句的起詞「其妻」承上省略，「與」是連接它的交與補詞「其妾」的關係詞。盡心篇：「舜居於深山之中，與木石居，與鹿豕遊。」兩個與字，連接主語下的兩個平列句子。上例諸與字，雖並是「和、同」之意。但因其在文句中的位置不同，而其所表動作之功用，亦隨之而異。如用「與」引進的補詞，和起詞或主語，共同完成一個動作，從前文法學家把這種用法的「與」，稱它做介詞。如「女與回也孰愈」一語，若是把「女與回」當做句子的起詞或主語，「與」就算是連詞；如果把「女」認做起詞或主語，「與」就得算介詞了。但這個「與」字，無論說它是連詞或介詞，都是「和」跟「同」的意思。不如綜合稱做關係詞的好。（說見許氏國文法）這類例句中的與字，跟一般用作連詞的與字不同。

⑤與：猶及。禮記檀弓鄭注：「與、及也，常語也。」「與」用作連詞，連接兩個名詞或代詞，都是表並列關係，但也略帶先後輕重、因此及彼之意，這是通常的用法。亦當白話「和」「同」的意思。

（參閱「及」猶「與」條）如：

論語里仁篇：「富與貴，是人之所欲也，不以其道得之，不處也；貧與賤，是人之所惡也，不以其道得之，不去也。」在這富貴、貧賤之間，爲何都用「與」聯絡，卻不用「且」和「而」呢？因爲這裏的富貴和貧賤的詞性，已由形容詞變做名詞了。名詞跟名詞，或跟名詞相同的詞組及詞結聯合時，通常是用「與」做關連的，祇有形容詞或動詞之間的聯絡，纔用「而」或「且」呢。公冶長篇：「夫子之言性與天道，不可得而聞也。」邢疏：「與，及也。」述而篇：「子謂顏淵曰：『用之則行，舍之則藏，唯我與爾有是夫！』」「與」亦猶及。子罕篇：「子罕言利，與命、與仁。」集解訓「與」爲及，邢疏同集解。言子罕言利，及命、及仁。朱注引程子曰：「計利則害義，命之理微，仁之道大，皆夫子所罕言也。」可證「與」當訓及，爲連詞無疑。惟皇疏訓「與」爲「許」，於文義未安。同篇：「子見齊衰者，與瞽者。」陽貨篇：「唯上知與下愚，不移。」同篇：「唯女子與小人，爲難養也。」孟子梁惠王篇：「穀與魚鼈，不可勝食。」同篇：「曰：『不爲者與不能者之形何以異？』」滕文公篇：「若夫潤澤之，則在君與子矣。」盡心篇：「欲知舜與跖之分，無他，利與善之間也。」從這些例句中，可以歸納出凡上下詞性相等，詞義平列或相反，又都是名詞，或跟名詞相同的詞組或詞結，中間用與作連繫，則皆爲及義，並作「和」「同」解。此爲論孟中之常語。

⑥與：猶如。廣雅釋言：「與，如也。」「與」和「與其」同義。「與其」猶如其、如若。「與其」一詞，成爲語文通用之熟語，在比較兩事時，用在複句的起句之首，在承句之前，用「寧」、或「不如」「不若」「豈若」「孰若」等詞與之相應，構成複式的偏正句子。如：

論語八佾篇：「禮、與其奢也，寧儉；喪、與其易也，寧戚。」邢疏：「與，猶等也，言等其輕重也。」「等」卽衡量比較之義。同篇：「與其媚於奧，寧媚於竈。」述而篇：「與其不孫也，寧固。」子罕篇：「且予與其死於臣之手也，無寧死於二三子之手乎？」此類語句中的「於」，放在名詞上，形容詞下，也是用作比較的介詞。微子篇：「且而與其從辟人之士也，豈若從辟世之士哉！」孟子萬章篇：「與我處畎畝之中，由是以樂堯舜之道，吾豈若使是君爲堯舜之君哉！」「與」卽「與其」之省文。此類「與」跟「與其」的功用，皆在比較二事，等量輕重，權衡利害得失，推設取捨從違而定與奪，最後抉擇其中之一。上面用「與」和「與其」的領句，一定是代表有害而要捨棄的偏句；下面用「寧」或「不如」「豈若」等語詞構成的結句，一定是有利而要採取的正句。此類連詞，前人叫做比較或審決連詞。

⑦與與：「與與」疊用，作表態的形容詞。如：

論語鄉黨篇：「與與如也。」朱注：「與與，威儀中適之貌。」戴望注：「徐行有威儀與與然。」

⑧與：通歟。說文歟下云：「安氣也。」是語氣安和之意。王氏釋詞：「與，語助也。」用以表疑問、感歎、及反詰或商量等語氣，和乎、也（邪）的作用約略相當，祇是「與」的語氣比較柔和委婉，不像「乎」那樣直率，「也」那樣帶有驚奇的色彩。這是同中有異的。大抵「與」是疑於心而不執著之詞，「乎」是決於心而疑於口之詞，「也」是帶疑而未定之詞，不論在語氣跟語意方面，都是略有差別的。當白話「嗎、麼、呢、罷、啊、呀」等語氣，如用在句中作語助，大都無義可說，祇是表語氣之停頓或決定，不表疑問。如：

論語學而篇：「孝弟也者，其爲人之本與？」邢疏：「禮尚謙退，不敢直言，故云與也。」「與」表疑問，並帶謙退之意，當白話「罷」的語氣。竹氏會箋：「與，歟之借字，詞之舒也。也者其與四字，低徊倡歎，無限提撕。」這也可以說治人之道，已盡於此了。同篇：「求之與？抑與之與？」重疊兩問句，讓對方選擇其一來回答，叫選擇問句。兩個與字，是表抉擇疑問的語氣詞，當白話「呢」字。重點在下句，雖可算是偏正句子，但神情宕漾，語氣委婉而不執著。同篇：「其斯之謂與？」「與」表反詰疑問語氣，與「其」相應，雖用以請決其然否，實爲疑而有定之詞。八佾篇：「子謂冉有曰：『女弗能救與？』」「與」爲疑詞，當白話「嗎」字。公冶長篇：「道不行，乘桴浮於海，從我者其由與？」「與」表推測語氣，與「其」相應，相當於「罷」。同篇：「於予與何誅？……於予與改是。」兩與字，用作語中助詞，表停頓語氣，和「也」字相當，表決定，不表疑問。同篇：「子在陳曰：『歸與！歸與！吾黨之小子狂簡，斐然成章，不知所以裁之。』」兩「與」字作語末歎詞，疊用歸與，以寫其思歸之激切深情，表感歎而兼商量語氣，當白話「罷」或「吧」。泰伯篇：「君子人與！君子人也。」「與」是表詠歎而兼帶商度的語氣詞，當白話「罷」或「吧」。子罕篇：「夫子聖者與！何其多能也！」「與」亦是表詠歎而兼商度語氣，乃是摹擬之詞；「也」表驚歎語氣，而非疑問語氣詞。憲問篇：「丘、何爲是栖栖者與？」「與」用於特指問句，在先秦古文裏，也是常見的，當白話「呢」字。子張篇：「我之大賢與，於人何所不容？我之不賢與，人將拒我，如之何其拒人也？」「與」爲表對比的停頓語氣詞，可相當於「嗎」「呢」或「罷」，這類句中，一般是假設性的，都含有「若或」之意。孟子梁惠王篇：「王曰：『若是其甚與？』」「與」爲表疑問而兼驚歎的語助詞，當白話「呀」字。同篇：「王之所大欲，可得聞與？」「與」爲表反詰的疑問語氣詞，是要對方回答的，和「邪」「乎」相同，當白話「嗎」字。公孫丑篇：「管仲晏子，猶不足爲與！」滕文公篇：「然則治天下，獨可耕且爲與！」兩「與」字，都是表決定性的反詰語氣詞，亦同「邪」或「乎」，當白話嗎字。同篇：「且夫枉尺而直尋者，以利言也；如以利，則枉尋直尺而利，亦可爲與！」「與」爲表決定性的語末助詞，和「耳」「矣」「也」等語助相類，「亦可爲與」，猶言不得爲之耳。這類「與」字，都是問而非疑的反詰語助詞，是不用回答的。

蓋

①蓋：猶殆。爲傳疑之關係詞。是大略如此，想當然而的意思。凡遇到難以徵信而無明確之事實，故用「蓋」作傳疑之筆法。和白話大概、或許、想必、恐怕一類的猜測語氣詞相當。如：

論語里仁篇：「有能一日用其力於仁矣乎？我未見力不足者，蓋有之矣，我未之見也。」「蓋」猶殆，爲疑信參半之關係詞，舊注多以爲疑詞，未爲明確。述而篇：「蓋有不知而作之者，我無是也。」「蓋」爲提起下文之發語詞，相當於大概。「蓋有」是容或有的意思。季氏篇：「天下無道，則禮樂征伐，自諸侯出。自諸侯出，蓋十世希不失矣。自大夫出，五世希不失矣。陪臣執國命，三世希不失矣。」「蓋」爲承上起下之詞。竹氏會箋：「蓋十世者。蓋，大略之辭，下五世、三世不言蓋，統上而省文也。」這是用「蓋」爲提引的發端語詞，並帶有推測意味。常用在一段文字之首，和「夫」字約略相似，沒有適當的白話語詞和它相當，勉強用「說道」「提起」字樣。孟子滕文公篇：「蓋上世嘗有不葬其親者。」「蓋」雖是疑詞，並非全然疑問，乃謙退不敢實以爲是，便用「蓋」以傳疑。凡經傳敘事，每遇到難明其事實眞相究竟如何，又苦無文獻足徵，而推想其事理，乃略陳其梗概如此。按郭景純爾雅序：「爾雅者，蓋興於中古，隆於漢世。」邢疏：「蓋興於中古者，爾雅之作，經傳莫知其人及其世，但相傳言周公作之，以教成王，無正文，故用蓋以疑之。」故蓋字實爲傳疑之詞。太史公作史記，每遇傳疑，多用蓋字，以發其端。此爲古文中之通常語法。

②蓋：爲緩詞，以表謙退和推測語氣。並爲承上之詞，相當於「乃」或則。如：

論語季氏篇：「丘也，聞有國家者，不患寡而患不均，不患貧而患不安。蓋均無貧，和無寡，安無傾。」「蓋」是因爲之意。因蓋下是原因小句，是謂語；蓋上是後果小句，是主語。劉氏辨略：「或謂此蓋字乃承上之辭，不知未有訓蓋爲承上者，近代科舉文字，始用以爲承上耳。此蓋字雖非疑辭，然聖人之言，婉而不直，但言均、和、安，有無貧、無寡、無傾之理而已，不肯徑云均則無貧，和則無寡，安則無傾，而加蓋字以緩其辭，謙之之象，從可知矣。」劉氏此說，在試探古人爲文之用心，雖甚精審，但「蓋」字在古文中亦有承上者，實非始於科舉文字，故其說未盡可從。如子路篇：「君子於其所不知，蓋闕如也。」「蓋」猶「乃」或「則」，爲承上之繫詞，當白話「是」或「於是」。孟子梁惠王篇：「爲我作君臣相悅之樂，蓋徵招角招是也。」「蓋」猶「乃是」或「就是」，亦承上之詞。滕文公篇：「夫泚也，非爲人泚，中心達於面目，蓋歸反虆梩而掩之。」「蓋」猶乃，爲承接詞，相當於「於是」或「因此」。萬章篇：「雖疏食菜羹，未嘗不飽，蓋不敢不飽也。」同章：「今而後知君之犬馬畜伋，蓋自是臺無餽也。」兩蓋字，並訓乃，當白話因此、或於是的意思。並爲承上之辭。

齊

①齊：猶等。爲等齊之義。用作限制詞。如：

論語里仁篇：「見賢思齊焉。」「齊」就是等齊。包注：「思與賢者等。」孟子公孫丑篇：「今天下地醜德齊。」「醜」與「齊」互文同義，皆等類之詞。

②齊：爲齋之借字，讀（ㄓㄞ）。爲戒潔之稱。如：

論語述而篇：「子之所愼，齊、戰、疾。」鄉黨篇：「齊必變食。」孟子公孫丑篇：「弟子齊宿而後敢言。」離婁篇：「雖有惡人，齊戒沐浴，則可以祀上帝。」「齊」並通齋，爲齋戒沐浴，以清潔其身心。表示誠敬的意思。

十五畫

請

①請：爲以卑承尊，有所啟請之敬詞。偏重在祈使方面，表示願欲之義。如：

論語顏淵篇：「顏淵曰：『請問其目？』子曰：『非禮勿視，非禮勿聽，非禮勿言，非禮勿動。』顏淵曰：『回雖不敏，請事斯語矣！』」「請問」之「請」，爲乞求之意；「請事」之「請」，爲願意之意。都是承尊之敬詞。孟子離婁篇：「曾子養曾皙，每食，必有酒肉；將徹，必請所與。」「請」爲祈求尊者有所指示。

②請：爲敬詞。有膽敢、不敢之義。如：

孟子梁惠王篇：「有司未知所之，敢請。」「敢請」卽冒昧的請問或膽敢的請問之意。亦是乞求尊者有所指示之詞。公孫丑篇：「不敢請耳，固所願也。」告子篇：「曰：『軻也，請無問其詳，願聞其旨。』」兩請字，並是敬詞。「請」爲不敢之義，「願」爲心之所欲。分用請願二字，前後照顧，語意委婉和諧。前者是說：「臣祇是不敢請求罷了，這本是臣心裏所希望的啊！」後者是說：「我不敢請問詳細的情形，祇希望聽聽你大概的意旨。」

③請：爲求絕之詞。如：

孟子公孫丑篇：「弟子齊宿而後敢言，夫子臥而不聽，請勿復敢見矣。」「齊」通齋。「請」作求絕講，爲訣別之詞。

諒

①諒：猶信。說文：「諒，信也。」爲言語信實之稱，卽誠信不欺，言行如一之意。經傳每假亮爲之。如：

論語季氏篇：「友直、友諒、友多聞，益矣。」「諒」爲信實之詞。又孟子告子篇：「君子不亮，惡乎執」裏的「亮」字，與諒同義，這是借亮爲諒，亦信實之詞。按現代書札中之亮詧、亮照、亮鑑諸詞，本爲明鑒之義，以後轉爲原諒之義，成爲求人寬恕之詞，意謂明察而諒之，亦卽求其見信之意。

②諒：爲固執之詞。如：

論語憲問篇：「豈若匹夫匹婦之爲諒也。」「諒」爲固執之義。邢疏：「諒，信也。言管仲志在立功創業，豈肯若庶人之爲小信。」衞靈公篇：「君子貞而不諒。」孔曰：「貞、正，諒、信也，君子之人，正其道耳，言不必小信。」這裏所謂小信，卽固執小節之義。按這個諒字原本訓爲信實，祇是在這兩句裏，用它的引申義，爲拘泥小信、小節，而不知變通，是堅持、固執的意思。

誰

「誰」是特指問句的疑問代詞，是指衆人中不知其爲何人的發問之詞。要求對方作明確的回答，要答出甚麼人。因爲句中用疑代詞，語氣詞可以不用。若帶語氣詞，就常用「也」（邪）字。

①誰：猶何，卽何人，爲任指性的疑代詞。當白話「那個」或「甚麼人」。但疑問代詞做賓語，一定倒置在動詞前。如：

論語雍也篇：「誰能出不由戶？何莫由斯道也！」這是疑問代詞做主語的。子罕篇：「吾誰欺？欺天乎？」這是疑問代詞做賓語倒置的句式。先進篇：「非夫人之爲慟，而誰爲？」這是介詞「爲」倒置的句例，上句是在賓、介中間插入「之」的倒裝法。順說是「我不爲這個人悲痛，而爲誰悲痛呢？」衞靈公篇：「吾之於人也，誰毀誰譽？」這是毀誰譽誰的倒置。微子篇：「吾非斯人之徒與而誰與？」堯曰篇：「擇可勞而勞之，又誰怨？」孟子離婁篇：「子濯孺子問其僕曰：『追我者誰也？』」這類「誰」字，並是「何」義。當白話「那個」，爲泛指人的疑問代詞，一般都是放在動詞前面，也就是動賓結構的倒置，若是翻成白話，就要改變位置，把它放在下面了。這是疑問代名詞的特別用法，是須要注意的。

②誰：猶孰。「誰」與「孰」可以互訓，用作疑問代稱詞。但「誰」祇能代人，「孰」可以代人，並可以指代事物，此其不同之處。（參閱「孰」猶「誰」條）。如：

孟子滕文公篇：「在於王所者，長幼尊卑，皆薛居州也，王誰與爲不善？在王所者，長幼尊卑，皆非薛居州也，王誰與爲善？」離婁篇：「誰能執熱，逝不以濯？」「誰」並猶孰，是疑問代詞，都是「何」義，相當於何人、那個。是指代衆人之中，不知誰何的某人，略帶比較徵訊之意。這類「誰」字，都可以換用「孰」字。

③誰：猶誰何。爲不知其誰何而問之的代稱詞。既問爲誰，又問爲何人，或那個，或甚麼人，意思都是相同的。如：

論語微子篇：「長沮曰：『夫執輿者爲誰？』子路曰：『爲孔丘。』……桀溺曰：『子爲誰？』曰『爲仲由。』」此皆不知其爲何人，而詰問以求答之詞。

適

「適」本作「往」解，引申爲偶然會合之詞，爲恰逢其時，恰合其意之意。

①適：猶僅、猶祇、猶但，是個表範圍的限制詞。和啻字同義。「啻」又假借爲「翅」，皆僅字之義。如：

孟子告子篇：「飲食之人，無有失也，則口腹豈適爲尺寸之膚哉？」「豈適」猶言不僅、不祇、不但。按此適字，與啻字同義。劉氏辨略：「啻、亦僅也。」如大學引秦誓曰：「不啻若自其口出。」「不啻」亦猶不僅、不祇、不但。「啻」又通假爲「翅」，「翅」亦猶僅。如告子篇：「取食之重者，與禮之輕者而比之，奚翅食重？」「奚翅」猶言何但，亦不僅之義。

②適：是過責，音(ㄓㄜˊ)、與謫字同義，爲譴謫之義。如：

孟子離婁篇：「人不足與適也，政不足間也。」「與」猶以。趙注：「適，過也，時皆小人居位，不足過責也。」「過責」卽責問人的過失。

③適：讀(ㄉㄧˊ)爲專主之詞，是偏執的意思。

論語里仁篇：「君子之於天下也，無適也，無莫也，義之與比。」皇疏引范寧曰：「適莫，猶厚薄也；比，親也。君子與人無有偏頗厚薄，唯仁義是親也。」朱注訓「適」爲專，「莫」爲不肯，又引謝氏曰：「適、可也，莫、不可也。」也就是無可無不可，一以道義爲歸，而無偏執之意。竹氏會箋：「適、是必往必爲之義，嚮往之意切矣；莫、是適之反對矣，是必不往必不爲之意，此莫對適成文。」三家之說，造語雖略殊異，而其義則同。

餘

①餘：猶賸。「賸餘」爲同義語。和殘餘的意思同。如：

論語學而篇：「行有餘力，則以學文。」「餘力」卽賸餘的精力。孟子滕文公篇：「餘夫二十五畝。」朱注：有弟年十六叫「餘夫」，卽其餘老小尙有賸餘人力者。同篇：「則男有餘粟，女有餘布。」「餘」

指除吃用外尚有多餘之粟和布。離婁篇：「地之相去也，千有餘里；世之相後也，千有餘歲。」「餘」指整數以外的奇零之數。同篇：「曾子養曾皙，必有酒肉；將徹，必請所與；問有餘，必曰：『有。』」同篇：「卒之東郭墦間之祭者，乞其餘；不足，又顧而之他。」「餘」並指殘羹賸菜。

②其餘：猶言其他，卽除此之外的意思。如：

論語爲政篇：「多聞闕疑，愼言其餘，則寡尤；多見闕殆，愼行其餘，則寡悔。」「其餘」指所聞所見而無可疑的事。這幾句文字的意思是說：「把平時所聞所見，而覺得可疑的事情擱置起來，不言不行；卽是無可疑的事情，還要謹愼地說和行，那就可減少外來的責難和內心的懊悔了。」雍也篇：「子曰：『回也，其心三月不違仁，其餘則日月至焉而已矣。』」「其餘」指顏回以外的門弟子。泰伯篇：「如有周公之才之美，使驕且吝，其餘不足觀也已。」「其餘」指驕傲鄙吝以外的智能技藝。

十六畫

噫

①噫：是感歎詞，用它來表示感情的聲音。雖是同一個聲音符號，可能表出多種不同情緒。感歎詞可以獨立成句，放在句首，隨著外在所發生的各種不同的事情，可以觸發內在的諸多情緒，而發生感歎，就利用感歎詞，以傾瀉其激動的聲情。「噫」表歎聲，當白話「唉」。凡遇事心有不平，發而爲聲，它可以表示哀歎、惋歎、贊歎、驚歎、或鄙薄、發怒等多種不同的聲情。如：

論語先進篇：「顏淵死，子曰：『噫！天喪予！天喪予！』」包注：「噫！痛傷之聲。」疊用「天喪予」，足以表示出感情的强烈激動。也有不帶感歎語氣詞，而用重疊語句，以表激動感情的，如憲問篇：「如其仁！如其仁！」便是。子路篇：「噫！斗筲之人，何足算也！」「噫」爲鄙薄之聲。當白話「唉」字。子張篇：「子夏聞之，曰：『噫！言游過矣。』」孔曰：「噫！心不平之聲。」按「噫」和唉、嘻、啊、嗚呼、嗟夫、噫嘻、唉啊、啊喲等語詞，都是古今語文裏常用的普通感歎語氣詞，都是位於句首，獨立成句。表多種不同的情感。

獨

①獨：猶特。博雅：「獨，特也。」「特」與「獨」同義，爲單獨之稱。「獨」又猶唯，「唯獨」爲同義複詞。這個獨字，是在多數中單取其一，以表範圍的限制詞，含有保留關係。當白話祇有、唯獨、或獨獨的意思。如：

論語顏淵篇：「人皆有兄弟，我獨無。」「獨」與「皆」相應，是祇有、唯獨的意思。孟子梁惠王篇：「雖有臺池鳥獸，豈能獨樂哉？」「豈能」表反詰語氣，與「雖有」相應。「獨」即「單獨」，換用「獨獨地」也可以。公孫丑篇：「古之人皆用之，吾何爲獨不然。」「獨」與「皆」爲對文，「獨」爲單獨之義，「皆」爲全體之義。滕文公篇：「然則治天下，獨可耕且爲與？……堯獨憂之，舉舜而敷治焉。……子貢反，築室於場，獨居三年，然後歸。」「獨可」之「獨」猶豈，表反詰，作難道講，和其他各例句中的獨字作用不同。同篇：「不得志，獨行其道。」萬章篇：「此莫非王事，我獨賢勞也。」

告子篇：「故凡同類者，舉相似也，何獨至於人而疑之？」（裴氏集釋，訓「獨」作爲，亦通。）同篇：「非獨賢者有是心也，人皆有之，賢者能勿喪耳。」這兩句中的「舉」和「皆」同義，並與「獨」爲對文，是表全體跟單獨相對的意思。盡心篇：「窮則獨善其身，達則兼善天下。」「獨」與「兼」相對成文，「兼」爲「全體」義，「獨」爲「單獨」義。同篇：「獨孤臣孽子，其操心也危，其慮患也深，故達。」「獨」猶唯，亦是「祇有」之意。

②獨：猶乃。獨與徒，聲近義通，「徒」得訓乃，故「獨」亦得訓乃。意思相當於「但」和「卻」。如：

孟子公孫丑篇：「人亦孰不欲富貴？而獨於富貴之中，有私龍斷焉。」龍與壟同，「龍斷」爲把持之義。離婁篇：「諸君子皆與驩言，孟子獨不與驩言，是簡驩也。」盡心篇：「古之賢王，好善而忘勢；古之賢士，何獨不然？」「獨」並猶乃，爲轉語詞，和「但」「卻」相當，並略帶責怪的意味。

③獨：猶其。猶將。是「將要、打算」之意。如：

孟子滕文公篇：「一薛居州，獨如宋王何？」「獨」猶其。這句文字的語法，與論語「桓魋其如予何？」「公伯寮其如命何？」文例相同。不過這個「獨」猶「其」的「其」，並非指代詞，而是表數量的限制詞。是說：「祇有一個薛居州，又將使宋王怎麼樣呢？」

④獨：猶豈。是個反詰詞，作難道講。如：

孟子公孫丑篇：「且比化者，無使土親膚，於人心獨無恔乎！」告子篇：「至於心獨無所同然乎？」「獨無」並猶「豈無」，是「難道不」的意思。

⑤獨：猶且。相當於「卻是」二字。如：

孟子梁惠王篇：「今恩足以及禽獸，而功不至於百姓，獨何與？」「獨何與」猶言「且何與。」是說：「這卻是怎麼會事呢？」

諸

①諸：爲衆多之義。廣雅：「諸，衆也。」用作形容詞，表不定之多數。如：

論語八佾篇：「夷狄之有君，不如諸夏之亡也。」「諸夏」指中國言。謂當時中國非止一國，故稱中國爲諸夏。竹氏會箋：「諸者，非一之詞。」孟子梁惠王篇：「王之諸臣，皆足以供之。」同篇：「諸大夫皆曰賢。」離婁篇：「諸君子皆與驩言。」「諸」並爲衆雜之稱，「皆」指全體言，義近而有別。是諸多、那些、各位之意。表不定之多數，故聲類云：「諸，詞之總也。」

②諸：猶之。「諸」與「之」，發聲相同，故義亦相通。作指代詞用，當白話「他」字。按「諸」爲「之」「於」之合音，故兼有指代詞「之」和介詞「於」的雙重任務。如：

論語學而篇：「告諸往而知來者。」孔曰：「諸，之也。」邢疏同孔注。爲指子貢之代稱詞，當白話你字。爲政篇：「舉直錯諸枉，則民服；舉枉錯諸直，則民不服。」「錯」爲「措」之借字。「錯」有捨置和設施二義。在這裏應作設施或安置講，不作捨置講。朱注：「錯，捨置也。諸，衆也。」於文義未洽。劉氏正義：「諸，之也。言投於下位也。……直者居上，而枉者置之下位，使賢者得盡其才，而不肖者有所受治，亦且畀之以位，未甚決絕，俾知所感奮而猶可以大用。故下篇（顏淵篇）告樊遲『舉直錯諸枉，能使枉者直，』卽此義也。」此說最能得經義。這兩個「諸」字，當訓之，爲枉者直者的指代詞。作那些講。但它本身，也可說兼備指代詞「之」和介詞「於」的雙重性質。公治長篇：「乞諸其鄰而與之。」憲問篇：「修己以安百姓，堯舜其猶病諸。」皇疏、邢疏，並訓諸爲之。孟子公孫丑篇：「王庶幾改之，王如改諸，則必反予。」「改之」的「之」，與「改諸」的「諸」，字異而義同，都是指事之詞，卽是換位，意思仍舊不變。滕文公篇：「禹疏九河，瀹濟漯，而注諸海；決汝漢，排淮泗，而注之江。」這裏的「諸」與「之」爲變文同義之詞。這個「諸」和「之」，也各自相當於「之於」二字，並有代稱詞兼介詞的任務。離婁篇：「道在爾而求諸遠，事在易而求諸難。」同篇：「摽使者出諸大門之外。」這三個諸字，並訓爲「之」，若說它兼帶介詞「於」的任務。相當於「他在」之意，也是可以的。

③諸：猶於。「諸」與「於」，收音相同，故義亦相通。相當於「在」字，爲連繫補詞的介繫詞，位於句中，其上多爲動詞，又要和下文連讀，不能間斷。如：

論語公冶長篇：「我不欲人之加諸我也，吾亦欲無加諸人。」「加」猶施，「諸」猶於。「加諸我」猶言施於我；「加諸人」，猶言施於人。卽「己所不欲，勿施於人」之意。憲問篇：「吾力猶能肆諸市朝。」「諸」猶於。「肆諸市朝」，謂陳屍於市朝。同篇：「公叔文子之臣，大夫僎，與文子同升諸公。」孔注：「同升在公朝。」邢疏則云：「同升在於公朝也。」是孔氏訓「諸」爲「在」。邢氏訓「諸」爲「在於」。「在」猶「於」。「在於」爲同義複詞，仍是「在」或「於」的意思。增同義字以釋經，乃是古人訓詁之常例。竹氏會箋：「諸字在句中者，必訓之於，論語中，唯此一字，似難訓以之於，然古人之文，簡而深奧，自不失字例。」按此類諸字，並相當於「於」，祇是可以訓「之於」，並非必以「之於」爲訓。季氏篇：「稱諸異邦曰寡小君。」孟子梁惠王篇：「言舉此心加諸彼而已。」離婁篇：「行有不得，反求諸己。」萬章篇：「一芥不以取諸人。」「諸」皆猶於。告子篇：「有諸內，必形諸外。」說苑引此文，「諸」並作「於」。上例各「諸」字，並猶「於」，當白話「在」字，都是介所到的關係詞。

④諸：猶之於。按「於」字古音讀若「烏」（ㄨ），「之烏」反切則爲諸。因「諸」爲「之於」的合音，故得訓「之於」。用作指代詞兼介繫詞，當白話「他在」二字。如：

論語八佾篇：「其如示諸斯乎？指其掌。」這個諸字，當爲「之於」之義。邢疏：「諸，於也。」意思偏而不全。顏淵篇：「舉直錯諸枉，能使枉者直。」這句文字，在前面引用過，謂「諸」猶「之」，但這個「諸」字，也是可以訓「之於」的。說做「舉直者置之於枉者之上，能使枉者變爲直。」衞靈公篇：「子張書諸紳。」「書諸紳」卽書之於紳。陽貨篇：「孔子時其亡也，而往拜之，遇諸塗。」「遇諸塗」，猶言「遇之於塗」，直譯就是「遇他在道路上。」若用白話語法，就是「在道路上遇見了他。」同篇：「子游對曰：『昔者，偃也，聞諸夫子曰。」同篇：「子路曰：『昔者，由也聞諸夫子曰。」子張篇：「曾子曰：『吾聞諸夫子，人未有自致者也，必也親喪乎！」孟子滕文公篇：「舍皆取諸宮中而用之。」這類例句中的「諸」字，大都用在動詞後，負有指代詞和介繫詞的雙重任務。皆「之於」之意，當白話「他在」二字。若說它是指代詞「之」和介詞「於」合成的複式繫詞，也是可以的，祇要在義法和語意上講得通就行了。

⑤諸：猶之乎。或之與。「乎」和「與」，音義俱相近，同是疑問歎語詞。「之乎」的合音爲「諸」。

「之」爲指代詞，「乎」爲疑問助詞，用以表疑問或感歎，當白話「他嗎」或「他呢」，指事物用「它」或「牠」字。如：

論語雍也篇：「雖欲勿用，山川其舍諸？」「其」猶豈。「諸」猶「之乎」，相當於「牠嗎」。是說：「山川之神，豈肯捨棄牠嗎？」或說做「山川之神，怎麼會捨棄牠呢？」述而篇：「子疾病，子路請禱。子曰：『有諸？』」「有諸」猶言「有之乎」是說「有這個道理嗎？」子罕篇：「有美玉於斯，韞匵而藏諸？求善賈而沽諸？」兩諸字，皇、邢二疏，並訓爲「之」，於文義未備。應訓爲「之乎」，當白話「它呢」。是說：「有一塊美玉在這裏，是放在櫃子裏藏著它呢？還是等著好價錢賣掉它呢？」先進篇：「子路問，聞斯行諸？」「行諸」猶言「行之乎。」顏淵篇：「雖有粟，吾得而食諸？」邢疏訓「諸」爲「之」未允。皇本、正平本，「吾」下有「豈」字，「吾得而食諸？」猶言「吾豈得而食之乎？」是說「我怎能來享用它呢？」子路篇：「舉爾所知，爾所不知，人其舍諸？」「諸」猶「之乎」，相當於「他嗎」。是說「人豈肯捨棄他嗎？」同篇：「定公問一言而可以興邦，有諸？」「諸」猶「之乎」皇疏訓「諸」爲「之」，於文義未備。凡用在句末，作疑問反詰語詞的「諸」，皆猶「之乎」。「有諸」皆「有之乎」之義。或說做「有之否乎」，語意更明顯。而其上必爲動詞，其下必有答語。「諸」爲之乎的合音，有指示代詞兼疑問助詞的功能。「諸」與「之乎」意思相同，爲甚麼或用「諸」，或用「之乎」呢？這是因爲行文語氣，有輕重緩急之不同，故有此分別。王氏釋詞：「急言之曰諸，徐言之曰之乎。」當係最精確的說明。

⑥其諸：「其」爲猜度詞，「諸」爲語助詞。「其諸」合用，當白話總該、大概的語氣。如：

論語學而篇：「夫子之求之也，其諸異乎人之求之與！」朱注：「其諸，語辭也。」竹氏會箋：「其諸，猜度詞。諸，語助也。」這是說「諸」字僅爲語氣助詞，無義可訓，「其諸」合起來，是表猜度的語氣詞，「其」字是專門負猜度任務的。雍也篇：「堯舜其猶病諸！」這句把「其諸」二字間隔運用，「其」字仍是猜度詞，「諸」字是表決定性的語末助詞，猶「也」，「言堯舜尙以爲病也。」用白話說「就是像堯舜那樣的聖人，恐怕還不能做到呢！」孟子梁惠王篇：「人皆謂我毀明堂，毀諸！已乎！」「諸」猶「乎」，爲表相對待的疑問助詞。當白話「呢」字。若是把這個諸作「之乎」講，是不可以的。

謂

①謂：爲認定之詞，和「謂之」同義。凡論人論事得其實皆叫做謂……或謂之……。是認定全句文義及旨趣的關係詞。這個「謂」和「謂之」的「謂」，是由有意義的外動詞轉化而成的準繫詞，當白話叫做或就是的意思。凡言謂之者，皆是著其異名或事物之名的關係詞。如：

論語學而篇：「子夏曰：『賢賢易色，事父母能竭其力，事君能致其身，與朋友交，言而有信，雖曰未學，吾必謂之學矣。』」這是把「謂」下的文字提到前面，在原位用「之」來塡補的句式。這個「謂」字，是帶有被動性的。又同篇：「三年無改於父之道，可謂孝矣。」雍也篇：「樊遲問知。子曰：『務民之義，敬鬼神而遠之，可謂知矣。』問仁。曰：『仁者先難而後獲，可謂仁矣。』」「可謂」之「謂」下省「之」字，「可謂孝」卽「可謂之孝」，餘放此。顏淵篇：「其言也訒，斯謂之仁矣乎？」同篇：「曰：『不憂不懼，斯謂之君子矣乎？』」「謂」下不省「之」字。皇本作「斯可謂君子已乎？」

這足以證明「謂之」跟「可謂」是同義的。徐鉉曰：「謂之，是報之也。」所謂報之者，就是報答上文文義。按章太炎文錄續編：「凡言謂之者，據實而定其名也。」「謂之」爲認定之義，至爲明顯。又衞靈公篇：「過而不改，是謂過矣。」「是謂」也是認定之詞。「是」爲指代詞，「謂」下省「之」字。是說：「這就是他的過失了。」子張篇：「日知其所亡，月無忘其所能，可謂好學也已矣。」凡言「謂之」「可謂」或「是謂」「斯謂」者，大抵用在複句的末句之首，以爲認定上文所述說之文義的關係詞。普通語法都是如此。但也有把認定詞用在首句的，如泰伯篇：「泰伯，其可謂至德也已矣！三以天下讓，民無得而稱焉。」這是贊美泰伯之德，把贊歎語詞提前，成爲先斷後按的句式，使語氣顯得特別强勁。若是順說，則如同篇：「三分天下有其二，以服事殷，周之德，其可謂至德也已矣！」這是先述說事實，而後論斷的句式。句型不同，而語氣詞的意味也就不一樣了，前者多激越之聲情，後者多詠歎之神味，此其不同之處。至於把認定詞「謂」字放在句首，上面常加「所」字做詞頭，合成「所謂」，作認定主語的關係詞。如先進篇：「所謂大臣者，以道事君，不可則止。」「所謂」是認定主語「大臣」的關係詞。孟子梁惠王篇：「所謂故國者，非謂有喬木之謂也，有世臣之謂也。」「所謂」是認定「故國」的關係詞。兩「之謂」是各自認定上面的主語的關係詞，前後照應成趣。同篇：「何哉？君所謂踰者，前以士，後以大夫；前以三鼎，後以五鼎與？」這也是把認定語詞放在前面的句例。亦有把「所謂」放在後面，作結語的，和「之謂」的意思相同。如離婁篇：「爭地以戰，殺人盈野；爭城以戰，殺人盈城。此所謂率土地而食人肉，罪不容於死」便是。還有用「之謂」作認定語詞放在末句的。如論語學而篇：「詩云：『如切如磋，如琢如磨。』其斯之謂與？」孟子公孫丑篇：「詩云：『自西自東，自南自北，無思不服』

此之謂也。」滕文公篇：「富貴不能淫，貧賤不能移，威武不能屈，此之謂大丈夫。」離婁篇：「瞽瞍底豫，而天下之爲父子者定，此之謂大孝。」此類「之謂」和上面所說的「謂之」雖同是用在末句的認定詞，但意思是不完全相同的。細玩上面各例句的文義，用「謂之」或「可謂」「是謂」在末句者，是因上文述說已明，爲結束上文的關係詞。用「所謂」或「可謂」在首句者，是先對人事的認定有所稱述，爲引發下文的關係詞。用「之謂」作結語者，是在認定上文，稱人得其當，論事得其宜的關係詞。至於常用的「此之謂也」，作結語的認定詞的語意，和用作否定上文的「未之有也」的語意，恰好相反。

②謂之：猶言「謂爲」。「之謂」猶言「是爲」。同是稱謂之詞，相當於「稱他」「叫做」的意思。這個謂字，也是由外動轉化而成的準繫詞。同時也表示認定關係。祇是「謂之」爲據實而定其名的關係詞。「之謂」爲據名而證其實的關係詞。它們是不完全相同的。「謂之」上面的詞句是事實；下面文字是依據事實觀點，所下的定義。如：

論語子路篇：「子貢問曰：『何如斯可謂之士矣？』子曰：『使於四方，不辱君命，可謂士矣。』」首句是疑問語，「謂之」是在探詢士的義蘊如何。末句「可謂士矣」，謂下省之字，是答問的認定語。季氏篇：「言未及之而言謂之躁，言及之而不言謂之隱，未見顏色而言謂之瞽。」堯曰篇：「不教而殺謂之虐，不戒視成謂之暴，慢令致期謂之賊。」孟子梁惠王篇：「從流下而忘反謂之流，從流上而忘反謂之連，從獸無厭謂之荒，樂酒無厭謂之亡。」同篇：「賊仁者謂之賊，賊義者謂之殘，殘賊之人謂之一夫。」滕文公篇：「分人以財謂之惠，教人以善謂之忠，爲天下得人者謂之仁。」離婁篇：「言非禮義，謂之自暴也；吾身不能居仁由義，謂之自棄也。」同篇：「責難於君謂之恭，陳善閉邪謂之敬，吾君不能謂之賊。」萬章篇：「用下敬上謂之貴貴，用上敬下謂之尊賢。」這類語法，大致相同，「謂」字上面所述說的主要事實，都是把提前的賓語做句子的主語，同時用「之」作賓位的補詞，下面是定語，句形比較特殊。但在文言裏，還有一種特別用法，就是連「之」字也跟著提前，作爲重指詞。如盡心篇：「可欲之謂善，有諸己之謂信，充實之謂美，充實而又光輝之謂大，大而化之之謂聖，聖而不可知之之謂神。」此類語句中的「之謂」，跟上面所說的「謂之」，意思大致相同，祇是詞序不同，都是稱謂之詞，是名之、命之、是爲、稱謂的意思。和白話稱它、叫做相當。據朱子語類裏說：「謂之，名之也；之謂，直謂也。」可見這兩個稱謂詞的性質，仍然是有細微分別的。不過在它們的上面都是說明事實的解釋語，用它們來介紹到下面被解的主語上去。作用則是相同的。故凡言某謂之某，或某之謂某的句形，已成爲後世訓詁學家用做解釋經傳的通則之一，如今已形成熟語。孔孟不講訓詁學，而實精於訓詁學，於此可見一斑。

③何謂：猶何爲（ㄨㄟˋ）。謂與爲聲音相同，故可通用。如：

吳氏經詞衍釋引「孔子曰：『何謂不可？』」他說是跟孟子梁惠王篇：「何爲不行？」滕文公篇：「何爲不祀？」語法相同，這已證明了「謂」與「爲」是同義通用的。「何謂」與「何爲」，皆因何之義，相當於爲甚麼。又如論語爲政篇：「今之孝者，是謂能養。」「謂」猶爲。竹氏會箋：「今日世人所稱爲孝者，此可爲能養其親，而不足爲孝也。」「此可爲」是解釋「是謂」的。子路篇：「以不教民戰，是謂棄之。」「是謂」猶是爲，「是」訓此，「爲」訓是，「是謂棄之」，是說「這就是拋棄他們。」堯曰篇：「何謂五美？」「何謂四惡？」「何謂惠而不費？」「何謂」並猶何爲。「爲」訓是。是說「

甚麼是五美呢？」「甚麼是四惡呢？」「甚麼是施惠而不浪費呢？」又孟子告子篇：「何以謂仁內義外也？」「何以謂」猶言何以爲。盡心篇：「何謂善？何謂性？」「何謂」並與「何爲」同義。都是「甚麼是」的意思。因「爲」「謂」一聲之轉，「爲」得訓「謂」，故「謂」亦得訓「爲」。（參閱「爲」猶「謂」條）。此類「何謂」「何以謂」，都是據名而求其實的關係詞。章太炎文錄續編裏說：「凡言何謂者，據名而求其實也。凡言謂之何者，據實而求其名也。凡言謂之者，據實而定其名也。」可見這類表詢問的稱謂之詞，都是表示名實因果關係的關係詞。

④謂：猶以。「以」可訓謂，則謂自可訓以。（參閱「以」猶「謂」條）。和白話「因爲」或「爲了」的語意相當。並略帶意謂或認爲之意。如：

孟子梁惠王篇：「曰：『否。謂棺槨衣衾之美也。』」趙注：「公曰：不謂鼎數也，以其棺槨衣衾之美惡也。」趙氏以「以其」釋「謂」，「以其」就是「因爲他」。「他」指代孟子。告子篇：「金重於羽者，豈謂一鉤金與一輿羽之謂哉？」「豈謂」的「謂」訓「以」，「之謂」的「謂」訓「語」，「之」訓「而」。是說：「金重於羽，豈以一鉤之金，與一輿之羽而語哉？」（說見王氏釋詞）。盡心篇：「謂夫莫之禁而弗爲也。」「謂」猶以，「夫」猶其，「謂夫」猶言以其，是「因爲他」的意思。「他」指代齊王。是說：「因爲齊王並沒有人阻止他，卻是自己不肯盡喪禮啊！」

⑤謂：猶以爲。相當於「當做」二字。如：

孟子梁惠王篇：「宜乎百姓之謂我愛也。」「之謂」卽「而以爲」之意。公孫丑篇：「有是四端，而自謂不能者，自賊者也；謂其君不能者，賊其君者也。」盡心篇：「有命焉，君子不謂性也；……有性焉，君子不謂命也。」各例句中的「謂」字，並「以爲」之義。卽「意謂」或「認爲」的意思。

⑥謂：猶是。「謂」通「爲」，「爲」可訓是，故「謂」亦得訓是，用作判斷詞。（參閱「爲」猶「是」條）。如：

孟子告子篇：「告子曰：『生之謂性。』孟子曰：『生之謂性，猶白之謂白與？』」「謂」並訓是，相當於算是的意思。因「謂」「爲」可以通轉，故「謂」得轉訓爲是。這也是某之謂某的訓詁句式。大都是以狹義釋廣義，但也有以直義釋曲義、分名釋總名的。最後一個「謂」字，用在詢問句裏，是詢求名稱之同異的。

⑦謂：猶如。「謂」「爲」古通用，爲可訓如，故謂亦得訓如。爲表假設的關係詞。如：

論語微子篇：「謂柳下惠、少連，降志辱身矣。……謂虞仲、夷逸，隱居放言，身中淸，廢中權。我則異於是，無可無不可。」「謂」並猶如。爲假如、若如之詞。（說見吳氏衍釋）

諸

①諸：猶唯。爲應聲詞，是回答詢問的聲音，表承領之意，相當於「嗯」字。「諾」與「唯」雖同是應聲詞，但「唯」字應之速而恭，「諾」字應之緩而慢。禮記曲禮有「父召無諾」之語。意謂父母之召，當唯而不當諾，是「唯」爲隨應隨行之意，「諾」爲姑應而未卽行之意。（參閱「唯」猶「諾」條）。如：

論語述而篇：「冉有曰：『夫子爲（ㄨㄟˋ）衞君乎？』子貢曰：『諾，吾將問之！』」陽貨篇：「

日月逝矣，歲不我與！孔子曰：『諾，吾將仕矣！』」這裏的子貢之「諾」，雖業已應允，祇是將問而未遽問之詞，迹近舒緩；夫子之「諾」，實不以爲然，爲姑應之之詞，迹近怠慢。朱氏說文通訓定聲云：「緩應曰諾，急應曰唯。」自是正解。

②諾：猶許。爲允許、應承之詞。如：

論語顏淵篇：「子路無宿諾。」「諾」爲贊成他人之言而應承之，卽答應允許之意。「無宿諾」卽是隨應隨行，毫不怠慢，勇於實踐之義。孟子梁惠王篇：「而孟子之後喪踰前喪，君無見焉。公曰：『諾。』」「諾」爲允許臧倉之請，不見孟子。

十七畫

彌

①彌：猶益。猶愈。是個限制詞，相當於「越、更、越發、更加」之意。如：

論語子罕篇：「仰之彌高，鑽之彌堅。」兩「彌」字，都是表性態的限制詞，是更加之意。

縱

①縱：猶雖。爲「卽、卽使、若或」之義。爲表假設以起下文的關係詞。當白話假令或儘管的語氣。這也是讓步連詞的一種。是先將文勢推開，然後用反詰語轉入正義的句式。如：

論語子罕篇：「且予縱不得大葬，予死於道路乎？」「縱」與「縱或」，跟「雖」或「雖然」，都是表推托上文以起下文的關係詞。但前者是表縱予關係，後者是表容認關係的。用這兩種關係詞構成的複句，是同一類型的，都是上句姑且承認一件事實，下句引起相反的後果。不過用「縱」或「縱或」假設關係詞，構成縱予關係的上句，它所承認的是假設事實；而用「雖」或「雖然」作容認關係詞，構成容認關係的上句，它所承認的是眞實事實。用這兩種關係詞所引起的下文，意思一定和上句相反。（參閱釋雖各條）

臨

①臨：猶監臨，爲居高視下之詞。是臨視之意。如：

論語爲政篇：「臨之以莊，則敬。」「臨」卽臨民。皇疏：「臨，謂以高視下也。」臨之本義爲監臨，卽居高位者，俯視下民之意。雍也篇：「仲弓曰：『居敬而行簡，以臨其民，不亦可乎？』」「臨民」卽治理人民，爲監臨之引申義。

②臨：猶及。爲蒞臨之義。相當於遇到的意思。如：

論語八佾篇：「臨喪不哀。」「臨喪」卽奔臨喪事。述而篇：「臨事而懼。」「臨事」卽遇到事情的來臨。泰伯篇引詩小雅小旻之詩云：「戰戰兢兢，如臨深淵。」「如臨深淵」，是說：「像走到深水邊。」同篇：「臨大節，而不可奪也。」「臨大節」，就是遇到國家生死存亡的關頭。此類蒞臨之義，都是監臨一義之引申。他如臨行、臨時，又是蒞臨之引申義。

舉

①舉：本作「對舉」解。爲兩手對舉一物之意，與「舁」字義近。今轉化爲全盡之意。猶俱、猶皆，爲表範圍全盡之量詞，當白話「都」字。如：

孟子梁惠王篇：「舉疾首蹙頞而相告曰。」同章：「舉欣欣然有喜色而相告曰。」公孫丑篇：「則豈徒齊民安，天下之民舉安。」告子篇：「故凡同類者，舉相似也。」此類舉字，並訓皆，爲俱全之義。是個表範圍全盡的限制詞。

雖

「雖」之本義，是一種形似蜥蜴而大的蟲，唯此義從來少用。今所行者爲別義。大都用作表性態的修飾詞和表連絡的關係詞。

①雖：猶卽使，爲設定事項之關係詞。玉篇：「雖，詞之兩設也。」是先用雖字虛擬事實，以起下文，而後轉入正義。構成偏正的複式句子。它是表容認關係的推拓之詞。此乃文言中習見之語詞，當白話儘管、或任憑的意思。如：

論語學而篇：「雖曰未學，吾必謂之學矣。」「雖」與「必」相應，爲與奪之詞，以表語意之開合關係。子罕篇：「雖違衆，吾從下。」子張篇：「人雖欲自絕，其何傷於日月乎？」孟子梁惠王篇：「我雖不敏，請事斯語矣。」公孫丑篇：「雖有智慧，不如乘勢；雖有鎡基，不如待時。」離婁篇：「雖有惡人，齊戒沐浴，則可以祀上帝。」此類複句的語意，都是用上句推拓，下句挽合的開合表達法。也都是上句用雖字，虛設事實，擬起下文，以表容認關係。即是姑且承認一件事實，用雖字來表達，然後轉入正義。一定是容認小句在前，後果小句在後，構成一種讓步式的偏正句型。文言上句用「雖」字，相當於「雖然」「雖則」或「雖說」，下句雖不用「而」或「然」作轉語詞，與之呼應，但兩句間的文意，卻都是有轉折的意味，並帶有連類比較之義。而在意義上是增進一層的。這也是前偏後正的偏正句子。這種格式，相當於「雖然……還……」和「儘管……也……」句型。前後句的語意，是不調和或相違逆的兩件事，上句用雖字作勢，預為下句作轉折留餘地，下句總是應合上句的預期，而自然形成的因果句子。這是現代國語文中常用的普通語法。

②雖：猶縱。亦是設定之詞，為即使如何之義。表縱予關係，和上條的意思相同，祇是詞位不同。這是先說明一件事實，然後用雖字設定某一事實所應得之結果，在層次上與前條恰好相反，故分別言之。（參閱釋縱條）。如：

論語為政篇：「其或繼周者，雖百世知也。」鄉黨篇：「見齊衰者，雖狎必變；見冕與瞽者，雖褻必以貌。」顏淵篇：「苟子之不欲，雖賞之不竊。」衞靈公篇：「言忠信，行篤敬，雖蠻貊之邦行矣；言不忠信，行不篤敬，雖州里行乎哉？」孟子梁惠王篇：「民欲與之偕亡，雖有臺池鳥獸，豈能獨樂哉？」同篇：「賢者而後樂此，不賢者雖有此不樂也。」公孫丑篇：「自反而不縮，雖褐寬博，吾不惴焉？自反而縮，雖千萬人，吾往矣。」滕文公篇：「詩云：『雨我公田，遂及我私。』惟助為有公田，由此觀之，雖周亦助也。」離婁篇：「今有同室之人鬭者，救之，雖被髮纓冠而救之可也。」萬章篇：

「非惟百乘之家為然也，雖小國之君亦有之。……非惟小國之君為然也，雖大國之君亦有之。」「雖」與非惟相應，作讓步式的比較句型。告子篇：「由今之道，無變今之俗，雖與之天下，不能一朝居也。」盡心篇：「待文王而後興者，凡民也；若夫豪傑之士，雖無文王猶興。」同篇：「以逸道使民，雖勞不怨；以生道殺民，雖死不怨殺者。」同篇：「君之所性，雖大行不加焉，雖窮居不損焉，分定故也。」此類縱予式的聯合複句，都是在上句先說明某一項事實作陪襯，然後在下句用雖字設定某一項事實之後果該如何作結、形成前後比較，也是側重後句的偏正句式。這也是國語文中常見的語法，最可學習。

③雖：猶卽。為推設之關係詞。相當於卽使、就是之意。如：

論語公冶長篇：「子謂公冶長，可妻也，雖在縲絏之中，非其罪也。以其子妻之。」孟子公孫丑篇：「夫子加齊之卿相，得行道焉，雖由此霸王不異矣。」告子篇：「無或乎王之不智也，雖有天下易生之物也，一日暴之，十日寒之，未有能生者也。」此類雖字，都是用在複句的後句之首，為推托上文和設定下文的關係詞，與「雖然」的功用約略相似，是卽使、就是的意思。

④雖然：是個推上起下的關係詞。位於複句之中，用以推開上文，以展示下文，表兩者之間的過渡關係，相當於「雖如此說、卻是」的意思，致使上文退讓，引進下文之正義。這個雖然，是用在複句的主句和從句之間，作轉接的「連詞語」。當白話「雖是如此、但……」或「儘管這樣、可是……」的意思。如：

孟子公孫丑篇：「夫出晝而王不予追也，予然後浩然有歸志。予雖然，豈舍王哉？王由足用為善；王如用予，則豈徒齊民安，天下之民舉安。」「然後」猶而後，為繼事之詞。「浩然」的「然」猶「焉」，是形容詞詞尾。「由」爲「猶」的借字。滕文公篇：「諸侯之禮，吾未之學也，雖然，吾嘗聞之矣。三年之喪，齊疏之服，飦粥之食，自天子達於庶人，三代共之。」同篇：「滕君，則誠賢君也。雖然，未聞道也！賢者與民並耕而食，饔飧而治。」同篇：「孟子曰：『於齊國之士，吾必以仲子爲巨擘焉。雖然，仲子惡能廉？充仲子之操，則蚓而後可者也。』」離婁篇：「我不忍以夫子之道，反害夫子。雖然，今日之事，君事也，我不敢廢，抽矢扣輪，去其金，發乘矢而後反。」萬章篇：「象不得有爲於其國，天子使吏治其國，而納其貢稅焉，故謂之放。雖然，欲常常而見之，故源源而來。」此類例句中的「雖然」，其功用是相同的。總說是轉語詞，析言之，「雖」總是把所承認的前事推開，「然」乃是轉入下文，引進正義。前後文字，以雖然爲樞紐，來拓展行文的開合關係。和然而的用法，大約相似。亦有將「雖」跟「然」拆開運用，前用雖，後用然，前後照顧，構成「雖……然……」的轉折式複句。在中國語文裏也是常見的語法。不過在文言裏用的「雖然」，和白話裏用的雖然不同。白話裏「雖然」的「然」，是個襯字，文言裏「雖然」的「然」，當白話「確然如此」的意思。這個「雖然」，翻做「雖如此、確是」，「僅管是這樣、可是」，或「即使是這樣、可是」等語氣皆可。這是先推宕，後轉入正義的句子。正義既在後句，這兩個句子的關係，就是轉折關係，表這個轉折關係詞的「雖然」，前人叫做讓步連詞。

⑤雖：猶若。因雖與唯古義相通，可以互訓，唯得訓若，故雖亦得訓若。「雖」爲推設相連之關係詞、有若或、至若二義。如：

論語雍也篇：「仁者雖告之曰：『井有仁焉，其從之也？』」「雖告之」猶言若或告之。「雖」爲假設相連的繫詞，這種複句，是以假設小句爲前提，然後纔有後果小句之產生。孟子告子篇：「……雖存乎人者，豈無仁義之心哉！其所以放其良心者，亦猶斧斤之於木也。」「雖」是「唯」之借字，亦作若解，爲推進文義的聯絡關係詞。其上必有文句，卽是說了一事，別提一事時用之。爲至若、若夫之義。和至於的功用一樣，當白話對於、或說道的意思。

⑥雖：猶唯。有「祇有、雖然」二義。王氏釋詞：「說文雖字，以唯爲聲。故雖字可通作唯，唯亦可通作雖。」（參閱「唯」字或作「雖」條）。一般用在動詞前，以表示動作之範圍，是個限制詞。如：

論語子罕篇：「譬如爲山，未成一簣，止、吾止也；譬如平地，雖覆一簣，進、吾往也。」「雖」爲唯之借字，爲「僅」「祇」之義。言平地之上，唯覆一簣，極言其少，正和上文「未成一簣」，相對成文。（說見吳氏衍釋）這個雖字，翻僅僅、或祇有。鄉黨篇：「肉雖多，不使甚食餼；唯酒無量，不及亂。」「唯」爲雖之借字，與上文「肉雖多」一例。（說見俞氏古書疑義舉例）「唯酒無量」，是說「飲酒雖然沒有定量」。

鮮

①鮮：猶罕。猶少。爾雅：「希、寡、鮮、罕也。」廣雅：「鮮、少也。」故知「鮮」爲「罕、少」之義甚明。「鮮」讀（ㄒㄧㄢˇ）。用作表程度的限制詞。如：

論語學而篇：「其爲人也孝弟，而好犯上者鮮矣。」鄭注：「鮮、寡也。」何氏集解：「鮮、少也。」劉氏正義：「鮮少者，說文：『少，不多也。』」同篇：「巧言令色，鮮矣仁。」里仁篇：「子曰：『

以約，失之者鮮矣。』」雍也篇：「中庸之爲德也，其至矣乎！民鮮能久矣！」諸鮮字，並爲罕少之義。按作「罕少」講的「鮮」，本作尟，俗作尠，今多以鮮爲之。

十八畫

歸

①歸：總本之詞，爲匯聚之義。如：

論語子張篇：「是以君子惡居下流，天下之惡皆歸焉。」「歸」卽匯歸，是聚集的意思。孟子萬章篇：「聖人之行不同，或遠或近，或去或不去，歸潔其身而已矣。」「歸」卽歸本，謂以淸潔其身爲宗本。

②歸：讀（ㄎㄨㄟˋ）。同饋，爲饋餉之義。如：

論語陽貨篇：「陽貨欲見孔子，孔子不見，歸孔子豚。」劉氏正義：「釋文載鄭本作饋，云魯饋爲歸，今從古。則作饋者古論，作歸者魯論也。」按孟子滕文公篇：「陽貨矙孔子之亡也，而饋孔子蒸豚」。可見「歸」與「饋」，聲義並同，可以通用。是進獻食物之義。引申爲凡以物相贈皆叫饋。如微子篇：「齊人歸女樂。」「歸」就是饋。饋與餽聲義皆同，是贈送禮物之義。今多用餽或饋，而不用歸了。

十九畫

靡

①靡：猶無。爾雅：「靡、罔、無也。」邢疏：「無，不有也。」按「靡、末、微、亡、罔」等字，都是「無」之同義字。如：

孟子離婁篇引詩大雅文王之詩云：「天命靡常。」「靡常」猶言無常，意思就是不一定。萬章篇引詩大雅下武之詩云：「周餘黎民，靡有孑遺。」「靡有」猶言無有，就是沒有之意。

願

①願：猶欲，爲期望之詞，前人叫能願詞，今叫祈使詞。即心有所欲得，而稽首以求之於人的意思。如：

孟子公孫丑篇：「曰：『管仲，曾西之所不爲也；而子爲我願之乎？』」「願」爲欲得之詞，是願意之意。告子篇：「交得見於鄒君，可以假館，願留而受業於門。」「願」爲心有所欲，而有所祈求之意。

②願：猶請，爲祈請之詞，也就是願欲的意思。如：

論語公冶長篇：「子路曰：『願車馬，衣輕裘，與朋友共，敝之而無憾。』顏淵曰：『願無伐善，無施勞。』子路曰：『願聞子之志。』」孟子告子篇：「請無問其詳，願聞其旨。」這裏前兩個願字，爲自甘情願之詞，即有志未逮而心欲如此之意。後兩個「願聞」之「願」，爲敢請、祈請之詞，即意欲如此而有所請求之意。

類

「類」本作「種類」解，爲形性相同或近似者之通稱。

①類：爲相似、相象之詞。和「猶、若、如、同」等字相當，是個準判斷句中的準繫詞，表比同的關係如：

孟子梁惠王篇：「故王之不王，非挾泰山以超北海之類也；王之不王，是折枝之類也。」公孫丑篇：「河海之於行潦，類也；聖人之於民，亦類也。」滕文公篇：「不由其道而往者，與鑽穴隙之類也。」告子篇：「指不若人，則知惡之；心不若人，則不知惡。此之謂不知類也。」這四條文字，都是以相異的事象物理進行類比的。也都是明喻的類比語法。或以難易相譬，以挾山超海比其難，而以折枝喻其易。或以尊卑相況，以河海、聖人，比其尊，而以行潦、小民，喻其卑。或以邪正相比，以鑽穴隙比其邪，而以由正道喻其正。或以本末相擬，以手指比其末，而以人心喻其本。而其造語，或正或反，或平或對，聲音調洽自然，語意清新，文理明暢，使人一望而知所適從，這乃是說理文中常用的語法之一。

二十畫

繼

①繼：猶既。猶旋。表時間之少頃，卽不久之意。「繼而」和旣而、旋而的意思相當。如：

孟子公孫丑篇：「退而有去志，不欲變，故不受也。繼而有師命，不可以請，久於齊，非我志也。」趙注：「繼見之後，有師旅之命。」劉氏辨略：「繼者，相次之詞。」是並以「繼」爲繼事之詞，是接著的意思。意謂這個「繼而」的作用，實同於「旣而」。按繼而以下文義，是另起一事而加以申論。卽一事過去未久，復有一事承之。所以這個「繼而」和表時間經過不久的「旣而」或「已而」，意思並無不同。可把它看做表進層的連接詞，不必解著相繼或接著的意思。這個「繼而」的用法，和論語憲問篇：「曰：『有心哉！擊磬乎！』旣而曰：『鄙哉！硜硜乎！莫己知也，斯己而已矣』」裏的「旣而」的用法和語意是相同的。

二十一畫

屬

①屬：猶會。猶聚。卽會集、聚合之意。如：

孟子梁惠王篇：「乃屬其耆老而告之曰。」「屬」是會集的意思。離婁篇：「夫章子豈不欲有夫妻子母之屬哉？」「屬」爲歸屬，是天倫團聚之意。

二十二畫

竊

①竊：猶私，自謙之詞。如：

論語述而篇：「竊比於我老彭。」朱注：「竊比，尊之之辭。」尊他人便是自謙。「竊」原為私取之義，引申為不敢顯然云如何，而云竊如何。孟子公孫丑篇：「昔者竊聞之，子夏、子游、子張，皆有聖人之一體。」同篇：「今願竊有請也。」此類竊字，都是不敢公然說如何，而說竊如何的自謙之詞。

論孟虛字集釋／倪志僩著. --初版. --臺北市
：臺灣商務，民70
面； 公分
ISBN 957-05-0685-7(平裝)

1.論語-批評，解釋等 2.孟子-批評，解釋等

121.226 82000792

論孟虛字集釋

基本定價七元

著作者 倪志僩
校對者 葉友楳 王秀雲
封面設計 吳郁婷
發行人 張連生
出版者 印刷所 臺灣商務印書館股份有限公司
臺北市10036重慶南路一段三十七號
電話：(〇二)三一一六一一八
傳真：(〇二)三七一〇二七四
郵政劃撥：〇〇〇〇一六五—一號
出版事業登記證：局版臺業字第〇八三六號

•中華民國七十年十二月初版第一次印刷
•中華民國八十二年四月初版第二次印刷

ISBN 957-05-0685-7(平裝) 01232